权威·前沿·原创

皮书系列为
"十二五""十三五""十四五"时期国家重点出版物出版专项规划项目

BLUE BOOK

智库成果出版与传播平台

河南商务蓝皮书

BLUE BOOK OF HENAN COMMERCE

河南商务发展报告（2022）

ANNUAL REPORT ON COMMERCIAL DEVELOPMENT OF HENAN (2022)

主　编 / 王振利　苏国宝
副主编 / 张进才　井　鹏　任秀苹

社会科学文献出版社
SOCIAL SCIENCES ACADEMIC PRESS (CHINA)

图书在版编目(CIP)数据

河南商务发展报告.2022／王振利，苏国宝主编.--北京：社会科学文献出版社，2022.7
（河南商务蓝皮书）
ISBN 978-7-5228-0335-7

Ⅰ.①河… Ⅱ.①王… ②苏… Ⅲ.①商业经济-经济发展-研究报告-河南-2022 Ⅳ.①F727.61

中国版本图书馆 CIP 数据核字（2022）第 109805 号

河南商务蓝皮书
河南商务发展报告（2022）

主　　编／王振利　苏国宝
副 主 编／张进才　井　鹏　任秀苹

出 版 人／王利民
组稿编辑／任文武
责任编辑／徐崇阳
责任印制／王京美

出　　版／社会科学文献出版社·城市和绿色发展分社（010）59367143
　　　　　地址：北京市北三环中路甲 29 号院华龙大厦　邮编：100029
　　　　　网址：www.ssap.com.cn
发　　行／社会科学文献出版社（010）59367028
印　　装／天津千鹤文化传播有限公司

规　　格／开　本：787mm×1092mm　1/16
　　　　　印　张：26.25　字　数：395 千字
版　　次／2022 年 7 月第 1 版　2022 年 7 月第 1 次印刷
书　　号／ISBN 978-7-5228-0335-7
定　　价／128.00 元

读者服务电话：4008918866

版权所有 翻印必究

《河南商务发展报告（2022）》编辑委员会

主　任　王振利

副主任　高　翔　李若鹏　孙敬林　何松浩　丁昌盛
　　　　　王　军　费全发　苏国宝　张旭生　赵俊杰
　　　　　方建佳　郭海燕　张新亮　秦小康　张　艳

编　委（排名不分先后）
　　　　　井　鹏　周　彤　程永安　宋玉哲　王卫红
　　　　　周子存　李文才　刘　洁　张大幸　李玉瑞
　　　　　吕同航　徐大群　宋玉星　李梅香　薛革新
　　　　　李　晋　张　秀　孙　琪　张　峰　杨常见
　　　　　张红军　许建军　王耀良　刘　兵　张金祥
　　　　　张　巍　张进才　谷廷伟　石国华　郁秉南
　　　　　熊玉亮　李俊杰　杨　清　李　涛　李健康
　　　　　张　波　成忠民　吕宗乐　王大伟　张育文
　　　　　王　健　李坤承　杨玉行　郑　璐　胡新保
　　　　　张　华　司仁银　蔡英奇　郭　珂　刘宏伟
　　　　　赵怀中　贺春萍　任秀苹

摘　要

《河南商务发展报告（2022）》由河南省商务厅主持，河南省商业经济研究所组织编撰，全面总结了2021年河南商务领域的发展成效，研究和分析了商务领域的理论和实践问题，科学研判了2022年全省商务发展的走势，系统性、综合性、时效性突出。

全书内容由总报告、主题报告、分报告、专题报告、案例篇和区域篇六部分组成。

总报告《2021~2022年河南省商务发展形势分析与展望》全面分析总结2021年以来，面对复杂严峻的外部环境和疫情灾情叠加等严重冲击，河南省商务系统认真贯彻落实习近平总书记视察河南重要讲话重要指示，完整、准确、全面贯彻新发展理念，全面服务和融入以国内大循环为主体、国内国际双循环相互促进的新发展格局，锚定"两个确保"，统筹疫情防控和经济社会发展，全省货物贸易进出口总额创历史新高，双向投资较快增长，社会消费品零售总额超过疫前水平，全省商务运行稳中向好、好于预期，有力地服务了全省发展大局。2021年，全省货物贸易进出口总额8208.1亿元，连续突破7000亿元、8000亿元大关，同比增长22.9%，规模和增幅分别居全国第10位（中部省份第1位）、第15位，增幅高于全国1.5个百分点；招商引资大力推进，实际吸收外资210.7亿美元，同比增长5%；实际到位省外资金10654.9亿元，同比增长3.2%；对外投资合作稳中向好，全省对外承包工程和劳务合作新签合同额39.9亿美元，同比下降19.6%，低于全国20.7个百分点，规模居全国第11位；完成营业额40.7亿美元，同比增长17.4%，规模居全国第10位，较上年前进1位，增幅高于全国18.0个百分点；对外直接投资13.7亿美元，同比增长11.2%，规模居全国第12位，增速高于全国8.0个百分点；消费市场平稳恢复，全省社会消费品零售总额24381.7亿元，同比增长8.3%，增幅低于全国4.2个百分点。2022年，河南省商务系统以习近平新时代中国特色社会主义思想为指导，深入贯彻党中央、国务院重大决策和省委、省政府系列部署，坚持稳中求进的工作总基调，坚持商务工作"三个重要"定位，精准把握发展形势，全面实施制度型开放战略，稳住外贸基本盘，实现外资新突破，多策并举促消费，推动商务高质量发展，更好服务全省经济社会发展大局。

主题报告《发挥高水平示范引领作用 提升自贸试验区对外开放能级》强调，2021年河南自贸试验区深入贯彻习近平总书记关于自贸试验区建设重要指示批示精神，落实省委省政府部署，实施制度型开放战略，以更大力度谋划和推进高质量发展，加大压力测试力度，推进重点领域改革创新，积极对标国际高标准规则，加快培育外向型经济，发挥了改革开放排头兵的示范引领作用。2022年，河南自贸试验区将深入贯彻落实习近平总书记关于自贸试验区建设的重要批示指示，扎实推进制度型开放战略的实施工作，发挥好航空港实验区、综保区、经开区、高新区等平台载体作用，加强产业培育，在提升开放水平、推进制度创新、推动高质量发展、服务国家战略等方面持续发力，为高质量建设、高水平实现现代化河南作出新贡献。

分报告重点分析了2021年度河南省商务领域各行业发展情况，特别是重点行业发展的新亮点和新变化，分析各行业面临的机遇与挑战，预测2022年商务各行业态势，提出了发展思路和对策建议。

专题报告着力研究了完整准确全面贯彻新发展理念、推动河南商务高质量发展，日韩在豫投资，战略性新兴产业，RCEP背景下河南货物贸易发展等现状，借鉴前海经验助推河南现代服务业创新发展，并深入探究了河南省县域商业现状及发展等商务发展的重点、难点、热点问题，提出了应采取的举措。

案例篇重点总结了河南自贸试验区改革创新、鹤壁打造数字经济新高地、信阳淮滨发展海洋经济、三门峡经开区致力打造一流营商环境、洛阳广州市场步行街等好的范例，探讨了其对河南省商务发展的重要启示。

区域篇全面反映了2021年河南省各地商务工作取得的成效，分析总结了商务工作中存在的问题和针对性措施，展示了河南省区域商务发展的亮点和特色。

关键词： 河南省　商务发展　制度型开放　创新发展

Abstract

The *Annual Report on Commercial Development of Henan* (2022) is presided over by Henan Provincial Commerce Department and compiled by Henan Provincial Business Economics Institute. It comprehensively summarizes the commercial development outcomes of Henan in 2021, studies and analyzes the theoretical and practical problems in the commerce field, and scientifically evaluates the development trend of Henan's commerce in 2022, with prominent systematicness, comprehensiv-eness, and timeliness.

The Book consists of six parts: the general report, the thematic report, the topical reports, the special report, the case studies, and the regional reports.

The general report is themed by *Analysis and Outlook of Henan's Commercial Development from 2021 to 2022*, comprehensively summarizes the comprehensive situation of Henan's commercial operation in 2021, analyzes and predicts its commercial development trend in 2022. According to the report, in 2020, in the face of the complicated external environment and the severe COVID – 19 epidemic, the commercial system of the whole province has thoroughly implemented the General Secretary Xi Jinping's important instructions during his visit to Henan and the new development philosophy in a complete, accurate, and comprehensive manner. It strives to serve and be integrated into the new development paradigm with the domestic market as the mainstay and domestic and overseas markets reinforcing each other. Meanwhile, the commercial system of Henan strictly adheres to the instruction of the "two assurances" and plans the epidemic prevention and control and the development of the economy and society as a whole. As a result, Henan's trade in goods set a new record, two-way investment increased rapidly, and the total retail sales of social consumer goods exceeded the level before the outbreak of the epidemic. Generally, the overall situation of Henan's commercial system is being operated stably with good momentum for growth and is better than expected, which has effectively made contributions to the development of the big picture of the entire province. In 2021, Henan's goods trade volume reached RMB 820. 81 billion, which has topped the marks of RMB 700 billion and 800 billion with a growth rate of 22. 9%. The scale of trade and the growth rate of Henan have already respectively ranked as the top 10 (top 1 in central China) and top 15 across the country, thereinto, the latter was higher than the national level by 1. 5 percentage points. The province vigorously promoted investment, attracting an actual foreign investment of USD 21. 07 billion with an increase of 5%. Increased by 3. 2%, the actually paid-in investment from outside the province was nearly RMB 1065. 49 billion. Overseas investment and cooperation projects were steadily operated with good momentum for growth. The newly signed contract amount from contract foreign projects and labor cooperation reached USD 3. 99 billion. Though it has decreased by 19. 6% and was lower than the national level by 20. 7 percentage points, the entire scale was still ranked the 11th in China. The province's completed turnover in 2021 reached USD 4. 07 billion, increasing by 17. 4%, of which the scale was raised to top 10 in China (11th in 2020) and the growth rate was 18. 0 percentage points higher than the national level. Meanwhile, with an outbound direct investment (ODI) reaching USD 1. 37 billion and a growth rate of 11. 2%, the ODI scale of Henan ranked the 12th in China in 2021 and the growth rate was 8. 0 percentage points higher than the national level. In terms of the consumer market resumption of Henan, it was carried out stably with a total retail sales of social consumer goods increasing by 8. 3% and reaching about RMB 2438. 17 billion, of which the growth rate was 4. 2 percentage points lower than the national level. In 2022, guided by Xi Jinping's Thoughts on Socialism with Chinese Characteristics for a New Era, Henan Province is bound to thoroughly implement major decisions of the Central Committee of the Communist Party of China (CPC) and the State Council and a series of deployments of the CPC Henan Committee and Henan Provincial People's Government, adhere to the general keynote of pursuing progress while ensuring stability, and stick to the "three important roles" of commercial work, so as to accurately keep in line with the outlook of development, comprehensively implement institutional opening-up strategy, and stabilize fundamentals of foreign trade in Henan. In this way, the province is enabled to make breakthroughs in foreign investment, promote consumption through multiple measures, facilitate high-quality development of commerce, and better serve development of economy and society in the big picture.

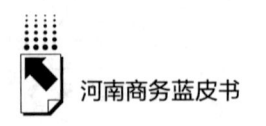

The thematic report is titled *Give Play to High-level Demonstration and Leading Role*, *Promote the Opening-up Level of Henan FTZ*. In 2021, China (Henan) Pilot Free Trade Zone (Henan FTZ) has substantially implemented the General Secretary Xi Jinping's important directives and spirits on construction of pilot free trade zones and the provincial Party Committee and People's Government's deployments. The zone launched the institutional opening-up strategy, vigorously planned and promoted high-quality development, enhanced stress testing, facilitated reforms and innovations in key fields, and actively benchmarked with international high standards and criteria, accelerating cultivation of the export-oriented economy by virtue of leading the implementation of the reform and opening-up policy. In 2022, Henan FTZ will keep implementing the General Secretary Xi Jinping's important directives and spirits on the construction of pilot free trade zones as always, deeply launch the institutional opening-up strategy, and well perform its platform role for Henan's airport economy zones, comprehensive bonded zones, economic development zones, and high-tech zones. Moreover, the zone will strengthen industrial cultivation, continue to make efforts in promoting the level of opening-up, institutional innovation, high-quality development, serving national strategies, and many other aspects, and thus make contributions to realizing the high-quality construction and high-level modernization of Henan.

The topical reports focus on the analysis of Henan's commercial development in various industries in 2021, especially on the new highlights and changes in the development of key industries. Based on these, they study and discuss the opportunities and challenges faced by each industry, predict the prospect of commerce related to various industries in 2022, and put forward the development ideas and suggested countermeasures.

Abstract

The special reports mainly study implementation of the new development philosophy in a complete, accurate, and thorough manner, the investment in Henan from Japan and South Korea, and the goods trade in Henan under strategical emerging industries and RCEP. The province has driven innovative development of the service industry by means of Qianhai Mode. Accordingly, the special report puts emphasis on the critical and difficult issues and hot topics of commerce that are related to the status quo and prospects at the level of the county, as well as recommended measures and solutions.

The case studies pay close attention to the reform and innovation in Henan FTZ, the new digital-economic hub built by Hebi City, the development of the marine economy in Huaibin County, Xinyang City, the first-class business environment created by Sanmenxia Economic and Technological Development Zone, Guangzhou Market Pedestrian Street in Luoyang City, and many other good examples in Henan. Meanwhile, discussions on the significant enlightenment for commercial development are also made in the case studies.

The regional reports comprehensively reflect achievements made in commercial work throughout Henan Province in 2021, analyze the existing problems and targeted measures in commercial work, and show the new highlights and characteristics of regional commercial development in Henan Province.

Keywords: Henan Province; Commercial Development; Institutional Opening-up; Innovative Development

目 录

Ⅰ 总报告

B.1 2021~2022年河南省商务发展形势分析与展望
………………………………………… 河南省商务厅课题组 / 001

Ⅱ 主题报告

B.2 发挥高水平示范引领作用 提升自贸试验区对外开放能级
……………… 王 军 张 峰 杨多多 张玉国 李雯鸽 / 022

Ⅲ 分报告

B.3 2021~2022年河南省对外开放形势分析与展望
………………………………… 王卫红 张海波 贾春奇 / 035

B.4 2021~2022年河南省区域经济合作形势分析与展望
………………………………… 吕同航 刘汝良 陈志华 刘金源 / 045

B.5 2021~2022年河南省利用外资形势分析与展望

　　…………………………………………… 李玉瑞　孟　悦　陈炫竹 / 054

B.6 2021~2022年河南省对外贸易形势分析与展望

　　……………………………………………………… 张新亮　张　鑫 / 068

B.7 2021~2022年河南省对外投资合作形势分析与展望

　　…………………………………………… 李　晋　魏克龙　潘菊芬 / 075

B.8 2021~2022年河南省消费品市场运行分析与展望

　　………………………………… 刘　洁　李俊杰　马光远　李雨青 / 084

B.9 2021~2022年河南省电子商务形势分析与展望

　　……………………………………………………………… 孙　琪　曾　瑛 / 094

Ⅳ 专题报告

B.10 完整准确全面贯彻新发展理念　奋力推动河南商务高质量发展

　　………………………………… 宋玉哲　刘海涛　丁　敏　乔云飞 / 102

B.11 日韩在豫投资现状及对策研究 …… 李玉瑞　孙　丹　王笑雨 / 123

B.12 香港和台湾地区在河南投资现状及对策研究报告

　　…………………………………………… 李玉瑞　孟　悦　周　磊 / 133

B.13 河南省战略性新兴产业高质量发展探索 ………… 宋玉星 / 142

B.14 河南氢能产业发展趋势及前景展望

　　…………………………………………… 李梅香　侯　锐　魏玲圆 / 150

B.15 RCEP背景下河南货物贸易发展研究 ……… 马子占　贵明佳 / 161

B.16 学习借鉴前海改革开放经验　推动河南现代服务业创新发展

　　……………………………………………………… 张大幸　韩　笑 / 177

B.17 河南省县域商业现状及发展对策

　　………………………………… 河南省商务厅县域商业课题组 / 183

B.18 2021年河南网络零售报告 …………………… 张　巍　袁文卓 / 199

Ⅴ 案例篇

B.19 河南自贸试验区改革创新案例典选
　　…………………………… 贾　茹　王　琨　喻选锋 / 212

B.20 前瞻谋划　定制招商　鹤壁市全力打造数字经济新高地
　　…………………… 王卫红　张育文　许保海　贾春奇 / 218

B.21 依托港口优势发展临港产业　做好"海洋经济"承接文章
　　………… 王卫红　吴小昱　鲁付森　扈金锋　刘昱杞 / 225

B.22 三门峡经济开发区致力打造一流营商环境
　　………………………… 金　川　张　秀　李永兵 / 231

B.23 适应品质需求　焕新老街老味　全力打造省级示范步行街
　　………………………………… 李文才　郭建峰 / 239

Ⅵ 区域篇

B.24 2021~2022年郑州市商务发展回顾与展望 ………… 郭家栋 / 244

B.25 2021~2022年开封市商务发展回顾与展望
　　………………………………… 何平山　李松彬 / 255

B.26 2021~2022年洛阳市商务发展回顾与展望
　　………………………………… 白宏涛　金婷婷 / 261

B.27 2021~2022年平顶山市商务发展回顾与展望 ……… 郭昀录 / 270

B.28 2021~2022年安阳市商务发展回顾与展望
　　………………………………… 刘　健　常　剑 / 278

B.29 2021~2022年鹤壁市商务发展回顾与展望
　　………………… 张育文　胡子龙　罗钟艳　赵玉磊 / 285

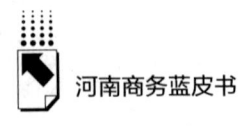

B.30 2021~2022年新乡市商务发展回顾与展望
　　　　　　　　　　　　　　　　　　　　周　勇　王霖霖 / 295

B.31 2021~2022年焦作市商务发展回顾与展望
　　　　　　　　　　　　　　　　　　　　李坤承　李　林 / 301

B.32 2021~2022年濮阳市商务发展回顾与展望 …… 杨　宁 / 307

B.33 2021~2022年许昌市商务发展回顾与展望
　　　　　　　　　　　　　　　　　　　　郑　璐　杜向伟 / 315

B.34 2021~2022年漯河市商务发展回顾与展望 ……… 张天伟 / 323

B.35 2021~2022年三门峡市商务发展回顾与展望 …… 张恒恺 / 331

B.36 2021~2022年南阳市商务发展回顾与展望 ……… 郭天盾 / 337

B.37 2021~2022年商丘市商务发展回顾与展望
　　　　　　　　　　　　　　蔡英奇　郝秋泉　曹　磊 / 346

B.38 2021~2022年信阳市商务发展回顾与展望 ……… 龚学军 / 353

B.39 2021~2022年周口市商务发展回顾与展望 ……… 徐洪超 / 363

B.40 2021~2022年驻马店市商务发展回顾与展望
　　　　　　　　　　　　　　　　　　　　钟　平　董　盼 / 372

B.41 2021~2022年济源产城融合示范区商务发展回顾与展望
　　　　　　　　　　　　　　　　　　　　黄　静　刘欣欣 / 379

B.42 2021~2022年郑州航空港经济综合实验区商务发展回顾与展望
　　　　　　　　　　　　　　杨晓峰　邓　骅　李　白 / 387

皮书数据库阅读使用指南

CONTENTS

I General Report

B.1 Analysis and Outlook of Henan's Commercial Development
from 2021 to 2022

Research Group of Henan Provincial Commerce Department / 001

II Thematic Report

B.2 Give Play to High-level Demonstration and Leading Role,
Promote the Opening-up Level of Henan FTZ

Wang Jun, Zhang Feng, Yang Duoduo, Zhang Yuguo and Li Wenge / 022

III Topical Reports

B.3 Analysis and Outlook of Henan's Opening-up from 2021 to 2022

Wang Weihong, Zhang Haibo and Jia Chunqi / 035

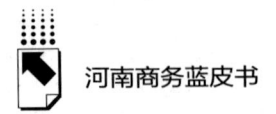

B.4　Analysis and Outlook of Regional Economic Cooperation Situation in Henan Province from 2021 to 2022
　　　　　　　Lyu Tonghang, Liu Ruliang, Chen Zhihua and Liu Jinyuan / 045

B.5　Analysis and Outlook of Henan's Foreign Investment Utilization from 2021 to 2022　　*Li Yurui, Meng Yue and Chen Xuanzhu* / 054

B.6　Analysis and Outlook of Henan's Foreign Trade from 2021 to 2022
　　　　　　　　　　　　　　　　Zhang Xinliang, Zhang Xin / 068

B.7　Analysis and Outlook of Henan's Cooperation in Foreign Investment from 2021 to 2022　　*Li Jin, Wei Kelong and Pan Jufen* / 075

B.8　Analysis and Outlook of Henan's Consumer Market Operation from 2021 to 2022　*Liu Jie, Li Junjie, Ma Guangyuan and Li Yuqing* / 084

B.9　Analysis and Outlook of Henan's E-Commerce Situation from 2021 to 2022　　　　　　　　　*Sun Qi, Zeng Ying* / 094

Ⅳ　Special Reports

B.10　Complete, Accurate, and Thorough Implementation of New Development Philosophy, Strive For Promotion of Henan's High-quality Development in Commerce
　　　　　　　Song Yuzhe, Liu Haitao, Ding Min and Qiao Yunfei / 102

B.11　Research on Status Quo and Countermeasure of Investment in Henan by Japan and South Korea　*Li Yurui, Sun Dan and Wang Xiaoyu* / 123

B.12　Research on Status Quo and Countermeasure of Investment in Henan by Hong Kong and Taiwan
　　　　　　　　　　　Li Yurui, Meng Yue and Zhou Lei / 133

B.13　Exploration of High-quality Development of Stratigical Emerging Industries in Henan　　　　　　　　*Song Yuxing* / 142

B.14　Development Trend and Outlook of Henan's Hydrogen Energy Industry　　　　*Li Meixiang, Hou Rui and Wei Lingyuan* / 150

CONTENTS

B.15 Research on Henan's Trade in Goods Under RCEP
Ma Zizhan, Gui Mingjia / 161

B.16 Learning From Qianhai's Experience in Reform and Opening-up Promotes Innovative Development of Henan's Modern Service Industry
Zhang Daxing, Han Xiao / 177

B.17 Status Quo and Development Strategy of Henan's County-level Commerce
Henan Provincial Commerce Department County Business Research Group / 183

B.18 Report on Henan Online Retail 2021
Zhang Wei, Yuan Wenzhuo / 199

V Case Studies

B.19 Typical Cases Studies on Henan FTZ's Reform and Innovation
Jia Ru, Wang Kun and Yu Xuanfeng / 212

B.20 Forward-looking Planning, Customized Investment, Hebi City to Build a New Digital Economic Highland
Wang Weihong, Zhang Yuwen, Xu Baohai and Jia Chunqi / 218

B.21 Develop Port-centered Industries and Marine Economy Relying on Port Advantages
Wang Weihong, Wu Xiaoyu, Lu Fusen, Hu Jinfeng and Liu Yuqi / 225

B.22 Sanmenxia Economic and Technological Development Zone Strives to Create a First-class Business Environment
Jin Chuan, Zhang Xiu and Li Yongbing / 231

B.23 Adapt to Quality Requirements, Rejuvenate the Old Street, Build a Province Demonstration Pedestrian Street
Li Wencai, Guo Jianfeng / 239

Ⅵ Regional Reports

B.24　Review and Outlook of Zhengzhou's Commercial Development
　　　from 2021 to 2022　　　　　　　　　　　　　　*Guo Jiadong* / 244

B.25　Review and Outlook of Kaifeng's Commercial Development
　　　from 2021 to 2022　　　　　　　　　*He Pingshan, Li Songbin* / 255

B.26　Review and Outlook of Luoyang's Commercial Development
　　　from 2021 to 2022　　　　　　　　　*Bai Hongtao, Jin Tingting* / 261

B.27　Review and Outlook of Pingdingshan's Commercial Development
　　　from 2021 to 2022　　　　　　　　　　　　　　　*Guo Yunlu* / 270

B.28　Review and Outlook of Anyang's Commercial Development
　　　from 2021 to 2022　　　　　　　　　　*Liu Jian, Chang Jian* / 278

B.29　Review and Outlook of Hebi's Commercial Development
　　　from 2021 to 2022
　　　　　　　　Zhang Yuwen, Hu Zilong, Luo Zhongyan and Zhao Yulei / 285

B.30　Review and Outlook of Xinxiang's Commercial Development
　　　from 2021 to 2022　　　　　　　　　　*Zhou Yong, Wang Linlin* / 295

B.31　Review and Outlook of Jiaozuo's Commercial Development
　　　from 2021 to 2022　　　　　　　　　　　*Li Kuncheng, Li Lin* / 301

B.32　Review and Outlook of Puyang's Commercial Development
　　　from 2021 to 2022　　　　　　　　　　　　　　　*Yang Ning* / 307

B.33　Review and Outlook of Xuchang's Commercial Development
　　　from 2021 to 2022　　　　　　　　　　*Zheng Lu, Du Xiangwei* / 315

B.34　Review and Outlook of Luohe's Commercial Development
　　　from 2021 to 2022　　　　　　　　　　　　　*Zhang Tianwei* / 323

B.35　Review and Outlook of Sanmenxia's Commercial Development
　　　from 2021 to 2022　　　　　　　　　　　　　*Zhang Hengkai* / 331

CONTENTS

B.36　Review and Outlook of Nanyang's Commercial Development
　　　from 2021 to 2022　　　　　　　　　　　　*Guo Tiandun* / 337

B.37　Review and Outlook of Shangqiu's Commercial Development
　　　from 2021 to 2022　　　*Cai Yingqi, Hao Qiuquan and Cao Lei* / 346

B.38　Review and Outlook of Xinyang's Commercial Development
　　　from 2021 to 2022　　　　　　　　　　　　*Gong Xuejun* / 353

B.39　Review and Outlook of Zhoukou's Commercial Development
　　　from 2021 to 2022　　　　　　　　　　　*Xu Hongchao* / 363

B.40　Review and Outlook of Zhumadian's Commercial Development
　　　from 2021 to 2022　　　　　　　　*Zhong Ping, Dong Pan* / 372

B.41　Review and Outlook of Jiyuan Industry-city Integration Demonstration
　　　Zone's Commercial Development from 2021 to 2022
　　　　　　　　　　　　　　　　　　　Huang Jing, Liu Xinxin / 379

B.42　Review and Outlook of Zhengzhou Airport Economy Zone's
　　　Commercial Development from 2021 to 2022
　　　　　　　　　　　　　　Yang Xiaofeng, Deng Hua and Li Bai / 387

总报告

General Report

B.1
2021~2022年河南省商务发展形势分析与展望

河南省商务厅课题组*

摘　要： 2021年以来，面对复杂严峻的外部环境和疫情灾情叠加等严重冲击，河南省商务系统认真贯彻落实习近平总书记视察河南重要讲话重要指示，完整、准确、全面贯彻新发展理念，全面服务和融入以国内大循环为主体、国内国际双循环相互促进的新发展格局，锚定"两个确保"，统筹疫情防控和经济社会发展，全省货物贸易进出口总额创历史新高，双向投资较快增长，社会消费品零售总额超过疫前水平，全省商务运行稳中向好、好于预期，有力地服务了全省发展大局。2022年，河南省商务系统以习近平新时代中国特色社会主义思想为指导，深入贯彻党中央、国务院重大决策和河南省委、省政府系列部署，坚持稳中求进的工作总基调，

---

* 课题组组长：王振利；副组长：苏国宝。课题组成员：宋玉哲、张进才、井鹏、张伟、葛铁成、王一鹤、王丹平、任秀苹；执笔：宋玉哲、井鹏、任秀苹。

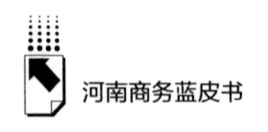

坚持商务工作"三个重要"定位，精准把握发展形势，全面实施制度型开放战略，稳住外贸基本盘，实现外资新突破，多策并举促消费，推动商务高质量发展，更好服务全省经济社会发展大局。

关键词： 河南省　制度型开放　商务高质量发展

一　2021年河南省商务运行稳中向好

2021年以来，面对复杂严峻的外部环境和疫情灾情叠加等严重冲击，全省商务系统认真贯彻落实习近平总书记视察河南重要讲话重要指示，完整、准确、全面贯彻新发展理念，全面服务和融入以国内大循环为主体、国内国际双循环相互促进的新发展格局，锚定"两个确保"，统筹疫情防控和经济社会发展，全省货物贸易进出口总额创历史新高，双向投资较快增长，社会消费品零售总额超过疫前水平，全省商务运行稳中向好、好于预期，有力地服务了全省发展大局。

（一）开放强省加力推进

开放政策制度体系持续完善。2021年，制度型开放为全省"十大战略"之一，河南自贸试验区建设进入2.0版新阶段，开放政策制度体系持续完善。省自贸试验区跨境电商综试区建设领导小组、省推进外经贸高质量发展领导小组成立，省委、省政府出台了《关于推进中国（河南）自由贸易试验区深化改革创新打造新时代制度型开放高地的意见》，省人大颁布实施《中国（河南）自由贸易试验区条例》，印发了《实施制度型开放战略工作方案》《河南省落实〈区域全面经济伙伴关系协定〉行动方案》和河南自贸试验区相关开放创新联动区建设的实施方案，及各片区相关促进制度创新试行办法。河南自贸试验区总结形成85项制度创新成果，20项在全省推广。全国第五个自贸区法院郑州片区人民法院挂牌运行。

开放平台持续提升。支持郑商所创新发展，证监会批准BPI期货品种上市立项。省内国家级开发区在国家考评中明显晋位，郑州经开区升至第22位，漯河经开区进入百强，红旗渠经开区前移82位。推动河南—柬埔寨—东盟"空中丝绸之路"战略对接，柬国航在郑州设立中国总部；新乡市纳入中国—新加坡共建国际陆海贸易新通道合作规划。

"四条丝路"协同并进。郑州机场国际货邮吞吐量超过54万吨，连续五年居全国第5位；中欧班列（郑州）全年开行1546班次，班次、货值、货重分别同比增长38%、40%、41%；全省跨境电商交易额突破2000亿元，同比增长15.7%；铁海联运班列运货量达11.2万标准箱。

（二）对外贸易提质增效

对外贸易实现历史性跨越。2021年，全省货物贸易进出口总额8208.1亿元，连续突破7000亿元、8000亿元大关，同比增长22.9%，规模和增幅分别居全国第10位（中部省份第1位）、第15位，增幅高于全国1.5个百分点。其中，出口额5024.1亿元，同比增长23.3%，规模和增幅分别居全国第10位、第18位，增幅高于全国2.1个百分点；进口额3184.0亿元，同比增长22.3%，规模和增幅分别居全国第11位、第15位，增幅高于全国0.8个百分点。郑州、济源、三门峡、许昌等10地货物贸易进出口总额超百亿元，其中，郑州市进出口总额5892.1亿元，同比增长19.1%，占全省总额的71.8%；许昌、济源、鹤壁、三门峡等10地货物贸易进出口总额增幅超过全省平均水平，许昌同比增长88.6%、增幅居全省第1位。从贸易方式看，加工贸易进出口总额占比最大（占比为61.9%）、保税物流进出口总额增速最高（增速为43.7%）。从企业性质看，外商投资企业进出口总额占比最大（占比为46.2%）、民营企业进出口总额增速最高（增速为80.9%）。

跨境电商进出口较快增长。2021年，全省跨境电商进出口总额（含快递包裹）2018.3亿元，同比增长15.7%，首次突破2000亿元大关，比2019年增长27.6%，两年平均增长13.0%。其中，出口额1475.5亿元，同比增长15.7%；进口额542.8亿元，同比增长16.0%。快递包裹出口额16.9亿元，同比下降68.4%。南阳、开封、周口3市跨境电商进出口总额增幅超过40%。郑州市

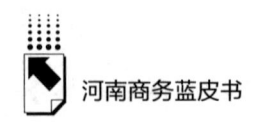

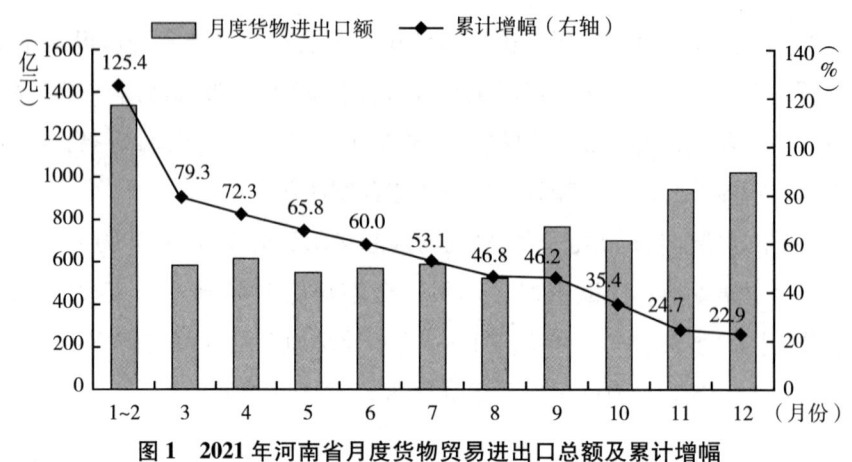

图 1 2021 年河南省月度货物贸易进出口总额及累计增幅

资料来源：郑州海关官网。

跨境电商进出口总额 1092.5 亿元，同比增长 19.2%，规模占全省总额的 54.1%。

政策支持力度加大。河南省下达 2 亿元省级外经贸发展专项资金，完善中小开、出口信保政策，与进出口银行等金融机构合作扩大外贸信贷投放。举办 5 场出口商品网上展示交易会，广交会、第四届进博会期间，河南省交易团现场成交额达 15.3 亿美元，跨国采购活动签约贸易合同金额达 490 亿元。成功举办第五届全球跨境电商大会，出台全面提升跨境电商核心竞争力的专项方案，获批全国唯一跨境电商零售进口药品试点。开封、焦作、许昌成为跨境电商零售进口试点城市，全省该类试点城市扩容至 7 个。在商务部跨境电商综试区评估中，郑州综试区位列全国前 10，洛阳、南阳综试区位列全国前 50。许昌市场采购贸易方式试点 2021 年出口突破 20 亿元。认定 36 家省级外贸综合服务企业、12 家海外仓示范企业。济源获批国家加工贸易产业园区，郑州经开区汽车及零部件、长垣医疗器械、平舆户外休闲 3 个基地获批国家外贸转型升级基地。洛阳市获批国家级服务外包示范城市，河南自贸试验区开封片区获批国家文化出口基地，实现特色服务出口基地"零"突破，南阳张仲景博物馆获批国家中医药服务出口基地。海外安全防控机制不断完善。

（三）招商引资大力推进

境内外资金利用稳中有进。2021 年，全省新设外资企业 341 家，同比增长28.2%；实际吸收外资210.7亿美元，同比增长5%，鹤壁、濮阳、信阳等10市实际吸收外资增幅超过5%，鹤壁增幅达9.7%、增速居全省第1位；实际吸收外资规模居全省前6位的郑州、洛阳、新乡、三门峡、漯河、鹤壁合计实际吸收外资129.9亿美元，占全省总额的61.7%，其中，郑州市实际吸收外资48.6亿美元，同比增长4.4%，占全省总额的23.1%，居全省第1位。省内16个国家级开发区实际吸收外资33.6亿美元，同比增长7.8%，占全省总额的15.9%，其中，郑州经开区实际吸收外资6.8亿美元，规模居省内国家级开发区第1位；平顶山高新区增长81.9%，增幅居省内国家级开发区第1位。从外资主要来源地看，实际吸收美国、香港地区、新加坡、英国、台湾地区等10个国家和地区投资均超过3亿美元，合计占全省总额的93.1%。其中，实际吸收港资143.8亿美元，同比增长7.7%，占全省总额的68.2%；实际吸收美国投资9.7亿美元，同比增长42.7%，占全省总额的4.6%。实际吸收"一带一路"沿线国家投资13.6亿美元，同比下降9.8%，占全省总额的6.5%。实际吸收《区域全面经济伙伴关系协定》（RCEP）成员国投资21.4亿美元，占全省总额的10.2%。

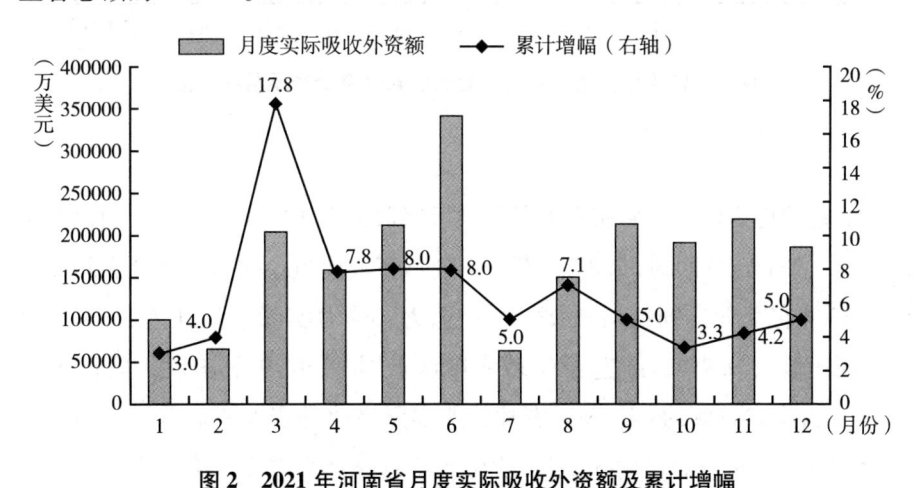

图2　2021年河南省月度实际吸收外资额及累计增幅

资料来源：河南省商务厅。

2021年,全省实际到位省外资金10654.9亿元,同比增长3.2%,其中,规模居全省前6位的郑州、洛阳、商丘、安阳、新乡、焦作的实际到位省外资金合计5220.1亿元,占全省总额的49.0%。省内16个国家级开发区实际到位省外资金680.7亿元,同比增长3.3%,占全省总额的6.4%。其中,安阳高新区实际到位省外资金74.1亿元,规模居16个国家级开发区第1位;平顶山高新区实际到位省外资金同比增长4.2%,增幅居省内16个国家级开发区第1位。从投资来源和规模看,广东、北京、浙江、上海、江苏、山东6省市共投资7057.9亿元,占全省总额的66.2%。

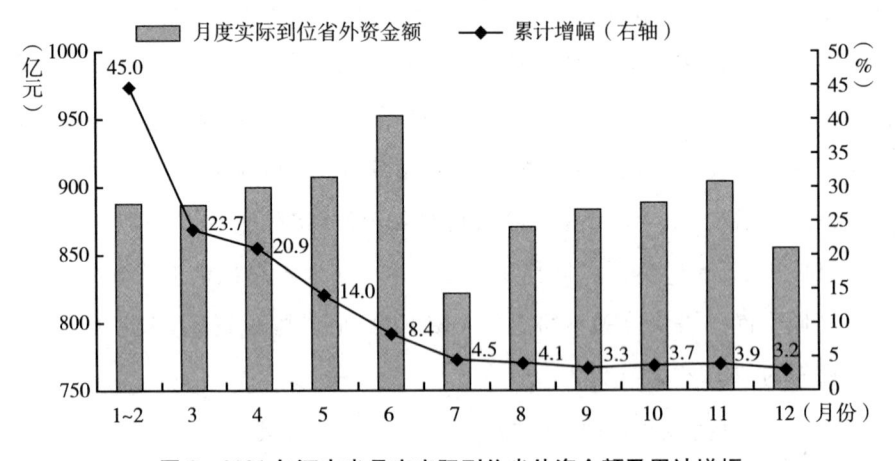

图3 2021年河南省月度实际到位省外资金额及累计增幅

资料来源:河南省商务厅。

引资结构优化。全省服务业领域实际吸收外资107.1亿美元,同比增长11.7%,占全省总额的50.8%。其中,占服务业比重最大的房地产实际吸收外资33.4亿美元,同比增长22.1%;电力、热力实际吸收外资28.4亿美元,同比增长0.7%;制造业领域实际吸收外资92.9亿美元,同比下降0.8%,占全省总额的44.1%;农林牧业实际吸收外资6.9亿美元,同比增长15.6%,占全省总额的3.3%。实际到位省外资金方面,第三产业实际到位省外资金4987.2亿元,占全省总额的46.8%;第二产业实际到位省外资金5056.3亿元,占全省总额的47.5%,其中,制造业实际到位省外资金

4876.2亿元；第一产业实际到位省外资金611.4亿元，占全省总额的5.7%。2021年，新设投资额超1000万美元的外商投资企业77家，占全省新设外资企业总数的22.6%，总投资额63.2亿美元、占全省新设外资企业投资总额的92.7%；全省新增和续建合同省外资金10亿元以上的项目1086个，已到位6206.1亿元，占全省总额的58.2%。

招商引资力度加大。建立省长负总责的利用外资联席会议制度，组建港资、台资、日韩和世界500强4个利用外资专班，抽调精干力量，建立工作机制，实体化运作。坚持"项目为王"，每季度牵头开展集中签约一批活动，前4期活动共签约重大项目1618个，总投资1.36万亿元。建设招商引资项目管理平台，完善"签约一批"项目跟踪督导机制和评价指标体系，落实"周动态、月通报、季排名"问效机制。第四届进博会河南省签约项目50个，总投资629.7亿元，第十二届中博会河南省签约项目56个，总投资335亿元。对首批6个跨国公司地区总部和功能性机构予以奖励。出台《河南省国际合作园区认定与管理暂行办法》《河南省外资研发中心认定实施办法》。深入开展"万人助万企"活动，为369家重点外经贸企业配备"服务官"团队，组织"千家外企大走访"。举办中英氢能产业合作论坛、中法清洁能源转型合作洽谈暨法电生物质热电联产项目揭牌仪式、河南与东盟贸易投资推介会、河南与马来西亚槟城商贸投资展览会、河南与韩国庆尚北道视频经贸对接会等多场活动。

（四）对外投资合作稳中向好

对外直接投资增长。2021年，全省对外直接投资13.7亿美元，同比增长11.2%，规模居全国第12位，增速高于全国8.0个百分点。对"一带一路"沿线国家实际投资2326.0万美元，同比下降77.7%。规模位居全省前列的郑州、济源示范区、洛阳等6市（示范区）对外直接投资合计13.4亿美元，占全省总额的97.8%，其中郑州对外直接投资5.0亿美元，规模居全省第1位；济源示范区对外直接投资增长近35倍，增幅居全省第1位。全省对外直接投资1亿美元以上的项目5个，占比达57.2%。

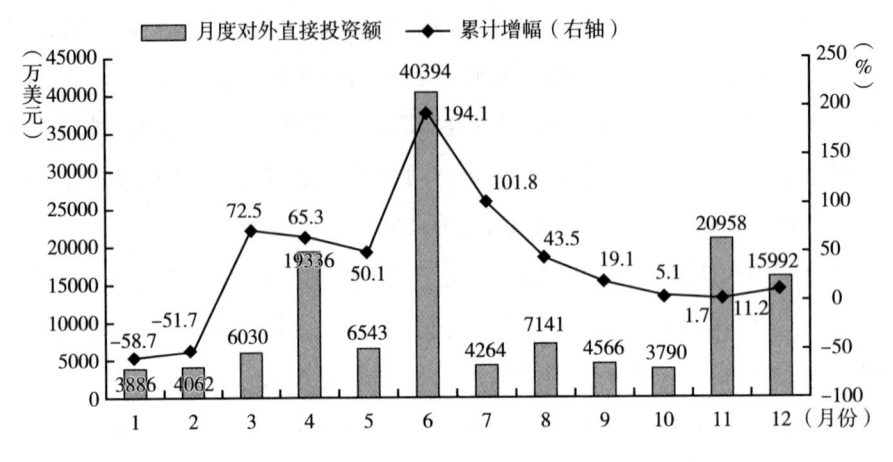

图4　2021年河南省月度对外直接投资额及累计增幅

资料来源：河南省商务厅。

对外承包工程及劳务合作完成营业额增长。2021年，河南省联合20部门印发《关于促进全省对外承包工程高质量发展的实施意见》，指导外经企业做好常态化疫情防控，境外企业开工率达95%，实施1亿美元以上国际并购项目4个。全省对外承包工程及劳务合作完成营业额40.7亿美元，同比增长17.4%，规模居全国第10位，较上年前进1位，增幅高于全国18.0个百分点，比2019年下降2.3个百分点，两年平均下降1.1%。与"一带一路"沿线国家相关的对外承包工程及劳务合作完成营业额16.6亿美元，同比增长12.1%，占全省总额的40.8%。郑州、三门峡、濮阳等5市对外承包工程及劳务合作完成营业额规模均超1.5亿美元，合计占全省总额的97.7%；对外承包工程及劳务合作完成营业额规模居前3位的企业合计占全省总额的47%。2021年，全省外派劳务13805人次，同比增长45.8%，增幅高于全国38.6个百分点，规模居全国第10位，比2019年同期下降51.7个百分点，两年平均下降30.5%。

对外承包工程及劳务合作新签合同额下降。2021年，全省对外承包工程及劳务合作新签合同额39.9亿美元，同比下降19.6%，增速低于全国20.7个百分点，规模居全国第11位。与"一带一路"沿线国家相关的对外

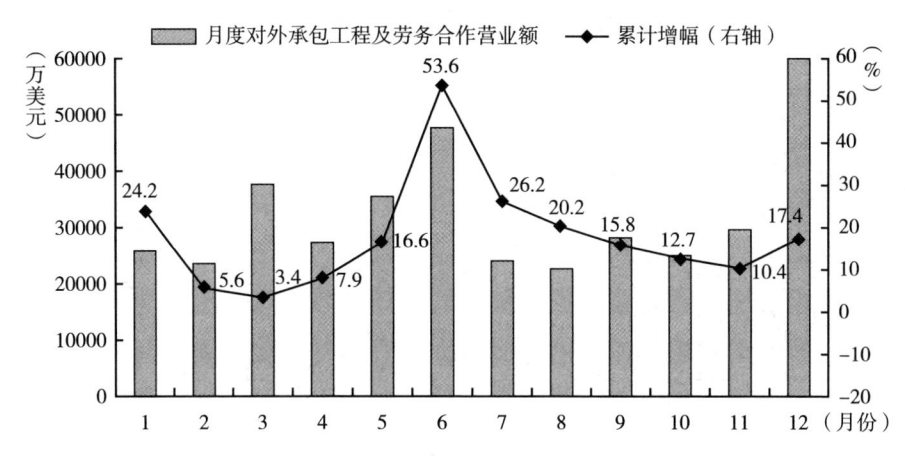

图 5　2021 年河南省月度对外承包工程及劳务合作营业额及累计增幅

资料来源：河南省商务厅。

承包工程及劳务合作新签合同额 11.5 亿美元，同比下降 49.0%，占全省总额的 28.7%。全省新签对外承包工程合同额 1 亿美元以上的项目 6 个，新签合同额 14.55 亿美元，合同额占全省总额的 36.47%。

（五）内贸流通健康发展

消费市场平稳恢复。2021 年，全省社会消费品零售总额 24381.7 亿元，同比增长 8.3%，增速低于全国 4.2 个百分点，比 2019 年同期增长 3.9 个百分点、两年平均增长 1.9%。其中，限额以上零售额 6498.7 亿元，同比增长 7.8%，增速低于全国 5.6 个百分点。全省社会消费品零售总额增幅自 2021 年 2 月开始逐月放缓，且分别低于全国 2.2、5.8、6.3、6.4、5.9、5.7、5.8、5.3、4.9、4.7、4.2 个百分点。开封、漯河社会消费品零售总额增长 11.4%，增幅最高；规模位居前列的郑州、洛阳、南阳等 6 市社会消费品零售总额合计 14501.9 亿元，占全省总额的 59.5%。其中，郑州市社会消费品零售总额 5389.2 亿元，同比增长 6.2%，占全省总额的 22.1%。

城镇社会消费品零售总额增速高于乡村。城镇社会消费品零售总额 20029.8 亿元，同比增长 8.4%，占全省总额的 82.2%；乡村社会消费品零

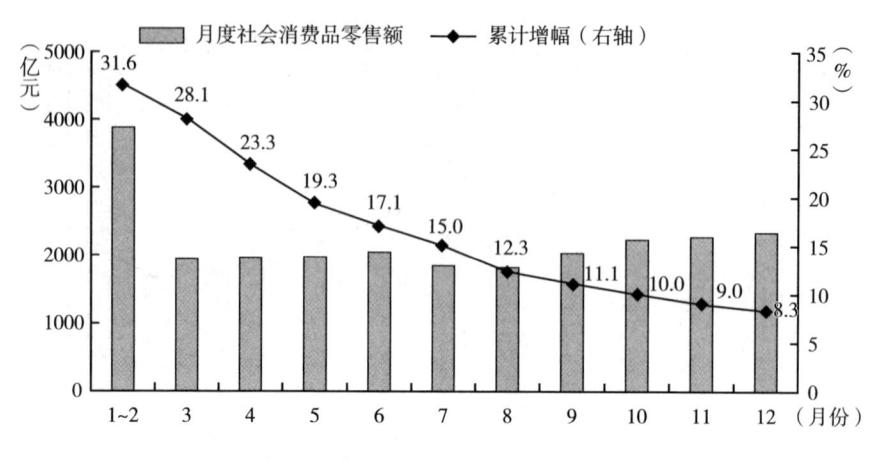

图6 2021年河南省月度社会消费品零售总额及累计增幅

资料来源：河南省统计局。

售总额4351.9亿元，同比增长8.0%，占全省总额的17.8%。城镇社会消费品零售总额增速高于乡村社会消费品零售总额0.4个百分点。餐饮收入增速高于商品零售。餐饮收入2597.2亿元，同比增长13.7%，低于全国4.9个百分点，占全省总额的10.7%；商品零售21784.5亿元，同比增长7.7%，低于全国4.1个百分点，占全省总额的89.3%。餐饮收入增速高于商品零售6.0个百分点。

网上零售滞后于全国。2021年，全省网上零售额2948.2亿元，同比增长12.5%，增速低于全国1.6个百分点。其中，实物商品网上零售额2426.4亿元，同比增长10.1%，增速低于全国1.9个百分点，占全省社会消费品零售总额的10.0%，占比低于全国14.5个百分点。

不同商品销售持续分化。23类限额以上批发和零售业商品中17类商品零售额实现增长、6类商品零售额下降。第一大类商品汽车零售额2251.5亿元，同比增长5.9%，增速低于全国1.7个百分点；第二大类商品石油及制品零售额779.6亿元，同比增长11.0%，增速低于全国10.2个百分点。粮油食品类、饮料类、烟酒类、日用品类等生活类商品零售额分别同比增长10.6%、11.3%、26.2%、14.3%。多数消费升级类商品保持较快增长，体育娱乐用品类、书报杂志类、金银珠宝类商品零售额同比分别增长14.3%、11.4%、13.8%，分别高于限额以上零售额增速6.5、3.6、6.0个百分点。家居类商品零售额增长较缓，家用电器和音像器材类、家具类商品分别同比增长5.2%、2.0%，分别低于限额以上零售额增速2.6、5.8个百分点，受房地产市场低迷等因素影响，建筑及装潢材料类商品增速仍未转正。

试点示范做强流通。财政部、商务部确定河南省为中央财政支持农产品供应链体系建设重点省份。郑州获批国家级服务业标准化试点（商贸流通专项）城市，鹤壁入选全国首批城市"一刻钟"便民生活圈试点地区。全省认定首批省级示范步行街，并开展第二批省级步行街改造提升试点工作。河南省商务厅联合省直17部门印发了《关于加强县域商业体系建设促进农村消费的实施意见》。河南省政府出台《关于加快农村寄递物流体系建设的实施方案》，全省行政村快递服务通达率达90%。新增国家级电商进农村综合示范县10个、国家级电商示范基地2个、省级电商示范基地20个。全省认定第五批河南省品牌消费集聚区16家，第七批河南老字号61家，第二批省冷链、快递、电商物流示范园区20个。确定郑州、洛阳、南阳、新乡、永城为首批品牌连锁便利店发展重点推进城市。

政策支持促进消费。省政府出台灾后促消费十条举措，省、市、县财政资金投入20亿元，促进汽车、成品油、家电家具、文旅、餐饮等消费。河南省政府出台《支持小微商贸企业和个体工商户发展若干措施》，为餐饮等企业纾困。组织参加首届消博会，开展消费促进月、网上年货节、"双品"网购节等活动，在全省开展了历时4个月的"寻味黄河·品飨中原"美食季系列活动。持续在全省开展"诚信兴商宣传月"活动。指导餐协开展"千厨千味"评选、美食之乡评定活动。

（六）战"疫"抗汛担当作为

河南省始终把疫情防控摆在重要位置，面对多轮多点疫情，精准做好常态化防控和保供稳价工作。对农批农贸市场、商超、餐饮等重点场所，按照防控技术指南要求，实地督导检查，落实防控措施。各级成立市场供应专班、完善应急保供预案、建立联保联供机制，及时协调发放应急运输通行证，指导企业加大货源组织、调运和市场投放、补货力度，保证了市场供应充足、价格总体稳定。此外，完成省委、省政府交办的捐赠蔬菜援沪任务；加强入境货物疫情防控，牵头建设省进口非冷链货物信息追溯系统。面对历史罕见的特大暴雨，河南省商务厅会同省财政厅第一时间将1.64亿元中央资金分配到受灾地区，分包帮扶汤阴县灾后恢复重建，助力汤阴招商引资和商贸流通建设。全省商务系统迅速行动，多方发动资源、积极主动投入抢险救灾，在大战大考中交出了高分答卷。

二 2022年河南省商务发展面临的形势及未来展望

（一）面临诸多挑战

1. 百年未有之大变局加速演进，动荡变革中经济艰难复苏

百年未有之大变局加速演进，贸易投资增速放缓，经济全球化遭遇逆流，国际经贸摩擦不断，全球产业链供应链加速调整，跨国公司产业布局短链化、区域化、本土化趋势明显。大宗商品价格高企和能源短缺加大各大经济体通胀压力，运力紧张和疫情管控升级导致国际物流不畅，发达经济体政策调整外溢等风险交织，2022年预期的加息政策冲击国际金融市场，全球疫情反复等风险进一步增加世界经济复苏的不确定性。国际货币基金组织发布的《世界经济展望报告》指出，得益于各国政府采取的特殊财政和货币刺激政策，预计2021年全球GDP实际增长5.9%（2022年1月25日发布）;[①] 预计2022年全球经济将增长3.6%，较此前预测下调0.8个百分点（2022年4月19日发布）。[②] 联合国贸发会议2022年1月19日发布的《全球投资趋势监测报告》指出，投资者对工业和全球价值链的信心依然不足，

---

① 参见 https://baijiahao.baidu.com/s?id=1723250200130455461&wfr=spider&for=pc。
② 参见 https://m.gmw.cn/baijia/2022-04/20/1302908340.html。

绿地投资项目数量下降1个百分点，其他工业部门的平均绿地投资活动仍比疫情前的水平低30%。①

2. 我国经济发展面临需求收缩、供给冲击、预期转弱三重压力

中央经济工作会议上指出，我国经济发展面临需求收缩、供给冲击、预期转弱三重压力。外部需求收缩，价格上涨、防疫物资出口等阶段性因素不会持久，叠加订单向部分新兴经济体转移，我国出口增长强劲势头难以持续；受疫情多点散发等多重因素影响，2021年我国社会消费品零售总额440823亿元，两年平均增长4.4%，仍在低位徘徊；受基建投资低迷和房地产投资下行等影响，2021年固定资产投资（不含农户）544547亿元，同比增长4.9%，投资增速不及预期，已连续10个月下滑，处历史较低水平；对外依存度过高的大宗商品价格上涨等对原材料供给产生冲击，劳动年龄人口增长率和劳动人口参与率下降影响劳动力供给，全球分工体系下的关键技术、关键商品和重要商品断供对供应链也产生不小的影响，这些短期的供给冲击影响较小、易于恢复正常，但长期化的供给冲击影响深远、扭转困难。疫情防控加上受原材料价格持续上涨，用工难、用工贵，应收账款回款慢，物流成本高以及部分地区停电限电等多重因素影响，部分中小微企业经营情况不容乐观，经营压力加大，投资信心不足，保持市场主体整体活力面对巨大挑战。居民就业和增收难度加大，消费能力和意愿下降。经济增速下降导致投资回报率难达预期，国内投资者的投资意愿降低。

3. 2021年河南省经济运行不及预期，追兵渐近

2021年受疫情、汛情等多重影响，河南经济运行情况不及预期，地区生产总值58887.41亿元，同比增长6.3%，低于7%以上的预期目标，增速低于全国1.8个百分点；固定资产投资（不含农户）同比增长4.5%，低于6%的预期目标，增速低于全国0.4个百分点，低于中部省份平均水平（10.2%）5.7个百分点、比东部省份（6.4%）低1.9个百分点、比东北省份（5.7%）低1.2个百分点；民间固定资产投资同比增长4.4%，低于全国

---

① 参见 http://www.tradeinvest.cn/information/10398/detail。

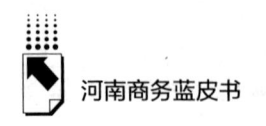

(7%) 2.6个百分点。经济总体增速低于全国，在中部六省中增速排名居后，河南被赶超压力加大，对商务高质量发展亦提出了更高的要求。

表1 2021年中部六省部分经济发展指标比较

序号	地区	GDP（亿元）	增速（%）	一般公共预算收入（亿元）	增速（%）	固定资产投资增速（%）	规上工业增加值增速（%）	民间固定资产投资增速（%）
1	河南	58887.41	6.3	4347.4	4.3	4.5	6.3	4.4
2	湖南	46063.09	7.7	3250.7	8.0	8.0	8.4	9.6
3	安徽	42959.2	8.3	3498	8.8	9.4	8.9	7.3
4	江西	29619.7	8.8	2812.3	12.2	10.8	11.4	16.1
5	山西	22590.16	9.1	2834.6	23.4	8.7	12.7	10.1
6	湖北	50012.94	12.9	3283.3	30.7	20.4	14.8	25.0

资料来源：各省统计局官网。

4. 河南商务发展压力倍增，挑战巨大

一是思想解放不够，对于制度型开放了解不深、研究不够，开放型经济新体制有待完善，制度创新有待深入。二是外贸结构不尽合理，多点支撑不足，企业转型提质慢，新的增长点少，高基数下平稳增长压力较大。三是利用境内外资金规模不大，外资企业存量和资本金规模占全国比重均不到1%，结构不优、港资占比近七成；大体量、强牵引的制造业项目不足，投资增长内生动力不强。四是开放平台数量和能级效应不足。河南省现有省级经开区数量远少于山东、湖南、安徽、湖北。境外招商联络平台不多。国家战略平台制度创新潜能发挥不足，叠加效应发挥不充分，带动作用有待增强。五是消费稳步恢复基础不牢，动力不足，促进消费举措不多。县域商业发展存进诸多短板，与居民日益增长的消费需求不相适应，内贸流通现代化水平有待提升。省内疫情多点频发，餐饮、住宿、零售等接触性消费、聚集性消费行业受疫情冲击更为明显，2021年河南省社会消费品零售总额增速在中部六省中居末位。

表 2 2021 年中部六省部分商务发展指标比较

序号	地区	货物贸易进出口总额（亿元）	增速（％）	出口（亿元）	增速（％）	社会消费品零售总额（亿元）	增速（％）
1	河南	8208.1	22.9	5024.06	23.3	24381.7	8.3
2	湖南	5988.6	22.6	4212.7	27.5	18596.9	14.4
3	安徽	6920.2	26.9	4094.8	29.5	21471.2	17.1
4	江西	4980.4	23.7	3671.8	25.8	12206.7	17.7
5	山西	2230.3	48.3	1365.9	56.3	7747.3	14.8
6	湖北	5374.4	24.8	3509.3	29.9	21561.37	19.9

资料来源：各省统计局官网。

（二）发展机遇良多

1. 经济全球化与区域一体化是大势所趋

和平与发展仍是时代主题，经济全球化是历史潮流，各国分工合作、互利共赢是长期趋势。共建"一带一路"向高质量发展迈进，《区域全面经济伙伴关系协定》（RCEP）生效实施，多边、双边经贸合作不断深化，为国际投资贸易提供了新机遇和新空间。新一轮科技革命和产业变革带来巨大机遇，新业态、新模式不断涌现，全球产业链、供应链重新布局，全球创新版图和经济结构正在重塑，国际力量对比深刻调整，有利于各地加快新兴产业布局，加快建设现代产业体系，融入全球分工体系。

2. 我国经济转向高质量发展阶段

我国经济发展和疫情防控保持全球领先地位，国家战略科技力量加速壮大，关键核心技术攻关取得重要进展，产业链韧性得到提升；改革开放向纵深推进，自主创新步伐加快；产业体系完备，人力资源丰富，区域协调发展、超大规模市场优势逐步显现；民生保障有力有效，生态文明建设持续推进。随着居民收入不断提高，制造业、服务业融合日益加快，消费新业态、新模式层出不穷，国内市场潜力持续释放，构建以国内大循环为主体、国内国际双循环相互促进的新发展格局的基础更加牢固。同时，我国进一步完善对外开放

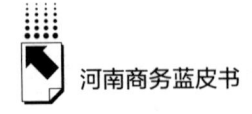

布局，扎实推进"一带一路"建设，高标准高水平建设自贸试验区，实施《区域全面经济伙伴关系协定》（RCEP）等国际高标准经贸规则，加快推进商品和要素等流动型开放向规则等制度型开放转变，有利于重塑对外开放新优势。

3.河南省仍处于重要战略机遇期

河南省面临国家构建新发展格局战略机遇、新时代推动中部地区高质量发展政策机遇、黄河流域生态保护和高质量发展历史机遇，交通区位优势向枢纽经济优势转变、产业基础优势向现代产业体系优势转变、内需规模优势向产业链供应链协同优势转变等优势再造战略加速推进，"万人助万企"活动的深入开展，"三个一批"活动的持续推进，"四路协同""五区联动"发展势头强劲，各类开发区、产业园区等加快提质转型，体制机制逐步完善，惠企纾困政策加快落地，营商环境不断优化，河南省经济长期向好的高质量发展基本面没有改变，仍处于重要战略机遇期。

（三）2022年展望

2022年，河南省商务系统以习近平新时代中国特色社会主义思想为指导，深入贯彻党中央、国务院重大决策和省委、省政府系列部署，坚持稳中求进的工作总基调，坚持商务工作"三个重要"定位，统筹疫情防控和商务发展，全面实施制度型开放战略，稳住外贸基本盘，努力实现外资新突破，多策并举促消费，推动商务高质量发展，更好服务全省经济社会发展大局，以优异成绩迎接党的二十大胜利召开。

三 2022年发展重点

（一）实施制度型开放战略，加快构建高水平开放型经济新体制

一是发挥好自贸试验区引领作用。落实省委、省政府部署要求，打好"自贸牌"，进一步理顺管理体制、优化运行机制，发挥好综保区、高新区、经开区等平台作用，一手抓制度创新，一手抓产业发展。出台河南自贸试验

区2.0版建设的实操方案和五大服务体系建设的专项方案，持续开展首创性、集成式、差异化创新，加强对各片区的定期调度、考核评价。设立首批开放创新联动区，加快经验复制推广，把制度创新红利转化为产业发展动力。承办好第三届中国自贸试验区发展论坛，与各方加强合作、扩大影响。

二是进一步放大平台通道优势。加快推进与卢森堡货航在航空运输、现代物流、航空金融等领域的深入合作。推动中欧班列（郑州）集结中心示范工程建设，推进运贸一体化发展。实施全面提升跨境电商核心竞争力的专项方案，再布局一批海外仓，建设一批跨境电商示范园区。推进跨境电商零售进口药品业务发展。支持郑州E贸易核心功能集聚区建设，推动洛阳、南阳跨境电商综试区联动发展。加强与沿海港口合作，扩大铁海联运、河海联运规模，从产业、通道、设施、平台等方面发力，提高河南省融入海洋经济的链接度。建设一批国际合作产业园区、"一带一路"国家经贸合作示范区。出台《河南省经济技术开发区管理办法》，再认定一批省级经开区，并积极推荐晋升为国家级经开区。

三是积极对接国际经贸新规则。抓好RCEP行动方案落地落实，打造RCEP地方经贸合作先行区。举办对外开放高级研修班和RCEP业务专题培训，帮助政府部门和企业掌握规则、用好政策。积极与广西开展RCEP战略合作，共建物流通道，协同开拓市场，促进产业联动。

（二）开展"三个一批"活动，提升招商引资质效

坚持省外即外、内外同招，明确"招谁引谁、谁招谁引"原则，招商专班主动对接，突出制造业高质量发展主攻方向，着力招大引强；调优结构补短板，学习借鉴"前海经验"，积极发展科技服务、现代物流、现代金融、会展业等现代服务业。优化项目布局，促进产业集聚、块状发展。

一是稳住存量企业。开展"万人助万企"外资企业走访全覆盖工作，把招商走访和纾困解难结合起来，省、县分级分包联系所有存量外资企业和重点内资企业，直接抓100家重点外资企业、100家重点内资企业，用好政府直通车、企业服务日、首席服务官机制，确保服务好、守得住、根扎实，让企业增强信

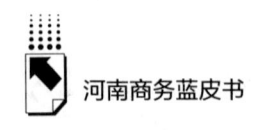

心再投资,以商招商引配套,力保产业链关键环节稳在当地、稳中有增。

二是抓好在谈项目。全面开展产业链招商,围绕产业链完善供应链、补齐创新链,做好项目规划、做深项目前期、做实项目储备。强化省、市、县联动,支持各地打造千亿级优势产业集群,培育百亿级新兴产业集群,建设专精特新中小企业集群。省商务厅建立100个外资在谈项目、200个内资在谈项目台账,分级分包推进,推动快签约、早落地、多到资。强化项目谋划入库和签约项目跟踪督导工作,落实"三个一批"签约项目评价办法,对各地进展情况进行考核通报、兑现奖惩。

三是外资专班精准突破。分行业组织研究国际国内资本流动和产业转移趋势,形成目标企业清单,实行实体化运作、常态化招商,做到每月调度、通报情况。对世界500强企业、行业头部企业、隐形冠军企业,弄清楚哪些企业是最有可能引进的,先易后难、先急后缓,高层推动,"一对一"精准对接,大力招引上下游企业、相关企业、偏好型企业、同类企业。各省辖市、县市区、开发区抓紧启动相应专班,完善招商图谱、招商路线图,与省级专班有效对接,协同联动,开展常态化驻地招商、登门招商、精准招商。注重乡情招商,吸引豫商豫才回乡投资创业。推行资本招商,鼓励外资参与国企混改。

四是办好重大活动。按照"小线下、大线上、多频次"的原则,省级层面谋划举办或参加重要经贸活动40场。适时举办在豫世界500强企业座谈会、第六届全球跨境电商大会等,参与省领导率团赴粤港澳大湾区招商活动,举办第十四届河南投洽会、跨国公司中原行等活动。利用进博会、厦洽会、服贸会、中国—东盟博览会等会议平台,举办专题经贸招商活动。鼓励支持各地多举办务实管用、特色化的招商活动。各片区整合招商力量,开展重点产业招商和项目建设专项行动,大力引进高端项目、外资项目。

(三)抓好跨周期调节,推动外经贸创新发展

紧盯重点企业、重点商品、重点市场,强化政策支持,优化企业服务,力争外经贸平稳增长。

一是稳主体、挖潜力。研究促进外贸高质量发展一揽子政策措施,用足

用好外经贸发展专项资金，对贡献突出的市县、试点平台、重点企业给予激励。服务好富士康等龙头企业和"白名单"企业，确保不发生大的波动。着力帮扶中小微外贸企业，进一步加大金融保险支持力度，让政策红利惠及更多企业。实施外贸主体培育行动，全年新增有实绩企业1000家。支持企业获得更多进出口资质和配额。加强涉外法律服务、贸易合规审查、贸易摩擦预警和贸易救济工作。

二是拓市场、抓订单。支持企业参加影响大、效果好的线上线下展会，用好国家级展会平台，争取多拿订单。鼓励企业利用新技术新渠道开拓国际市场，促进适合国内市场的产品转内销。指导企业用好RCEP成员国间关税减让政策、原产地累积规则等，精准开拓RCEP市场。

三是优结构、促转型。注重引进出口型项目，打造特色出口产业集群和区域出口品牌，持续提高一般贸易占比。推进76个外贸转型升级基地高质量发展，积极申建国家级基地。支持济源国家加工贸易产业园区建设。申建进口贸易促进创新示范区。积极培育中医药服务、文化贸易、信息服务、工业设计等贸易业态。实施服务外包转型升级行动，推动郑州、洛阳国家级服务外包示范城市提质发展，新布局2~3个省级服务外包示范城市、10个服务外包示范园区、10个省级数字贸易出口基地，培育50个服务贸易和服务外包领军企业。积极申建国家数字贸易服务出口基地。

四是育业态、增动能。提升外贸综合服务企业系统集成服务能力，推动供应链金融服务创新，引导更多中小外贸企业使用外贸综合服务。保证市场采购贸易方式试点健康发展，加快集聚省内外更多优质品牌和商品。扩大平行汽车进口，推进二手车出口。鼓励在综合保税区、自贸试验区内企业开展保税维修业务，支持保税研发、保税物流、保税存储展示交易等发展。

五是走出去、拓空间。鼓励企业投资并购境外优质能源资源、高端设备、关键零部件和尖端技术，加强境外产业链合作。发挥对外承包工程龙头企业带动作用，促进"投、建、营"综合发展。强化对外投资合作服务保障，及时研判国际局势影响、提出对策，指导企业提高日常监测、风险预警、突发事件处置等能力。

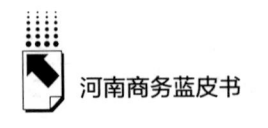

（四）推进现代商贸流通体系建设，以更大力度促进消费回补

制定更加精准的消费补贴政策，强化对商贸流通企业帮扶，抓好大宗商品"补贴"消费，推动大众日常消费、休闲体验消费"集聚化"，释放消费潜力。推动商贸流通现代化，提档升级城市商圈，健全县域商业体系。

一是抓重点消费稳大盘。探索建立"政银企"联合促消费长效机制，稳定扩大汽车消费，继续支持新能源汽车消费，引导二手车交易市场规范升级，挖掘汽车后市场消费潜力。持续做好绿色智能家电下乡和以旧换新工作，稳定居民对家居、家电、建材等重点商品的消费。整合商贸流通资源，培育壮大限额以上商贸流通企业。举办"中原美食荟"餐饮促消费系列活动，大力振兴豫菜，持续振兴豫酒。支持餐饮企业中央厨房建设，研究出台预制菜促进政策，引育并重，做大规模，培育品牌。促进家政消费提质扩容，新认定30家家政品牌企业。

二是抓商圈消费扩规模。支持郑州、洛阳创建国际消费中心城市，支持南阳等地培育区域性消费中心城市。开展城市商业提升行动，打造一批城市商圈。指导德化街争创全国示范步行街，高质量推进省级步行街改造提升工作。研究重振老字号的工作机制和支持措施，再认定支持一批河南老字号，举办首届中华老字号（河南）博览会。抓好品牌消费集聚区建设，新创建一批绿色商场，支持品牌连锁便利店加快发展，促进首店、旗舰店、概念店发展，扩大国潮品牌消费，打造消费市场新地标。持续推动连锁、生鲜等便民商业设施以及教育、文化、医疗、家政、体育等生活服务设施进社区，打造城市"一刻钟"便民生活圈。

三是抓农村市场挖潜力。落实乡村振兴战略，实施县域商业建设行动，引导大型商贸流通企业向农村下沉供应链网络，培育一批区域性、本地化县域龙头连锁流通企业，改造提升乡镇商贸中心，发展新型乡村便利店，创建一批县域商业建设行动试点县。推动农产品批发市场、农贸市场、菜市场改造升级，新建、提升一批低温共同配送中心、农产品产地预冷集配中心，补齐县乡流通短板。巩固扩大电商进农村综合示范成果，完善县、乡、村三级物流配送体系，加快推进农村寄递物流体系建设。

四是抓新型业态添活力。促进线上线下消费深度融合，培育多业态聚合、多场景覆盖的新型消费。发展平台经济，实施电子商务提升工程、网络零售市场主体培育行动，大力引进头部电商企业设立区域性、功能性总部，布局建设区域中心仓、分拨仓、前置仓；做大做强本土电商平台企业，积极发展直播经济、网红经济，培育河南电商产品品牌，支持更多河南名优产品"上网"，完善生态圈，实现以贸促工、以工强贸。深入研究常态化疫情防控带来的新情况，把准消费升级趋势，积极培育大健康、大教育、大文旅等消费新模式、新业态。

五是抓促销活动旺人气。鼓励支持各地发放消费券、折扣券，开展特色商品展、消费促进月、双品网购节、惠民消费季、品牌直播日、家电促销等活动。线上线下搭建促消费平台，省政府与商务部联办农产品产销对接活动，组团参加第二届消博会。积极参加商务部品牌中华行活动，赴外省开展"河南名优产品中华行""河南老字号中华行"活动，加强河南名优产品供应链建设，推动"豫产外销"，扩大河南地标商品市场份额。

（五）进一步加强工作统筹，为商务发展提供坚强保障

把党史学习教育抓在经常、融入日常，推动党建与业务深度融合，以党建"第一责任"引领发展"第一要务"。强化学习培训，提高专业素养，把握发展规律，当好行家里手。围绕中心工作，善于抓大抓重抓要，善于谋篇布局、破题开局、服务全局。加强对商务运行的监测调度，省市协同探索建立反映消费、外资、外贸等运行趋势的先行指标和同步指标、直接指标和间接指标，点面结合，把商务运行监测具体到领域、到企业、到项目，提升分析研判的及时性、有效性，更好发挥党委政府参谋助手作用。以有色金属为重点，推进再生资源回收行业发展，加强商品现货交易市场管理监督。持续打好商务领域污染防治攻坚战，不断加强商务市场监管、信用体系建设，做好对散装水泥、拍卖、商业特许经营、单用途预付卡和药品流通等领域的管理。

主题报告
Thematic Report

B.2 发挥高水平示范引领作用 提升自贸试验区对外开放能级

王军 张峰 杨多多 张玉国 李雯鸽*

摘　要： 2021年，河南自贸试验区深入贯彻习近平总书记关于自贸试验区建设重要指示批示精神，落实省委、省政府部署，实施制度型开放战略，以更大的力度谋划和推进高质量发展，加大压力测试力度，推进重点领域改革创新，积极对标国际高标准规则，加快培育外向型经济，发挥好改革开放排头兵的示范引领作用。

关键词： 自贸试验区　制度型开放　河南省

---

* 王军、张峰、杨多多、张玉国、李雯鸽，河南省商务厅。

一 河南自贸试验区建设基本情况

1. 高位推动河南自贸试验区迈入2.0版建设新阶段

2021年,省委常委会、省政府常务会分别2次专题研究自贸试验区工作、审议相关文件。2021年3月,省委、省政府出台《关于推进中国(河南)自由贸易试验区深化改革创新打造新时代制度型开放高地的意见》。2021年4月,省人大常委会审议通过《中国(河南)自由贸易试验区条例》,于2021年7月1日施行。2021年10月,省第十一次党代会把制度型开放战略作为"十大战略"之一,提出高水平建设河南自贸试验区2.0版。2021年11月,省委财经委第三次会议专题听取河南自贸试验区建设工作汇报。2021年12月,省政府办公厅印发河南自贸试验区《促进制度创新试行办法》《开放创新联动区建设实施方案》,省建设领导小组办公室印发《贯彻落实〈中国(河南)自由贸易试验区条例〉实施方案》,编制发布《中国(河南)自由贸易试验区"十四五"发展规划》。河南自贸试验区2.0版政策制度体系框架基本形成。

2. 较好发挥改革开放试验田作用

国务院印发的《中国(河南)自由贸易试验区总体方案》中的160项改革试点任务,除自由贸易账户体系因国家统筹考虑未实施外,其余159项都已实施。2021年共总结形成85项制度创新成果,改革创新成果累计达到479项,商事制度改革、跨境电商、多式联运、商品期货等领域制度创新走在全国前列,14项创新成果被国家层面采纳推广。"'四链融合'促进老工业基地转型升级"入选全国自贸试验区第四批最佳实践案例。"打造递进式商事纠纷多元化解模式,助力区域营商环境法治化建设"被最高人民法院司法改革领导小组办公室司法改革动态采纳。《优化营商环境助力跨境电商逆势增长》《突出片区功能定位助推特色产业创新发展》2篇简报被国务院自由贸易试验区工作部际联席会议简报采纳。省自贸办、省委改革办联合发布河南自贸试验区第二、第三批20项最佳实践案例,供全省借鉴推广。郑

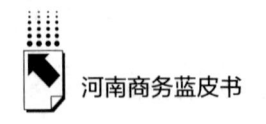

州片区金水区块率先出台企业集群注册登记管理办法，探索"区内注册+区外运营"模式，开封片区积极探索政务服务"跨区通办"模式，2项案例被省委改革办改革典型案例红榜通报。郑州海关探索跨境电商零售进口退货中心仓模式入选2020年度经济体制改革十大案例。

3. 重点领域改革创新取得新突破

2021年11月，河南省成立支持郑州商品交易所创新发展专班，加快推动波罗的海巴拿马型船干散货运价指数（BPI）、冷链物流等指数类期货的研发上市，并取得阶段性成效。郑州商品交易所推出的期货标准仓单买断式回购为银行开立标准仓单持有账户，客户在与银行达成回购协议，确定成交价格、回购价格和回购期限后，可将持有仓单通过综合业务平台卖给银行并获得相应货款，到期回购时，客户按回购价格向银行买回仓单。该模式实施以来共为97家产业客户融资192亿元，有效降低了企业融资成本，广受企业欢迎。2021年5月，国务院批复河南为全国首个跨境电商零售进口药品试点，监管部门通过平台准入、企业准入、产品准入和全流程追溯实施监管，消费者通过跨境电商方式可以又快又省地购买13种在国内已注册的非处方药。省交通运输厅在全国率先发布省级多式联运标准体系，近三年发布多式联运企业标准39项、团体标准10项，发挥了标准体系的支撑和引领作用。

4. 平台载体布局不断完善

郑州机场作为唯一的空港型国家物流枢纽和中部地区首个全国重要的国际邮件枢纽口岸，客货运规模连续多年位居中部地区"双第一"，2021年货邮吞吐量突破70万吨，跻身全球前40强，其中国际货邮吞吐量突破54万吨，连续5年居全国第5位，"空中丝绸之路"影响越来越大。洛阳获批国家服务外包示范城市，洛阳综合保税区顺利通过验收。开封综合保税区建设加快推进，开封片区的中部首个国际艺术品保税仓运行良好，累计鉴定社会文物艺术品藏品2000余件，举办国际艺术展6场，多次和荣宝斋·济南、北京盈昌、深圳云峰拍卖举行文物艺术品拍卖会。开封片区成功获批全国第二批、河南首个国家文化出口基地认证。河南自贸试验区郑州片区法院挂牌，成为中部地区首个挂牌的自贸试验区法院，管辖郑州市（不含郑州航空港经济综合实验区）所有1000万元以下的一审涉外、涉港澳台民商事案件，为优化自贸试验区法治化营商环境提供便利的司法服务。挂牌3个月，共受理审执案件4300多件，多项审执指标位居全省前列。

5. 培育壮大市场主体

各片区编制了产业招商图谱，省建设领导小组办公室出台郑州片区多式联运、开封片区文化产业、洛阳片区智能制造三个产业建设实施方案。注重招大引强、招新引优，为制度创新丰富样本。截至2021年底，河南自贸试验区累计入驻企业11.7万家，注册资本总额1.3万亿元。其中，2021年新设立企业2.1万家（占全省总数的4.5%），为2019年以来最高，同比增长4.4%；郑州、开封、洛阳片区分别新设企业16329家、1183家、3222家，同比分别增长2.3%、6.3%、15.6%。2021年新设外资企业80家，实际利用外资19.8亿美元，同比分别增长33.3%、12.7%，货物贸易进出口总额同比增长144.8%。

6. 坚持"项目为王"推动产业集群发展

郑州经开区初步形成了高端装备、汽车制造、现代物流3个千亿级产业集群，郑东区块现代金融、大数据产业加快构建。中原科技城招引上汽集团云计算软件中心、华为河南区域总部、百度自动驾驶基地等14家头部企业机构，海康威视郑州科技园、浙江大华中原区域总部等项目也相继开工。郑州片区签约重大项目40个、金额近500亿元，开封片区文化类及相关企业占企业总数近半，洛阳片区以中航光电、中航锂电、尚奇机器人等为代表的智能制造企业占企业总数的60%，益海嘉里、丰树物流、上汽、华为、浪潮、华润、格力、东旭等知名企业入驻该片区，目前有世界500强投资企业或机构125家、国内500强投资企业或机构100家。

7. 做好复制推广工作

省政府办公厅下发《关于做好自贸试验区制度创新成果复制推广工作的通知》，督促各地健全制度创新成果复制推广台账，完善推广体制机制，开展复制推广自查评估。省自贸办、省委组织部联合举办河南自贸试验区经验全省复制推广专题线上培训班,紧扣制度型开放战略,突出外向型经济,讲解制度创新做法,介绍外省联动发展、外资外贸转型升级好经验,各省辖市、济源示范区及各县(市)区、省级以上经开区和高新区、海关特殊监管区有关负责同志和业务骨干全省300余人参加,明确了复制推广工作把握的重点、应建的机制和路径,提升了改革创新能力水平,形成开放创新联动区建设共识。

8. 积极服务融入国家战略

深入贯彻中央关于促进黄河流域生态保护和高质量发展的决策部署,省自贸办联合山东、陕西、四川省自贸办,共同发起成立"黄河流域自由贸易试验区联盟",各项筹备工作进展顺利。开封、洛阳片区与四川、陕西、湖北、云南4省自贸试验区片区实现81项政务服务事项"跨省通办",推进改革协同和互认互通。郑州、开封、洛阳片区与江苏、陕西、安徽等自贸试验区片区合作成立"新亚欧陆海联运通道自由贸易试验区联盟",加快联动发展、协同开放,畅通陆上、海上"丝绸之路"衔接。

9. 强化宣传交流

举行河南自贸试验区建设新闻发布会,重点发布河南自贸试验区建设成效,介绍和解读省委、省政府《关于推进中国(河南)自由贸易试验区深化改革创新打造新时代制度型开放高地的意见》《中国(河南)自由贸易试验区条例》有关情况,并被人民网、《光明日报》等中央媒体及《河南日报》、大河网等省级媒体广泛报道。河南自贸试验区代表参加商务部第四批最佳实践案例专题新闻发布会、第二届中国自由贸易试验区发展论坛并发言。

10. 加快人才集聚发展

河南财经政法大学自贸区研究院入选河南省委宣传部省级特色智库(培育),2021年自贸试验区博士后科研工作站新入站博士21人,累计在站博士后数量达38人。郑州制定《郑州片区与中原科技城政策共享机制和若干措施》,出台4个方面30项共享政策措施,力争在国际科创资源引进、外籍高层次人才就业居留便利、国际化营商环境营造及数字贸易、生物医药等新兴产业和未来产业培育等方面取得突破性进展。目前中原科技城落户中科院自动化所模式识别实验室郑州创新中心、嵩山实验室等大院名所13家，人才团队14家，英国伦敦、德国汉堡、新加坡国立离岸创新中心等11个科创综合服务平台项目，累计引进各类认定高层次人才908人、海外和海归高层次人才70余人。洛阳实施《推进"头雁人才"行动暂行办法》，以"头雁"带领创新载体创新发展和高质量发展，引进"河洛英才计划"团队9个、享受国务院政府特殊津贴10人、国家百千万人才工程人选4人、中原学者2人。

二 制度创新呈现新特点

2021年，河南自贸试验区紧紧把握制度创新核心任务，在投资、贸易、金融、事中事后监管等领域深化改革探索，聚焦特色产业发展和差异化改革试点任务，形成了一批新的制度创新成果。

1. 围绕基础优势产业提升开展创新

洛阳片区围绕打造"国际智能制造合作示范区"功能定位，通过政策链带动资金链、资金链促进创新链、创新链引领产业链、产业链助推政策链，实现"四链"融合、互促共进，形成的"'四链融合'促进老工业基地转型升级"，入选全国自贸试验区第四批最佳实践案例。2021年洛阳市实现规上工业利润285.3亿元、同比增长34.4%，利润总额居全省第三。涧光装备、中航光电荣获国家制造业单项冠军，农机装备产业研究院成功挂牌全省首批产业研究院，10家企业获评省级智能工厂，10家市级产业研究院通过研讨论证。聚焦兽药产业发展，创新推出生物制品类兽药与非生物类兽药经营许可两证合一改革，制定"两证合一"改革实施细则，整合重复性材料，公布办事指南。企业提交申请材料后，一次现场查验评审，通过后即可颁发兽药经营许可证（含生物制品）。同时对经营活动实行"一体化"监管，监管信息实时上传国家兽药产品追溯系统，确保来源可溯、去向可追、责任可究。改革前，企业需两次申请、15项材料、超过30个工作日办结；改革后，程序不减、标准不降、一次申请、7项材料、10个工作日办结。目前，洛阳片区20多家兽药经营企业办理了"两证合一"许可证，产值近2亿

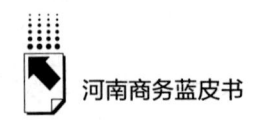

元，有效激发市场活力，获得企业高度认可。

2. 围绕"两体系、一枢纽"战略定位开展创新

郑州机场开展航空物流电子货运试点，建立了航空物流标准化体系，包含单证标准、操作标准和数据交换标准，其中单证标准和数据交换标准已被中国航空运输协会《航空物流信息交换规划》采纳。搭建电子货运信息服务平台，实现航空货运单的电子化，货物通行时效提升20%，国泰、海航（包括12家子公司）等多家航司及其子公司在郑州开展电子运单业务。中欧班列探索"运贸一体化"国际班列运行模式，实现中欧班列均衡往返对开；打造集约高效便捷的"数字班列"，在全国率先上线服务班列业务的订舱综合服务平台，数字化赋能班列运输业务全流程，实现信息互联互通以及多运输方式的高效衔接。在多式联运标准化建设方面，以促进空陆联运规范化为目标，针对中大型货运枢纽机场执飞的国际货运航班一般为B747F、B777F等宽体机，装载的整板货物板型大部分都是高板，但目前符合国家标准的厢式货车宽度和高度偏小，无法进行整板货物装载运输，市场上多采用改装过的非标车运输，安全风险大、货损率高，省交通运输厅、机场集团、企业共同研制和推广航空集装货物整板运输车，形成了《航空集装板厢式运输半挂车》团体标准、《航空集装板运输侧帘半挂车使用规范》企业标准，并成功下线10台样车，顺利通过测试，2021年9月，交通运输部、国家发改委验收组对此给予高度肯定，将申报上升为国家行业标准。

3. 围绕特色领域突破开展创新

发挥郑州商品交易所独特优势，通过"商储无忧"项目试点，引导国家化肥商业储备承储企业利用商品期货工具，通过市场化手段化解储备货物贬值风险，解决库存贬值"痛点"，稳定化肥供应、保障粮食安全，探索了大宗商品储备制度改革新路径。建立商品期货交割智慧监管平台，运用物联网技术，实现仓单全方位监控，汇集期货交割业务内外部相关数据，借助大数据分析让交割监管更加智慧、高效、精准，有力促进大宗商品安全流通。郑州市市场监管局以全市经济户口大数据为核心，综合企业信用、消费维权等数据，依托智慧监管平台，打造跨境电商市场领域智慧监管新模式，有效解决郑州片区跨境电商市场主体跨区域分类复杂、信用数据缺乏统合、综合监管风险突出等问题。

4.围绕国企改革开展创新

河南资产管理有限公司按照"引资源、引资本、引机制、引治理"原则，引入河南投资集团、国投集团等8家股东，明晰法人治理机制，不设置行政级别，全员市场化选聘；坚持业务导向，员工向一线倾斜；强业绩导向激励约束，职级越高、任务越重；严控经营风险，树牢"风控第一"的风险文化，2021年市场化改革经验被国务院国资委《国企改革三年行动简报》专题刊发。河南航投物流有限公司引入在国内空运行业领先的境内战略投资者——港中旅华贸国际物流股份有限公司，共同紧紧围绕"空中丝绸之路"建设，依托双方股东的资源优势，构建畅通国内国际、自主可控的国际航空物流体系，实现由传统单一航空货运经营商向国际综合物流服务集成商转型。

5.围绕数字化转型开展创新

郑州数链科技打造大宗商品供应链数字化服务平台，通过场景化全链交易、智能化资产整理、一体化风险管理、多维度安全验证，提升大宗商品供应链全流程的透明度、规范化和真实性。通过供应链金融创新，降低行业交易成本，打破大宗商品领域核心企业资金瓶颈，解决中小贸易商融资难、融资贵问题，有力支持实体经济发展。奇瑞汽车河南有限公司打造国内首批创新型5G专网，构建连接机器、物料、人员、信息系统的基础网络，联合中国移动、中兴、腾讯等生态伙伴创新5G应用场景，制定生产制造、视觉质检、仓储物流、安防监控、能耗管理等多个场景应用解决方案。有效节省人力130人左右，生产效率提升8.4%，年增效产出值达3500万元以上。

三 面临的形势与发展定位

1.面临形势

从国际看，百年未有之大变局加速演变。一方面保护主义、单边主义抬头，全球经贸摩擦加剧；受新冠肺炎疫情影响，国际贸易和投资大幅萎缩，

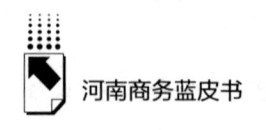

各国对国际市场和外资的争夺日趋激烈，全球价值链、产业链和供应链布局向区域化、本土化深度调整。另一方面国际经贸规则加速重构，"一带一路"建设助推全球经贸格局加速变革，新一轮科技革命和产业变革正重塑地区比较优势，为新产业新业态发展提供重要机遇。

从国内看，以国内大循环为主体、国内国际双循环相互促进的新发展格局加快形成。党中央要求以更大力度谋划和推进自贸试验区高质量发展，更加注重制度型开放，有利于自贸试验区发挥优势提升开放载体功能和拓展对外合作空间。同时，我国正处在转变发展方式、优化经济结构、转换增长动力的攻关期，生态保护和低碳循环对产业升级、绿色发展提出更高要求，各省市对高端要素资源竞争加剧，中西部地区综合竞争优势相对较弱，高端人才短缺，发展压力较大。

从省内看，河南正处于构建新发展格局战略机遇期、新时代推动中部地区高质量发展政策机遇期、黄河流域生态保护和高质量发展历史机遇期。由于交通区位优势明显，国家赋予河南自贸试验区"两体系、一枢纽"战略定位，为打造国内国际双循环战略链接的重要支点提供了有力支撑。省委、省政府提出建设开放强省的目标，发挥开放通道优势，以自贸试验区建设为引领加快制度型开放，不断提升对外开放能级，赋予了河南自贸试验区新使命。

总体看，"十四五"时期，河南自贸试验区建设仍面临巨大的困难和挑战，同时处于高质量发展的关键战略机遇期，应抢抓机遇、迎接挑战，强化优势、补齐短板，奋力打造新时代制度型开放高地。

2. 发展定位

制度型开放先导区。对标高标准国际经贸规则和国际公认富有竞争力的自由贸易园区，加大压力测试力度，推进规则、规制、管理、标准等制度型开放，在更大范围、更宽领域、更深层次深化改革扩大开放，基本形成以投资贸易自由化便利化为核心的制度型开放政策体系。

高能级枢纽经济先行区。以空中、陆上、网上、海上四条丝绸之路的协同建设为支撑，打造连通境内外、辐射东中西的国际物流通道枢纽，促进人流、商流、物流、资金流、信息流"五流"融合，把"流量"变"留量"，推动交通区位优势向枢纽经济优势转变。

现代产业高质量发展示范区。坚持绿色低碳循环发展，完善制度创新与产业发展协同机制，推动产业链、创新链、供应链、价值链和制度链深度耦合，推进战略性新兴产业加快发展，先进制造业提质增量，服务业国际化创新，数字经济形成优势，前瞻布局未来产业，构筑具有国际竞争力的开放型现代产业体系。

营商环境国际化引领区。主动适应国际国内形势变化，精准聚焦市场主体需求，持续深化"放管服效"改革，加快转变政府职能，提升政府服务和管理水平，优化法治环境，营造公平公正透明的市场环境，使市场化、法治化、国际化的营商环境达到国际前沿水平。

四 下一步工作举措

2022年，河南自贸试验区将深入贯彻落实习近平总书记关于自贸试验区建设的重要批示指示，扎实推进实施制度型开放战略，发挥好航空港实验区、综保区、经开区、高新区等平台载体作用，加强产业培育，在提升开放水平、推进制度创新、推动高质量发展、服务国家战略等方面持续发力，为确保高质量建设、高水平实现现代化河南作出新贡献。

1. 健全河南自贸试验区2.0版政策制度体系

开展挂牌五年来建设情况综合评估。贯彻《国务院印发关于推进自由贸易试验区贸易投资便利化改革创新若干措施的通知》《中国（河南）自由贸易试验区条例》《关于推进中国（河南）自由贸易试验区深化改革创新打造新时代制度型开放高地的意见》，研究制定高水平建设河南自贸试验区2.0版实操性方案，提升贸易、投资、国际物流、金融服务实体经济便利度。出台实施政务、监管、金融、法律、多式联运五大服务体系2.0版建设专项方案，探索新的试点内容，在专项领域集成化创新突破。研究制定促进全省复制推广自贸试验区经验的措施办法。会同有关部门研究出台支持自贸

试验区高质量发展专项政策。

2. 深化首创性差别化探索

在跨境电商进口药品、航空货运电子化、国际艺术品展示交易等重点领域探索开展全产业链、集成式政策创新。加快建设以"一单制"为核心的多式联运服务体系，创新推动"四条丝路"融合并进，着力提升国内外市场链接、国内外双向辐射引领能力，推动枢纽优势向枢纽经济转变。支持郑州商品交易所上市波罗的海巴拿马型船干散货运价格指数（BPI）期货，研发中欧班列等运价指数类期货。开展进口贸易创新，综合利用提高便利化水平、创新贸易模式、提升公共服务等多种手段，推动在进口领域监管制度、商业模式、配套服务等方面创新。推动发展离岸贸易，支持银行探索离岸转手买卖的真实性管理创新，为企业开展真实合规离岸贸易业务提供优质金融服务，提高贸易结算便利化水平。加快"两头在外"保税维修业务发展，支持自贸试验区内企业开展保税维修产品目录范围内的保税维修业务。

3. 打造对接高标准经贸规则先行区

深度对标新的国际经贸规则，把握 RCEP 战略契机，深入研究 CPTPP、DEPA 等协定，探索运用相关规则。在贸易投资自由化便利化、跨境服务贸易、知识产权保护、良好监管规范、贸易调整援助等方面积极探索。依托河南自贸试验区郑州片区综合服务中心，建设河南省 RCEP 企业服务中心，为企业提供"一站式"原产地证书签发、商事证明、出口退税等服务。加强对 RCEP 的宣传解读，引导企业合理运用 RCEP 和现有自贸协定减税安排，指导企业利用 RCEP 原产地区域累积规则优化供应链，为企业提供及时精准的涉外商事法律服务。积极吸引以 RCEP 区域为出口目的地的电子信息、药品、航空等高科技产品企业入驻片区。

4. 提升片区产业发展质效和能级

支持郑州、开封、洛阳片区围绕主导产业、新业态、新模式，开展全产业链、全生命周期集成创新，研究制定片区建设专项方案，把片区产业做实、做出特色。推动各片区产业链创新发展，支持郑州片区重点围绕物流集运、跨境电商、数字经济等领域，在促进交通物流融合发展和投资贸易便利化方面推进体制机制创新，打造多式联运国际性物流中心。支持开封片区重点围绕文化贸易、文化金融、数字经济等发展方向，培育引进一批具有全国影响力的外向型文化企业和文化品牌，打造国际文化和人文旅游合作平台。支持洛阳片区围绕构建国际智能制造合作创新生态体系，加强国际科技交流合作，率先推动产业链创新升级，打造国际智能制造合作示范区。坚持"项目为王"，培育发展战略性新兴产业和未来产业、发展壮大先进制造业、推进现代服务业转型升级、大力发展数字经济，大力招引一批标志性重大项目，提升片区高质量发展能级。大力促进中原科技城等核心板块招商，加快推动重大项目建设，打造外向型经济集聚发展高地。

5. 推进自贸试验区与综保区统筹发展

推动自贸试验区与综合保税区同一管理机构统一负责、统一规划建设。创新"自贸试验区+综合保税区"融合发展机制，在优化口岸监管、通关一体化改革、资源要素集聚等方面发挥叠加效应。探索"区区联动"模式开展保税、非保税货物同仓储和集拼分拨。试行扩大保税功能范围，支持自贸试验区内企业按照综合保税区维修产品目录开展"两头在外"保税维修业务，以试点方式支持综合保税区外企业开展高技术含量、高附加值、符合环保要求的自产出口产品保税维修。

6. 打造开放透明公平法治的营商环境

纵深推进简政放权，聚焦产业发展和企业需求，进行综合性、一揽子授权，做到按需下放、应放尽放。试行商事主体登记确认改革和配套机制，推行跨事项、跨部门、跨层级联办"一件事"集成改革。深入推进"证照分离""一业一证""一企一证"改革。构建开放透明的准入管理模式，加强准入后的行业引导、培育和管理，消除隐性壁垒。加大开放压力测试力度，营造公开透明平等的市场环境。强化法治建设，建立健全国际商事调解、仲裁机制，探索建立与境外商事调解机构的合作机制，协同解决跨境纠纷。促进知识产权运用与保护，试点快速确权和侵权快速查处机制，完善侵权惩罚性赔偿制度。探索建立特色产业领域知识产权快速维权中心。建立更具弹性的审慎包容监管制度，实施以"事前承诺+事中监管+事后检查"为主的综

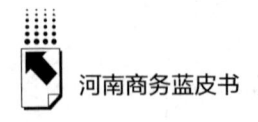

合监管。构建信用分级分类管理体系，引导市场化平台开展信用评价活动。支持河南自贸试验区郑州片区法院建设国际化涉外商事审判庭。

7. 进一步发挥辐射带动和协调联动作用

健全自贸试验区经验复制推广工作机制，把更多改革成果推向基层、服务企业。继续联合省委改革办发布自贸试验区最佳实践案例。启动首批自贸试验区开放创新联动区建设工作，完善指标体系和考核评价机制，在制度创新协同、改革经验推广、省级权限下放、产业联动发展、开放平台打造等方面联动创新、共同发展，形成"1+N"的全省自贸发展格局。联合山东、陕西、四川省自贸办，共同发起成立"黄河流域自由贸易试验区联盟"，在合作交流、改革创新经验复制推广、改革试点任务向上争取等方面协同合作。筹办好第三届中国自贸试验区发展论坛，借鉴其他自贸试验区先进经验，扩大影响。

8. 深入推进能力和基础建设

把提升干部队伍素质能力、强化人才智力保障作为自贸试验区建设的关键环节。以能力作风建设年为契机，进一步推动思想解放能力提升，继续开展自贸试验区专题培训和专题研修轮训，增强开放观念，拓展思路视野，在全省凝聚推进自贸试验区建设的强大力量，营造良好氛围。更加注重发挥"外脑"力量，利用河南自贸试验区专家咨询委员会，提供政策建议。继续开展专项课题研究，深入研究RCEP、CPTPP等新一代国际经贸规则主要内容及发展走势，提升自贸试验区谋划建设水平。加强统计分析、信息简报等基础性工作，进一步增强统计服务效能。

分报告
Topical Reports

B.3 2021~2022年河南省对外开放形势分析与展望

王卫红　张海波　贾春奇*

摘　要： 2021年是河南对外开放事业发展中极不平凡的一年，面对严峻复杂的发展环境和超出预期的困难挑战，特别是在疫情灾情叠加的严重冲击下，全省上下深入贯彻习近平总书记视察河南重要讲话重要指示，统筹疫情防控、抗汛救灾和对外开放，坚定不移实施开放带动战略，走深走实以"一带一路"建设为统领的内陆开放新路子，迈出开放强省坚实步伐。本文回顾了2021年河南省对外开放取得的成绩和存在的问题，认真分析了2022年对外开放面临的最新形势，提出了新时期以高水平开放推动高质量发展的对策和措施。

关键词： 开放型经济　对外开放　河南省

---

* 王卫红、张海波、贾春奇，河南省商务厅。

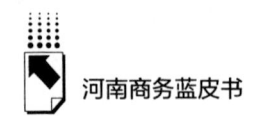

2021年，河南开放型经济持续健康发展，对外开放综合带动作用进一步增强，对全省经济贡献度不断提高，在"十四五"对外开放事业中展现了新气象、实现了新突破。2022年是党的二十大召开之年，也是贯彻落实省第十一次党代会精神的首战之年。全省上下将深入贯彻习近平总书记视察河南重要讲话重要指示，认真落实省第十一次党代会、省委十一届二次全会暨省委经济工作会议部署，锚定"两个确保"，全面实施制度型开放战略，持续打造更具竞争力的内陆开放高地，以优异成绩迎接党的二十大胜利召开。

一 2021年河南省对外开放基本情况

1. 招商引资水平持续提升

2021年，全省实际吸收外资210.7亿美元，同比增长5%；实际到位省外资金10654.9亿元，同比增长3.2%。全省引进境内外资金连续多年占全社会固定资产投资的近四分之一。在豫世界500强企业达到198家，中国500强企业达到175家。全年新设外商投资企业341家，同比增长28.2%；新增省外资金项目5978个，同比增长15.0%。香港华润电力、香港光大环保、新加坡普洛斯、丰树等知名跨国公司在河南省增资扩股，山西晋城无烟煤矿业集团、深圳合丰泰科技、中国铁建重工集团、中国兵器工业集团等国内知名企业来豫投资。

2. 对外经贸合作规模持续提升

2021年，全省货物贸易进出口总额8208.1亿元，连续突破7000亿元、8000亿元大关，同比增长22.9%，规模和增幅分别居全国第10位、第15位，其中，出口额5024.1亿元，同比增长23.3%，分别居全国第10位、第18位。外商投资企业贡献最大，其货物贸易进出口总额3795.3亿元，占全省总额的46.2%；民营企业货物贸易进出口总额增速最快，其货物贸易进出口总额3762.0亿元，同比增长80.9%，占全省总额的45.8%。机电产品是第一大出口商品，手机出口额达2727.2亿元，占全省出口总额的54.3%。全省服务贸易总额61.8亿美元，同比增长1.5%。全省对外直接投资13.7

亿美元,同比增长11.2%,规模居全国第12位;全省对外承包工程及劳务合作完成营业额40.7亿美元,同比增长17.4%,规模居全国第10位。

3. 国家战略平台能级持续提升

《郑州航空港经济综合实验区条例》颁布实施,郑州航空港经济综合实验区被确定为空港型国家物流枢纽,获批实施国内唯一航空电子货运试点项目,以航空经济为引领的现代产业基地、内陆地区对外开放重要门户加快建设。省委省政府出台《关于推进中国(河南)自由贸易试验区深化改革创新打造新时代制度型开放高地的意见》,颁布实施《中国(河南)自由贸易试验区条例》,郑州片区法院正式挂牌运行。国务院印发的总体方案160项改革试点任务基本完成,创新构建了五大服务体系,累计形成479项创新成果,着力打造河南自贸试验区2.0版。《郑洛新国家自主创新示范区条例》施行,郑洛新国家自主创新示范区创新能力持续增强,各项指标领跑全省。跨境电商综试区建设水平稳居中西部地区首位,跨境电商业务覆盖近200个国家和地区,形成联动发展新格局;跨境电商零售进口药品试点顺利推进。国家大数据综试区核心区郑东新区龙子湖智慧岛形成良好产业集聚态势。

4. "四路并进"通道优势持续提升

"空中丝路"辐射力持续增强,郑州机场货邮吞吐量突破70万吨,其中国际地区货邮吞吐量超过54万吨,连续五年居全国第5位;出入境货运航班首次突破1万架次,中匈航空货运战略合作项目列入中国—中东欧国家领导人峰会经贸成果清单。"陆上丝路"扩量提质,中欧班列(郑州)新开辟4条国际线路,全年开行1546班次,实现每周"16去18回"高频次往返对开,班次、货值、货重分别增长38%、40%、41%,新乡、洛阳分别开行国际班列56列、28列。"网上丝路"更加顺畅,全省跨境电商交易额2018.3亿元,增长15.7%。"海上丝路"无缝衔接,全省铁海联运班列全年运货11.2万标准箱,恢复快速增长势头,河海联运加快发展。

5. 开放平台能级持续提升

郑州经开综保区挂牌运营,洛阳综保区通过验收,许昌保税物流中心(B型)封关运行。河南已经建成3个国家一类口岸、9个功能性口岸、5个综合保税区、4个保税物流中心,成为功能性口岸数量最多、功能最全的内陆省份。省委、省政府出台《关于推动河南省开发区高质量发展的指导意见》,加快推进经开区体制机制改革。2021年国家级经开区考评中9个国家级经开区整体晋位明显,郑州经开区2020年首次进入前30强,2021年再次攀升至第22位;漯河经开区首次进入前100名;红旗渠经开区大幅跃进82位。2021年全国169家国家级高新区排名中,河南省7家国家高新区有6家实现了位次提升,郑州高新区晋升至第17位,新乡、平顶山高新区进入前100名。

6. 开放影响力稳步推进

全年接待高规格代表团20批145人次,包括英国、白俄罗斯、印度尼西亚、塞拉利昂、老挝等国驻华大使和上合组织秘书长、中国—东盟中心秘书长等。先后与22个国家举办地方政府间视频会议30余场次。成功举办2021年国际旅游城市市长论坛、中国(河南)—东盟贸易投资推介会等重要涉外活动。组团参加进博会、服贸会、厦洽会、中博会等国家级经贸活动。中国河南国际投资贸易洽谈会已成功举办13届,成为河南与世界开放合作、投资贸易的重要平台和河南开放的亮丽名片。各地也举办了特色经贸活动,河南开放经验得到国内兄弟省市高度认可,开放的大门越开越大,与世界联系越来越紧密。

7. 开放领域持续拓宽

科教文卫和农业、金融、对外交流等领域的对外开放稳步推进。2021年新增中外合作办学机构(项目)20个,河南省孔子学院(课堂)达到24个。第二届中国·河南开放创新暨跨国技术转移大会、第七届全国双创周主会场活动成功举办,技术合同成交额突破500亿元。创建4个国家优势特色产业集群,新增家庭农场1万家、农民专业合作社9023家。河南境内、境外上市公司分别达到98家、49家。心血管、儿童区域医疗中心分别被国家授牌(筹建),国家区域医疗中心达到5个,占全国总数的1/5。河南省国际友城数量达到124个,位居中西部首位、全国前列。

8. 营商环境质量持续提升

各级、各部门强化团结协作打总体战，省级层面围绕"线"抓"面"，市、县层面围绕"块"抓"点"，全省上下形成分工明确、步调一致的三级联动开放工作推进机制。深入推进"放管服效"改革，全面推行证明事项告知承诺制和企业投资项目承诺制，深化工程建设项目审批制度改革，首批800个政务服务事项实现全省通办，576个事项实现跨省通办。"豫事办"注册用户突破6000万。首次开展全域营商环境评价，新设市场主体184.9万户、总量达851.8万户、居全国第5位，市场活跃度不断提升。做好外商投资权益保护，外商投诉结案率常年保持在90%以上。

综上所述，2021年河南省开放型经济平稳健康发展，成绩来之不易，但也要清醒认识到存在的问题和不足。一是思想解放不够。部分地方思想不够解放，对于制度型开放了解不深、研究不够。二是开放型经济质量和结构不优。2021年河南进出口落后于四川，外资企业存量和资本金规模占全国比重均不到1%。郑州进出口额占全省总额的七成以上，吸收外资近七成是港资。三是开放平台数量和能级效应不足。国家战略平台制度创新潜能发挥不够，叠加效应发挥不充分。河南省现有省级经开区数量远少于山东、湖南、安徽、湖北。缺少境外招商联络平台。四是营商环境优化不够。一些地方政府部门办事效率和服务质量不高，个别地方还存在承诺事项不兑现和新官不理旧账现象。五是国际影响力不足。国外很多人只知道少林寺、太极拳，却不知道郑州、焦作；同为古都，洛阳的国际影响力远不如西安。郑州城市外向度总体偏低，国际化设施、国际赛事少。

二 2022年对外开放形势分析

经过两年多的积极努力，我国新冠肺炎疫情已经得到有效控制，总体可控可预期。但是全球疫情形势始终处在紧张状态，有些国家和地区疫情出现了反弹，甚至出现破防，这对当前和今后一个时期的对外开放工作产生了深远影响。国际形势的复杂化，全球化进程的局部倒退，为河南省的对外开放

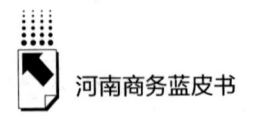

工作提出了一些新要求,因此,要准确把握形势,保持清醒头脑应对挑战,坚定发展信心抢抓机遇。

1. 清醒认识面临的诸多挑战

从国际看,当今世界正经历百年未有之大变局,进入动荡变革期,复杂多变的全球环境带来了新挑战新摩擦,开放型经济发展外部环境的不稳定、不确定、不平衡特点更加突出。新冠肺炎疫情给经济发展、行业格局、企业运营等持续产生不利影响,有的国家新增病例居高不下,疫情防控形势依然严峻,各类衍生风险不容忽视,全球抗疫面临严峻考验,须臾不可懈怠。世界经济复苏乏力,国际市场需求疲软,贸易投资复苏放缓,世界遭受保护主义、霸凌主义冲击,经济全球化遭遇逆流,贸易投资壁垒增多,贸易摩擦加剧,全球产业链供应链加速调整,区域化、本土化趋势明显。

从国内看,中央经济工作会议上指出,我国经济发展面临需求收缩、供给冲击、预期转弱三重压力。这三重压力在对外开放领域十分突出,对外开放高质量发展面临很大挑战。在需求上,我国要保持经济持续健康发展压力很大,支撑我国外贸出口增长的因素有所减少,出口额大概率将呈回落态势;2022年疫情对消费的长期影响依然存在,消费复苏依旧乏力;近两年固定资产投资增速较低,外需不振。在供应上,一方面大宗商品涨价,生产成本上升带来了通胀压力;另一方面,在疫情背景下,中美科技博弈让供应链的稳定性受到影响,存在关键领域"卡脖子"和断供风险,科技创新能力仍需补强。预期减弱应高度重视,信心比黄金还珍贵,预期愈悲观,消费和投资愈谨慎,亟须精准服务企业增强中小企业抗压能力,提升城乡居民特别是农村居民收入提振消费信心,优化投资环境吸引更多优质外资企业和项目落地。

从省内看,2021年受疫情、汛情等多重影响,河南经济运行未达到预期,经济总量和投资增长未达到预期目标,虽然进出口成绩耀眼,但其他经济指标不如全国平均水平和中部其他省份。2021年河南省经济总量增速低于全国1.8个百分点,固定资产投资增速低于全国0.4个百分点,社会消费品零售总额增速低于全国4.2个百分点,经济总量增速、固定资产投资增速、消费品零售总额增速在中部地区均低于湖南、安徽、江西、山西。2022

年改革发展任务依然繁重艰巨，特别是稳外贸和促消费工作将面临很大难题，河南省外贸两年净增近2500亿元，在高基数下保持增长难度巨大；受疫情反复和汛情爆发等多重因素影响，河南省消费长期稳步恢复基础不牢、动力不足。作为省会城市，郑州龙头带动能力不足，产业经济溢出效应不明显，与周边城市产业联动协同不足。

2. 准确把握我们面临的有利机遇

从国际看，和平与发展仍是时代主题，开放合作、互利共赢仍是长期趋势，经济全球化与区域一体化仍是大势所趋，新一轮产业变革和科技革命深入发展，新业态新模式不断涌现，开放型经济领域的数字化、网络化、智能化趋势正在加速，全球创新版图正在重构，全球经济结构正在重塑。《区域全面经济伙伴关系协定》（RCEP）生效，多边双边经贸合作的新突破为拓展国际投资贸易提供了新机遇和新空间。

从国内看，我国经济已经转向高质量发展阶段，仍然处于重要战略机遇期。党的领导为对外开放发展提供了根本保证，党中央提出加快构建新发展格局，持续释放强大国内市场潜力，促进区域协调发展，制度优势显著，经济长期向好，超大规模市场优势日益显现，产业体系完备，人力资源丰富，自主创新步伐加快，推动对外开放高质量发展具有多方面优势和条件。随着居民收入不断提高，制造业服务业融合日益加快，消费新业态新模式层出不穷，构建以国内大循环为主体、国内国际双循环相互促进的新发展格局的基础更加牢固。同时，我国进一步完善对外开放布局，扎实推进"一带一路"建设，高标准高水平建设自贸试验区，签订实施《区域全面经济伙伴关系协定》（RCEP）等国际高标准经贸规则，加快推进商品和要素等流动型开放向规则等制度型开放转变，我国申请加入CPTPP等，都将有利于河南省通过制度创新实现跳跃式、直联式开放，重塑对外开放新优势。

从省内看，随着近年来的稳步发展，河南的比较优势正在逐步上升。基础优势得天独厚。河南区位交通优越，产业体系完备，消费市场广阔，"米"字形高铁通达全国，空陆网海"四条丝路"联通世界，拥有40个工业行业大类、850多万户市场主体、2000多万中等收入群体，2021年全省生产总值接近6万亿元、粮食产量稳定在1300亿斤以上、货物贸易进出口总值超过8000亿元,经济社会发展态势良好、前景光明。国家战略优势叠加。空中、陆上、网上、海上"四条丝路"开放通道优势,与郑州航空港经济综合实验区、河南自贸试验区、跨境电商综试区、郑洛新国家自创区、国家大数据综试区等国家级战略平台优势叠加,共同构建了河南对外开放的崭新格局,形成"1+1>2"的叠加效应,为中原更加出彩注入强劲的前进动力。创新优势逐渐显现。近年来,河南省创造了一些走在全国前列的模式和经验。从建立"13710"工作制度到"豫事办"注册用户突破6000万,营商环境的改善成为河南发展新标识。从双汇收购史密斯菲尔德到郑煤机收购全球汽车零部件"隐形冠军"企业,民资与国资不断续写新的传奇。期货行业在郑州得到良好发展,从全国第一家粮食批发市场到郑商所2021年交易量排名全国第一、全球第三,"金融磁石"效应不断显现。同时,河南省率先在全国放宽企业进出口经营权登记条件,率先下放外资审批权限,率先推出外商投资项目无偿代理制,都在全国引起了极大反响。

尽管面临很多挑战,但是我们可以看到,机遇依然大于挑战,有党中央的坚强领导,有制度优势,有日益雄厚的基础优势,有不断凸显的创新优势,有疫情防控有力的良好基础,有产业转型加快、市场空间大等有利条件,河南省对外开放高质量发展的支撑依然有力,依然大有作为。

三 对策与措施

2022年,河南省将以习近平新时代中国特色社会主义思想为指导,全面贯彻落实党的十九大、十九届历次全会和中央经济工作会议精神,坚定不移践行新发展理念,坚定不移解放思想,积极服务构建新发展格局,稳外贸、稳外资、促外经,推动构建更高水平开放型经济新体制,向开放强省目标扎实迈进,以优异成绩迎接党的二十大胜利召开。

1. 聚焦工作机制,凝聚开放合力

加强对外开放工作的统一领导,充分发挥省对外开放工作领导小组综合协调督查服务作用，协调解决重大问题、研究推出重大举措、协同推进重大项目。扎实开展调研，高标准、严要求做好全省对外开放大会的筹办工作，吹响新时代对外开放号角，牢固树立"一盘棋"思想，调动各级各部门和全社会的力量积极参与服务对外开放，凝聚形成推进更宽领域、更深层次、更高水平对外开放强大工作合力。

2. 聚焦制度型开放战略，推进创新发展

以自贸试验区建设为引领，深入实施制度型开放战略，开展首创性、集成性、差别化改革创新。持续拓展开放合作空间，提高河南省在高质量共建"一带一路"中的参与度、链接度和影响力。积极对标对接RCEP等高标准国际经贸规则，深化与相关国家和地区的交流合作。加强与长三角一体化、长江经济带、京津冀、粤港澳大湾区等区域重大战略互促共进。加快开放型经济发展体制机制改革创新，进一步提升投资贸易自由化便利化水平。

3. 聚焦平台载体，提升效应能级

高水平推进郑州航空港区、河南自贸试验区、郑洛新国家自创区、中国（郑州、洛阳、南阳）跨境电商综试区、国家大数据（河南）综试区等国家级战略平台建设。创新发展开发区、产业集聚区、口岸和海关特殊监管区等载体平台。重点打造河南自贸试验区2.0版，促进自贸试验区和综保区建设有机结合，发展一批自贸试验区开放创新联动区，依托郑州航空港区申建自贸试验区扩展区域。务实办好中国河南国际投资贸易洽谈会、全球跨境电商大会等重大活动。

4. 聚焦"四路协同"，夯实通道优势

推动"四条丝路"协同并进，做大做强航空经济，提质增效陆港经济，全面提升电商经济，加快发展临港经济，构建"通道+枢纽+网络"现代物流运行体系。加快推进与卢森堡货航在航空运输、现代物流、航空金融等领域深入合作，推动郑州机场客货运吞吐量实现新突破。组建河南中豫国际港务集团，推动中欧班列郑州集结中心建设，推进运贸一体化发展。推动出台全面提升跨境电商核心竞争力专项方案，高水平建设和争取新获批跨境电商综试区，实现全省科学布局、联动发展，持续优化完善生态圈、产业链，推

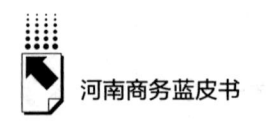

进制度、管理、服务创新，支持布局建设和提升发展海外仓。推动跨境电商零售进口药品试点尽快形成业务规模，提升再造"中大门"模式。扩大与沿海港口合作，提升铁海联运、河海联运规模，提升通江达海能力。

5. 聚焦联动发展，形成良好态势

继续发挥富士康"压舱石"作用。注重引进出口型项目，打造特色出口产业集群和区域出口品牌，持续提高一般贸易占比。提升外贸综合服务企业系统集成服务能力，引导更多中小外贸企业使用外贸综合服务。推动市场采购贸易方式试点健康发展。持续推进二手车出口。推动郑州、洛阳国家级服务外包示范城市提质发展，在全省布局一批省级服务外包示范城市和园区。深入实施"三个一批"活动，力争全年"三个一批"签约超过1万亿元。设立港资、日韩、台资、世界500强企业四个利用外资专班，推广资本招商、带地招商、飞地招商、回归招商等方式。在长三角、京津冀、粤港澳大湾区举办专题经贸招商活动。针对东盟、日韩、欧盟等地区开展投资促进活动。完善境外投资合作项目库，强化动态管理和跟踪服务，稳妥推动对外投资合作，持续深化"一带一路"经贸合作。

6. 聚焦企业需求，优化营商环境

发挥省对外开放工作领导小组、省推进外经贸高质量发展领导小组作用，通过落实重点"三外"企业"白名单"、"首席服务官"、外企服务日等机制，精准解决"白名单"上"三外"企业投资经营中的困难问题。深入实施"万人助万企"活动，提升"千家外企大走访"成效。持续深化"放管服效"改革，加强部门协同，优化业务办理流程，编制《河南外商投资指引》，提高企业投资便利度。贯彻落实《河南省外商投诉工作办法》，切实维护外商投资合法权益，维护公平竞争秩序。

B.4
2021~2022年河南省区域经济合作形势分析与展望

吕同航 刘汝良 陈志华 刘金源[*]

摘　要： 2021年，国内外发展环境严峻复杂，灾情疫情交织叠加，河南省面临的风险挑战超出预期，全省商务系统全面贯彻落实省委、省政府决策部署，以习近平新时代中国特色社会主义思想为指导，紧抓构建新发展格局战略机遇、新时代推动中部地区高质量发展政策机遇、黄河流域生态保护和高质量发展历史机遇，坚定不移开放招商，深化国内区域经济合作，深入开展"万人助万企"活动，滚动推进"三个一批"签约活动，优化营商环境，狠抓跟踪服务，推动项目建设，开放招商工作卓有成效，为全省经济社会发展做出了重要贡献。2022年，国内外发展形势依然较为严峻，机遇和挑战同在。本文回顾了2021年河南省区域经济合作发展情况，分析展望了2022年面临的发展形势，以问题为导向，提出了一些针对性强、操作性强、富有建设性的意见和建议。

关键词： 河南省　区域经济合作　群链长制

一　2021年河南省区域经济合作情况

2021年，国内外发展环境严峻复杂，贸易保护主义抬头，逆全球化思

---

[*] 吕同航、刘汝良、陈志华、刘金源，河南省商务厅。

潮加剧；国内疫情反复，省内灾情疫情交织叠加，河南省委、省政府面临超出预期的风险挑战，坚强领导全省商务系统高举习近平新时代中国特色社会主义思想伟大旗帜，全面贯彻落实党的十九大和十九届历次全会精神、习近平总书记视察河南重要讲话指示批示精神，稳中求进，转变发展理念，紧抓构建新发展格局战略机遇、新时代推动中部地区高质量发展政策机遇、黄河流域生态保护和高质量发展历史机遇，坚持"项目为王、结果导向"，坚定不移开放招商，深化区域经济合作，持续滚动开展"三个一批"签约活动，狠抓项目跟踪督查服务，实际到位省外资金稳定在万亿元以上，为全省高质量发展提供了有力支撑。

1. 利用省外资金稳中提质

（1）稳中有进，稳步发展

2021年全省实际到位省外资金稳定在万亿元以上，到位10654.9亿元，较2020年增加327.6亿元，同比增长3.2%，实现稳中有进，稳步发展。

（2）深化合作，突出重点

继续深化与粤港澳大湾区、京津冀等地的合作，签约实施了一批投资额大、质量高、综合带动力强的项目。从投资来源看，全省引进广东、北京、浙江、上海、江苏、山东六省市资金较多，分别到位1913.2亿元、1467.8亿元、978.5亿元、965.3亿元、956.9亿元、776.2亿元，分别占全省总额的18.0%、13.8%、9.2%、9.1%、9.0%、7.3%，上述六省市累计实际到位资金7057.9亿元，占全省总额的66.2%，这些资金的到位有力提高了全省与京津冀、长三角、粤港澳大湾区的合作水平。

（3）产业平衡，优化结构

全省围绕各地优势产业开展精准招商，把发展制造业作为主攻方向，大力引进先进制造业和战略性新兴产业，加快构建现代产业体系，推动经济结构优化升级。从投资规模看，第一、第二、第三产业利用实际到位省外资金相对平衡，第二产业较高，结构更优，达5056.3亿元，同比增长3.3%，其中制造业实际到位省外资金4876.2亿元，同比增长6.5%，占全省总额比重达45.8%，有力促进了全省实体经济的发展；第三产业实际到位省外资金

4987.2亿元,同比增长3.4%,增速最快;第一产业实际到位省外资金611.4亿元,同比增长0.5%。

(4) 规模扩大,质量提高

全省围绕优势产业育链建链补链强链,进一步加大了与国内知名企业合作力度,吸引了山西晋城无烟煤矿业集团、中铁重工集团、万向钱潮股份、中国兵器工业集团、比亚迪集团等大企业在豫投资,引进了一批战略性新兴产业项目落地。全省新增和续建合同省外资金10亿元以上项目1086个,当年到位资金6206.1亿元,占全省总额的58.2%,主要项目有:比亚迪股份有限公司在郑州航空港区投资63亿元的郑州比亚迪新能源产业园建设项目、山西晋城无烟煤矿业集团在开封市祥符区投资61亿元的液体肥生产项目、深圳市合丰泰科技在郑州市航空港区投资51亿元的合丰泰显示模组研发制造项目等,这些项目的相继落地和有序建设有力提升了引进省外资金的规模和质量。

2. 务实开展招商经贸活动

(1) 深化与中部五省合作

2021年第十二届中国中部投资贸易博览会期间,成功举办了"融入新发展格局助力河南更出彩产业合作交流会"。强生、宝洁、空气产品、GE、中国移动、华润电力、五矿集团、晋能集团等40余家境内外500强企业、跨国公司、行业龙头企业的高管和知名商协会负责人共300余人应邀参会。会上签约56个项目,投资总额335亿元,合同引进省外资金319亿元,涉及智能制造、新能源、新能源汽车及零部件、前沿新材料、生物产业、新一代信息技术、数字经济、新型基础设施等多个领域。本届中博会还设置了510平方米的河南综合展区和138平方米的新产品展区,综合展区以实物模型、图片文字展示为主,兼用多媒体手段,全面展示本省经济社会发展重大成就、开放型经济的重大成果。12家河南老字号企业也参加了晋中分会场展览。

(2) 积极融入"一带一路"建设

2021年8月20日,第五届中国—阿拉伯国家博览会主题省(河南)系列活动之一——豫宁经贸交流对接会暨项目签约仪式采取线上线下双会场的方式在银川、郑州两地成功举办。此次活动共签约合作项目35个，总投资171.8亿元，涉及绿色食品、清洁能源、新型材料、奶产业等多个领域。其中河南与"一带一路"沿线国家合作项目3个。本届中阿博览会，河南省商务厅牵头组织各省辖市企业积极参加线上形象展、特色商品展，线上推介河南优势产业、招商项目，通过云平台在大会上发布新项目、新成果，把河南省总体形象、豫宁合作、科技创新、装备制造、现代农业、文化旅游等河南创新发展和对外开放的最新成果向世人展示。

（3）深化与长三角地区合作

在第四届中国国际进口博览会期间，河南省跨国采购暨长三角地区经贸合作交流会成功举办，德力西、美国东蒙大拿州肉类、中国东方航空、益海嘉里、光明乳业、通用电气医疗、圆通速递、申能集团、月星集团、神马集团等世界500强企业、国内500强企业、上市公司、龙头企业的高管和知名商协会负责人130余人参会。现场达成跨国采购贸易合作项目42个，总金额490亿元，签约招商引资项目50个，投资总额629.7亿元，实现贸易引资双丰收。签约招商引资项目特点鲜明：一是投资规模大，投资额10亿元及以上项目25个，总投资496.4亿元，占签约项目一半，占签约总额的78.8%，投资额最大的项目是江苏省苏州华殷磁电科技有限公司在信阳市投资110亿元的电子信息智造科技园项目。二是项目质量高，先进制造业项目16个，总投资147亿元，战略性新兴产业项目29个，总投资341.1亿元，涵盖新一代信息技术、新材料、新能源、高端装备制造、现代服务、生物医疗等产业。三是资金来源地集中，投资签约项目的企业多集中在沪苏浙地区，进一步深化了河南省与长三角地区的合作，其中，上海市投资项目27个，总投资324.2亿元；浙江省投资项目16个，总投资162.1亿元；江苏省投资项目7个，总投资143.4亿元。

3. 坚持"项目为王"，注重招大引强

"三个一批"签约活动自发出项目建设最强动员令以来，全省商务系统切实把思想和行动统一到省委、省政府决策部署上来，牢固树立"项目为王"的鲜明导向，制定工作方案，完善工作机制，推动项目签约落地。一是统筹谋划聚合力。省商务厅发挥项目前期牵头抓总作用，强化省、市、县三级联动和部门协同，不断推动招商引资和项目建设走深走实，前两期"签约一批"活动中签约招商引资项目598个，总投资额5704.8亿元。二是抓好签约增动力。省商务厅利用第十二届中部博览会、第四届进博会、中阿博览会等国家级经贸活动平台，共签约项目141个、总投资1135.8亿元。三是储备项目挖潜力。建设完善招商引资项目管理平台，加快项目储备库、客商资源库等平台建设，实行动态跟踪管理。各地采取多种形式，务实举办特色招商对接活动，为"签约一批"活动储备了一大批条件成熟的拟签约项目，确保储备项目数量保持在开工项目的3倍以上，形成持续不断、滚动发展的良好态势。四是服务企业添活力。坚持把优化营商环境作为招商引资生命线，全省商务系统结合实际集中开展了"千家外企大走访"活动，认真落实首席服务官、企业服务日、政府直通车等机制，协调解决实际困难问题，稳定企业投资经营信心，促成益海嘉里、可口可乐、丰树、普洛斯等世界500强企业在豫增资扩股，形成精准服务、企业至上的良好氛围。五是跟踪落实求效力。深化推进"13710"工作制度落实，利用"豫快办""豫政通"平台，实时跟进、动态追踪、催办督办。省商务厅成立"签约一批"工作督导专班，建立跟踪台账，通过现场核查、月度点评、季度通报等方式，推进招商项目尽快落地开工，形成签约项目全流程跟进、全周期保障、全覆盖问效的良好机制。

二 2022年河南省区域经济合作面临的形势

整体来看，2022年河南省区域经济合作将面临诸多风险和挑战，但仍处于大有作为的重要战略机遇期，既有国家重大战略叠加的突出优势，又有衔接连通国内重要增长极的地理中心优势，抢抓战略机遇，广泛开展跨区域合作，有利于培育新的经济增长极，增强高质量发展的动力和活力。

国际方面，不稳定不确定因素增多，世界百年未有之大变局和新冠肺炎疫情全球大流行相互交织，经济持续恢复发展的基础不牢固。经济全球化遭遇逆流，各种保护主义抬头，逆全球化思潮加剧，跨国企业忙于自救，对外投资的意愿和能力都有所下降。但经济全球化仍是大势所趋，共建"一带一路"向高质量发展迈进，《区域全面经济伙伴关系协定》（RCEP）正在加快实施生效，国际经贸合作不断深化，投资自由化便利化水平持续提升。国际分工体系和一体化生产网络面临着新一轮的调整和重构，将有利于全省吸引国内外资本和新兴产业布局，扩大传统优势产业转型升级和有效投入，加快建设现代产业体系。

国内方面，经济增长压力较大，为应对疫情冲击、做好稳投资保增长，各地纷纷出台新举措。虽然区域经济发展分化态势明显和招商引资横向竞争日趋激烈，但我国已向高质量发展转变，基本形成了以国内大循环为主、国内国际双循环相互促进的新发展格局，消费市场规模持续扩大，高质量商品和服务需求不断升级，超大市场规模对跨国公司吸引力与日俱增，有利于全省招商引资。

省内方面，全省传统产业占比较高且结构不合理，亟须升级，进行结构优化调整；新产业新经济新业态仍处于初步发展阶段，在全省所占比重较低；全省新兴产业发展创新驱动力较弱，发展动力活力需要进一步激发。省内还存在着思想解放不够、开放平台能效不足、项目质量不优和保障要素不及时、开放招商服务水平不高、专业化招商队伍薄弱等一系列突出问题。但河南省紧抓国家构建新发展格局战略机遇、新时代推动中部地区高质量发展政策机遇、黄河流域生态保护和高质量发展历史机遇，支撑本省高质量发展的基本面没有改变，"万人助万企"活动的深入开展，"三个一批"签约活动的持续推进，"四路协同""五区联动"发展势头强劲，各类开发区、产业园区等加快提质转型，体制机制日益完善，营商环境持续优化，有利于本省在更高平台上推动招商引资。

综合判断，2022年河南区域经济合作仍大有作为，面对构建新发展格局将带来的一系列机遇性、竞争性、重塑性变革，必须增强忧患意识、竞争意识、创新意识，确保在构建新发展格局中入局而不出局。全省要在拉高标杆中争先进位，在加压奋进中开创新局，立足国家重大战略和省域实际，明确区域合作战略路径，全面加强与国内主要增长极牵手互动，加速提升产业基础能力和产业链现代化水平，努力在培育新增长极上实现更大突破，奋力开创以区域合作助推高质量发展的局面。

三 发展对策

2022年，全省商务系统要坚持以习近平新时代中国特色社会主义思想为指导，深入贯彻落实党的十九大和十九届历次全会及中央经济工作会议精神、习近平总书记视察河南重要讲话重要指示，全面落实省委、省政府各项决策部署，坚持稳中求进，全面贯彻新发展理念，服务和融入新发展格局，推动高质量发展，锚定"两个确保"，推进"十大战略"，以"能力作风建设年"活动为契机，继续做好"六稳""六保"工作，按照"开门红""全年红"工作要求，大力发展传统产业、新兴产业、未来产业、现代服务业，进一步深化区域经济合作，优化营商环境，精准开展招商，把握态势，加压奋进，聚精会神牵头实施好"三个一批"签约活动，推动开放招商工作再上新台阶，以实际行动和优异成绩迎接党的二十大胜利召开。围绕全省"十四五"规划主要发展目标，推动区域经济合作高质量发展，招商引资在保持总量持续稳定增长的基础上，实现引资质量、效益同步提升。

招商引资规模稳定增长。牢固树立"项目为王"理念，围绕全年目标，谋划主导产业，在2021年基础上，2022年全省实际到位省外资金预期同比增长3%，达到10974.5亿元，实现稳步增长，充分发挥招商引资在谱写新时代中原更加出彩绚丽篇章中的重要支撑作用。

招商引资结构不断优化。重点引进先进制造业、战略性新兴产业和现代服务业重大项目，着力建成一批技术水平高、产业链条长、转化能力强、牵引作用突出、符合环保要求和产业政策的重点项目，适应供给侧结构调整和产业优化升级的需求，提高引进投资总额10亿元以上大项目的比重，重点产业招商成效明显，大企业大项目引进取得突破，对产业转型升级和培育发

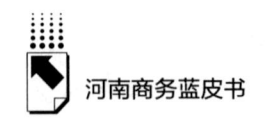

展的贡献更加突出。

招商引资质量明显提升。招商引资对经济增长、产业发展、财税增收、民生改善、就业扩大和人才引进的贡献明显增强，外来投资效率大幅提升，签约项目合同履约率、项目开工率、资金到位率和项目投产率逐年提高。

1. 务实统筹抓好全省招商引资工作

一是完善招商引资考评体系，加强对招商引资工作数据的统计分析，做好每月通报、每季度综合排名工作，开展2022年全省招商引资年度跟踪考评工作。二是坚持项目为王，按照"签约一批、开工一批、投产一批"的原则，优先保障"三个一批"项目用能需求，全程服务，确保"三个一批"活动项目签约的早落地、开工的早投产、投产的早达效。三是在全省范围内开展重大活动签约项目、引进10亿元以上省外资金重大项目日常调研工作，积极督促签约项目推进落实。四是继续做好招商引资周动态信息发布工作。

2. 高质量谋划组织重大招商活动

落实省级先进制造业集群、重点产业"群链长制"，围绕10个先进制造业集群、30个产业链，进一步深化全省企业与长三角、粤港澳大湾区、京津冀等经济发达地区及周边区域的合作，以先进制造业为主攻方向，坚持项目为王，坚持引资引智相结合，实施"大招商、招大商"策略，形成全省一盘棋格局，力争引进一批具有综合带动能力强的重大项目，促进全省招商引资提质增效。重点办好长三角、粤港澳大湾区、京津冀地区招商引资活动，一是在"河南省优化营商环境建设开放强省高级研修班"或省代表团访问粤港澳大湾区期间举办河南省与粤港澳大湾区经贸合作交流活动，二是在北京服贸会期间举办河南省与京津冀地区经贸合作交流会，三是在上海进博会期间举办河南省与长三角地区合作交流会，四是适时举办省领导拜访活动。

3. 深化区域经济合作与交流

充分利用国家级高端对外开放平台，重点组团参加中国西部国际投资贸易洽谈会、丝绸之路国际博览会、哈尔滨国际经济贸易洽谈会、青海生态博览会、中国（广西）东盟博览会、中国兰州投资贸易洽谈会、中国—东北亚博览会等省外重大经贸活动，组织企业参会参展，促进本省企业与其他地区开展双向投资贸易合作。

4. 创新优化招商方式

积极开展网络招商推介对接，做好招商项目征集及网上发布工作，通过"线连线""屏对屏""面对面"等多形式的招商引资经贸洽谈活动，推广"云招商"系统在全省应用，优化河南省商务厅商协会信息服务平台线上运行。充分发挥各种招商机构和平台中介作用，发布招商项目，营造招商环境，宣传招商政策，鼓励开展多渠道招商；围绕产业育链建链补链强链，依托现有企业和重大项目积极招商；研读现有河南省产业引导基金政策，融合企业投资需求，鼓励资本招商。深化与国内发达地区经济合作，围绕京津冀、长三角、粤港澳大湾区等重点区域，开展精准化、精细化招商，突出龙头带动作用，形成良好招商氛围。

5. 狠抓项目跟踪落实

把项目落实作为推动河南经济发展的重中之重，强化项目跟踪管理，出台管理办法，建立"储备一批、洽谈一批、签约一批、开工一批、投产一批"的良性工作机制，完善"督查、办理、联动、点评"跟踪机制，动态管理、定期通报，提高合同履约率、项目开工率、资金到位率、项目投产率，通过月跟踪、现场查验等方式，推动项目建设，确保签约项目取得实质性进展，积极推动签约项目尽早落地。发挥好抓总抓综、统筹协调作用，用好"周动态、月通报、季排名、半年观摩、年终总结"的常态化问效工作机制，充分调动各级各部门招商积极性，汇聚全省招商引资合力。

6. 提升统计业务水平

完善河南省招商引资管理平台建设，严格建立项目档案，及时修订和完善《河南省引进省外资金统计报表制度》，定期举办专题讲座，提升统计人员的工作技能和业务水平，稳定统计队伍建设。

B.5
2021~2022年河南省利用外资形势分析与展望

李玉瑞 孟悦 陈炫竹*

摘　要： 2021年，面对错综复杂的外部环境、全球新冠肺炎疫情持续反复、河南汛情突发等严重冲击，河南省实际吸收外资210.7亿美元，稳住了外资基本盘，为全省经济社会发展提供了强有力的动力和支撑。2022年，疫情变化和外部环境存在很大不确定性，利用外资形势依然严峻，同时，2022年是国家"十四五"规划实施的第二年，也是国家构建以国内大循环为主体，国内国际双循环相互促进新发展格局显现成效的一年，河南省外资工作面临新的机遇、新的要求。本文回顾了2021年全省利用外资情况及特点，对2022年利用外资形势进行了预判，并对重点工作措施给出了政策建议，将积极创新招商方式、加大引资力度、强化服务保障，确保完成稳外资目标任务。

关键词： 河南省　外资利用　"十四五"规划

2021年，面对错综复杂的外部环境、全球新冠肺炎疫情持续反复、河南汛情突发等严重冲击，全省商务战线深入贯彻习近平总书记视察河南重要讲话重要指示，按照省委、省政府关于"稳外资"的工作部署，进一步树立"项目为王"工作导向，强化政策促进、加大服务力度，多措并举做好

---

* 李玉瑞、孟悦、陈炫竹，河南省商务厅。

外资招商、安商、稳商工作，外商在豫投资信心持续恢复、活力不断增强，全省外商投资企业市场主体大幅增加，千万美元规模以上重大外资企业增多，利用外资结构不断优化、质效明显提升。

一 2021年河南省利用外资实现新突破

（一）全省利用外资持续增长

2021年，全年新设外商投资企业341家，同比增长28.2%；实际利用外资（含外资企业注册资本金、外资企业再投资、境外借款、境外上市、设备出资、留存收益等）210.7亿美元（地方口径），同比增长5%，实现了"稳外资"目标。全省强力推动一批重大外资企业在河南成功落地、增资扩股，外资利用实现平稳增长。新设投资额超千万美元外商投资企业77家，占新设企业总数的22.6%，较上年增加11家，总投资额63.2亿美元，占全省新设外资企业投资总额的92.7%。利用外资继续持续稳定增长，"稳外资"取得实质性进展。

1. 知名跨国公司在豫扩大投资

2021年，全省各地紧盯世界500强及跨国公司投资需求，围绕优势产业建链补链强链，推动一批重点项目加快推进，陆续签约、落地、开工、投产。在新设企业方面，法国圣戈班在许昌市新设两家外资企业，投资额4860万美元，从事新材料技术研发生产。泰国正大在南阳、开封新设两家外资企业，投资额1.04亿美元，从事现代农牧养殖、生产。美国当纳利集团在安阳滑县成立当纳利（河南）印包科技实业有限公司，投资额8000万美元，从事智能印刷包装，进一步稳固富士康上游产业链。在增资方面，全省有62家外资企业增资，增加合同外资12.3亿美元。在实际到位外资企业注册资本金方面，香港华润电力在豫14家外商投资企业加快建设，共实际到位外资10657万美元；香港光大环保在豫6家外资企业共实际到位外资6011万美元；新加坡普洛斯在豫投资4家企业共实际到位外资

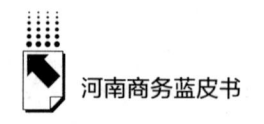

5083.7万美元;新加坡丰树集团在豫投资的6家外资企业共实际到位外资2299万美元。

2. 境外上市实现引资新突破

加大对已上市外资企业及拟上市企业的服务力度,保持省内外资企业境外融资渠道畅通。2021年5月31日,中原建业在香港成功上市,募集资金9.2亿港元,成为第二家在港上市的中国房地产代建公司,已到位外资企业注册资本金3096万美元。2021年7月16日,郑州康桥悦生活服务集团有限公司在香港上市,募集资金6.4亿港元,成为河南在境外上市的第四家物业管理公司,已到位外资企业注册资本金6550万美元。平顶山河南真实生物科技有限公司,主营业务为研发、生产和销售抗癌药、抗病毒药、糖尿病相关疾病治疗药,增资2912万美元,拟在香港上市,已到位外资企业注册资本金3180.5万美元;漯河和和食品科技有限责任公司,从事休闲食品生产,拟在香港上市,已到位外资企业注册资本金2846万美元。

3. 外资并购成为外商投资重要渠道

基于疫情对跨国投资的影响,为减少"绿地投资"时差效应和成本效应,增强综合竞争力,部分外资选择并购快速进入河南生产和消费领域。2021年,全省通过并购设立外商投资企业28家,占全省企业总数的8.2%,总投资额12.4亿美元,同比增长6.9%。

4. 服务业领域利用外资量质齐升

2021年,服务业领域新设外商投资企业287家,同比增长31.7%,占新设企业总数的84.2%,与上年相比,比重增加2.2个百分点;合同外资31.8亿美元,占合同外资总额的57.7%;实际利用外资107.1亿美元,同比增长11.7%,占实际利用外资总额的50.8%,与上年相比,比重增加3个百分点。服务业领域新设外资企业主要集中在科技研发、批发零售、租赁服务业等行业,其中科学研究和技术服务业新设外商投资企业84家,批发和零售业新设64家,租赁和商务服务业新设60家。2021年,全省新设高技术产业服务业企业109家,同比增长65.2%,约占新设外资企业的32%,其中科技成果转化类企业73家,研发与设计服务类企业10家,信息服务类企业 24 家，高技术产业服务业成为外商投资的热点方向。

5. **实际利用外资来源地进一步扩大**

2021 年，全省利用外资来源地涉及 52 个国家和地区，其中在全省新设外商投资企业较多的国家和地区有：巴基斯坦 35 家、美国 14 家、新加坡 13 家、中国香港地区 160 家、中国台湾地区 38 家，以上国家和地区外商投资企业合计 260 家，占全省新设外商投资企业总数的 76.2%。新增合同外资主要集中在香港地区，合同利用港资 44.8 亿美元，占比达 81.3%。实际到位资金方面，37 个国家和地区有资金到位，13 个国家或地区实际到位资金超过 1 亿美元，其中资金到位较多的有：香港地区 143.8 亿美元、美国 9.7 亿美元、台湾地区 8.1 亿美元、新加坡 7.4 亿美元、英国 6.3 亿美元，以上合计 175.3 亿美元，占全省总额的 83.2%。"一带一路"沿线 12 个国家在河南新设外商投资企业 60 家，同比增长 30.4%；实际利用外资 13.6 亿美元，同比下降 9.8%。RCEP 成员国在全省新设 35 家外商投资企业，实际利用外资 21.4 亿美元，占全省总额的 10.2%。

（二）引进外资力度持续加大

2021 年新冠肺炎疫情持续反复、汛情突发期间，全省不断创新招商引资方式，积极开展"屏对屏""线连线"等线上招商活动，举办第五届全球跨境电商大会，组团参加第四届进博会、第二十一届中国国际投资贸易洽谈会、第十二届中部博览会等系列活动，保持与客商联络不中断、招商的力度不减弱。在转入疫情防控常态化后，全省从产业链招商、创新开展投资促进活动等方面持续发力，取得良好成效。

1. **领导高位推动**

省领导多次对开放招商工作做出批示并提出明确要求，亲自推动重大外资项目、会见重要客商、推进重点工作。2021 年 9 月，河南省委书记楼阳生会见了亚布力论坛成员企业代表团。王凯省长 10 月在郑州出席香港河南联谊总会成立大会并致辞。何金平副省长会见了出席第五届全球跨境电商大会的驻华使节及国际组织代表，率团参加了第四届中国进口博览会，美国通

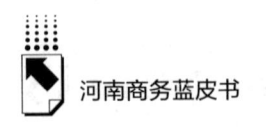

用电气、空气化工等重大外资合作项目在会上签约。

2. 加强工作谋划

河南省商务厅会同省发改委等部门，印发实施了《河南省实施制度型开放战略工作方案》，会同省工信厅，编制印发了《河南省"十四五"招商引资和承接产业转移规划》，对"十四五"期间外资招引工作进行了重点部署。2021年4月，省商务厅召开2021年全省外资工作暨经济技术开发区电视电话会议，落实全国外资工作电视电话会议精神，对2021年外资及经开区工作进行安排部署，强化全年外资目标及重点工作节点。出台了《2021年河南省外资工作要点》，围绕加大投资促进、优化外企服务等五方面，制定了20条具体措施，为实现全年稳外资提供了指引和保障。

3. 完善政策促进

河南省商务厅会同省财政厅，实施支持外经贸企业稳定发展的若干措施和省级招商引资专项奖励资金管理办法，在拨付的省级外经贸资金中，按45%权重支持各地开展利用外资工作。完成河南首批6家跨国公司地区总部和功能性机构评审认定，拨付首批奖励资金1360万元，对17家外商投资企业，奖励资金4330万元，带动外资企业注册资本金7亿美元。会同省委外办等9部门出台了《河南省国际合作园区认定与管理暂行办法》，会同省财政厅、税务局和郑州海关出台了《河南省外资研发中心认定实施办法》。

4. 提升服务水平

加快"放管服"改革步伐，外商投资实行准入前国民待遇加负面清单管理制度，负面清单外投资项目实行信息报告制度。动态调整全省外经贸重点企业白名单及"服务官"企业名单，为369家重点外经贸企业配备了"服务官"团队和首席服务官，其中外资企业112家。深入实施"万人助万企"活动，省、市、县三级商务部门上下联动，目前已协调各地解决问题168个，对其余问题实施台账管理，直至清零。于2021年3月、10月围绕金融服务、政府承诺等专题，省商务厅会同省发改委、自然资源厅、生态环境厅、市场监管局、银保监局、人行郑州中心支行等部门在郑州举办外商投资企业服务日活动，现场宣讲政策、解决企业困难，推动项目建设。

5. 强化投资促进

成立工作专班，建立"三个一批"工作机制。扎实做好项目谋划、储备、签约等工作。指导各地围绕自身优势产业，以先进制造业、战略性新兴产业为主导，谋划入库招商引资项目3148个，在谈项目1667个，为高质量开展"签约一批"活动奠定了基础。积极参与筹备全省重大项目建设暨"三个一批"推进会议，牵头组织两批签约项目258个、340个，总投资2860.5亿元、2844.3亿元。组团参加第十二届中部博览会，签约投资合作项目56个、总投资335亿元。组团参加第四届进博会，签约合作项目50个，总投资629亿元；成立招商小分队，连续四年对接参展境外客商，动态调整全省境外客商资源库。参加第二届中国—中东欧博览会、第五届澳门国际经贸峰会等。线上线下创新举办第五届全球跨境电商大会，1200余位国际政要、驻华使领馆官员、境内外知名企业代表出席或发表视频致辞，签约50个重大项目、总投资186亿元。

6. 跟踪督导问效

实施常态化问效管理，实行"周动态、月通报、季排名、半年观摩、年终总结"，每周通过短消息平台向省级领导和省直有关部门、各省辖市负责同志推送各地党政"一把手"招商动态信息，每月以对外开放工作领导小组办公室名义向市政府通报各地外资企业注册资本金目标完成情况，向各级商务系统通报各地利用外资新增企业、实际到位资金情况，每季度进行综合排名。2021年以来，省商务厅共收集各地党政主要负责同志外出招商、接待重要客商、重大合作项目签约及开工等动态信息1487条，发布周动态信息42期、1214条，为省领导及时掌握各地开放招商情况提供了参考，在全省营造了谋开放、抓招商、上项目、增动能的氛围。在全省商务系统开展"利用外资四季度攻坚活动"，推动各级开发区和县市区实现新设外资企业和外资企业注册资本金"双破零"，进一步发挥开发区利用外资主阵地、主战场、主引擎作用，确保完成全年目标任务。

二 2022年河南省利用外资形势分析

2022年是国家"十四五"规划实施的第二年,也是国家构建以国内大循环为主体,国内国际双循环相互促进的新发展格局显现成效的一年,河南省利用外资工作面对新的形势、新的要求、新的目标。

(一)全球经济复杂多变,为经贸合作提供机遇

从国际看,全球疫情仍在持续,世界经济复苏动力不足,大宗商品价格高位波动,外部环境更趋复杂严峻和不确定。联合国贸发会议预测,2022年全球外国直接投资的前景依然乐观,但重现2021年的大反弹式增长的可能性较低。与2021年相比,2022年全球外国投资将保持平稳发展,且基础设施行业的国际项目融资将继续为经济提供增长动力。同时,经济全球化仍是大势所趋,共建"一带一路"向高质量发展迈进,《区域全面经济伙伴关系协定》(RCEP)生效实施,国际经贸合作不断深化,投资自由化便利化水平持续提升,为我们拓展国际投资贸易提供了新机遇。从国内看,我国经济发展面临需求收缩、供给冲击、预期转弱三重压力。局部疫情时有发生,影响就业和收入,产业链供应链循环不畅,能源原材料价格高位波动,部分企业经营困难,消费和投资增长动力偏弱。同时,也要看到国内消费市场规模持续扩大,随着居民收入提高,制造业服务业融合不断加快,消费新业态新模式层出不穷,构建以国内大循环为主体、国内国际双循环相互促进新发展格局的基础将更加牢固。从全省看,土地、资源等要素供求关系趋紧,成本持续攀升,技术、人才等要素仍然匮乏,对高端外资的吸引力不强。但更要看到,河南交通区位、人力资源、市场规模、综合配套等招商引资竞争优势不断凸显,有利于加快打造国内大循环的重要支点、国内国际双循环的战略链接;黄河流域生态保护和高质量发展、促进中部地区崛起战略实施,有利于全省在强化区域合作中加快招商引资和承接产业转移。

（二）河南利用外资的比较优势突出，正处于重要机遇期

一是战略叠加优势。全省面临加快构建新发展格局战略机遇、新时代推动中部地区高质量发展政策机遇、黄河流域生态保护和高质量发展历史机遇。具有衔接连通京津冀、长三角、粤港澳大湾区等国内主要增长极的地理中心优势。同时也共享深度参与共建"一带一路"，抢抓《区域全面经济伙伴关系协定》落实的机遇。郑州航空港经济综合实验区、中国（河南）自由贸易试验区、郑洛新国家自主创新示范区、中国（郑州）跨境电子商务综合试验区、国家大数据（河南）综合试验区等国家战略基地高速发展，空中、陆上、网上、海上"四条丝路"协同发展，为全省扩大开放、利用外资提供了有力支撑。相关国家战略赋予河南先行先试的权力而带来的一系列制度创新优势和政策优惠，将对扩大利用外资产生积极推动作用。

二是区位市场优势。河南素有"九州腹地、十省通衢"之称，是全国承东启西、连南贯北的重要综合交通枢纽和人流、物流、信息流中心。郑州国际航空货运枢纽发展迅速，国际地区货运吞吐量增幅居全国第一，客运、货运吞吐量保持中部地区"双第一"，货运吞吐量突破70万吨，连续两年跻身全球货运机场40强。全省铁路营业里程6134公里，高速公路通车里程7100公里，内河航道1725公里，河南正在构建高效衔接的现代综合交通体系，形成多向立体、内联外通的综合运输通道。河南与境外国家和地区、沿海发达地区的经济联系更加通畅高效。便利的交通条件大大缩短了时空距离，提高了经济的运作效率，为提升中外合作水平创造了便利的条件。新加坡丰树，美国普洛斯、安博等国际知名物流巨头纷纷布局河南，建立面向全国的物流枢纽节点。全省经济总量自2004年起持续稳居全国第5位，工业初级品需求旺盛，具有特大消费市场，2000多万中等收入群体，2020年全省社会消费品零售总额2.3万亿元。随着城镇化的加速发展，将会有大量农村人口变为城镇居民，其新增消费潜力巨大。这些都对外资带来巨大的盈利空间，可口可乐、益海嘉里等世界500强企业盯准河南市场优势，不断扩大在豫投资规模。

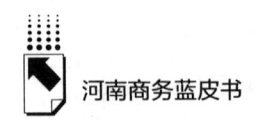

三是产业比较优势。河南农业优势比较突出，小麦、花生、大豆等种植面积均居全国前列，粮食产量占全国的1/10，小麦产量占全国的1/4。面粉、面制速冻食品、味精、油料等总产量均居全国第一，棉花产量居全国第二。全省工业结构门类健全，41个工业行业大类中拥有40个，装备、食品、汽车、轻纺、钢铁、有色、化工、建材等工业部门逐步发展壮大，新型显示和智能终端、智能装备、智能传感器、新一代人工智能、新材料、节能环保、新能源及智能网联汽车、网络安全、5G等新兴产业迅速发展，量子信息、氢能与储能、区块链、类脑智能、生命科学、未来网络、前沿新材料等未来产业逐渐取得突破。现代物流、现代金融、信息服务、科技服务、专业服务等生产性服务业以及文化旅游、家政服务、健康养老、商贸流通等生活性服务业发展迅猛。河南省健全的产业服务配套能力、制造能力是吸引外资的重要方面，对吸引产业链较长、分工较复杂、产业配套能力要求高的外商投资优势突出。

四是历史文化优势。河南历史悠久，文化底蕴深厚，是全球华人宗祖之根、华夏历史文明之源。中华文明的起源、文字的发明、城市的形成和统一国家的建立，都与河南有着密不可分的关系。全省旅游资源丰富，拥有A级旅游景区519处，其中4A级以上185处，有郑州、洛阳、开封等6个中国优秀旅游城市。蕴含着丰富文化内容的黄帝拜祖大典、郑州少林武术节、洛阳牡丹花会、开封菊花节等影响巨大，吸引了众多国内外客商的到来。近年来，海内外华人来豫寻根者络绎不绝，其中很多人成为投资者或投资媒介。

五是要素成本优势。河南省是全国人口大省，劳动力资源丰富。全省共有各级各类学校（机构）5.4万所，普通高等学校151所，本科院校57所，高职（专科）院校94所，为产业发展提供各类需求人才。外资投资中国，大都是钟情于我国大量的劳动力资源，这是我国在世界上最有竞争力的优势，这种竞争优势在河南表现最为突出，相对于东部地区较高的劳动力工资和日趋减少的土地供应，相对较低的劳动力成本使河南具有明显的比较优势。2010年富士康落户河南后，航空港区投资项目用工高峰达到30万人，特别是2020年疫情突发后，全省克服困难，迅速保障了近20万人员返岗。河南是全国重要的区域性综合能源基地，是全国重要的能源生产大省和消费大省。2020年全社会用电量3392亿千瓦时，规模以上工业发电量2757亿千瓦时，年末全省电力装机总容量10169万千瓦，其中风电、光伏发电装机容量均突破1000万千瓦。全省共有省级以上企业技术中心1143个（其中国家级97个）；省级以上工程研究中心921个（其中国家级49个）；省级工程技术研究中心2426个，国家级工程技术研究中心10个；省级重点实验室240个，国家级重点实验室16个。以上这些要素，对欧美、日韩技术密集型产业有较强的吸引力。

六是口岸平台载体优势。河南口岸体系日益完善，已建成3个国家一类口岸、9个功能性口岸、5个综合保税区、4个保税物流中心，成为功能性口岸数量最多、功能最全的内陆省份。种类丰富、功能齐全、运营高效的口岸体系，持续提升的投资贸易便利化水平，口岸、保税、通关、多式联运、物流、金融体系等的联动发展，已形成吸引外资的突出优势，综合保税区已成为外向型产业项目集聚的重要载体。开发区建设提质增效，国家级、省级经开区和高新区83家。积极实施《河南省商务厅等9部门关于推进国际合作园区建设的指导意见》，国际合作园区建设初见成效。随着"一县一省级开发区"稳步推进，省级以上开发区正在成为打造新时期高质量外资聚集的重要载体。

七是营商环境优势。"放管服效"改革步伐加快，外商投资实行准入前国民待遇加负面清单管理制度，负面清单外投资项目实行"非禁即入"。出台了《河南省优化营商环境条例》，法治、政务、要素、创新、市场等营商环境得到持续改善。根据全国工商联发布的2021年"万家民营企业评营商环境"调查，河南省营商环境总得分位列全国第9，在中西部省份位列第3。政务服务环境持续提升，"一网通办"前提下"最多跑一次"改革成效显著。修订完善《河南省外商投资企业投诉工作办法》，外商在豫合法权益得到进一步保障。深入实施"万人助万企"活动，通过"千家外企大走访"，聚焦企业发展经营困难问题，在豫外资企业获得感和满意度不断提升。

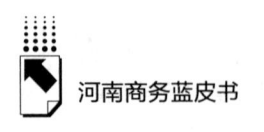

三 2022年河南省利用外资展望

2021年，河南省的外资工作取得了一些成绩，但是也要看到存在的问题。现存外资企业少，重大外资项目少；外资结构需进一步优化，高精尖技术产业较少；部分地方对利用外资工作重要性认识不足，对吸引外资有畏难情绪，新招项目中外资占比低。2022年，外资工作面临新挑战、新机遇。全省商务部门将深入贯彻落实习近平总书记视察河南重要讲话重要指示和党的十九大及十九届历次全会精神、中央经济工作会议精神，贯彻省十一次党代会精神和省委工作会议精神，紧抓构建新发展格局战略机遇、新时代推动中部地区高质量发展政策机遇、黄河流域生态保护和高质量发展历史机遇，锚定"两个确保"、实施"十大战略"，正视利用外资短板，把利用外资工作摆上更加重要的议事日程，充分发挥比较优势，聚焦重点区域，高标准谋划并落实落细政策促进、项目推进、平台建设、外资招引等各项工作，全面提高利用外资规模质效，为高质量建设现代化河南、高水平实现现代化河南贡献力量。

（一）建立完善外商投资促进政策体系

落实好2021年版全国和自贸试验区外资准入负面清单，实施"非禁即入"。全面梳理评估河南省现有外资促进服务政策，加强政策集成和迭代升级，加强督促指导，确保政策落到实处、见到实效。修订《河南省招商引资专项资金管理办法》，持续激发市场主体活力，加大对先进制造业和战略性新兴产业的支持力度。成立香港地区、台湾地区、日韩及世界500强企业利用外资专班，实施省、市、重点开发区外资招引互动协同，在重大项目、领军企业、核心技术上实现新突破。

（二）推动落地一批重大外资项目

加强"河南省招商引资项目平台"建设，做好重大外资项目谋划储备，在传统产业、新兴产业、未来产业领域谋划发布一批招商引资项目，通过线上线下各类招商促进活动积极推介，培育一批条件成熟的外资项目签约，2022年各地在"三个一批"活动中集中签约重大外资项目150个以上。聚焦重大外资项目突破，制定发布2022年度全省重大外资项目推进计划，推动香港华润、新加坡丰树、泰国正大等企业境外资金尽快到位。

（三）发挥开发区利用外资主阵地作用

充分发挥开发区经济建设主阵地、主战场、主引擎作用，把"一县一省级开发区"作为重要载体，推动产业基础优势提升再造，增强产业链供应链的韧性与竞争力，注重引进以外资为依托所聚集的全球化高级人才、创新技术等生产要素，推动全省优势产业嵌入全球价值链的中高端、关键环。开发区全年利用外资增速高于所在省辖市。继续推行新设外资企业、外资企业注册资本金"双破零"，打造利用外资标杆高地。以中德（许昌）国际合作产业园、中新（新乡）国际合作产业园、漯河国际食品加工产业园、益海嘉里（周口）国际合作产业园等为基础，创建一批国际合作产业园。发挥国家级经开区综合评价指挥棒作用，对排名靠前的省级经开区推荐晋升国家级经开区。

（四）营造市场化、法治化、国际化营商环境

发挥省对外开放工作领导小组、省利用外资联席会议制度、省推进外经贸高质量发展领导小组作用，通过外企服务日、"首席服务官"等机制，宣讲政策，回应诉求，精准解决重点外资项目、"白名单"外资企业在投资、经营中的困难问题。深入实施"万人助万企"活动，提升"千家外企大走访"活动成效，进一步摸清全省外资存量情况和企业运营状况。加强部门协同，提高企业办理业务全流程便利度。编制发布《河南外商投资指引》，整合优化法规政策、办事流程、项目信息等，为外商在豫投资提供更多便利。从招商、落地、建设、生产、成长、壮大等环节着手，强化利用外资的系统化工程。落实《河南省外商投诉处理办法》，依法受理外资企业投诉事项，切实维护外商投资合法权益，维护公平竞争秩序。

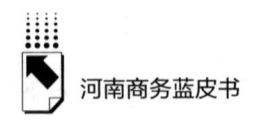

（五）扎实有效开展外资招引工作

把握《区域全面经济伙伴关系协定》（RCEP）生效实施机遇，深化与东盟、日韩等国家和地区的经贸合作。围绕电子信息、数字经济、医疗健康、精密机械等领域，加强与日韩等国家产业合作；围绕智能终端、新型显示、半导体等领域，深化与港台地区的产业合作。对接国家"服务构建新发展格局支持地方招商引资"联动机制，发挥中国国际进口博览会、中国国际投资贸易洽谈会等重大展会活动的投资促进功能，充分利用展会平台，变参展商为投资商，开展精准专题对接。联合中国外企协开展"跨国公司中原行"活动，搭建跨国公司与地方政府交流信息、产业合作和项目对接的平台。高水平办好中国河南国际投资贸易洽谈会，与参展主宾国泰国、比利时、韩国等国家举办线上线下洽谈对接活动。适应常态化疫情防控，强化"外商内招"，深化与京津冀、长三角、粤港澳大湾区等地区的经贸合作，承接重点产业核心领域和关键环节外资企业落地。

（六）拓展利用外资渠道和方式

大力推进产业链招商、资本招商，指导各市完善产业链招商图谱和路线图，通过引进龙头项目，打通产业链上下游，打造优势产业集群。积极推动真实生物、卫龙食品等省内企业赴香港上市融资，出台相关奖励政策，拓宽河南省实际使用外资的渠道，提高引进外资的质量和规模。依托自贸区制度创新优势，大力发展跨境投融资，出台试点政策，吸引境外投资人和境外资金参与设立市场化母基金，鼓励外资设立创业投资企业和股权投资企业，积极利用境外资本发展创业投资和私募股权投资基金，吸引更多境外优秀投资机构落户河南。鼓励外资通过合资合作、并购重组等方式参与国有企业混合所有制改革。鼓励外商投资企业以增资扩股和利润再投资等形式加大对河南投资力度。积极推动河南企业以跨国并购、境外上市、返程投资等方式引进国际高端要素。

（七）激发全省利用外资工作活力

以开展"能力作风建设年"活动为契机，加强外资队伍建设，不断提高从事新时代利用外资工作的能力和水平。夯实市、县（区）吸收外资主体责任，提高利用外资工作重视程度，在招商引资中加大外资招引力度，推动各地结合产业优势，着力吸收外资，形成郑州国家中心城市，洛阳、南阳副中心城市带动、各地协同发展的外资利用新格局。用好"周动态、月通报、季排名、半年观摩、年终总结"常态化问效机制，调动各地、各部门利用外资工作积极性，形成省、市、县各级领导重视外资工作的新局面。

B.6
2021~2022年河南省对外贸易形势分析与展望

张新亮　张鑫*

摘　要： 2021年以来，受新冠肺炎疫情在全球持续蔓延、国内局部多点复发，以及河南省部分地区遭遇特大暴雨引发的洪涝灾害等因素的影响，河南省产业链供应链循环受阻，外贸形势复杂严峻。河南省认真贯彻落实国家和省"稳外贸"决策部署，强力推动外贸量稳质增，成效明显。2022年，河南省将坚持稳中求进工作总基调，立足当前，强化政策落实、扩大外贸主体队伍、抓好订单接续，保存量深挖潜；着眼长远，持续扩大开放招商，发展新业态新模式，强基础扩增量，尽力避免外贸大起大落，力争外贸运行在合理区间。

关键词： 对外贸易　出口政策　河南省

2021年，受新冠肺炎疫情全球持续蔓延、国内局部多点复发，河南部分地区遭遇特大暴雨引发的洪涝灾害等因素的影响，河南省产业链供应链循环受阻，外贸形势复杂严峻。河南持续推动国家"稳外贸"系列政策落地落实，加强分析研判，丰富政策工具箱，加大宣传和解读，以前所未有的力度扶持外贸发展，稳住了外贸基本盘。

---

* 张新亮、张鑫，河南省商务厅。

一 2021年对外贸易运行情况

据海关统计，2021年，全省货物贸易进出口总额8208.1亿元，连续突破7000亿元、8000亿元大关，同比增长22.9%，完成年目标122.2%，规模和增幅分别居全国第10位、第15位，增速高于全国1.5个百分点。其中，出口额5024.1亿元、同比增长23.3%，分别位居全国第10位、第18位，增速高出全国2.1个百分点；进口额3184.0亿元、同比增长22.3%，分别位居全国第11位、第15位，增速高出全国0.8个百分点。

从各月情况看，1~2月、1~3月、1~4月、1~5月、1~6月、1~7月、1~8月、1~9月、1~10月、1~11月、1~12月货物贸易进出口总额分别同比增长125.4%、79.3%、72.3%、65.8%、60.0%、53.1%、46.8%、46.2%、35.4%、24.7%、22.9%。从承担目标单位看，许昌、济源、三门峡、鹤壁、开封、新乡、濮阳、漯河、南阳、商丘、焦作、郑州、平顶山、洛阳、驻马店、信阳16地完成全年目标。郑州、济源、三门峡、许昌、洛阳、焦作、南阳、濮阳、新乡、周口10地进出口额超百亿元，其中，郑州市进出口额5892.1亿元，同比增长19.1%，占全省总额的71.8%；许昌、济源、鹤壁、三门峡、开封、漯河、濮阳、南阳、商丘、焦作10地增幅超过全省平均水平，许昌同比增长88.6%、增幅居全省第1位。

从贸易方式看，加工贸易进出口额占比最大、保税物流进出口额增速最高。加工贸易进出口额5081.5亿元、同比增长21.0%，占全省总额的61.9%；一般贸易进出口额2748.1亿元、同比增长24.2%，占全省总额的33.5%；其他贸易进出口额378.5亿元、同比增长42.1%，占全省总额的4.6%，其中，以保税物流方式完成进出口额325.3亿元、同比增长43.7%。

从企业性质看，外商投资企业进出口额占比最大、民营企业进出口额增速最高。外商投资企业进出口额3795.3亿元、同比下降7.5%，占全省总额的46.2%；民营企业进出口额3762.0亿元、同比增长80.9%，占全省总额的45.9%；国有企业进出口额650.8亿元、同比增长31.3%，占全省总额

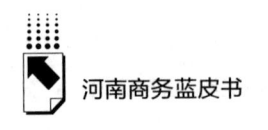

的7.9%。

从主要市场看，美国、东盟和欧盟为河南省前三大进出口市场。对美国进出口额达1837.3亿元、同比增长37.6%，占全省总额的22.4%；对东盟进出口额达925.5亿元、同比增长6.4%，占全省总额的11.3%；对欧盟进出口额达873.2亿元、同比增长3.3%，占全省总额的10.6%；对台湾地区进出口额达835.9亿元、同比增长20.4%，占全省总额的10.2%；对韩国进出口额达724.8亿元、同比增长50.4%，占全省总额的8.8%；对日本进出口额达319.9亿元、同比下降3.5%，占全省总额的3.9%。对《区域全面经济伙伴关系协定》（RCEP）成员国进出口额达2216.8亿元，同比增长17.6%，占全省总额的27.0%；对"一带一路"沿线国家进出口额达1825.4亿元，同比增长16.4%，占全省总额的22.2%。

从主要出口商品看，同比增长的有：机电产品出口额达3330.5亿元、同比增长18.1%，占全省出口总额的66.3%。其中，第一大出口商品手机出口额达2727.2亿元、同比增长17.8%，占全省出口总额的54.3%；汽车零配件出口额达54.7亿元、同比增长34.8%；汽车出口额达54.7亿元、同比增长33.7%；摩托车出口额达16.5亿元、同比增长5.3%。同比下降的有：纺织品出口额达79.9亿元、同比下降19.4%；服装出口额达64.9亿元、同比下降14.0%。

从主要进口商品看，同比增长的有：机电产品进口额达2194.4亿元、同比增长17.6%，占全省进口总额的68.9%。其中，第一大进口商品集成电路进口额达1156.3亿元、同比增长16.8%，音视频零件进口额达442.0亿元、同比增长40.5%，二者合计达1598.3亿元、占全省进口总额的50.2%。资源类产品中：铜矿砂进口额达207.5亿元、同比增长38.6%；铁矿砂进口额达120.6亿元、同比增长31.5%；银矿砂进口额达98.4亿元、同比增长110.7%；贵金属矿砂进口额达41.3亿元、同比增长6.3%；铅矿砂进口额达23.8亿元、同比增长26.9%；锌矿砂进口额达14.1亿元、同比增长93.8%。农产品进口额达91.4亿元、同比增长8.7%，其中，猪肉进口额达12.7亿元、同比增长71.8%。此外，化妆品进口额达75.7亿元、同比增长24.2%;铜材进口额达52.5亿元、同比增长52.2%;原油进口额达45.8亿元、同比增长18.0%。同比下降的有:印刷电路进口额达18.1亿元、同比下降3.6%;计量检测分析仪进口额达14.6亿元、同比下降53.2%;煤进口额达13.0亿元、同比下降43.5%。

二 2021年主要工作措施

1. 加强政策支持

用足用好外经贸发展专项资金,优化支持企业开拓市场的政策,将代参展服务参加境外展会纳入支持范围。支持企业参加知名出口转内销展会,鼓励出口企业与商贸流通企业合作,积极探索推进内外贸一体化。充分发挥出口信用保险作用,助力外贸企业灾后重建。深化政银企合作,与有关金融机构达成战略合作,落实金融支持政策,运用金融科技手段增强服务质效,进一步扩大信贷投放,加大对中小微外贸企业支持。进一步鼓励扶持外贸综合服务企业健康发展,省商务厅会同相关部门评审认定了36家省级外贸综合服务企业,给予财政资金支持。

2. 发挥信保和金融作用

积极发挥中国信保政策性出口信用保险主渠道作用,全省约一半出口企业已投保出口信用保险,大力支持外贸企业应对疫情汛情叠加影响。省商务厅先后与中国银行、中国建设银行、交通银行等达成战略合作,为河南外经贸企业提供综合化、专业化、个性化金融服务。省商务厅联合中国进出口银行河南省分行开展2021年抗洪涝稳外贸专项金融扶助活动,向受灾外贸企业发放外贸产业贷款,为外贸企业恢复生产经营按下"加速键"。

3. 提升贸易便利

省商务厅建立了进出口企业服务平台,持续优化提升服务功能,吸引更多服务机构入驻,完善"涉企惠企政策"专栏,为企业提供政策资讯、展会信息、市场开拓、办事指南等全方位服务,持续做好涉外贸易摩擦法律服务。郑州海关持续深化海关改革创新,不断优化通关作业流程,企业"两

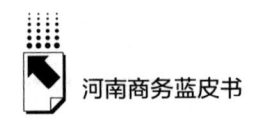

步申报""提前申报"应用率大幅提升，外汇局河南省分局大力推进贸易收支便利化试点，贸易收支便利化动能显现，税务部门持续优化退税服务，全省退税核准平均时限进一步压减。

4. 抓好试点示范

积极推动许昌市场采购贸易方式试点，2021年实现出口超3亿美元。36家省级外贸综合服务企业通过评审认定。探索供应链金融创新，推进郑州市二手车出口业务，5家试点企业通过商务部认定，实现二手车出口零的突破。争取济源市获批国家加工贸易产业园区；新获批郑州经开区汽车及零部件、长垣医疗器械、平舆户外休闲3个国家外贸转型升级基地，国家级基地发展到20家。

5. 强化企业服务

省级外经贸发展专项资金12亿元切块下达，支持企业稳定生产经营。支持服务企业参加第129届线上广交会、第130届线上线下广交会，签订一批外贸订单。举办一系列出口商品网上展示交易会，帮助企业通过新技术新渠道开拓市场，开展"河南省产业出海专项行动"。指导企业申请相关进出口资质及配额，为企业免费提供进出口许可证材料和CA电子钥匙等邮寄服务，真正做到让企业少跑路，获得企业好评。会同相关部门开展政策宣传和业务培训，宣传贸易便利化政策，企业普遍反映效果良好。

三 当前外贸发展形势

当前，疫情走势不确定，新冠肺炎疫情已经蔓延至110多个国家和地区，全球经济复苏不均衡，发达经济体和低收入国家复苏情况差异较大。中央经济工作会议指出的"需求收缩、供给冲击、预期转弱三重压力"在外贸领域也十分突出。在疫情冲击下，世界经济脆弱复苏，外需增长乏力，缺芯、缺柜、缺工问题和运费、原材料成本、能源资源价格上升等问题直接加重企业负担。同时，支撑2021年外贸高增长的订单回流、价格上涨等阶段性因素难以持续，另受2021年超高基数影响，做好2022年稳外贸工作难度前所未有。

（一）外贸发展不稳定性不确定性明显增加

世界进入动荡变革期，主要经济体博弈加剧，经济全球化遭遇逆流，贸易投资保护主义、单边主义盛行，国际经贸摩擦更加频繁剧烈。新冠肺炎疫情影响深远广泛，商品要素跨国流动严重受阻，全球市场需求疲软，加上发达经济体宽松政策外溢影响，全球通货膨胀压力加大。各国内顾倾向上升、安全顾虑增加，全球产业链供应链重塑加快，区域化和本土化趋势明显；我国要素成本持续上升，资源环境约束趋紧，传统竞争优势弱化，外贸产业链供应链畅通稳定存在风险。河南外贸较长一段时期以来连续快速增长，招引和内生培育了一批新兴外贸企业，但大多数规模还不够大，尚未形成强点支撑、多点支撑局面，未来保持高基数下较快增长难度较大。

（二）外贸发展仍具备坚实基础和诸多有利条件

和平与发展仍是时代主题，经济全球化仍是历史潮流，各国分工合作、互利共赢仍是大趋势。新一轮科技革命、产业变革与国内经济社会发展渗透融合不断深入，外贸创新发展潜力巨大。党的领导和中国特色社会主义制度为外贸高质量发展提供了根本保证。我国经济稳中向好、长期向好的基本面没有改变，综合国力和国际地位持续上升，构建新发展格局和着力实施更高水平开放带来重大机遇，比以往更有条件为外贸发展营造良好环境。河南产业体系完备，人力资源丰富，产业创新转型升级步伐加快，多个国家战略平台融合联动的叠加效应持续显现，具有较强的综合竞争优势，外贸发展空间依然广阔。

四 2022年工作重点

（一）强化政策落实

全面落实国家和河南省稳外贸安排部署，充分了解企业政策需求，研究

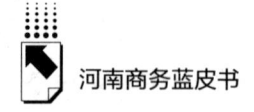

推出更加精准有力的政策举措，丰富政策工具箱，让政策红利惠及更多企业，保护稳外贸的源头活水。用足用好外经贸专项发展资金，加快项目资金拨付进度，提高资金使用效益。

（二）持续优化服务

扎实开展"万人助万企"活动，督促各地落实重点"三外"企业"白名单"和"服务官"制度，精准做好企业服务，持续优化外贸营商环境，稳定市场主体。加快培育新的贸易主体，推动更多企业走向国际市场。进一步方便企业办理进出口手续；支持企业获得更多进出口资质和配额。适时组织进出口业务培训，提升企业从业人员专业素质，帮助企业用足用好惠及外贸领域的政策。

（三）多元开拓市场

收集发布重点展会推荐目录，线上线下结合有针对性地组织开拓市场活动，支持企业参加影响大、效果好的展会，帮助企业深耕细作传统市场，力保美国市场份额，持续扩大新兴市场份额，促进适合国内市场的产品出口转内销。

（四）优化贸易结构

指导各地开展精准产业招商，强力引进出口型项目，完善产业链条，打造特色外贸产业基地。支持济源国家加工贸易产业园区建设，打造高水平承接平台。积极申建国家外贸转型升级基地。继续支持企业开展境外商标注册、专利申请、管理体系认证、产品认证，打造国际知名品牌。

（五）发展新型业态

提升外贸综合服务企业系统集成服务能力，积极推动供应链金融服务创新，引导更多中小外贸企业使用外贸综合服务。推动许昌市场采购贸易方式试点健康发展，多渠道培育引进各类外贸主体，加快集聚省内外更多优质品牌和商品，扩大集聚和辐射效应，做大贸易规模。

B.7 2021~2022年河南省对外投资合作形势分析与展望

李晋 魏克龙 潘菊芬*

摘 要： 2021年，面临新冠肺炎疫情和复杂多变的国际形势，河南省对外投资合作多项指标保持强劲增长。2022年，虽然疫情影响仍将持续，国际经贸环境更趋复杂，但是实现经济发展依然是各国的共同目标和选择。随着国家和河南省稳增长、稳市场主体等一系列政策效应的逐步释放，2022年河南省对外投资合作形势将好于2021年。

关键词： 河南省 对外投资合作 高质量发展

一 2021年对外投资合作情况

2021年，河南对外承包工程及劳务合作新签合同额39.9亿美元，同比下降19.6%，绝对额居全国第11位、中部地区第3位。完成营业额40.7亿美元，同比增长17.4%，绝对额居全国第10位、中部地区第3位。备案新设境外投资企业或机构（含增资变更）54个，对外直接投资13.7亿美元，同比增长11.2%，绝对额居全国第12位、中部地区第3位。全省外派劳务13805人次，同比增长45.8%，绝对额居全国第10位、中部地区第2位。

---

* 李晋、魏克龙、潘菊芬，河南省商务厅。

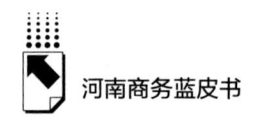

1. 外经各项指标保持稳定

2021年，全省对外承包工程及劳务合作完成营业额同比增幅高于全国18个百分点；全省对外直接投资同比增幅高于全国8个百分点；全省外派劳务同比增幅高于全国38.6个百分点。各项指标呈现稳中向好态势。

2. 对外承包工程项目开工率良好

全省对外承包工程在建项目647个，其中，开工项目633个，因疫情停工14个，开工率达97.8%。开工项目完成营业额36.3亿美元，占全省对外承包工程完成营业额的89.3%。全省新签对外承包工程合同额1亿美元以上项目6个，新签合同额14.55亿美元，分别有中石化中原石油工程有限公司签订的合同额5.08亿美元的沙特钻修井项目、中铁七局集团有限公司签订的合同额3.12亿美元的赞比亚南方省煤矿采剥与运输项目等。

3. 对外投资保持增长，非公企业投资活跃

全年非公企业对外投资活跃，企业数量占比达83.5%，对外直接投资额占比达91.9%。中国香港、德国和开曼群岛是主要对外投资目的地，分别投资5.58亿美元、2.08亿美元和1亿美元，主要企业有：河南金利金铅集团对中国香港出资1.96亿美元，洛阳栾川钼业集团对中国香港出资1.94亿美元，天瑞集团对中国香港出资1.10亿美元；郑州煤矿机械集团对德国出资2.08亿美元；郑州旭丰嘉远智能网联企业管理中心对开曼群岛出资1亿美元。所投资企业主要从事装备制造、新技术研发、商务服务业。

二 2021年主要亮点

1. 统筹常态化疫情防控与业务发展

持续坚持外经企业常态化疫情防控，上下协同，横向联动，摸清底数，掌握动态，严守境外疫情防控底线。多策并举，助企纾困，解难题办实事，推动外经企业复工复产，30家"白名单"企业开工率达100%，境外企业开工率超过95%。

2. 扎实推进境外企业及人员安全防控

一是2021年召开行业海外风险研判评估座谈会，研判形势，排查风险，建立台账，完善海外安全防控机制。二是加强对外经企业境外安全生产专项整治和调研督导。相关工作组赴郑州、洛阳等地对外经企业实地走访，宣讲政策，查找隐患，并视频连线境外项目组，开展安全风险"云巡视"。三是及时处置涉外案件，受到好评。

3. 优化"走出去"营商环境

一是为贯彻落实《商务部等19部门关于促进对外承包工程高质量发展的指导意见》（商合发〔2019〕273号）和《商务部等19部门关于促进对外设计咨询高质量发展有关工作的通知》（商合函〔2021〕1号）精神，河南省商务厅等20个部门联合印发了《关于促进全省对外承包工程高质量发展的实施意见》（豫商外经〔2021〕9号），推动河南省企业积极融入"一带一路"建设，促进全省对外承包工程高质量发展，带动更多的产品技术服务"走出去"，进一步深化国际产能合作，打造"河南建设"国际品牌，促进全省对外承包工程高质量发展。二是根据《河南省人民政府关于向郑州市洛阳市和郑州航空港经济综合实验区下放部分省级经济社会管理权限的通知》（豫政〔2021〕9号）要求，制定了河南省商务厅"企业境外投资备案"事项授权方案，对接商务部开通服务端口，对郑州市下放投资备案权限，并派专员赴郑州市进行辅导，确保下得去，能接住。三是下发《关于加强全省对外劳务合作劳务纠纷处理工作的通知》，进一步规范外派劳务市场经营秩序，维护外派劳务人员合法权益和社会稳定。

4. 支持企业参与国际合作与并购

一是通过积极争取，河南省机场集团有限公司的"空中丝绸之路"中匈航空货运战略合作项目、河南工业大学"中国（河南）—拉脱维亚武术培训基地"项目被列入中国—中东欧国家领导人峰会经贸成果清单。二是全年实施1亿美元以上国际并购项目4个，总投资7.53亿美元，主要涉及新技术、装备制造、资源能源、航空等领域。三是落实2020年度省外经贸发展专项资金政策，对36家外经企业144个对外投资合作项目安排支持

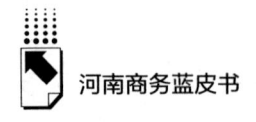

资金3033.78万元。四是针对河南省援外项目偏少的现状，河南省商务厅联合商务部驻郑州特办对河南省具有援外资质的企业开展调研摸底，政策辅导。

5. 做实做细对外投资合作统计

一是河南省商务厅赴重点对外承包工程企业调研，加强对统计制度的宣传和解读。同时主动与省住建厅等相关省直部门对接，从不同行业管理角度，排查对外承包工程业绩漏统情况。二是河南省商务厅组织填报并审核河南省394家境内投资主体在境外设立的595家境外企业年报统计数据，被商务部通报为2020年度对外直接投资统计工作"双优"单位。三是高质量完成2020年下半年及2021年上半年对外投资备案（核准）报告工作。

6. 成功组织参加多项经贸促进活动

一是组织河南省代表团参加第二届中非经贸博览会并开展务实考察活动。河南综合形象展区通过视频、图片、文字、实物（特色产品）等方式，展示了河南省情、河南对非合作情况、重点产品、重点项目。会上，河南省企业达成意向合作12项。二是组织举办"2021河南省出口商品网上展示交易会（非洲站—日用消费品专场）"，85家企业意向成交金额共427.5万美元。三是组织河南34家企业参加2021年第四届肯尼亚国际工业线上展览会，到访客商共计3523人，意向成交额约2700万美元。四是组团参加第五届丝博会并考察了陕西自贸试验区。

三 存在的主要问题

从外部环境来看，一是受境外疫情等不可控因素的影响，我国境外项目在政治、金融、法律、财产和人员安全等方面风险逐步升高，企业经营成本增加，运营风险增加。二是部分非洲国家和地区政变、恐袭事件多发，对外投资合作项目人员及财产安全风险加大，河南省主要市场非洲对外承包工程项目开工不确定性增加。

从业务角度来看，一是境外经贸合作区投资主体实力不足，后续发展乏力，普遍存在资产规模小、整体实力弱、推进速度慢、示范带动效应不强、高素质专业人才缺乏等问题，造成境外经贸合作区建设运营效果不及预期。二是多数境外投资项目属于资源获取型、农业种植及养殖型、产品初加工型、商务服务型，处于产业链末端，市场竞争力不强，参与国际产能合作项目较少。加上部分企业对投资所在国的政治、法律、文化、营商环境、市场、用工等要素缺乏深入研究和了解，对外投资存在盲目性，经济效益欠佳。三是对外承包工程仍集中在交通运输、石油化工、矿山工程、电力工程建设等传统领域，市场竞争激烈。随着国际形势的复杂多变及国内资质放开，对外承包工程企业面临的挑战日益增大、困难增多，业绩难以预料。

四 面临的发展形势

当今世界正经历百年未有之大变局，对外投资合作发展面临的国内外环境发生深刻复杂变化。河南省对外投资合作发展仍处于重要战略机遇期，但机遇和挑战都在发展变化，机遇中暗藏挑战，而挑战中也蕴藏机遇。

从国际看，一方面，新冠肺炎疫情影响广泛深远，经济全球化遭遇逆流。部分企业停工停产，造成失业率上升，经济萎缩，企业选择降低资本支出，跨境投资意愿下降。国际投资预期低迷，基础设施建设需求总体收缩，市场"蛋糕"变小，部分存量项目可能面临估值下降等困境。国际经贸环境日趋复杂，不稳定性不确定性明显增加。以美国为代表的部分发达国家抛出多项对冲性战略，全球贸易保护主义升级，单边主义、民粹主义、逆全球化思潮兴起，扰乱我国"走出去"发展环境；气候变化挑战突出，地区热点问题频发，区域纷争和边境冲突给国际产业链带来了巨大冲击；部分国家恐怖组织活动严重危及我境外项目及人员的生命、财产安全。另一方面，后疫情时期世界经济调整复苏，为"走出去"发展提供更多机遇。疫情影响将会长期化，虽然部分国家经济困难，部分国家投资政策

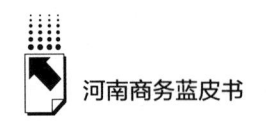

收紧，但是资产低估、口碑不错的目标公司的出现也为我国企业海外并购带来了机遇。人民币国际化进程有望加快，这将有助于减少企业在对外投资合作过程中的汇率风险，节约汇兑成本，增加融资渠道，提升我国企业对外投资合作便利化水平。

从国内看，虽然我国在政策创新、风险防控、监管服务等方面还存在一些短板弱项，但我国企业"走出去"稳步发展的战略机遇期仍将延续。我国经济基础雄厚，产业体系完备，经济发展具有强大韧性和广阔空间。强大的制度优势和经济韧性，为"走出去"行稳致远提供了可靠保障。以中国为代表的发展中国家经济和政治影响力不断提升，人类命运共同体理念逐步深入人心，党中央提出高水平对外开放和高质量建设"一带一路"，为企业拓展国际市场提供了有力的支持，今后一段时间依然是我国企业国际化发展的战略机遇期。

从省内看，当前河南省经济总体持续恢复，稳定向好，尚存在消费恢复态势较慢，投资增长内生动力不强，与国际接轨的综合性人才匮乏，"走出去"企业整体实力不强，区域发展不平衡等现状，但更要看到，构建新发展格局战略、新时代推动中部地区高质量发展政策、推动黄河流域生态保护和高质量发展三大战略机遇以及河南省多领域战略平台的叠加效应持续显现。省十一次党代会在分析省情特点和阶段性特征时，明确提出要在拉高标杆中争先进位，在加压奋进中开创新局，锚定"两个确保"，实施"十大战略"。同时，省委、省政府把开放强省作为建设国家创新高地、落实中部地区崛起战略的突破口，集中力量打造"五区"战略平台，锲而不舍推进"四路"建设。这为我们打造国内大循环的重要支点和国内国际双循环战略链接提供了有力支撑。

综合分析看，对外投资经济合作业务发展面临的机遇前所未有，挑战也前所未有，必须增强机遇意识和风险意识，深刻认识新机遇的战略性、可塑性和新挑战的复杂性、全局性，准确识变、科学应变、主动求变，在危机中育先机、于变局中开新局，奋力开创河南对外投资和经济合作高质量发展新局面。

五　2022年工作重点

2022年，河南省商务系统以习近平新时代中国特色社会主义思想为指导，坚持稳中求进工作总基调，立足新发展阶段，贯彻新发展理念，巩固拓展疫情防控和经济社会发展成果，有序推动河南对外投资和经济合作，主动融入新发展格局，为建设开放强省提供有力支撑。

1. 做好外经企业常态化疫情防控工作

督导外经企业做好疫情防控工作，进一步完善工作机制，上下协同，横向联动，摸清底数，掌握动态，坚持境外企业疫情日报告、零报告、重大事项报告制度，指导和督促企业坚决守住疫情防控和安全风险防范底线。及时、准确掌握境外中资企业员工、劳务人员信息和动向，强化信息报送和联络，密切关注国际疫情动态，加强预警分析研判。多策并举，助企纾困，解难题办实事，帮助外经企业复工复产。

2. 推动对外投资高质量发展

规范优化对外投资备案工作流程。依法依规开展对外投资备案工作，为企业提供更加便捷、高效的服务。认真准备并做好对洛阳市企业境外投资备案授权下放工作，对郑州市承接境外投资备案事项进行效果评估。做好对外投资合作调查摸底工作。加大对境外投资矿产资源、农业、环保、数字行业等符合国家鼓励投资方向的企业和项目调研工作，推动洛阳栾川钼业集团有限公司等龙头骨干企业更好"走出去"。做好境外经贸合作园区摸底排查工作，弄清底数和现状，推动境外经贸合作园区高质量发展。加强对外投资合作统计分析。做好2021年度对外直接投资统计年报和2022年度对外直接投资统计半年报工作，夯实统计工作基础，为领导决策和指导企业"走出去"提供翔实、准确的参考资料。

3. 提高对外承包工程国际产业链参与度

加强对外承包工程企业调研摸排力度，举办对外承包工程企业研讨会和高峰论坛，研判国际工程承包市场最新形势以及企业"走出去"遇到的困难,鼓励企业积极融入"一带一路"建设,打造"河南建设"国际品牌。鼓励企业以建营一体化、投建营一体化等多种方式承揽和实施项目,采用投资开发、海外融资、工程建设、运营管理"四位一体"发展模式,逐步实现由建设施工为主的单一优势向集"投融资""工程建设""运营服务"等于一体的综合优势转变。争取与中国对外承包工程商会签订战略合作协议,建立沟通机制,完善信息交流渠道,开展业务合作,帮助企业进一步增强利用国内国外两个市场、两种资源,参与全球范围价值链整合和国际化经营能力。加强与部分中央企业的沟通联络,助力驻豫央企扩大对外承包工程市场份额。

4. 拓展对外劳务合作渠道

支持外派劳务企业、劳务服务平台、对外承包工程企业开展招募推介活动;筹划对外承包工程龙头企业与我省对外劳务企业对接活动,扩大外派劳务规模。认真落实《2022年高质量推进"人人持证、技能河南"建设工作方案》,深入实施乡村振兴技能人才培训,巩固河南省中韩雇佣制业务优势,积极开拓中以、中德、中奥劳务合作,提升河南省外派劳务质量和层次。加强对外劳务合作管理,深入开展对外合作领域非法外派人员整治工作,规范对外劳务市场经营秩序,妥善处理劳务纠纷和投诉,维护外派劳务人员合法权益。

5. 加大对外援助工作力度

鼓励企业积极申报对外援助资格,支持具备条件企业争取援外项目,拓展对外经贸合作。鼓励河南省具条件的高等院校参与援外培训,围绕河南省优势和特色开展援外培训及学历学位教育,扩大对外交流合作。

6. 全面提升对外投资合作监管服务水平

稳妥推动企业对外投资合作,开展对外投资合作业务培训和政策宣讲,充分发挥外经贸发展专项资金、"走出去"风险统保平台的政策引导和鼓励作用,助力企业"走出去"发展;利用"走出去"联络服务机制、重点外经企业联系服务机制,协调解决企业面临的困难和问题;协调相关单位部门和商协会等资源,为企业投资决策、拓展业务提供咨询等服务。落实"双随机一公开"制度,强化事中事后监管,加强重点区域、重点领域政策和海外风险研判,指导企业规范海外经营行为,推动企业与项目绿色化、数字化发展。依托亚欧博览会、中国—东盟博览会等区域性经贸合作平台,有针对性地组织开展"一带一路"对接交流活动,加快形成全方位多层次宽领域对外合作新格局。制定对外投资合作业务绩效评价办法,推进全省对外投资和经济合作有序规范发展。

B.8 2021~2022年河南省消费品市场运行分析与展望

刘 洁 李俊杰 马光远 李雨青[*]

摘 要： 2021年以来，河南省商务系统全面贯彻省委、省政府和商务部促进消费发展的决策部署。在暴雨造成的洪涝灾害和疫情散点多发的双重影响下，千方百计稳定经济，保障民生，消费品市场规模仍持续扩大。全省居民可支配收入稳步增加，消费水平不断提高，消费结构优化改善，为全省经济发展发挥了至关重要的推动作用。预计2022年，全省受潜在需求、市场潜力、政策支持等多方面积极影响，消费品市场运行将稳中有进。

关键词： 河南省 消费品市场 高质量发展 消费载体

一 2021年河南省消费品市场运行特点

2021年，全省千方百计稳住经济基本盘，聚焦聚力转型创新发展，统筹推动城乡协调发展，扎实有效保障改善民生。随着全省经济工作的有效推进，全省居民可支配收入稳步增加，消费水平不断提高，消费结构优化改善。消费作为拉动经济增长的重要"引擎"，构建新发展格局的重要环节，对经济发展的基础性作用已经进一步凸显。初步核算，2021年，河南省地区生产总值达58887.41亿元，同比增长6.3%，低于全国平均增速1.8个百

---

[*] 刘洁、李俊杰、马光远、李雨青，河南省商务厅。

分点，第二产业增加值同比增长4.1%，第三产业增加值同比增长8.1%。社会消费品零售总额24381.70亿元，比上年增长8.3%，低于全国平均水平4.2个百分点。总量居全国第5位、中部地区首位，增速在全国居第26位，中部地区末位。

1. 消费品市场总体保持恢复态势，增速低于全国平均水平

统计显示，2021年，河南省消费品市场规模在持续扩大，全省社会消费品零售总额比上年增长8.3%，比2019年增长3.9%，两年平均增速为1.9%，已扭转2020年社会消费品零售总额增速下降的情况。分季度看，2021年四个季度社会消费品零售总额分别为5825.34亿元、5987.75亿元、5710.52亿元、6858.10亿元，第三季度消费市场有小幅收缩，主要是因为受特大暴雨导致的洪涝灾害和新冠肺炎疫情影响，第一、第二、第四季度消费品市场规模持续扩大。

因受2020年新冠肺炎疫情影响，整体基数较低影响，2021年第一季度全省社会消费品零售总额增长较快，1~2月同比增长31.6%，3月同比增长21.6%，第一季度同比增长28.1%，两年平均增速为0.1%；第二季度，消费品市场加快恢复，4月、5月、6月同比增速分别为11%、5.7%、7.4%，两年平均增速为3.9%，比第一季度扩大3.8个百分点；第三季度，受特大暴雨造成的洪涝灾害和新冠肺炎疫情散点多发影响，8月社会消费品零售总额增速出现负增长，第三季度两年平均增速为1.1%，比第二季度回落2.8个百分点；第四季度虽然也有疫情和汽车市场因"缺芯"而形成的不景气等影响，但消费品市场恢复的态势得到延续，两年平均增速为2.5%，比第三季度提高1.4个百分点。

2. 限额以上单位消费品零售额增速较低

2021年，限额以上单位消费品零售总额6498.73亿元，同比增长7.8%，低于全省社会消费品零售总额增速0.5个百分点。按经营地区分，城镇和乡村的社会消费品零售额同时恢复，但乡村社会消费品零售额增长较快。1~12月，城镇社会消费品零售额6132.13亿元，同比增长7.0%；乡村社会消费品零售额366.60亿元，同比增长19.2%。按消费类型分，餐饮收

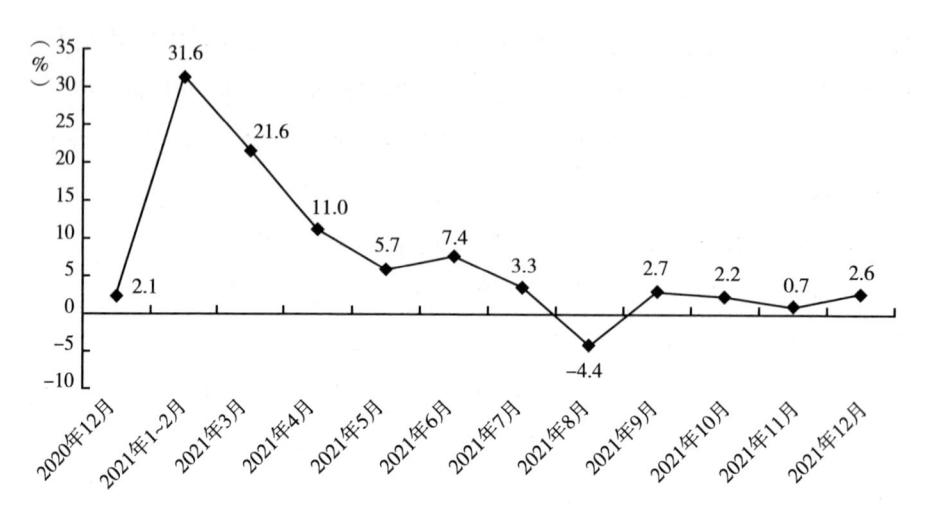

图1 2020年12月至2021年12月河南省社会消费品零售总额分月同比增速

入367.19亿元，同比增长11.7%，但仍未恢复到2019年限额以上餐饮收入水平；商品零售6131.54亿元，同比增长7.6%，餐饮收入增速高于商品零售增速4.1个百分点。

3. 生活必需品消费仍保持快速增长

从限额以上单位消费品零售额的商品零售分类来看，基本生活类商品消费增长依然强劲。粮油食品、饮料、烟酒、日用品类商品零售额增速分别为10.6%、11.3%、26.2%、14.3%，均保持两位数以上的增长，分别高于全省限额以上单位消费品零售额增速2.8个百分点、3.5个百分点、18.4个百分点、6.5个百分点，且烟酒类商品零售额增速对商品零售增速贡献较大。2021年下半年，全省消费品市场虽然受到洪涝灾害和新冠肺炎疫情的影响，但市场基本生活必需品保障充足，居民消费未受到影响。

4. 消费升级态势延续

2021年，限额以上体育娱乐用品类、金银珠宝类商品零售额增速可观，分别为14.3%、13.8%，分别高于全省限额以上零售额增速6.5个百分点和6.0个百分点；增速分别比上年同期高出14.5、24.3个百分点。限额以上化妆品类商品零售额增速同比下降0.9%。

2021年,虽然全省受到汛情和疫情,以及汽车"缺芯"等外部因素影响,但全省限额以上新能源汽车销售热度不减,销售额同比增长92.9%,高于全省限额以上商品零售额增速85.1个百分点。

二 2021年河南省消费品市场存在的问题

1. 居民消费意愿减退

2021年7月以来,河南省多地出现特大暴雨引发的洪涝灾害,造成重大财产损失。随后,郑州、安阳等地区因新冠肺炎疫情风险管控,部分行业暂时停业,相关企业及从业人员收入预期降低,居民人均可支配收入增长不及预期。2021年,全省居民人均可支配收入26811元,在全国31个省份中排名第24,同比增长8.1%,与全国平均增速水平持平。按常住地区分,城镇居民人均可支配收入37095元,同比增长6.7%,低于全国平均水平0.4个百分点;农村居民人均可支配收入17533元,同比增长8.8%,低于全国平均水平0.9个百分点。近年来,在全球经济下行的大背景下,居民防范风险意识增强,自然灾害和新冠肺炎疫情对本就低迷的居民消费意愿影响较大。

2. 部分行业受损严重

批发零售业受影响最大。据统计,全省批发业和零售业、住宿业和餐饮业、会展业、家政服务业四类商贸服务业,在2021年的自然灾害中共有21606个网点受损,经济损失约90亿元。其中,批发业和零售业受损最大,受损网点数量17179个,受损设备设施数量47860台(套),直接经济损失80.6亿元。2021年7月,全省发票开票金额8948亿元,同比增长7.4%,比第二季度增速回落10.8个百分点;经税务部门测算,因灾情影响,全省企业销售收入减少860亿~890亿元,其中批发零售业发票开票金额减少约260亿元。

文旅行业遭受重创。据文旅部门不完全统计,在汛情期间,全省580家A级旅游景区中有321家受到不同程度损害,一批景区停车场被淹没,道路、栈道被冲毁，民宿、游客中心被冲垮，电力、水利、智慧旅游设施设备被损坏。其中，受损额超亿元以上的景区10个，损失金额超5000万元以上的景区6个，全省13家5A级景区、130余家4A级景区受损严重。加之进出郑州需提供48小时以内核酸检测阴性证明，多地不允许郑州牌照车辆上下高速，暑期文旅消费市场遭受严重打击。

餐饮收入大幅下降。2021年7月，为防止疫情扩散，多地实行风险管控，风险地区居民不得随意流动，影响餐饮消费潜力释放。据了解，2021年7月，郑州、焦作、兰考、滑县、鹿邑先后全面禁止堂食，洛阳、平顶山、安阳、新乡、周口部分县区禁止堂食，其他地区餐饮消费也明显减少。8月，全省限额以上单位消费品零售额中餐饮收入实现23.41亿元，同比下降24.4%，比上月（增长10.2%）回落34.6个百分点；1~8月，餐饮收入224.28亿元，同比增长18.4%，比1~7月回落8.5个百分点。2021年11月，疫情再次在河南散发，部分餐饮企业停业。2021年全年，河南省限额以上餐饮消费收入367.19亿元，同比增长11.7%，低于全国平均水平6.9个百分点。

3. 大宗商品消费不旺

汽车销售严重下滑。2021年7月、8月全省汽车类限额以上零售额同比下降10.7%、16.1%。7月全省新车销售量为13.7万辆，仅为上半年月均水平的71%，同比下降23.6%，环比下降33.1%；销售额为153.3亿元，仅为上半年月均水平的65.1%，同比下降32.6%，环比下降41.41%。7月，全省二手车交易量为8.92万辆，仅为上半年月均水平的66%，同比下降29.1%，环比下降35.5%；交易额为18.8亿元，仅为上半年月均水平的66.4%，同比下降30%，环比下降34.8%。2021年，全省限额以上汽车零售额2251.51亿元，同比增长5.9%，低于国家平均水平1.7个百分点。河南省汽车消费不及预期的原因主要有以下几个方面，一是芯片供应不足。汽车行业是河南省社会消费品零售总额占比最高的行业，约为三分之一，2021年以来，受汽车芯片短缺影响，市场供应不足的问题逐步显现，汽车行业订单流失严重，汽车销售增速逐月下滑。二是经销商损失惨重。洪灾过后，部分汽车4S店的店面及库存现车受损较大，已有订单无法正常交付。全省18家具有汽车销售行业代表性的汽车经销商提供的数据显示，郑州市汽车销售企业泡水商品车2100台左右，价值约2.3亿元；二手车受损价值约3400万元（不含二手车交易市场），建筑设施、办公家具、维修设备损失价值约6800万元，备件用品损失价值约1650万元。三是消费者持观望态度。因顾虑买到泡水车或维修车，原有购车打算的消费者消费意愿减退，7月20日后郑州市4S店汽车销售急剧下降。例如，郑州世纪鸿图丰田汽车销售服务有限公司7月20日至25日原预计销售车辆70台，实际仅销售6台；河南豫港华翔汽车有限公司7月销售量比2020年同期下降185台。

油品销售明显回落。暴雨灾害期间，大量加油站遭到破坏，其中，中国石化、中国石油受灾加油站1319座，直接经济损失约1.2亿元。受损加油站由于进水停业维修，无法正常营业，加上为防止疫情扩散，部分道路封闭，居民出行减少，油品销售明显回落。7月，全省石油及制品类限额以上零售额同比下降5.1%，降幅比上月扩大12.0个百分点。2021年，全省限额以上单位消费品零售额中石油及制品类商品零售额779.63亿元，同比增长11%，虽然高于限额以上单位消费品零售额增速，但却低于全国平均水平10.2个百分点。

房地产销售持续低迷。近年来，郑州楼市长期处于供大于求、逐步阴跌的状态，尤其是灾情过后，房地产成交量呈断崖式下跌。各大地产商资金压力不断增大，纷纷降价、打折销售，但收效甚微。据统计，郑州目前商品住宅空置面积近3000万平方米，与地产业息息相关的家电家具、装修装潢等客单量大、销售占比高、产业链条长的行业消费不旺。

4. 市县财政压力较大

为促进消费市场加快回暖，帮助受灾地区和群众尽快恢复正常生产生活秩序，省政府办公厅印发了《关于切实做好灾后促消费工作的通知》，决定筹措省级财政资金10亿元，带动市、县财政投入，共同推动全省消费促进工作。2021年，全省共计28个市（县）上报了促消费方案，但从前期调研和座谈的情况，各地普遍反映财政吃紧，难以协调大笔专项资金用于消费促

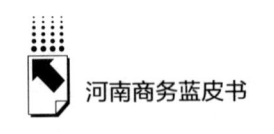

进;甚至有个别市将财政资金筹措任务转嫁到县级,套用省级财政资金奖补县级财政投入,政策效力无法有效发挥。

三 2022年河南省消费市场分析和展望

1. 2022年全省消费增长的有力因素

一是潜在需求旺盛。经历了水灾和疫情的双重打击之后,全省前期被抑制的消费需求尚未完全释放,2022年,全省可能在疫情恢复后迎来报复性消费。二是市场潜力巨大。最新统计显示,截至2020年11月,河南省常住人口9936.6万人,占全国人口的7.04%,位居全国第三。消费规模常年居全国第5位,随着城镇化进程不断加速,城市净流入人口不断增加,新增消费需求巨大。三是政策支持有力,近年来,国家和河南省密集出台了一系列保民生、稳增长、扩消费的政策文件,相关政策效力将持续显现。

2. 制约2022年河南消费品市场增长的不利因素

当今世界正经历百年未有之大变局,新冠肺炎疫情全球大流行使这个大变局加速演进,2022年全省消费市场形势依然复杂严峻。从不利因素看,一是居民收入较低。2021年,全省居民人均可支配收入26811元,在全国31个省份中排名第24,仅相当于全国居民人均可支配收入的76%。居民"捂紧钱袋子不愿消费"的心理更加明显。二是品牌竞争力不强。河南省大多数企业对品牌价值的重视程度不够,相关产品进入国内、国际高端消费市场受限,消费者认同度不高,难以获得下游厂商青睐。三是企业经营困难。许多流通企业客流量和销售额没有恢复正常水平,同时还面临租金负担较重、流通资金紧张、人工及防疫成本上升等问题,经营存在不少困难。

四 促进河南省消费发展的政策建议

1. 保障就业,增加居民收入

2021年,全省经济发展受到了汛情和疫情的双重影响,保障就业,千方百计增加居民收入,仍是促进消费市场回暖的基础。一是要重点抓好高校毕业生、退役军人、农民工、城镇困难人员等重点人群就业工作,健全工资正常增长机制,保障新业态从业人员劳动权益。二是要避免住房、教育、医疗等支出对消费产生的挤出效应。可以通过建设保障性住房,落实房地产调控政策,加快养老服务体系建设,加快医保支付方式改革等减轻群众消费的后顾之忧,释放消费潜力。

2. 培育高质量消费载体

一是指导郑州创建具有国际水准和全球影响力、吸引力的国际消费中心城市;支持洛阳、南阳等基础条件好、消费潜力大、现代化水平高、区域辐射能力强的城市梯度培育建设区域性消费中心。二是建设高品质现代新型商圈,优化规划布局,大力引进国内外知名品牌、一线品牌入驻,培育首店、首发经济,扩大中高端商品和消费供给,积极参与国际消费领域的交流与合作,不断提升城市核心商圈的知名度和影响力。三是推动商业街区改造升级和错位精细化发展,围绕强化规划布局、优化街区环境、提高商业质量、打造智慧街区、增强文化底蕴、规范管理运营六个方面,结合当地自然禀赋、历史文化、建筑风貌等因地制宜,合理规划打造一批具有地域特色、风格各异、规范管理的特色商业街区。

3. 壮大新兴消费热点

大力拓展无接触式消费模式,支持打造智慧城市,发展健康的直播经济、网红经济。坚持创新驱动,鼓励以大数据、云计算、移动互联网等信息技术为支撑的流通平台建设,支持线下经营实体转型升级。围绕居民日常消费全生态链,发展"互联网+服务",实现"线上+线下""到店+到家"双向融合。紧跟城镇化建设步伐,推进城镇老旧小区改造,支持保障性租赁住房和经济适用房建设,拉动家电、家居、装潢等相关消费。推广使用环保家具、节能家电、智能家居等新型消费产品,适当给予财政资金支持。大力提升电商、快递进农村综合水平和农产品流通现代化水平,加快健全县、乡、村三级电子商务服务体系和快递物流配送体系,推动农村产品和服务品牌化、标准化、数字化、产业化改造,引导现代服务向农村延伸拓展。

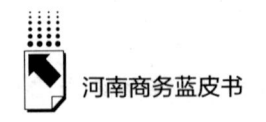

4.支持乡村消费市场发展

支持大型商贸零售企业向县、乡（镇）、村下沉布局设点，完善农村商贸流通网络，拓宽线上线下销售渠道，促进精品百货、智能家电、品质家居、新能源汽车等优质工业品下乡进村。支持乡镇商贸中心改造升级，提供购物、餐饮、休闲娱乐、农产品收购、商品配送、废旧物资回收等综合性服务，打造立足乡村、贴近农民、连接城乡的消费综合体，把乡镇建成服务农村居民的区域性消费中心，促进农村居民消费升级。引导商贸流通与休闲农业、乡村旅游有机结合，加快推动乡村民宿、农家餐饮、民俗工艺等消费扩容，培育特色鲜明的商贸小镇和县镇消费集聚区，推动形成产销密切衔接、三产融合互动的市场新体系。推动农村产品和服务品牌化、标准化、数字化、产业化改造，引导现代服务向农村延伸拓展，加快释放农村消费潜力。

5.推动服务行业提质扩容

推进生活服务消费市场数字化，深入推进"数字生活新服务"工程，大力发展"网上菜场""网上餐厅""网上超市"等智慧生活消费模式，促进服务消费线上线下融合发展。支持依托互联网的餐饮外卖、即时递送、共享出行、共享住宿、在线购药等新业态发展，推进生活服务消费提质扩容升级。鼓励电商平台企业与社区商业合作，整合线下门店资源与线上流量资源，提供线上下单、线下体验、配送上门等O2O服务，探索推广后疫情时代"社区团购""门店宅配""移动菜篮子""前置仓+提货站""无接触配送"等消费新模式，为便利民生消费开辟新渠道，满足居民高品质、多样化生活服务消费需求。建立健全家政、养老、托育服务标准、服务规范，加大对从业人员培训的力度，打造信用信息平台，探索建立相关保险制度。鼓励餐饮企业创新经营、绿色经营，提倡文明餐桌，制止餐饮浪费，加快推进餐旅融合，打造一批在全国有影响力的地标性美食旅游项目，叫响"豫菜"品牌。

6.大力组织消费促进活动

结合疫情防控形势，持续聚焦汽车、家电、家居等在社会消费品零售总额中占比较高的重点行业、重点领域开展促消费活动，进一步营造良好氛围，提振居民消费信心，带动消费增长。办好郑州商品交易会、中国（漯河）食品博览会、中国（郑州）国际糖酒食品交易会等大型经贸活动，积极组团参加中国国际进口博览会、中国消费品博览会等大型展会，着力发挥平台溢出效应，大力引进消费连锁、消费金融等方面资金、项目和先进技术，以及管理经验和商业模式，促进居民消费结构升级。实施放心消费行动，发挥行业商协会作用，推进流通领域诚信体系建设，实施跨部门联合惩戒，全方位优化消费环境。

B.9
2021~2022年河南省电子商务形势分析与展望

孙琪 曾瑛*

摘 要： 2021年是"十四五"规划的开局之年，面对复杂多变的国际环境和严峻的疫情防控形势，河南省电子商务战线在省委、省政府的正确领导下，全面贯彻党的十九大及十九届历次全会精神和中央、省委"六稳""六保"工作部署，全面贯彻新发展理念，奋力推动电子商务高质量发展。赋能"双循环"，锚定"两个确保"，统筹疫情防控和经济社会发展，迎难而上，主动作为，电子商务运行取得新进展。本文回顾了2021年河南省电子商务工作，分析2022年电子商务发展形势，提出了推动河南省电子商务高质量发展的对策。

关键词： 电子商务 跨境电商综合试验区 高质量发展 新进展

一 河南省电子商务发展现状

2021年，河南省经受了灾情、疫情叠加的严峻考验，全省电子商务战线在习近平新时代中国特色社会主义思想指导下，在省委、省政府的坚强领导下，面对困难，奋力前行，电子商务发展稳中有进，成为稳增长、保就业、促消费的重要力量，"十四五"电子商务发展开局良好，电子商务高质

---

* 孙琪、曾瑛，河南省商务厅。

量发展取得新成效。2021年河南省电子商务交易额11526.13亿元，同比增长21.8%，高于全国平均增速2.3个百分点，保持快速增长态势。2021年河南网络零售额2948.2亿元，同比增长12.5%。其中，实物商品网络零售额为2426.4亿元，同比增长10.1%。全省跨境电商进出口交易额2018.3亿元（含快递包裹），同比增长15.7%。其中，出口额1475.5亿元，同比增长15.7%；进口额542.8亿元，同比增长16.0%。新增国家级电商进农村综合示范县10个、国家级电商示范基地2个、省级电商示范基地20个。

1. 电商促消费取得显著成效

在疫情防控常态化的背景下，全省积极开展电商促消费活动。组织"居家嗨购网上过年——2021全国网上年货节"，配合举办"2021消费帮扶年货节""文化年货网上嗨起来""首届河南老字号年货直播节""新春送福餐·在家年味香""家乡美酒喝起来——豫酒振兴汇中原"等多项专场活动，51家电商平台和线下企业，1000多个大类、20000多个品牌、130多万种商品参与活动，郑州市8家平台线上销售额突破10亿元，全省销售额突破50亿元。组织15家电商企业参加第三届"双品网购节"，举办"钜惠夏季·火热中原"促消费活动共63场，省财政安排11亿元资金对省辖市实际兑现的消费券给予20%的奖补等助力推动线上线下、城市乡村开展双向融合新型消费活动，"双品网购节"期间河南省参与网购节的平台销售额达26亿元。结合不同节日，举办"钜惠夏季·豫见京彩——京东618河南促消费活动"、626中国服装品牌直播日暨"助力河南服装产业——2021服装品牌直播大会"，"豫你同在，河南好物卖全国"、"出彩河南黄河好物"消费帮扶直播活动、"礼遇河南，首届河南好品直播电商大会"、"互联网+抗灾情战疫情促销售助消费"活动，邀请全国著名网红推荐河南产品。

2. 惠民惠企行动取得新进展

支持申建全国重要国际邮件枢纽口岸，2022年3月，郑州建设全国重要国际邮件枢纽口岸获国家批复，成为继北京、上海、广州之后的第四个全国重要国际邮件枢纽口岸。向商务部推荐惠民惠企行动伙伴机构，持续推动各项实用服务惠及广大企业，在全国电子商务公共服务平台上宣传河南省电子商务示范载体、服务平台和相关工作成果。联合团省委举办了"数商青年"云商电商培训班；为跨境电商企业免费举办了"共担风雨易心移疫"品牌行销网上课程、"XTransfer首届郑州外贸金融节"进出口支付规则培训、"首届中部（郑州）跨境电商卖家品牌出海峰会"亚马逊开店和独立站建设专场培训；组织抖音免费举办了直播电视专题培训班，为全省培训跨境电商人员5万多人，提升企业市场开拓能力和品牌形象，多角度帮助企业提升选品、建站、运营水平，促进产品销售。

3. 跨境电商综合试验区建设获得新成就

跨境电商综合利用和发展水平居全国前列。跨境电商退货中心仓模式入选河南省十大经济改革案例，全国唯一跨境电商零售进口药品试点获国务院批复，开封、焦作、许昌3市新获批为境电商零售试点城市，河南省跨境电商零售试点城市总数增加至7个，培育形成河南省跨境电商新的增长点。成功举办第五届全球跨境电商大会，7个国际组织负责人、25个国家的政要和大使、参赞参会，来自政商界的嘉宾重点围绕跨境电商模式新变化、数字经济新发展、"一带一路"国际合作等维度，共同探讨交流全球跨境电商行业发展趋势和贸易规则。大会达成50个合作项目，总金额186亿元，现场签订B2B采购对接意向订单金额达1.7亿元，发布《中国跨境电商发展报告（2021）》等报告。

"网上丝路"支撑作用显著。跨境电子商务业务覆盖200多个国家和地区，积极打造"电商+口岸"融合协同发展模式。开通并常态化运营郑州至列日、洛杉矶、纽约、曼谷、吉隆坡航线，包机业务覆盖全球30多个国家和地区，推动中欧班列（郑州）开行跨境电子商务专列"菜鸟号"，开发出跨境电子商务国际铁路物流"门到门"服务产品——郑欧宝，跨境电子商务交易额占全省外贸进出口额的四分之一，为繁荣空中、陆上、海上"丝绸之路"增添了新动能。新认定12家省级跨境电商海外仓示范企业，并给予资金扶持。加快E贸易核心功能集聚区建设，拨付财政扶持资金1.9亿元。

4. 电商助力乡村振兴取得新成绩

围绕乡村振兴商务领域工作目标任务，以扩大电商进农村综合示范覆盖面,拓宽农产品销售渠道,以县、乡、村三级物流体系建设为重点,通过加强农村电商公共服务体系和县域物流体系建设,持续推进农村电商和物流发展,促进了农产品销售,实现了农民就业增收。截至2021年底,全省共认定电商进农村综合示范县99个(国家级示范县67个、省级示范县32个),中央财政累计支持14.03亿元、省财政累计支持6.03亿元,合计20.06亿元,其中支持53个脱贫县12.3亿元。全省淘宝村由2020年的135个增加到185个,新增加50个;淘宝镇由2020年的94个增加到119个,新增加25个,淘宝村、淘宝镇数量均居中部省份第一,增长势头迅猛。

产销对接活动成效显著。全省共举办各类形式农产品促销活动近1285场次,通过举办系列促销活动,累计销售约57亿元,助推农村产品上行,助力农民增收。培育出一大批电商带头人和网货品牌。全省共培训18.1万人次,带动就业创业5.1万余人,培育农村电商创业带头人1万余人。联合省妇联确定中原同赢直播电商孵化基地等20家企业为2021年巧媳妇创业就业工程示范基地,培育出一批电商"巧媳妇",孵化一批"巧媳妇"网货品牌,拓宽妇女增收渠道。农村物流共配体系逐步完善。2021年,全省近90个县(市、区)已实现县、乡、村物流统仓共配,全省行政村快递通达率已达90%。菜鸟智慧物流骨干网搭建的"河南农村共配体系"已落地80多个县(市)。

5. 电子商务与快递物流协同发展、绿色发展取得新提升

持续加强电子商务快递物流基础设施建设。占地200亩的商丘跨境电商产业园、占地150亩的新乡中通豫北处理中心、占地100亩的鹤壁京东智能产业园等项目正式投入使用。全省干线运营车辆近万辆,规模以上分拨中心达到222个,自动化分拣设备有328台。推动专业园区建设。认定省冷链物流示范园区8个、快递物流示范园区6个、电商物流示范园区6个,积极引导国家电子商务示范基地、电子商务产业园区与快递物流园区融合发展。深入贯彻落实《国务院办公厅关于推进电子商务与快递物流协同发展的意见》《河南省人民政府办公厅关于推进电子商务与快递物流协同发展的实施意见》等文件精神,强化与邮政部门的协作配合,共同引导市场主体积极参与、主动作为,共同推进全省电子商务与快递物流协同发展。在优化电子商务配送通行管理、提高协同运行效率、推动绿色发展工作方面取得明显成效，相关案例入选商务部会同国家邮政局编发的电子商务与快递物流协同发展典型经验做法。推动绿色发展。印发《河南省人民政府办公厅关于加快推进快递包裹绿色转型的实施意见》（豫政办〔2021〕19号），指导电商、外卖等平台企业加强对入驻商户的管理，减少一次性塑料包装制品使用，2021年，全省"瘦身胶带"封装比例达97.27%，电商快件不再二次包装率达85.31%，循环中转袋使用率达93.67%。倡导推进"绿色快递进校园"活动，基本实现"三不"治理100%、生态环保培训100%、快递包装规范100%等"六个100%"目标。省商务厅继续会同省邮政管理局在城市快递物流领域推行新能源汽车分拨配送，加强对报废机动车回收拆解企业的监管。省电商协会与省快递协会签发联合倡议，确保电商快件收派配合紧密，顺畅有序。

6. 推动电子商务诚信建设

指导52家省、市、县电商协会开展电商行业社会信用承诺和自律规范引导工作，营造全社会共同参与的良好氛围。指导省电商协会与快递协会签署电商快递协同发展合作协议，按照《河南省社会信用条例》要求，全省推行省内快递、电商企业信用承诺制，共建行业信用评价体系，建立互通互认的快递、电商诚信红黑名单制度和电子商务领域失信主体"黑名单"制度，总结电子商务领域守信和失信典型案例，以"诚信兴商"等诚信创建活动为载体，通过河南主流官方媒体网上公示和取消快递价格优惠等有力措施，联合惩戒失信企业。与省邮管局组织省电商协会与快递协会发起"双十一"生产旺季协同服务保障座谈会，现场11家快递企业省公司负责人和重点电商企业负责人现场签署诚信自律和绿色包装承诺书。

二 河南省电子商务发展形势分析

当前世界进入动荡变革期，世界经济复苏过程仍将艰难曲折，国际市场依然面临贸易保护主义抬头、新兴市场开拓难度加大等诸多风险和挑战，国内经济有明显回升势头,但回升的基础还不稳定、不巩固、不平衡。"十四五"时期,河南省将完整、准确、全面贯彻新发展理念,紧抓构建新发展格局战略机遇、新时代推动中部地区高质量发展政策机遇、黄河流域生态保护和高质量发展的历史机遇,积极应对国际国内新挑战,继续推动电子商务高质量发展。

1. 国际形势分析

从国际看,新一轮科技革命和产业变革深入发展,数字化、网络化、智能化趋势加快,共建"一带一路"向高质量发展迈进等,为河南省电商发展创造了良好环境。同时,错综复杂的国际环境带来新矛盾新挑战,不稳定性不确定性明显增加,新冠肺炎疫情影响广泛深远,经济全球化遭遇逆流等,给河南省电商发展带来了挑战。

2. 国内形势分析

从国内看,中部地区崛起、黄河流域生态保护和高质量发展等国家战略实施,郑州航空港经济综合实验区、中国(河南)自由贸易试验区、跨境电商综合试验区、郑洛新国家自主创新示范区、国家农机装备创新中心、国家超级计算郑州中心、郑州国家中心城市、洛阳副中心城市建设等政策平台叠加,为河南电商发展提供了有利条件。未来随着各项政策协同互动发展,将释放出更大的能量激发创新创业活力,助力河南省电子商务高质量发展。但同时,河南省与东部沿海地区相比,适合发展电商的消费品制造产业相对较弱,有全球和全国市场竞争优势的本土制造产品不足,全省各地电子商务发展不均衡、城市营商环境有待进一步提升等问题需要在今后重点解决。

三 推动河南省电子商务高质量发展的对策

1. 做优做强电子商务市场主体

培育壮大网络零售市场主体。引进头部电商企业设立区域型、功能性总部,培育垂直型电子商务平台、销售额过亿元的本土知名电子商务企业,鼓励优势平台企业布局中心仓、前置仓。引进培育电商交易撮合、物流仓储、电子支付、人才培训、数据分析等服务支撑企业，完善电商产业链和生态圈。强化示范引领，推进国家及省级电子商务示范创建及数字商务企业培育工作。发展电商新业态、新模式，推动数字化、绿色化转型，为电子商务产业高质量发展培育新动能。

2. 推动社会消费持续恢复

大力发展新型消费。规范发展直播电商，推进直播电商赋能实体经济发展，特别是要深入实施直播电商与传统商贸、消费帮扶、特色制造业及跨境贸易深度融合的专项行动，大力推动更多的农特产品、河南品牌"上网"。创新发展新零售，规范发展社区电商。办好"双品网购节""网上年货节"等消费活动，在做好疫情防控前提下，推动商贸、文化、旅游、医疗健康、养老家政、教育、体育等行业的融合发展，扩大新兴消费、稳定传统消费、挖掘潜在消费，推动消费持续回暖。

3. 推动跨境电商高质量发展

推进制度、管理、模式和服务创新，实施"四项工程"，开展"三项行动"。实施开放平台载体提升工程。完善跨境电商生态圈建设，继续推动全省跨境电商联动发展。力争再创新的综合试验区。持续举办全球跨境电子商务大会。研究支持E贸易核心功能集聚区顺延扶持政策，加强规划指导、招商引资，加快推进跨境电商药品零售进口试点落地见效。实施示范创建工程。完善扶持政策，开展省级海外仓示范企业、示范园区、人才培训暨企业孵化平台培育认定工作。实施贸易便利化工程。会同监管部门创新优化通关、税收、结汇等监管模式，研究探索跨境电子商务"9710""9810"配套税汇政策。实施市场主体培育工程。引导传统外贸企业"上线触网"，积极培育本土瞪羚企业和独角兽企业，大力引进平台、支付、物流等龙头企业。开展品牌培育专项行动。鼓励企业注册海外品牌，开展海外认证和海外品牌推广，不断提高自主品牌出口比重。"十四五"期间，力争培育100个全球知名品牌。开展"十万网商"人才培训专项行动，力争每年培训10万人次。开展产业提升专项行动。依托各地资源禀赋、产业基础，发展"产业带+跨境电商"模式，支持培育"一县一产品"。继续推动海外仓布局和建设，加强跨境电商包机、中欧班列（郑州）专列开行。联合省内知名跨境电商企业，开展跨境电商行业标准制定工作。

4. 推动农村电子商务高质量发展

完善县、乡、村三级物流配送体系。加快农村快递物流网点布局，推动农村快递物流设施共建共享，鼓励农村快递物流服务模式创新，加快构建"一点多能、一网多用、深度融合"的农村物流共配体系。培育新型农村流通主体。加大对返乡农民工、大学生、复转军人等电商创新创业的扶持力度，引领带动农村电商人才就近就地就业，打造一支带动作用强的农村市场能人队伍。鼓励有实力的农村商贸流通、电商等企业通过跨界兼并、联营等做大做强，培育一批农村"名企""名商"。

5. 推动电子商务与快递物流协同发展

充分发挥河南区位优势，把枢纽优势转换成枢纽经济。依托优势资源，提升"四路协同"水平，加快构建口岸枢纽体系。积极完善城市共配体系，对标新业态发展需求，加快建设电商冷链物流体系。鼓励快递物流企业转型升级，积极发展电商供应链、仓配一体化等服务。加快电商终端物流配送体系建设，建设电商物流仓储基础设施，布局跨境电商物流仓储中心、海外仓。

6. 推动电商人才引育提档升级

出台电商人才引进政策，加大中高层次电商人才和优秀应用人才的引进力度。制定电商人才培训行动计划，开展电商人才培养培训，重点培养跨界复合型、应用创新型的高素质电商人才。依托电商园区和行业协会等，建设人才培训和孵化中心、创业基地和实训基地等，推动大众创业、万众创新。着力打造高素质电商人才供应链，全面提高电子商务从业人员的职业技能水平，巩固脱贫攻坚成果，助力跨境电子商务和乡村振兴健康发展，为河南省电子商务新业态创新和产业高质量发展提供技能人才储备支撑。

专题报告
Special Reports

B.10
完整准确全面贯彻新发展理念
奋力推动河南商务高质量发展

宋玉哲 刘海涛 丁敏 乔云飞[*]

摘　要： 党的十八大以来，以习近平同志为核心的党中央提出创新、协调、绿色、开放、共享的新发展理念，回答了关于发展的目的、动力、方式、路径等一系列理论和实践问题，阐明了关于发展的政治立场、价值导向、发展模式、发展道路等重大政治问题。近年来，河南省商务系统深入学习贯彻习近平总书记系列重要讲话重要指示，坚持把新发展理念贯彻到商务发展全过程、各领域，商务高质量发展取得明显成效。放眼"十四五"、聚焦2022年，要坚持完整、准确、全面贯彻新发展理念，锚定"确保高质量建设现代化河南、确保高水平实现现代化河南"的奋斗目标，以创新发展引领动力之变，以协调发展激发结构之变，以绿色发展撬动效能之变，以开放发展助推格局之变，以共享

---

[*] 宋玉哲、刘海涛、丁敏、乔云飞，河南省商务厅。

完整准确全面贯彻新发展理念　奋力推动河南商务高质量发展

发展践行商务为民，奋力推动河南商务高质量发展，在全省"奋勇争先、更加出彩"的新征程中贡献更多商务力量。

关键词： 新发展理念　河南省　商务高质量发展

党的十八大以来，以习近平同志为核心的党中央提出创新、协调、绿色、开放、共享的新发展理念，回答了关于发展的目的、动力、方式、路径等一系列理论和实践问题，阐明了关于发展的政治立场、价值导向、发展模式、发展道路等重大政治问题，指导我国经济社会发展取得了历史性成就、发生了历史性变革。新发展理念是一个系统的理论体系，在贯彻落实中必须完整把握、准确理解、全面落实。近年来，河南省商务系统深入学习贯彻习近平总书记系列重要讲话重要指示，坚持把新发展理念贯彻到商务发展全过程、各领域，推动商务高质量发展取得明显成效。

一　贯彻新发展理念的工作实践

（一）贯彻创新发展理念，增强商务发展动能

突出创新在发展中的核心地位，强化商务领域科技、制度、模式、业态创新，探索推进特色创新试点，激发商务发展动力活力。

一是培育壮大零售新业态。针对疫情下居民消费方式变化，拓展无接触式消费模式，开展智慧商圈、智慧商店示范创建工作，引领实体零售业转型升级。联合阿里巴巴打造"中原数字街区"，推动"云逛街、云购物、云点餐"和到店自取、外卖服务融合、聚集，培育"线上+线下"升级消费体验街区；举办"数字消费节"，3.8万家商户参与，销售额近2亿元。推动50个品牌230家餐饮门店入驻阿里巴巴线上"河南美食馆"；组织"千品万店美食荟"活动，推行线上下单、线下服务模式，打造"河南美食"线上品

牌高地和数字名片。举办全省首届网络直播大赛，带动地方特色产品成为网红品牌产品，培育一批具有行业影响力的直播电商团队；举办服装品牌直播大会，在线观看人数超1500万人次、交易额3500多万元；举办以"品牌营销、打造网红爆款"为主题的农村电商培训网络公益课，驻村第一书记、农产品商户1.3万人参训。建设河南老字号"三网一平台"，推动河南老字号腾讯微信馆、京东旗舰店、天猫集合店上线运营，"河南老字号体验服务中心"加快线下布局。2021年，全省网上零售额2948.2亿元，同比增长12.5%；其中实物商品网上零售额2426.4亿元，同比增长10.1%，占社会消费品零售总额的10%。南阳市利用第十七届玉雕节的节会集聚效应，推动商户参与短视频创作或直播带货活动，累计网上玉雕产品销售额达2亿元，日均销售额3300余万元。

二是加快发展外贸新业态。河南省首创"电子商务+行邮监管+保税中心"监管模式（1210网购保税进口模式）在全国复制推广，并被纳入中国海关制定的《跨境电商标准框架》。全国首个跨境电商零售进口药品试点获批并顺利启动。创新开展全国首个线上线下自提模式，建成中大门、澳洲大药房等6个"O2O线下自提模式"体验店。实现跨境电商模式监管全覆盖，积极探索9710（跨境电商B2B直接出口）模式、9810（跨境电商出口海外仓）模式，商品从申报到放行时效缩减至5分钟。创新实施"简化申报、清单核放"、抽查制度"双随机"和"7×24小时"通关机制。推动通关作业无纸化，电子口岸实现"零跑腿、零接触、一网通办"。许昌市场采购贸易方式试点主体准入、便利通关、税收征管、外汇管理、质量监督等政策落地实施，累计备案市场主体321家。全省认定36家省级外贸综合服务企业，探索推动市场采购贸易与跨境电商、外贸综合服务联动发展。2021年，全省跨境电商交易额2018.3亿元（含快递包裹），同比增长15.7%；市场采购贸易方式出口20.1亿元。

三是深化自贸试验区制度创新。推动出台《关于推进中国（河南）自由贸易试验区深化改革创新打造新时代制度型开放高地的意见》《中国（河南）自由贸易试验区条例》《中国（河南）自由贸易试验区促进制度创新试行办法》《中国（河南）自由贸易试验区开放创新联动区建设实施方案》，印发关于多式联运国际性物流中心、文化产业对外开放与创新发展先行示范区、国际智能制造合作示范区的三个建设实施方案，河南自贸试验区建设2.0版制度政策体系基本构建完成。河南自贸试验区累计形成479项制度创新成果，5项改革创新成果入选全国自贸试验区改革试点经验、最佳实践案例。支持郑州商品交易所创新发展，推动其在期货交易国际化品种研发上市、外币汇兑和期货保税交割等方面的"先行先试"，BPI期货上市立项获证监会批准，2021年郑州商品交易所期货成交量25.81亿手、成交额107.99万亿元，分别同比增长51.8%、79.7%，分别占全国市场的34.4%、18.6%，规模分别居全国第一位、第四位。设立河南自贸试验区郑州片区人民法院，特邀外国籍、港澳台籍调解员参与商事案件调解，助力建设法治化、国际化营商环境。

四是推动经开区改革创新发展。落实省委、省政府《关于推动河南省开发区高质量发展的指导意见》，推进经开区体制机制改革。新乡、漯河、鹤壁等经开区率先实行"管委会+公司"管理模式，进行人员薪酬制度改革；三门峡经开区探索形成党工委领导下的"管委会+集团公司+街道办"模式，实行专业化服务、市场化运作、精细化管理。加快经开区创新平台建设，完善经开区创新创业载体功能，全省45个经开区（其中国家级9个、省级36个）拥有孵化器及众创空间83个、省级及以上研究机构738家、高新技术企业996家、省级及以上名牌产品企业222家。郑州经开区建设院士工作站13个、国家级研发中心13个，先后纳入国家自主创新示范区、国家双创示范基地和省汽车及先进零部件专利导航示范区；洛阳经开区获批全省首家国家级制造业创新中心。2021年国家级经开区综合发展水平考核评价中，河南省经开区总体表现突出，6个经开区排名前移，郑州经开区继2020年首进前30强后，2021年升至第22位；漯河经开区首进前100名；红旗渠经开区大幅跃进82位。

（二）贯彻协调发展理念，优化商务发展格局

协调理念是发展两点论和重点论的统一，具体到商务领域，就是要正确

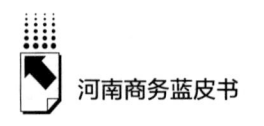

处理发展中的重大关系，坚持内外需、进出口、双向投资、城乡区域等协调发展。

一是统筹推进城乡商贸流通发展。加强城市商圈建设，持续推动郑州市培育创建国际消费中心城市，支持郑州市及3家企业获批国家级服务业标准化试点（商贸流通专项）。指导德化步行街获批全国步行街改造提升试点、争创全国示范步行街，认定省级改造提升试点13个、省级示范步行街2条，确定5个省级品牌连锁便利店发展重点推进城市，认定省级品牌消费集聚区94个，城市商贸流通更加通畅便捷，生活消费更加丰富舒适。开封市鼓楼区书店和马道步行街形成以生活用品和住宿餐饮类为主要业态，集品游、休闲、赏购于一体的特色文化商业街区。指导郑州、洛阳完成全国城乡高效配送试点任务，推进国家农商互联完善农产品供应链试点，完善农村物流共同配送体系，促进城乡物流高效互通。持续开展电子商务进农村综合示范工作，创建国家级示范县67个、认定省级示范县35个，累计建成县级电商公共服务中心121个、农村服务站点2.35万个，培育形成淘宝村185个、淘宝镇119个，推动农产品进城、工业品下乡。驻马店市实施"农村电商+订单农业产业扶贫"，2021年举办来村网第三届"双品网购节"，宣传推销原产地地标产品、优质扶贫农副产品等，成交额约5000万元。2020年，正阳县被国务院确定为"积极发展农村电商、拓宽农产品销售渠道真抓实干成效明显督查激励县"。

二是促进内外贸一体化发展。举办"外贸精品 惠购中原"系列活动，聚焦日用消费品、服装、发制品、羊剪绒制品等大宗出口商品，采取"电商+直播+商超+展会"模式，搭建出口转内销平台，支持国内商贸企业与外贸企业开展订单直采，引导外贸企业精准对接国内市场消费需求，多渠道拓展内销市场，累计5000多家内贸企业、300多家外贸企业参加，现场成交近1亿元，线上观众超过100万人。将世界食品（深圳）博览会、上海国际供应链博览会等转内销展会纳入支持名录，对参展的外贸企业给予补贴，推动适销对路的优质出口产品加快拓展国内市场。在全省7个跨境电商零售进口试点城市全面实施"1210网购保税进口模式"，培育壮大中大门、万国优品、班列购等本土电商平台，积极引进考拉海购、唯品会等知名电商平台，2021年跨境电商零售进口额超过130亿元，包括化妆品、奶粉、保健品等2万种优质商品，大大丰富了国内市场。组织企业参加中国国际进口博览会、中国进出口商品交易会、中国国际服务贸易交易会等国家级经贸活动，扩大国内外经贸合作。在第四届进博会上，河南省现场成交额达15.35亿美元，跨国采购会签约贸易合同42个、总金额490亿元。

三是提升双向投资水平。常态化实施"三个一批"（签约一批、开工一批、投产一批重大项目）活动，前3期签约招商引资项目1058个，总投资9218.5亿元。在深圳、上海、北京等地驻地招商，派出小分队实施点对点精准招商；注重乡情招商，吸引豫商豫才回归；依托驻外经商参处、境外商协会等，开展委托招商、中介招商；扩大基金招商、资本招商。建设完善招商引资项目管理平台，聚焦先进制造业、战略性新兴产业，谋划入库招商项目3148个、在谈项目1667个。落实招商引资"周动态、月通报、季排名"问效机制，力促签约项目早落地、早投产、早见效。创新企业服务方式，认定、支持6家跨国公司地区总部和功能性机构；为369家重点外经贸企业配备"服务官"团队和首席服务官；开展"千家外企大走访"活动，走访企业1091家，协调解决问题168个；从2703家存量外资企业和2138个在谈项目中，梳理出100个重点企业和100个重大外资项目，建立常态化对接协调服务机制，强化服务保障，着力稳存量、扩增量。统筹推进外经领域疫情防控与业务发展，指导企业在做好防控和应急处置前提下，有序复工复产，境外企业开工率超过95%。完善海外安全防控机制，开展外经企业境外安全生产专项整治，推动对外经济合作规范安全发展。2021年，全省实际吸收外资210.7亿美元、同比增长5.0%（含外商投资企业资本金、外商投资企业再投资、境外借款、境外上市融资、设备出资等），在豫世界500强企业达到198家，装备制造、新能源汽车、金融服务、清洁能源等先进制造业和现代服务业领域外商投资企业增加，第三产业实际吸收外资占比超过50%；对外直接投资13.7亿美元、同比增长11.2%，对外承包工程及劳务合作完成营业额40.7亿美元、同比增长17.4%，实施4个超亿美元并购项

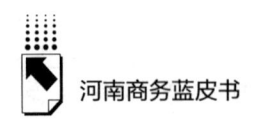

目，总投资7.53亿美元，涉及装备制造、资源能源、航空等领域。

四是推动服务贸易创新发展。郑州市（2016年）、洛阳市（2021年）先后获批国家服务外包示范城市，河南自贸试验区开封片区获批国家文化出口基地，南阳市张仲景博物馆获批国家特色服务出口基地（中医药），服务贸易载体实现新突破。中原出版、约克动漫、山河柳编等8家企业多次被认定为国家文化出口重点企业，11个项目被认定为国家文化出口重点项目。2021年，全省服务贸易进出口总额61.1亿美元；承接服务外包合同额301.7亿元、执行额173.2元，分别同比增长76.5%、79.5%。

（三）贯彻绿色发展理念，推动商务可持续发展

绿色是永续发展的必要条件和人民对美好生活追求的重要体现，推动商务领域绿色发展，就要坚持生态优先、绿色低碳，大力推行绿色流通、绿色消费、绿色贸易、绿色投资。

一是发展绿色流通、绿色消费。推进商贸流通节能减排，积极引导商贸企业和经营场所绿色转型，创建25家国家级绿色商场。大力倡导绿色消费，推广绿色环保家电、家具。2020年联合苏宁易购举办绿色智能家电（空调）促销活动，派发4000万元消费券，并开展"以旧换新"活动；联合阿里巴巴举办天猫优品高端家电博览会，美的、海尔、长虹、创维、美菱、海信等知名家电品牌商家现场发布让利补贴政策，河南省2000多家实体门店参与；联合国美电器举办"金秋家电消费节"活动，发放1000万元绿色环保家电消费券。2021年开展的"钜惠夏季·火热中原"促消费行动中，省财政安排资金支持各地出台新能源汽车替代和机动车、家电"换新交旧"政策；开展家电、家具以旧换新和家电下乡活动，对绿色智能家电、环保家具给予补贴。指导省餐饮与住宿行业协会举办河南省新餐饮发展暨文明餐桌建设双推动、"摒弃浪费 守护安全"食品安全与反浪费倡议承诺等活动，坚决制止餐饮浪费。

二是推动招商引资、对外贸易绿色转型。2021年，按照省委党政机构改革"后半篇文章"试点工作部署，河南省商务厅对机构设置、机制运转、

职能发挥等进行重塑性改革，新设 4 个产业发展促进处，分别围绕提质发展传统产业、培育壮大新兴产业、前瞻布局未来产业、优化提升现代服务业，牵头推进招商引资工作，重点吸引外资投向节能环保、新能源及网联汽车、新一代人工智能、氢能与储能等产业，提升外商投资项目可持续发展水平。引育并举打造氢能发展生态圈，吸引美国空气产品公司、上海申能环境等行业龙头企业来豫考察对接投资项目，氢能产业正在成为招商引资新热点。郑州城市群（含郑州市、新乡市、开封市、安阳市、洛阳市、焦作市）获批实施国家燃料电池汽车示范应用工作，将有力推动河南省新能源汽车、氢能及储能领域招商引资和产业发展。引导外贸行业组织研究制定绿色产品进出口标识，探索建立进出口商品全生命周期碳足迹追踪体系，鼓励企业争取国际碳足迹认证，扩大绿色低碳产品进出口。推动经开区节能减排、低碳转型，加快绿色集约发展。全省 45 个经开区中成功创建 1 个国家生态工业示范园区、8 个国家级绿色园区，认定 3 个省级绿色园区。洛阳经开区"三大改造"（绿色化、智能化、技术化改造）实现规上工业企业全覆盖，南阳新能源经开区污水处理率、工业固定废物处置利用率、清洁生产实施率均达 100%。

三是抓好商务领域污染防治。促进再生资源回收行业规范发展，做好企业备案和行业统计，落实重点企业联系制度。推动老旧汽车、黄标车淘汰，完善报废汽车回收体系，2021 年回收拆解报废车 12.7 万辆，同比增长 27.6%；加大成品油市场专项整治力度，实现黑加油站"动态清零"、油品质量合格率稳定在 95% 以上；加强散装水泥管理，扎实推进散装水泥发展推广应用环节的"两个禁止"，水泥散装率近 70%。分行业、分层级压实责任，按照时间节点要求落实商务领域禁、限塑任务，为打赢污染防治攻坚战、实现生态环境质量持续改善贡献了商务力量。

（四）贯彻开放发展理念，构建内陆开放高地

当今世界百年未有之大变局加速演变，拓展开放合作的有利因素不断增多，但风险挑战不容忽视。河南省服务国家开放大局，立足河南实际，坚定

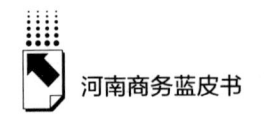

实施开放带动战略，加快推动河南由内陆腹地向开放高地转变。

一是开放政策体系逐步完善。近年来，颁布实施《中国（河南）自由贸易试验区条例》《郑州航空港经济综合实验区条例》，省委、省政府出台《关于推进中国（河南）自由贸易试验区深化改革创新打造新时代制度型开放高地的意见》，省政府印发《河南省"十四五"开放型经济新体制和开放强省建设规划》《河南省"十四五"招商引资和承接产业转移规划》和《河南自贸试验区促进制度创新试行办法》《河南自贸试验区开放创新联动区建设实施方案》；对接RCEP经贸新规则，省政府出台《河南省落实〈区域全面经济伙伴关系协定〉行动方案》等，初步形成了制度型开放政策体系。

二是开放通道建设取得突破。空中、陆上、网上、海上"四条丝路"协同并进，加快推进与卢森堡货航在航空运输、现代物流、航空金融等领域的深入合作，2021年郑州机场货邮吞吐量突破70万吨，居全国第6位，连续两年跻身全球机场货运40强，其中国际货运量超过54万吨，居全国第5位，国际货运航班首次突破1万架次，中匈航空货运战略合作项目列入中国—中东欧国家领导人峰会经贸成果清单；推动中欧班列（郑州）集结中心建设，推进运贸一体化发展，继2021年开通郑州至波兰卡托维兹、意大利米兰、土耳其梅尔辛、俄罗斯加里宁格勒直达国际线路后，2021年成功开辟至匈牙利布达佩斯、越南胡志明市、老挝万象新线路，形成"15个目的站点、6个出入境口岸"国际物流网络体系，中欧班列（郑州）辐射30多个国家、130多个城市，2021年开行1546班次，实现每周"16去18回"高频往返对开，班次、货值、货重分别同比增长38%、40%、41%，综合运营指标居全国前列。铁海、河海联运扩容加密，开通9条至沿海主要港口铁海联运班列线路，周口港、漯河港、信阳港等河海联运开通运营。

三是开放平台能级持续提升。郑州航空港经济综合实验区被确定为空港型国家物流枢纽，开放门户作用更加凸显。探索制定河南自贸试验区2.0版实操性方案，创新构建政务、监管、金融、法律、多式联运等五大服务体系升级版，稳步推进政府职能转变、投资和贸易便利化、营商环境建设等共性改革。在全国率先建成"一网办、不见面、一次也不跑"的全程电子化登记系统。《河南省多式联运标准体系》成为全国首个省级多式联运标准体系。截至2021年底，河南自贸试验区累计入驻企业11.7万家，注册资本总额1.3万亿元，拥有世界500强企业125家、国内500强企业100家。2021年新设立企业2.1万家，同比增长4.4%；新设外商投资企业80家、实际利用外资19.8亿美元，分别同比增长33.3%、12.7%；实现进出口总额580.3亿元，同比增长144.8%。高标准推进郑州、洛阳、南阳跨境电商综试区建设，形成多点布局、多主体运行、多模式联动发展格局。推动跨境电商与特色优势产业深度融合，培育一批跨境电商龙头企业、知名平台、示范园区和海外仓企业，线上线下结合举办第五届全球跨境电子商务大会，达成50个合作项目、总金额186亿元。推动77家企业在43个国家和地区设立183个海外仓。积极打造"电商+口岸"协同发展模式，开通并常态化运营郑州至比利时、洛杉矶、纽约、曼谷、吉隆坡包机业务，2021年飞行跨境电商专线包机242架次、483班次，货重3.5万吨，货值105.3亿元；推动中欧班列（郑州）开行跨境电子商务专列"菜鸟号"。2021年全省跨境电商进出口2018.3亿元，同比增长15.7%。新设16个省级经开区，累计设立国家级经开区9个、省级经开区36个。郑州经开综保区挂牌运营，洛阳综保区通过验收，许昌保税物流中心（B型）封关运行，继北京、上海、广州后郑州获批建设全国第四个重要国际邮件枢纽口岸，全省累计设立5个综合保税区、4个保税物流中心，建成3个国家一类口岸及9个功能性口岸，功能性口岸内陆地区数量最多、功能最全。

（五）贯彻共享发展理念，推动商务惠企利民

为人民谋幸福、为民族谋复兴，这既是我们党领导现代化建设的出发点和落脚点，也是新发展理念的"根"和"魂"。共享理念的实质是坚持以人民为中心，着眼点是让人民群众共享商务发展成果，着力点是强化商务服务民生能力，让人民群众在商务发展中有更多获得感幸福感安全感。

一是抓好惠企纾困。按照省委、省政府部署，2021年初河南省商务厅

会同有关部门制定实施了促进经济平稳健康发展的一揽子政策措施，聚焦支持小微商贸企业个体工商户恢复发展、促进小微工业企业上规模、支持"专、精、特、新"中小企业高质量发展，从减税降费、援企稳岗、复工达产、企业融资、要素保障等方面，推出一系列"真金白银"的举措，尤其是员工返岗复工免收高速通行费、对小微企业减免缓征税费、给予满负荷生产企业财政奖励等政策，让企业感受到了"雪中送炭"的温暖，得到了社会各界特别是广大市场主体的一致好评。

二是抓好应急保供。2021年，河南接连遭遇"7·20"特大暴雨灾害和疫情冲击。全省商务系统战"疫"抗汛担当作为，做好常态化防控和保供稳价工作，成立市场供应专班，完善应急保供预案，建立联保联供机制，协调发放"应急运输通行证"，指导企业加大货源组织、调运和市场投放、补货力度，保证了市场供应充足、价格总体稳定。肉菜储备及投放工作顺利开展，收储省级储备肉3350吨。充分发挥生活必需品应急机制作用，及时启动生活必需品供应日报和供应异常零报告，对220家样本企业的72个重点品种商品实施日监测，确定了56个生活必需品应急商品集散地、1543个应急投放网点，收储省级储备肉3350吨。"7·20"汛情后，联合省财政厅第一时间将1.64亿元中央资金分配到受灾地区，支持商贸企业灾后重建；协调出动加油车353台次，紧急调运5万套生活用品，倡导上千家餐饮企业供应餐食数十万份；分包帮扶汤阴县灾后恢复重建。

三是抓好消费促进。推动省政府出台灾后促消费十条举措，争取省财政资金撬动市县财政配套17亿元，支持汽车、成品油、家电家具、文化旅游、零售、餐饮等消费。组织企业参加首届中国国际消费品博览会。开展2021年河南消费促进月，在全省谋划161场专项活动。开展"钜惠夏季·火热中原"促消费专项行动，筹措3000万元资金对各地活动开展情况进行奖补。举办中国（郑州）国际汽车后市场博览会，1500多家企业参展，实现现场成交额5.8亿元，意向订单27.6亿元。开展"寻味黄河 品飨中原"美食季、网上年货节、"双品"网购节和郑州食品博览会等促消费活动，有力促进市场回暖。

四是抓好商务扶贫。电子商务进农村综合示范县实现53个贫困县全覆盖,农村电商站点服务覆盖 7381 个建档立卡贫困村,培养 5740 名电商扶贫带头人。举办"抗疫助农"乡村电商公益培训,6000 多人次参训;组织 2772 家农批市场、商超与贫困地区开展网上对接,达成农产品采购意向 5 亿元。电商扶贫、家政扶贫、外派劳务扶贫等商务扶贫举措有效助力完成新时代脱贫攻坚目标任务。2019 年 9 月,习近平总书记在光山县考察时,对电商扶贫予以肯定。

二 面临的突出问题

(一)商贸流通创新驱动乏力

一是传统商业转型升级较慢,同质化现象较为普遍,商品、服务质量整体仍然偏低,对品牌首店、旗舰店、新品首发吸引力不强。发展供应链模式的商贸流通企业较少,行业资源整合和组织化程度不高。县城、乡镇商业设施改造和新载体建设滞后。二是网络零售规模相对较小、占社会消费品零售总额比重偏低。河南省网络零售市场主体规模小、聚集度不高,缺乏具有全国影响力的本土龙头企业,数字新技术、智能新设备应用场景和普及率偏低。与东部沿海地区相比,河南省工业结构偏重,适合发展网购的消费品制造产业相对较弱,有国际和全国市场竞争优势的本土制造终端消费品不多。同时,按照现行网络零售统计方法,河南省通过网络零售的消费数据大多数算到了发货所在地,未计入河南省社会消费品零售总额。据国家统计局反馈,2021 年河南省实物商品网上零售额仅占社会消费品零售总额的 10%,低于全国平均水平 14.5 个百分点,与河南消费大省的实际不相匹配。三是部分企业存在不正当竞争行为,有些电子商务企业打着"社区团购"的名义,在资本补贴的掩护下进行低价倾销;有些零售品牌凭借大量资本注入形成垄断优势,超大量、密集布局实体店铺,短期内盲目拉高经营成本和竞争压力,扰乱市场秩序,破坏市场环境,影响到商贸流通创新发展。

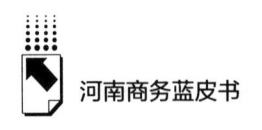

(二)市场消费结构不够协调

一是农村消费潜力释放不够。河南省农村人口基数大、占比高,2021年末全省乡村常住人口4304万人,占总人口的43.5%,而乡村社会消费品零售额占比仅为17.8%,农村市场消费潜力巨大。但农村居民收入水平偏低、消费意愿偏弱、外出务工群体消费外流、农村商贸实体"小散弱"、物流末端不畅等因素制约农村消费潜力充分释放。2021年,河南省农村居民人均可支配收入为17533元,同比增长8.8%,但总额与城镇居民人均可支配收入(37095元)相比仍有较大差距,导致农民购买力偏低。目前,农村居民基本养老保险平均每人每月116元,基本医疗保险报销比例为70%,报销上限为15万元,与城镇居民差距巨大,农民消费底气不足。部分农村大量中青年群体外出务工,留守人员以老人、儿童为主,消费能力相对不足。农村商贸实体以乡村超市、批发部、农村集市为主,普遍存在规模小、分布分散、服务功能不全等问题,无法完全满足农民消费需求。农村物流"最后一公里"配送体系还未完全建立,导致物流成本高、生鲜农产品损耗高,制约农民线上消费。二是服务消费占比偏低。近年来,受新冠肺炎疫情多点散发和洪涝灾害叠加影响,因餐饮企业多为临街店铺、消费者多为到店消费且具有聚集性特点,住宿行业面临不少会议、集中培训取消或转至线上,餐饮住宿恢复放缓。2021年,全省餐饮业收入2463.7亿元,住宿业收入149.7亿元,合计仅占社会消费品零售总额的10.7%。同时,受行业规范缺失、服务标准不统一、平台建设不完善等影响,网络教育、远程医疗、老年康养、婴幼儿看护等服务消费发展缓慢。

(三)对外贸易规模小、结构不优

一是近年来河南省货物进出口实现较快增长,占全国份额有所增加,但2021年仅为2.1%,外贸依存度13.9%,远低于全国的38.5%。二是货物贸易富士康一枝独秀。全省有货物进出口实绩企业9000多家,其中富士康在豫企业进出口约4700亿元,占全省进出口总额的57%左右,富士康以外进出口上百亿元的企业只有中原黄金1家，其余绝大多数为中小微外贸企业。受此影响，河南省加工贸易占比多年保持在六成以上，2021年为61.9%，高于全国平均水平40.2个百分点。近年来，河南省虽然通过招商引资和内生培育形成了一批新兴外贸企业，但多数体量和规模还不大，强点支撑、多点支撑局面尚未形成，在中美经贸关系大背景下，结构性风险增大，持续增长动能不足。三是服务贸易规模、质量有待提升。2021年，中部六省服务贸易进出口总额295.6亿美元，占全国的3.6%。其中，河南省服务贸易进出口总额61.1亿美元，在中部地区排第二位，仅占全国的0.74%，规模仅为同期货物贸易进出口总额的4.8%，低于全国平均水平（13.6%）8.8个百分点。河南省服务贸易主要集中在国际运输、对外承包工程和劳务合作、国际旅游等传统领域，知识密集型服务进出口占比偏低。

（四）双向投资规模小、结构不优

一是河南省现存外商投资企业2703家，2021年外商投资企业资本金到位8.15亿美元，存量外资企业和年度利用外资规模占全国比重均不到1%；对外直接投资、对外承包工程及劳务合作新签合同额、完成营业额分别占全国的1.2%、1.5%、2.6%，全国位次均在10名以后。二是近年来落地较大外商投资企业主要集中在房地产、风力电力、物流等领域，高精尖技术、高端装备制造业、现代金融领域外资项目偏少。按省统计口径（含外商投资企业资本金、外商投资企业再投资、境外借款、境外上市融资、设备出资等），2021年全省服务业领域实际吸收外资占全省总额的50.8%，其中占比较大的是房地产、电力热力项目，分别占全省实际吸收外资总额的15.9%、13.5%。三是外商投资来源地较为单一。2021年，全省利用外资来源地涉及52个国家和地区，其中中国香港（160家）、中国台湾（38家）新设外资企业合计198家，占全省总数的58.1%；新增合同外资、实际利用外资主要集中在中国香港，分别为44.8亿美元、143.8亿美元，占全省总数的81.3%、68.2%。四是对外直接投资以农业、工程类项目居多，参与能源资源、装备制造、新技术等高端项目少，对外承包工程集中在交通运输、石油

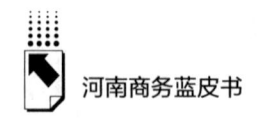

化工、矿山工程等传统领域；目的地多为发展中国家，2021年全省6个合同额超亿美元的新签对外承包工程项目，其中4个在非洲、2个在中东地区。

（五）开放平台、通道建设仍存在短板

平台方面，郑州作为河南省参与全球竞争、集聚高端资源的门户枢纽和战略平台，需要加快国家中心城市建设，进一步增强全球资源集聚能力、国际资本承载能力、现代产业策源能力、国际服务提供能力和枢纽经济辐射带动能力，在全省开放中发挥更大的"龙头"引领作用。洛阳市、南阳市分别作为中原城市群副中心城市和省域副中心城市，货物进出口占全省份额均不足3%、外资企业注册资本金份额不足5%，辐射带动作用不强。自贸试验区、跨境电商综试区等国家战略平台联动发展、协同推进不够，战略叠加效应有待充分释放。河南省有国家级经开区9个，少于江苏（27个）、浙江（22个）、山东（16个）、福建（10个）、四川（13个）、安徽（13个）、湖南（10个）、江西（10个）；全省省级经开区只有36个，也远低于东部沿海和中部其他省份，开放型经济发展主阵地、主战场、主引擎作用有待进一步提升。通道方面，跨境电商1210网购保税进口模式等在全国推广后，河南省开放通道原创优势的边际效应逐渐下降，亟须探索扩大跨境电商零售进口药品试点业务规模，在国际性龙头项目引入和制度型开放创新方面实现新突破。同时，要进一步拓展与"一带一路"沿线国家航空运输、现代物流、航空金融等领域合作，加快中欧班列郑州集结中心建设，推进运贸一体化发展。

三　下一步工作思路和举措

党的十九届六中全会通过的《中共中央关于党的百年奋斗重大成就和历史经验的决议》强调，贯彻新发展理念是关系我国发展全局的一场深刻变革，必须实现创新成为第一动力、协调成为内生特点、绿色成为普遍形态、开放成为必由之路、共享成为根本目的的高质量发展。高质量发展就是

体现新发展理念的发展，推动河南商务高质量发展必须完整、准确、全面贯彻新发展理念，牢记习近平总书记"奋勇争先、更加出彩"的殷殷嘱托，锚定"确保高质量建设现代化河南、确保高水平实现现代化河南"的奋斗目标，全面实施制度型开放战略，重点抓好以下五个方面。

（一）坚持以创新发展引领动力之变

一是加快发展新型消费。瞄准居民日常消费发展"互联网+服务"，促进"线上+线下""到店+到家"模式融合。支持餐饮外卖、即时递送、共享出行、共享住宿、在线购药等新业态发展。鼓励电商平台与社区合作，提供O2O服务，推广疫情后时代"社区团购""门店宅配""移动菜篮子""前置仓+提货站""无接触配送"等新模式。规范发展直播经济、网红经济。培育夜经济示范街区，扩大"线上引流+实体消费"规模。推广使用环保家具、节能家电、智能家居等。二是持续抓新型业态培育。提升外贸综合服务企业系统集成服务能力，积极推动供应链金融服务创新，引导更多中小外贸企业使用外贸综合服务。推动市场采购贸易方式试点健康发展，加快集聚省内外更多优质品牌和商品，扩大集聚和辐射效应。扩大平行汽车和金属矿砂等大宗商品进口，推进二手车出口。鼓励外贸企业加强数字智能技术应用，优化提升外贸全流程各环节，拓宽获取订单渠道。推动综合保税区、自贸试验区内企业开展保税维修业务，支持保税研发、保税物流、保税存储展示交易等发展，探索开展离岸贸易。抓好服务贸易，推动建立省服务贸易发展厅际联席会议制度，提高统计监测水平，定期通报各地情况。推动郑州、洛阳国家级服务外包示范城市提质发展，在全省布局一批省级服务外包示范城市和园区，建设一批服务外包产业集聚区，积极承接国际服务外包。认定一批省级数字贸易出口基地，培育一批数字贸易龙头企业，打造一批特色服务出口基地。三是发挥好自贸试验区改革创新、示范引领作用。研究进一步推动自贸试验区深化改革创新和促进贸易投资便利化的政策措施，出台实施高水平建设河南自贸试验区2.0版实操性方案。依托郑州航空港区，谋划申建自贸试验区扩展区域，指导各片区整合招商力量，实施产业发展特色专项行动，做实产业、做出特色。推进新产业新业态新模式前瞻性布局，大力引进高端项目、外资项目。持续在跨境电商、航空货运电子化、国际期货交易等领域开展首创性、集成式、差异化创新。推动完善片区管理体制机制。加快自贸试验区成熟经验复制推广，启动建设一批开放创新联动区，构建全省"1+N"制度型开放格局。四是积极对标对接国际经贸规则。2021年省委将实施创新发展综合配套改革，明确由商务厅牵头负责对标国际通行规则谋划创新发展，已拿出研究报告，拉出创新举措建议清单，抓紧衔接完善，提请省委尽快落地实施。抓好河南省落实RCEP行动方案的落地实施，支持企业用足用好政策红利。推动自贸试验区郑州片区建设RCEP企业服务中心，为企业提供"一站式"贸易投资服务平台。在货物贸易、原产地规则、投资便利化等领域先行先试，尽快形成可复制可推广的创新成果。

（二）坚持以协调发展激发结构之变

一是促进内外贸融合巩固提升。深入贯彻国家和河南省稳外贸安排部署，了解企业政策需求，推出更加精准有力举措，让政策红利惠及更多企业。继续服务好富士康等龙头企业，确保不发生大的波动；加快培育新的贸易主体，支持企业获得更多进出口资质和配额。加强公平贸易、贸易摩擦预警和贸易救济工作，适时组织培训，提升专业素质。抓开拓市场，继续发布重点展会推荐目录，线上线下结合，支持企业参加影响大、效果好的展会，帮助企业深耕细作传统市场，力保美国市场份额，持续扩大新兴市场份额，促进适合国内市场的产品出口转内销，培育一批贸易双循环企业。抓优化结构，各地在招商引资中要注重引进出口型项目，打造特色出口产业集群和区域出口品牌，持续提高一般贸易占比。争取再培育一批省级外贸转型升级基地，积极申建国家级基地。支持济源国家加工贸易产业园区建设。二是促进城乡消费协调发展。完善城市商业体系，把建设消费中心城市作为"优势再造"战略的重要内容、重要专题谋划实施，支持郑州、洛阳培育创建国际消费中心城市，支持南阳等地培育区域性消费中心城市，大力推进消费供给提升、消费场景塑造、消费品牌建设、消费热点培育、消费平台打造；抓好德化街国家级步行街改造提升试点工程，再认定一批省级示范步行街、品牌消费集聚区、河南老字号，促进城市商圈发展；加快建设便民消费服务设施，打造城市"一刻钟"便民生活圈。补齐城乡流通短板，落实乡村振兴战略，实施"县域商业建设行动"，加快建立完善农村商业体系。巩固扩大电商进农村综合示范成果，不断完善县、乡、村三级物流配送体系，加快推进农村寄递物流体系建设；引导大型商品交易市场升级基础设施、加强技术应用、提高交易效率。进一步健全生活必需品市场供应应急管理机制，加强重要商品储备管理和市场调控。三是持续提升招商引资质效。坚持"项目为王"，树立结果导向，深入实施"三个一批"活动；依托河南省招商引资项目管理平台，用好常态化问效机制，强化签约项目跟踪督导，力争全年再签约2000个项目、总投资超过1万亿元。聚焦重点产业领域招商，高位嫁接传统优势产业、抢滩占先战略性新兴产业、前瞻布局未来产业、优化提升现代服务业，指导各地有针对性绘制产业、企业、产品、团队等全产业链招商图谱。完善招商引资工作机制，设立港资、日韩、台资、世界500强企业四个利用外资专班，谋划布局经贸联络处，支持各地设立招商机构。实施产业"链长制""盟长制"招商，重点引进一批头部企业和产业链上下游配套企业。推行市场化、专业化招商，推广资本招商、带地招商、飞地招商、回归招商等，探索"产业园区+创新孵化器+产业基金+产业联盟"招商模式。谋划办好重大经贸活动，高水平举办第十四届河南投洽会、第六届全球跨境电商大会；利用中国国际进口博览会、中国国际投资贸易洽谈会、中国国际服务贸易交易会、中国—东盟博览会等国家级经贸平台，积极开展投资推介、项目对接；开展"跨国公司中原行"活动、针对东盟、日韩、欧盟等地区开展投资促进活动。

（三）坚持以绿色发展撬动效能之变

一是发展绿色餐饮。健全绿色餐饮标准体系，开展绿色餐饮创建活动，培育绿色餐饮主体。推广使用绿色食材，支持建设"中央厨房"，推广"生产基地+中央厨房+餐饮门店"经营模式。提倡餐饮服务单位实施"N+备用桌数"预定机制、备餐评估和供餐巡视等制度，支持对浪费行为适当加收费用。会同有关部门进一步全方位加强宣传和引导，倡导餐桌文明，传播勤俭生活理念，切实制止餐饮重点领域和各环节浪费。二是发展绿色商贸流通。持续开展绿色商场创建，促进绿色产品销售，鼓励绿色节能设施设备更新和改造，推广绿色包装，逐步禁止和限制不可降解一次性塑料制品的使用，构建新型再生资源回收体系，促进商贸流通绿色发展和资源节约利用。三是抓好污染防治。有序推进再生资源回收行业发展，不断完善重点企业联系制度。扎实推进商务领域塑料污染治理工作，分行业、分层级压实责任，确保按照明确时间节点落实好商务领域禁、限塑工作任务。推进再生资源回收行业发展，做好企业备案和行业统计工作。强化成品油市场监管，确保油品质量合格率稳定达标。持续推进散装水泥发展推广应用环节的"两个禁止"，确保水泥散装率稳定。持续推动老旧汽车、黄标车淘汰，完善报废汽车回收体系。

（四）坚持以开放发展助推格局之变

一是进一步高位推动制度型开放。高规格、高水平谋划召开全省对外开放大会，对全省扩大高水平开放进行再动员再部署，凝聚推进制度型开放强大合力，加快构建高水平开放型经济新体制。二是进一步放大开放通道优势。以"空中丝绸之路"为引领推动"四条丝路"融合并进，做大做强航空经济，提质增效陆港经济，全面提升电商经济，加快发展临港经济，构建"通道+枢纽+网络"现代物流运行体系。加快推进与卢森堡货航在航空运输、现代物流、航空金融等领域深入合作。支持组建河南中豫国际港务集团，推动中欧班列（郑州）集结中心示范工程建设，推进运贸一体化发展，加强与RCEP成员国合作，拓展至欧洲、中亚、东盟、日韩、南亚等国际干线物流通道和境外集疏网络。推动出台全面提升跨境电商核心竞争力专项方案，高水平建设并争取新获批跨境电商综试区，实现全省科学布局、联动发展，持续优化完善生态圈、产业链，支持布局建设海外仓，培育一批优秀海外仓企业。推动跨境电商零售进口药品试点尽快形成业务规模，提升再造

"中大门"模式。常态化运行郑州至天津、连云港、宁波、上海等地铁海联运班列,加强内河航道和港口建设,支持周口港、淮滨港等开拓水运集装箱班列线路,扩大出海通道运能和效率。三是进一步发挥高能级开放平台引领作用。争取国家相关试点、基地、工程、展会等落地河南,积极申办第三届中国自贸试验区发展论坛等重大活动。建设"互联网+招商引资"平台,打造永不落幕的网上河南投洽会。发挥好自贸试验区引领作用,加快研究进一步推动自贸试验区深化改革创新和促进贸易投资便利化的政策措施,出台高水平建设河南自贸试验区2.0版实操性方案;依托郑州航空港区,谋划申建自贸试验区扩展区域,指导各片区整合招商力量,实施产业发展特色专项行动,做实产业、做出特色;推进新产业新业态新模式前瞻性布局,大力引进高端项目、外资项目;持续在跨境电商、航空货运电子化、国际期货交易等领域开展首创性、集成式、差异化创新;推动完善片区管理体制机制,加快自贸试验区成熟经验复制推广,启动建设一批开放创新联动区,构建全省"1+N"制度型开放格局。发挥好经开区示范带动作用,提请省政府出台《河南省经济技术开发区管理办法》,再认定一批省级经开区,积极推荐符合条件的晋升国家级经开区;深化经开区"三化三制"改革,加快建设专业化、市场化、国际化管理团队,推行领导班子任期制、员工全员聘任制、工资绩效薪酬制;支持洛阳、许昌、新乡、漯河、周口等国际合作产业园建设,支持各地申建综合保税区或保税物流中心。四是进一步营造优良营商环境。落实重点"三外"企业"白名单"、"服务官"、外企服务日等机制,精准解决三外"白名单"企业投资经营中的困难问题。深入实施"万人助万企"活动,提升"千家外企大走访"成效。持续深化"放管服效"改革,优化业务办理流程,编制《河南外商投资指引》。贯彻落实《河南省外商投诉工作办法》,维护外商合法权益。

（五）坚持以共享发展践行商务为民

一是持续提振消费信心。推动出台促消费政策,助力住宿、餐饮、商贸等行业复苏。稳定和扩大汽车消费,鼓励新能源汽车消费,扩大汽车平行进

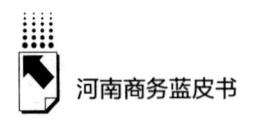

口规模，引导二手车交易市场规范升级，挖掘汽车后市场消费潜力。二是提质扩容服务消费。推进"数字生活新服务"工程，发展"网上菜场""网上餐厅""网上超市"等智慧生活消费模式。健全家政行业服务标准、服务规范，培育一批品牌企业。鼓励餐饮企业创新模式，提升服务，举办国际美食节，叫响河南餐饮美食品牌。引导商贸流通与休闲农业、乡村旅游有机结合，引导现代服务向农村延伸拓展，释放农村消费潜力。三是办好消费促进活动。支持各地精准投放消费券，开展形式多样的特色促销活动。组团参加第二届中国国际消费品博览会，举办郑州商品交易会、"网上年货节"、"双品网购节"等特色促消费活动。四是做好市场净化工作。不断加大酒类流通、拍卖、商业特许经营、单用途预付卡和药品流通等行业综合管理力度，推动相关市场平稳健康有序发展。五是推动对外投资合作健康发展。完善境外投资合作项目库，强化动态管理和跟踪服务。落实河南省促进对外承包工程高质量发展实施意见，带动更多产品技术服务"走出去"，进一步树立"河南建设"国际品牌。指导企业规范海外经营行为，提高日常监测、风险预警、突发事件处置等能力，及时掌控河南省境外企业、项目、人员动态，提高外派劳务规模和层次，持续做好对外援助工作。

B.11
日韩在豫投资现状及对策研究

李玉瑞 孙 丹 王笑雨*

摘 要: 日本和韩国是河南省重要的贸易伙伴和主要利用外资来源地,长期以来三地之间一直保持紧密的经贸合作关系。本文从产业分布、投资特点等方面梳理了日本、韩国在河南省投资现状,分析了日本、韩国优势产业发展情况。面对国际形势的深刻变化,河南省吸引日本、韩国投资既有挑战,也有RCEP红利、产业、要素成本等诸多机遇。为进一步推动日韩投资促进工作提质增效,本文还就下一步河南省利用日韩投资提出了一系列对策建议。

关键词: 日本 韩国 投资现状 投资促进政策

一 日本、韩国在河南省投资现状

日本是世界第三大经济体,在亚洲和全球经济中的地位举足轻重。日本是中国重要贸易伙伴、第二大引资国,也是河南省重要的经贸合作伙伴,是全省第六大外资来源地。

韩国地处东北亚的中心,与中、日隔海相望,在东亚经济圈中的地位至关重要,是中国第五大引资国,是全省第七大外资来源地。

1.日资企业情况

截至2021年12月底,日本在河南省累计设立企业440家,现存81家,

---
* 李玉瑞、孙丹、王笑雨,河南省商务厅。

实际吸收外资37亿美元①。其中，2019年，新设日资企业4家，占全省新设外资企业的比重为1.86%，实际吸收外资4.6亿美元，占全省利用外资的比重的2.48%。2020年，新设日资企业2家，占全省新设外资企业的比重为0.75%，实际吸收外资4.6亿美元，占全省利用外资的比重为2.28%。2021年，新设日资企业5家，同比增长150%，占全省新设外资企业的比重为1.47%；实际吸收外资4.4亿美元，同比下降4.8%，占全省利用外资的比重为2.07%。

（1）产业分布情况

日本在河南省投资以制造业为主，集中在汽车、食品、电气机械和器材、专用设备制造等领域。较大的企业有：东芝株式会社投资的平高东芝（河南）开关零部件制造有限公司、河南平芝高压开关有限公司，投资总额分别为5000万美元、4725万美元；日本火腿株式会社投资的漯河双汇万中禽业发展有限公司，投资总额为2亿美元；日本住友商事株式会社投资的速美特汽车配件有限公司，投资总额为1455万美元。

（2）投资特点

第一，企业数量少，投资规模较小。全省现存日资企业81家，仅占现存外商投资企业2703家的3%，其中投资总额超过1亿美元的企业仅有漯河双汇万中禽业发展有限公司一家。2021年新设的5家日资企业中，最高投资额为77.4万美元，平均投资额仅为32.3万美元。第二，投资以独资或日方控股的形式为主。现存日资企业中，出资比超过50%的日方控股企业为41家；独资企业为25家。第三，制造业以生产中间产品为主。全省现存日资制造业企业中，生产中间产品的企业约占总数的56%，生产最终产品的企业约占总数的44%。其中，中间产品生产比重最高的是汽车制造企业，占总数的39.3%；最终产品生产比重最高的是食品企业，占总数的36.4%。

2.韩资企业情况

截至2021年12月底，韩国在河南省累计设立企业343家，现存68家，

---

① 河南省外资统计口径数据，含外商投资企业资本金、再投资、设备出资、境外借款、境外上市融资等。

实际吸收外资22亿美元。其中，2013~2018年，共新设韩资企业48家，实际吸收外资10.7亿美元。2019年，新设韩资企业13家，占全省新设外资企业的比重为6.05%，实际吸收外资9563万美元，占全省利用外资的比重为2.31%。2020年，设立韩资企业8家，占全省新设外资企业的比重为3.01%，实际吸收外资1.7亿美元，占全省利用外资的比重为0.85%。2021年，新设韩资企业8家，与上一年同期持平，占全省新设外资企业的比重为2.35%；实际吸收外资3.8亿美元，同比增长123%，占全省利用外资的比重为1.81%。

(1) 产业分布情况

韩国企业投资主要涉及铝深加工、饲料生产、新材料等领域。规模较大的企业有：韩国温氏贸易公司投资的郑州明泰实业有限公司，投资总额为2527万美元；韩国爱阁瑞奇国际公司投资的开封丹富仕饲料有限公司，投资总额为1200万美元。

(2) 投资特点

韩国企业在全省投资区域比较集中，主要在郑州、开封、洛阳、新乡、许昌等地，其中郑州14家，开封7家，洛阳、新乡、许昌各5家。

二 日本、韩国产业发展情况

1. 日本

日本产业优势非常突出，特别是电子信息、汽车整车及零部件、食品加工、现代物流、金融证券、航空运输产业发达。工业分布的最大特点是沿海布局，集中在"太平洋沿岸带状工业地带"，主要有京滨（东京—横滨）、中京（名古屋为中心）、阪神（大阪—神户）、濑户内（濑户内海沿岸）和北九州岛五大工业中心。京滨工业地带机械工业发达，出版业繁荣，川崎和横滨炼油厂众多。中京工业地带以机械工业为主，汽车工业发达，陶瓷等制窑业集中。阪神工业地带金属业发达，纺织工业占比较高。除此之外，日本还有鹿岛临海工业区、关东内陆工业区以及京叶、东海等其他工业区。

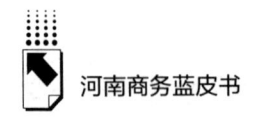

(1) 节能环保产业

日本节能环保技术处于世界领先地位，特别是太阳能发电、隔热材料、废水处理、塑料循环利用技术、混合动力车、家电节能技术、废弃物提炼生物燃料、高效率煤炭火力发电技术等。利用钢铁厂和发电站的高温气体运转燃气轮机进而利用废热运转正气轮的两阶段发电技术达到了世界最高水平。

(2) 新一代信息技术产业

日本因其先进信息技术应用、高质量网络建设和前瞻性信息产业战略规划，成为全球ICT领域领先国家。2001年，日本通过实施"建立超高速互联网、提供最先进的数据业务和互联网接入；制定电子商务发展政策；实现电子政务；为新时代培育高素质IT人才"四大举措，成为世界上最先进的信息化国家。

(3) 生物产业

2002年，日本政府提出"生物技术产业立国"口号，将生物产业列为国家核心产业，推动生物技术利用和生物产业加速发展。目前，日本已成为世界第二大生物技术市场国，仅次于美国，在生物能源、生物环保、生物医药等多个领域具有独特优势，特别是生物服务、生物仪器等行业前景广阔。日本的发酵工程技术及产业在世界上占主导地位，氨基酸、抗生素和酶的研究开发及生产能力占世界首位。

(4) 高端装备制造业

日本高端装备制造业的发展采用"嫁接方式"，在已有技术的基础上，引进必要技术和关键设备，探索出一条"消化吸收—模仿创新—自主创新"的赶超路径。优势在于产业结构完备且高端化趋势明显，以技术创新推动产业升级，以及政府主导下的产业集聚。

(5) 新能源产业

日本是能源极度匮乏的国家，所需的石油、煤炭、天然气绝大部分都依赖进口。为保障能源供应，日本实施了一系列能源战略，推动新能源产业大力发展，在风力发电、太阳能发电、生物质能发电、废弃物发电等方面取得重大突破，在亚洲乃至世界处于领先地位。

（6）新材料产业

日本制定新材料政策是以工业政策为导向，以占有世界市场为目标，因此发展重点是使市场潜力巨大、附加值高的新材料领域尽快工业化、专业化。日本新材料科技战略目标是保持国际竞争力，在尖端领域赶超欧美。目前，日本在碳纤维、非晶合金、有机 EL 材料、精细陶瓷、工程塑料、镁合金材料、超级钢铁材料等领域保持领先优势。

（7）新能源汽车产业

日本新能源汽车发展着眼于技术研发和标准制定，在新一代新能源汽车研发与生产基地、蓄电池性能与安全、充电基础设施及智能电网等领域具有领先水平。

2. 韩国

韩国汽车、钢铁、半导体、显示器、IT 等产业高速发展，2021 年汽车、钢铁产量分别居世界第五位和第六位。韩国工业集中在京（首尔）仁（仁川）工业区，同时沿着京釜高速公路和铁路向东南沿海延伸，形成南北两极。

（1）半导体行业

韩国半导体、平板显示器等产品制造业居世界领先地位。三星电子、SK 海力士是该国代表性企业，处于存储半导体市场领先地位。两家企业在全球 DRAM 市场份额合计达 75％以上，在 NAND 闪存市场份额合计达 54％以上。

（2）汽车产业

韩国作为汽车主要生产国，汽车年产量超过 350 万辆。自 1976 年首次出口汽车以来，汽车产业迅速发展。韩国主要汽车生产商抓住机遇在海外建立生产基地。主要生产企业有现代起亚集团、韩国通用汽车公司、双龙汽车公司和雷诺三星汽车公司。近年来，韩国电动汽车市场发展势头强劲，韩国政府将新型环保汽车产业作为重点扶持的三大产业之一，现代、三星、SK、LG 等韩国集团加快开发无人驾驶、电动等新型环保汽车，特别是现代汽车对氢能源汽车的研发投入、生产线建设、氢气站建设和对外销售力度正在不

断加大。

(3) 节能环保产业

韩国在电力、内燃两用汽车、并联电力内燃两用汽车、清洁柴油汽车及燃料电池汽车等高燃效、低排放的环境友好型汽车开发方面具有世界领先地位；重点培育的LED、太阳能电池和混合能源汽车等绿色技术产品在世界市场占有率不断攀升；以尖端技术融合交叉型产业和高附加值服务业来改变能源依赖型产业结构。

(4) 新一代信息技术产业

韩国是世界信息技术强国，产业结构以网络建设、集成电路、通信及网络设备、汽车电子、新型显示为主，集成电路、通信设备等领域产业技术处于国际先进水平，尤其是居世界首位的存储芯片制造更是其创汇出口的重要部分。

(5) 高端装备制造业

韩国主要优势在于船舶建设，尤其是高附加值船舶。三星重工、大宇造船、现代重工和STX造船纷纷聚焦高附加值船舶领域，在海洋石油平台、FPSO等方面均具备了较强的制造能力，几乎垄断了全球所有高附加值船舶订单。

三 吸引日本、韩国在河南省投资面临的挑战和机遇

当前，国际发展环境日趋复杂，经济全球化遭遇逆流，供应链本地化、区域化倾向上升，限制措施由"边境上"向"边境后"转移，贸易摩擦加剧，贸易壁垒增多，河南省与日韩经济往来提质增效还面临诸多不确定性。从全球来看，新冠肺炎疫情仍处在大流行期，尤其是我国周边的一些国家和地区疫情还在上升阶段，国内本土呈现点多、面广、频发的疫情态势，各类衍生风险不容忽视，经济复苏具有不稳定性不确定性。加之特殊的历史因素、地缘政治的影响，特别是急剧变化的中美关系和地区形势，河南省吸引日韩投资面临着很多新挑战。但我们也要看到，中日韩是目前全球经济最为

活跃、最有增长潜力的地区,随着《区域全面经济伙伴关系协定》(RCEP)的签署、河南省新兴产业的蓬勃发展,吸引日、韩在河南省投资存在新的机遇。

一是 RCEP 红利优势。RCEP 是日本与中国、韩国签署的首个自由贸易协定,具有里程碑意义。RCEP 不仅使中日韩三国政治互信与经济互惠水平提高,且对进一步推动中日韩形成更加紧密的产业合作关系具有积极意义。首先,关税成本大幅降低,有利于促进贸易,提升产业链效率与紧密度。根据 RCEP 三国关税承诺,中国对日本的进口商品免税税目占比将达到 86%,对韩国的进口商品免税税目占比将达到 91%;同时,日本与韩国对中国进口商品的免税税目占比将分别达 88% 和 92%。其次,RCEP 实施原产地区域累积规则,产品的原产地价值成分可在十五个成员国构成的区域内累积,将显著提高协定优惠税率的利用率。这将有利于日韩跨国公司更加灵活地进行产业布局,建立更加精细化的产业链分工体系,促进产业链深度合作。最后,RCEP 提升了投资促进、投资保护、投资便利化水平,有利于提高跨境投资的安全性和可预测性,为日韩在河南省投资创造更好的营商环境。

二是战略叠加优势。我国提出的建立以国内大循环为主、国内国际双循环相互促进的新发展格局,顺应了世界发展大势,为中日韩产业合作提供了新的强劲动力。近年来,国家赋予河南的国家战略定位越来越多,河南推动中部地区高质量发展战略、黄河流域生态保护和高质量发展战略、郑州航空港经济综合实验区战略、中国(河南)自由贸易试验区战略等一系列政策叠加让河南成了吸引外资的排头兵。

三是产业比较优势。河南省工业结构门类比较健全,全国 41 个工业行业大类中河南省已拥有 40 个,汽车、轻纺、钢铁等工业部门逐步发展壮大,新型显示和智能终端、新一代人工智能、网络安全、5G 等新兴产业迅速发展,量子信息、氢能与储能等未来产业逐渐取得突破。河南省健全的产业配套能力、制造能力是吸引外资的重要方面,对吸引产业链较长、分工较复杂、产业配套能力要求高的日韩投资优势突出。

四是人力资源优势。河南省人口众多,是全国人口大省,劳动力资源丰

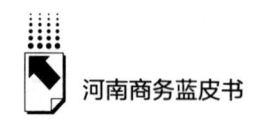

富；且相对于东部地区日趋减少的土地供应和较高的劳动力工资，河南劳动力成本相对较低，比较优势明显。近年来，随着对教育投资力度的加大、素质教育的加强，丰富的劳动力资源升级为人才技术资源。全省共有各级各类学校机构5万余所，省级以上工程研究中心900余个，省级、国家级重点实验室数量分别达240个、16个。日本和韩国都是新一轮产业革命和新兴产业竞争的重要参与者，河南省的人力资源优势对日韩企业有巨大的吸引力。

四 日本、韩国在河南省投资促进对策建议

RCEP于2022年1月1日对中国、日本等正式提交申请书的十国生效，2022年2月1日起对韩国生效，这将推动形成更加自由、开放、稳定、透明的区域大市场，有效激发贸易、创造效益。河南省作为GDP排名全国第五的大省，日韩两国的招商引资工作，无论是实际落地项目数量还是招商引资规模，都亟待提高。因此，建议从以下几个方面促进投资。

1. 实施精准招商

结合河南省实际，围绕装备、食品、汽车、电子信息、新型材料五大制造业主导产业和新能源、人工智能及养老等新兴产业，鼓励企业拓宽与日韩电子信息、医药健康、节能环保等优势产业多方位的合作，推进制造业延链、补链、固链、强链，增强可持续发展和抗风险能力。重点在以下几个领域精准招商。

（1）数字化领域

数字化转型战略是河南省全面实施的"十大战略"之一。突出数字化引领、撬动、赋能作用，加快构建系统完备、高效实用、智能绿色、安全可靠的新型基础设施体系，壮大数字核心产业，推进传统产业数字化改造，全面提升"数治能力"。日韩数字经济发达，数字技术与产业发展融合程度高，在数字技术研发创新和推广应用合作有着巨大空间。

（2）高端装备产业

立足强优势、优结构、迈高端，大力引进领军龙头企业和配套企业，集

中优势资源，形成在国内具有较强竞争优势的先进装备制造产业集群。一是依托新乡起重装备产业，对接日本多田野和住友建机株式会社，在智能轻量化起重装备、智能视觉、节能起重机等领域开展精准招商，延伸完善产业链条；二是依托许昌与韩国现代重工蔚山机器人等深度合作，大力发展核心零部件、整机制造、系统集成应用等领域招商。

（3）健康养老产业

积极与日本贸易振兴机构武汉代表处、河南省老龄产业协会对接，重点招引中医医疗服务、智慧健康养老、休闲养生、中医药旅游等细分产业。通过对接日韩龙头企业，打造知名服务品牌，推动郑州、开封、洛阳、许昌、新乡、南阳等地健康养老产业发展壮大。

2. 谋划日韩重大项目

加强日韩产业动态跟踪研究，围绕日韩优势产业谋划一批重大项目，建立重点企业项目库，锁定境外招商重点行业和重点企业，瞄准日韩"旗舰型"企业、高科技"独角兽"和行业"领头羊"，落地重大项目。

3. 务实举办各类招商活动

对接国家"服务构建新发展格局支持地方招商引资"联动机制，发挥中国国际投资贸易洽谈会、中国国际进口博览会、中国国际服务贸易交易会、中国中部投资贸易博览会等重大展会活动的投资促进功能，变参展商为投资商，开展精准专题对接；联合中国外企协开展"跨国公司中原行"活动，搭建跨国公司与地方政府交流信息、产业合作和项目对接的平台；高水平办好中国河南国际投资贸易洽谈会，针对日本、韩国举办线上线下洽谈对接活动等。

4. 创新优化招商方式

强化资本招商，加快完善基金政策、重塑基金体系、优化基金布局，大力发展天使、风投、创投等基金；突出产业链招商，聚焦先进制造业、现代服务业等产业，编制重点领域产业链图谱和招商图谱，全面推行重点集群产业链"双长制"；推动市场化专业化招商，开展代理招商、委托招商，加强招商部门建设，着力打造一支政治素质过硬、专业能力强的招商引资工作队

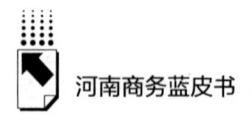

伍；积极开展线上招商，建设推广应用"投资河南"云平台，积极开展针对日韩的网络招商推介对接，通过视频会议、网上洽谈、在线签约等多种方式，开展"不见面招商"活动。

5.完善日韩招商网络

发挥好河南省与日本友好省县、与韩国友好城市的平台作用；与大韩贸易投资振兴公社、日本贸易振兴机构等境内外投资促进机构、知名商协会、中介机构等保持密切联系与合作交流；以在日韩投资的中小企业、海外商协会等为依托，加快在日韩设立本省驻外经贸代表处或投资促进驻外联络处，加强与当地政府部门、经贸机构和重点企业的联系，推进信息共享，共谋活动开展，推动战略合作。

B.12 香港和台湾地区在河南投资现状及对策研究报告

李玉瑞 孟悦 周磊*

摘　要： 中国香港地区、台湾地区是河南省重要的外资来源地，为稳住全省外资基本盘做出了积极贡献。2022年，河南省委、省政府高度重视利用外资工作，专门成立高规格的省利用外资联席会议制度，成立了针对中国香港地区、台湾地区外资专班。本文梳理了中国香港地区、台湾地区的优势产业，研究港台地区在河南投资的现状，对下一步深化与港台地区合作交流，进一步提升利用港资、台资的规模和质量给出了政策建议，为全省稳外资工作奠定坚实基础。

关键词： 中国香港地区　中国台湾地区　投资现状

中国香港地区（以下简称香港）是河南第一大外资来源地，是全省利用外资的"压舱石"，中国台湾地区（以下简称台湾）也是河南重要的外资来源地。结合全省产业发展规划，围绕港台地区优势产业，大力引进港资、台资，进一步加强河南省与香港、台湾地区的合作交流，推动全省利用外资工作取得新的成绩。

---

* 李玉瑞、孟悦、周磊，河南省商务厅。

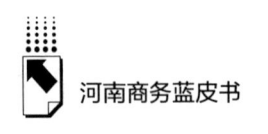

一 港资企业在豫投资现状

（一）香港地区产业情况

香港地区是全球公认的最自由开放、最具竞争力的经济体和最具发展活力的地区之一，保持着国际金融、航运、贸易中心地位，地理位置优越，一直充当内地的门户。香港经济自20世纪60年代开始快速发展，虽历经数次经济危机、金融风暴、SARS、新冠肺炎疫情等，但至今依然保持旺盛的经济活力，创造出了世界经济的奇迹。2020年，香港是世界第六大货物贸易实体、世界第四大外汇交易中心、世界第六大银行中心、亚洲第三大股票市场。香港是内地最大的外来投资来源地，根据统计数字，香港在内地的实际直接投资额累计已逾一万亿美元，占总额的比重逾半。

服务业是香港经济的支柱产业，2019年占本地生产总值的93%，按总就业人数计算，2020年，香港服务业就业人数占总就业人数的89%；制造业和渔农业、采矿和采石业在香港产业中占比较低，贡献度不高，但是近年来，香港通过加强与内地和其他毗邻经济体的合作，持续提升创新及科技水平，制造业生产能力大幅提高，不少世界500强制造业企业和跨国公司，如美国通用电气（GE）、巴斯夫（BASF）、日产汽车公司英菲尼迪（Infiniti）系列、利勃海尔（Liebherr）等，都选择在香港开设全球业务总部、国际业务中心或地区总部。

（二）香港企业在豫投资基本情况

香港地区是河南重要的外资来源地，所投资金占河南使用外资的60%以上，是河南第一大外资来源地。截至2021年12月，香港地区在河南设立企业累计6571家，实际吸收外资累计1349.5亿美元。现存港资企业1436家，其中2021年全年新设港资企业160家，实际吸收港资143.8亿美元，项目数、实际到位资金均居河南省利用境外资金来源地首位。

香港企业在河南投资涉及领域非常广泛，主要是先进制造业、高端服务业、农产品深加工、房地产开发、有色金属深加工等领域。华润集团、港中旅集团、嘉里集团、华南城集团、新世界集团等香港知名企业已先后投资河南。较大的投资项目有：华润电力在安阳、新乡、驻马店、南阳等多地投资的风力发电项目；光大环保在信阳、商丘、郑州、兰考等多地投资再生能源项目。

（三）港资企业在豫投资的主要特点

1. 港资企业来豫投资途径多元化

一是香港企业直接投资。如香港铜锣湾商业集团有限公司、香港新世界集团、香港中华煤气有限公司、芯成科技国际（香港）有限公司等。二是在港央企投资。如华润集团在电力、燃气、医药、食品等多个领域设立多家外资企业，光大集团在河南多个地市设立环保能源类外资企业，港中旅集团在信阳、登封设立文化旅游发展公司。三是国内企业经香港到河南投资。如北控集团企业在香港上市企业北控水务、北控清洁能源在洛阳投资1.39亿美元的北控（洛阳）水务发展有限公司、在郑州投资1.47亿美元的河南平煤北控清洁能源有限公司，包括天伦燃气集团、香港凯美龙股份有限公司、中国城市燃气发展有限公司、华南城集团、中国广核集团有限公司等企业多是国内央企、国企、民企等在香港上市或设立公司后在河南投资企业。四是河南企业在香港上市后返程投资。香港是河南企业在境外上市融资的主要地区。截至2021年12月，已有34家企业在香港上市，共募集资金约594亿元。河南省在港上市企业投资领域主要集中在制造业、房地产、金融、公共服务业等，如天伦燃气集团、建业新生活服务有限公司、兴业物联服务集团有限公司等。五是其他国家和地区企业从香港中转来豫投资。如富士康集团在豫企业多是通过香港中坚企业有限公司投资设立，英国太古集团投资的郑州太古可口可乐有限公司、美国电动车及能源公司（特斯拉）投资的特斯拉汽车销售服务（郑州）有限公司、百威投资（中国）有限公司投资的百威（河南）啤酒有限公司、泰国正大集团投资的驻马店华中正大有限公司

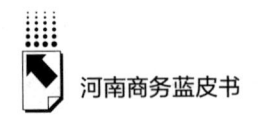

等企业都是通过香港设立的企业在河南省进行投资。

2.港资企业在豫投资多以服务业为主

近年来,河南经济快速发展,市场对服务多元化的需求提升,香港地区对河南服务业的投资不断扩大,模式不断创新,现存港资企业中服务业类企业占比达到68%。在金融服务业领域,如华平亚洲金融投资有限公司在郑州设立了河南中原消费金融股份有限公司,投资总额3亿美元;华川金融控股集团有限公司在洛阳设立了河南华川融资租赁有限公司,投资总额2900万美元。

(四)河南引进港资主要存在问题

1.投资领域单一

香港本土企业在豫投资产业单一,主要以在港央企投资为主,投资主要在地产、能源等领域,资源型项目较多,如华润电力、光大环保、天伦燃气、新奥燃气、中裕燃气等多为能源类项目,华南城、恒大、铜锣湾等在豫设立的多为地产类企业。港资企业中科技创新项目、高端制造业较少,现有的富士康、凯美龙精密铜板带等制造业港资企业多数是台资企业、内地企业或其他国家和地区经香港设立的公司在河南投资。香港优势产业中的金融、贸易、物流、管理咨询等相关产业在河南投资较少。

2.河南企业在香港上市公司数量偏少

香港是中国内地企业交投活动最活跃的境外市场,也是内地企业重要的集资中心,大部分寻求在境外证券市场上市的内地企业选择在香港挂牌。截至2020年12月底,共有1319家内地企业在香港证券市场上市,市值达380730亿港元,占总市值的约80%。截至2021年,河南省在香港上市公司34家企业,累计融资约594亿元。2020年,在香港新上市公司154家(其中通过IPO上市144家),共募资3986.94亿港元,而河南省2020年在香港上市4家企业,占比达2.6%,分别是建业新生活、兴业物联、大山教育、宏力医疗管理,首发融资共28.49亿港元,占比达0.7%;2021年,香港新上市公司98家,募集3314亿港元,而2021年河南省在港上市2家企业,分别是中原建业和康桥悦生活，首发募资15.6亿港元，上市企业数和首募资额分别占2.04%，0.47%。

二 台资企业在豫投资情况

（一）台湾主要产业情况

台湾地区经济是典型的出口导向型经济，其中制造业占台湾经济的比重近三分之一，并且以半导体、光电、显示面板等高新技术产业为主。台湾是全球科技产品制造业的聚集地，以鸿海精密工业股份有限公司（富士康）、和硕集团、广达电脑公司、台湾积体电路制造股份有限公司（台积电）、仁宝电脑集团、纬创资通集团等跻身世界500强的企业为代表，占据了全球电子市场75%的市场份额。在晶圆代工领域，台湾积体电路制造股份有限公司是全球第一大芯片代工厂，连续多年占据全球50%以上的市场份额；联发科技股份有限公司在晶圆设计领域排名全球第四，在手机芯片制造领域排全球第一；日月光集团在晶圆封测领域，占据全球20%的市场份额，长期稳坐世界第一。台湾在主机板、LCD液晶显示器等领域，无论是质量，还是技术，都排在全球前五位，以群创光电股份有限公司、友达光电股份有限公司等为代表的面板制造企业占据全球市场份额的35%。同时，友嘉实业集团、东台精机股份有限公司等为代表的精密机械产业也是台湾的优势产业之一。

（二）台湾企业在豫投资基本情况

台湾地区是河南省重要的资金来源地，截至2021年12月，台湾地区在全省设立企业累计2163家，实际吸收台资累计211.4亿美元。全省现存台资企业314家，其中2021年全年新设台资企业38家，实际吸收台资8.1亿美元。

台湾地区在河南省投资企业涉及行业类别较多，在电子产品制造、食品饮料、商贸服务等领域具有龙头地位，例如，富士康在郑州市、鹤壁市、南阳市、济源示范区等多地投资布局手机生产链配套项目。台湾东裕集团投资的丹尼斯，已在河南省14个地市，布局了14家百货、71家商超、480家便利店；台湾统一集团、康师傅集团在河南省设立了郑州统一企业有限公司、郑州顶益食品有限公司、郑州顶津食品有限公司等多家食品加工企业。

（三）台资企业在豫投资的主要特点

1. 大项目主要经第三地投资

台湾大中型企业在豫投资，项目平均规模逐渐增大，并且为了投资便利、减少台湾地区经济部门投资审议委员会（以下简称投审会）影响，主要经香港地区、维尔京群岛、开曼群岛、萨摩亚等第三地转投。

2. 投资呈现产业集聚应

随着台资企业在河南省的投资规模和层次的不断提升，以富士康为代表的电子信息产业在河南快速发展，形成了龙头企业为核心，大、中、小型企业分工合作、上下游联动、配套完善的电子信息产业集群。

3. 投资产业层次不断提高

台资企业在豫投资以制造业为重点，产业层次逐渐升级、结构不断优化。从早期的徐福记、康师傅、统一等劳动密集型产业逐渐向华阳电业等资金密集型产业、富士康等技术密集型产业转移。

（四）引进台资主要存在的问题

1. 近两年在豫投资的大项目少

从富士康入驻河南后，台商在豫投资企业以中小微企业居多，产业链龙头企业、行业明星企业较少。同时，丹尼斯等知名台资企业多数经香港等第三地转投，在统计中无法纳入台资统计。

2. 受海峡两岸政策影响较大

近年来，因海峡两岸关系及疫情影响，河南实际吸收台资持续下降，从2019年的12.8亿美元下降到8.2亿美元。

三 扩大利用港资、台资企业的对策

（一）成立工作专班，实施专班推进

以重塑性机构改革为契机，以扩大产业发展为目标，成立港资、台资利用外资工作专班，研究香港地区、台湾地区的经贸环境、贸易规则、投资政策、优势产业等，制定适合河南省的经贸合作发展规划和具体措施。港资专班以香港为重点，统筹推进面向粤港澳大湾区的招商引资工作。台资专班以台湾为重点，统筹推进面向江苏及闽东南区域的招商引资工作。

（二）提升引资品质，聚焦优势产业

切实加大豫港、豫台经贸合作力度，在国际领先、与河南发展谋合的优势产业领域上下功夫，进一步挖掘利用好香港地区、台湾地区的优质资源，引进港资、台资产业链核心技术、龙头企业，服务"两个确保""十大战略"。结合"三个一批"活动要求，充分发挥市、县招商引资主体，开发区主阵地、主战场、主引擎作用，与发改、工信、科技等部门形成协同效应，针对河南省比较优势和资源配置，着力在现代服务业、现代金融等领域引进香港企业，在电子信息、集成电路、现代农业、医疗康养等领域引进台湾企业，力争引进一批投资强度高、产业效益高、科技含量高的项目，着力引进一批补链、强链、扩链型项目。加大对香港、台湾的企业总部、研发机构等功能性机构的招引力度，推动利用外资提质增效。

（三）加强平台作用发挥，加强多渠道交流

发挥香港中联办、海峡两岸关系协会以及香港地区商会、台湾地区商会、行业协会的平台作用，重点与香港中华总商会、香港中华厂商联合会、香港总商会、香港中国企业协会、香港福建社团联会、台北内湖科技园区发展协会、台湾工业总会、台湾商业总会、台湾区电机电子工业同业公会、全

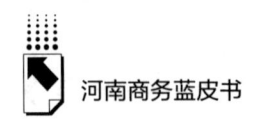

国台湾同胞投资企业联谊会、台湾海峡两岸企业家交流协会等行业协会和香港华润集团、招商局集团、嘉里集团以及台湾鸿海集团、台积电、联发科、台塑等香港地区、台湾地区知名企业进行合作交流，积极邀请香港地区、台湾地区企业家来豫参访考察、对接洽谈。加强与香港特区政府驻河南联络处、香港河南联谊总会、郑州市台商投资企业协会等机构的联系，采用线上线下多种方式，开展豫台、豫港经贸合作交流活动。

（四）开拓引资渠道，鼓励香港上市

香港作为全球最重要的金融中心之一，是全球最大的新股融资市场之一，2021年有98只新股上市，首次公开集资额达3288亿港元。因为地理位置、金融地位以及与内地的特殊联系，加上香港交易所与内地股票市场的互联互通，增加了市场流动性，目前香港仍是内地企业赴境外上市的首选之地。河南在港上市企业在数量和募资金额方面还有很大提升空间，积极鼓励省内企业赴香港上市融资，出台相关奖励政策，扩宽河南实际使用外资的渠道，提高引进外资的质量和规模。

（五）强化招引活动，促进三地交流

受疫情和两岸关系影响，2014年以来，河南在香港地区、台湾地区没有开展过大规模、高层次的经贸交流活动，只是通过小分队出访、春茗活动等赴香港地区、台湾地区开展小规模的交流活动，规模、层次、规格都不高。香港地区、台湾地区作为河南主要的外资来源地，需找合适机会，举办高规格、高质量、高水平的招商引资活动。组织好豫港交流合作暨知名企业家联谊会和2022豫台经贸洽谈会暨两岸智能装备制造中原论坛，科学谋划2022豫台经贸洽谈会鹤壁、安阳、南阳、驻马店四场专题活动。

（六）提高服务质量，营造良好环境

抓好惠企政策的跟踪落实，确保全省港资、台资企业能够及时享受到政策红利。用好省推进外经贸高质量发展领导小组、"万人助万企"、重点外

资企业服务官等机制，对已经签约重点港资、台资项目进一步跟踪落实，及时了解并协助解决项目落地存在的困难和问题。对现存的港资、台资企业，要加强联络，定期走访，跟踪了解企业生产经营情况，协调解决企业生产经营中遇到的困难。主动为全省的港资、台资企业提供有关政策法规宣传、金融融资咨询等服务。努力做好涉港、涉台矛盾纠纷调处工作，维护好港商港企、台商台企的合法权益，发挥好河南省人民政府外商、台商投诉权益保护中心作用，依法维护和保障港商、台商合法权益，促进港企、台企在豫稳定经营和发展。

（七）充分利用新发展机遇，促进豫港、豫台新合作

紧抓以国内大循环为主、国内国际双循环新格局和"一带一路"建设历史机遇，借助国家高质量建设粤港澳大湾区和《区域全面经济伙伴关系协定》（RCEP）生效实施的时机，通过参与深圳前海、珠海横琴等粤港澳重大合作平台建设和海峡两岸产业合作区、平潭综合实验区、昆山深化两岸产业合作试验区等两岸合作平台建设，不断深化河南省与香港地区、台湾地区的经贸合作，促进豫港、豫台合作取得新成绩。

B.13
河南省战略性新兴产业高质量发展探索

宋玉星*

摘　要： 本文从梳理河南省战略性新兴产业发展的现状入手，分析当前发展面临的机遇和挑战，提出了未来发展的思路和方向，探讨影响战略性新兴产业发展的现实因素，并提出了有针对性的对策建议。

关键词： 河南省　战略性新兴产业　创新驱动

一　河南省战略性新兴产业发展现状

战略性新兴产业概念最初提出时，国家将"新能源、节能环保、电动汽车、新材料、新医药、生物育种和信息产业"作为重点培育的战略性新兴产业。2012年5月，《"十二五"国家战略性新兴产业发展规划》提出，把节能环保等作为战略性新兴产业的重点发展方向。2018年，为准确反映国家"十三五"期间战略性新兴产业的发展规划情况，以满足统计上对战略性新兴产业发展速度、规模和结构测算的需求，国家统计局以国家发改委发布的《战略性新兴产业重点产品和服务指导目录（2016）》和国家的其他相关文件为主线，明确了新材料产业、新一代信息技术产业等9大领域。

"十二五"时期，河南省战略性新兴产业的发展面临着国内外激烈竞争的局面。河南省战略性新兴产业存在总量规模小、产业集中度低、创新能力

---

* 宋玉星，河南省商务厅。

弱、体制机制不完善等问题，与广东、山东、上海、江苏、浙江等省市相比，在产业规模、创新能力、研发投入、科技人才投入等方面存在差距。

2016年以来，河南省持续优化产业发展环境，培育壮大了一批优秀企业、产业集群，推动战略性新兴产业实现规模化、高端化、聚集化发展，成为推动河南省经济发展的重要引擎。"十三五"期间，河南省战略性新兴产业增加值年均增速达10.4%，高出同期规模以上工业产业增加值年均增速4.2个百分点，占规模以上工业增加值的比重达22.4%，较2015年提高10.6个百分点。初步建成全球重要的智能终端制造基地，农机装备、航空轴承、诊断试剂、血液制品、智能传感器等研发和产业化处于全国上游水平，在盾构、新能源客车、光通信芯片、超硬材料、流感疫苗等领域的技术水平处于全国领先地位，市场占有率居全国首位。郑洛新国家自主创新示范区建设取得重大进展，高新技术企业数量翻两番以上，国家级创新平台数量达到172家，国家生物育种产业创新中心等落户河南省，中科院计算所郑州分所、中德智能产业研究院等一批高水平研究机构落地建设，一批创新成果和装备在蛟龙号、港珠澳大桥等重大工程上应用。

近年来，河南省围绕产业链完善供应链、部署创新链、配置要素链、健全制度链，持续优化产业发展生态，聚焦智能传感器、生物医药、新一代信息技术、智能装备、新能源及智能网联汽车等领域，逐步形成了一批特色鲜明的战略性新兴产业集群。郑州新一代信息网络和信息技术服务、许昌节能环保、平顶山新型功能材料等国家战略性新兴产业集群引领带动作用进一步凸显。

二 河南省战略性新兴产业发展的机遇和挑战

当前和今后一个阶段，我国战略性新兴产业将长期面临复杂的国际环境，特别是2018年以来，中美之间的贸易摩擦不断升级，美国方面不断加大对中国新兴产业发展的制约力度，抢夺技术主导权。同时，我国与共建"一带一路"国家国际合作不断加强，国际产能合作、三方市场合作等稳步增长，未来创新合作、资金融通、政策沟通等方面将继续深化。新一轮科技革命和产业变革加速推进，前沿技术呈现集中突破态势，全球科技创新进入空前密集活跃期；"十四五"期间，国家加快新一代信息技术等战略性新兴产业发展步伐，为河南省战略性新兴产业指明了前进道路；保持平稳健康的经济环境、城乡居民收入稳步增加、满足人民对美好生活的向往，中部地区高质量发展等国家战略交汇叠加，同河南提出的"两个确保、十大战略"为战略性新兴产业的加快发展形成利好效应，提供了加速发展的机遇。但是对比全球战略性新兴产业同期的发展态势，对照战略性新兴产业发展的内在需求，河南省战略性新兴产业仍面临诸多问题，全球产业合作格局重构，发达国家与新兴国家逐渐从错位竞争向正面竞争转变，国际技术贸易壁垒持续增加，部分产业领域的关键核心技术仍然存在"受制于人"的现象，先进制造业发展的国际环境更加复杂，一些基础元器件、高档工业软件等对外技术依存度较高，"卡脖子"问题依然存在。虽然河南省经济总量连续多年稳居全国第五位，但战略性新兴产业仍然存在产业结构不够优化、创新驱动能力的强度不够等问题。

"十四五"时期应当是河南省战略性新兴产业发展的关键期、攻坚期，同时也是机遇期、发展期，加快发展河南省战略性新兴产业，是实现河南省"两个确保、十大战略"的重要引擎，事关河南省高质量发展大局，加快构建具有核心竞争力的战略性新兴产业必将成为河南省经济工作高质量发展的重中之重。

三 河南省战略性新兴产业发展的思路和方向

要以创新引领、加快驱动，集聚创新资源，提升产业创新能力、提高发展质量、壮大新型产业集群、推进产业开放融合，加快关键核心技术攻关、重大科技成果转化和自主创新产品迭代应用为切入点，实施制度型开放战略，开放合作、共享发展，积极融入国家"一带一路"科技创新计划，吸引国内外重大科技成果在河南省落地转化，主动对接长三角、京津冀、粤港澳大湾区等新兴产业发展优势区域，引导各类要素向战略性新兴产业聚集，快速融入国家新兴产业发展格局。继续聚焦河南省新一代信息技术、新材料、生物医药、节能环保、高端装备等优势主导产业，着力建链延链补链强链，推动战略性新兴产业成为全省经济发展的战略新引擎、新支柱、新主导。

发展新一代信息技术产业，构建"芯屏网端器"生态圈。聚焦产业"补芯、引屏、固网、强端、育器"，破解产业发展的"卡脖子"问题，强化信息制造、信息基础设施和信息安全等重点领域的创新，推动大数据、人工智能、区块链等与实体经济深度融合，构建万物互联、融合创新、智能协同、绿色安全产业发展生态。重点做强新型显示和智能终端、5G、网络安全、智能传感器等产业链，快速形成"芯屏网端器"生态圈。要大力发展高端软件、基础软件，加大对操作系统、数据库、中间件、办公软件等基础软件技术和产品研发、应用支持力度，大力发展面向新型智能终端、智能装备等的基础软件平台和面向各行业应用的重大集成应用平台。配套完善基础设施，推进5G独立组网（SA）网络建设，统筹移动互联网和窄带物联网（NB-IoT）协同发展，完善支持窄带物联网的全省性网络，推进"全光网河南"升级，实施郑州直联点提升工程。推动新兴技术跨界融合，提升大数据综合应用水平，积极发展同大数据有关的硬件、软件、内容、终端与服务产业，研究推进省大数据中心建设。打造中国智能传感谷等特色产业园，推动软硬件协同发展，支持创建中国软件特色名城。

打造高端装备产业大国重器，数智赋能提升智能化、高端化。推动智能装备制造高端化发展，提升高端工程装备发展水平，增强优势高端装备的核心竞争力，加快发展轨道交通装备、无人机、机器人、数控机床等高端装备，积极发展激光加工等前沿装备。提升高端装备竞争力，适应工程装备智能化、高端化、轻量化发展趋势，打造千亿级轨道交通装备产业基地，搭建智能农业装备大数据管理工业互联网平台。大力发展高性能化工材料等新材料，多向延伸产业链条，实现从材料到器件再到装备的跃升，争取在国内国际双循环中进入中高端、处于关键环、掌握话语权。

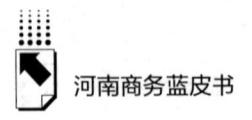

加快节能环保产业与信息技术深度融合，推动节能环保（装备加服务）链式提升。加速节能环保技术装备数字化、网络化与智能化转型升级，推进构建产业间耦合、上下游衔接、技术先进的节能环保产业链，建成全国重要的节能环保产业基地。提升高效节能装备竞争力，促进先进环保装备及材料提质增效，加快发展高浓度水处理设备、水处理剂等专用装备及材料，推动发展适用农村生活污水治理的分散式可移动低能耗、远程运维的技术设备。鼓励节能服务公司加大上下游资源整合，推进环保装备与服务产业发展，以大气污染防治、水污染防治装备的研发为重点，着重打造"装备加服务"产业链。

做大新能源及智能网联汽车产业，抢抓新能源产业发展机遇。全面推进新能源及智能网联汽车产业发展，培育汽车与能源、交通等融合发展新业态，建设全国重要的新能源及智能网联汽车产业基地。推动新能源汽车高质量发展，强化整车集成技术创新，重点发展全功能、高性能的整车控制系统和轻量化材料的车身及关键零部件，推出若干具有市场竞争力的新车型。加快发展智能汽车体系，支持企业跨界协同，开展智能驾驶计算平台、自动驾驶云服务、智能网联系统软件等联合创新，打造智能网联及智能驾驶系统解决方案。推进风能、太阳能、生物质能及储能产业，不断提升新能源比重，加快氢燃料电池等技术研究和产业化，推动动力电池与材料等产业协同发展，重点发展风电整机等核心零部件，推动储能技术和风电机组的融合发展。

推动新材料产业向高精尖延伸。加强新材料基础研究、应用技术研究和产业化的统筹衔接，强力突破一批重点应用领域核心关键共性技术，加快新材料创新成果转化及产业化示范应用，着力推动产业链向中高端发展，建成具有全国重要竞争力和影响力的新材料产业基地。围绕新能源、集成电路、新型显示、电子元器件等发展需求，重点发展电子级化学品、电子级玻璃纤维、新型3D显示等关键材料，提升国外垄断材料国产化替代和本地化配套能力，打造千亿级电子材料产业。加快推进尼龙新材料产业发展，在综合论证资源环境承载能力的基础上合理扩大己二酸、己内酰胺、尼龙66聚合物等上游原料生产规模，做大做强尼龙工业丝、复合尼龙面料等织造产业，推动尼龙改性注塑、尼龙薄膜等工程塑料产业向精深加工发展。做大钢铁材料产业，引导企业积极开发高端装备用特种合金钢等"特、精、高"新品种，研发高端铝合金产品，发展领先合金材料，抢占镁合金结构性材料关键技术。

聚焦战略性新兴产业转型升级和居民消费升级需要，大力发展新兴服务业和生物医药产业。发展科技服务等新兴服务业，提高服务效率和服务品质，赋能生产制造全面转型，持续创造生产和消费新需求，构建特色鲜明、优质高效的新兴服务业新体系。加快金融科技在交易结算、产品创新等领域广泛应用，加强大数据、云计算、人工智能、区块链等在金融领域的融合创新，推动工业企业与工业设计、服装设计、文化艺术品创意设计等企业深度合作，大力发展专业化设计及相关定制、加工服务，打造一批智能设计云平台，构建多领域、全方位的新型数字设计体系。大力发展医用卫材、高性能医疗器械等产业，促进生物医药与康养产业一体化发展，积极引进新型疫苗和生物制品项目，发展动物用疫苗产品和细胞生物制品。做强现代中药产业，加快名优大品种中成药的二次开发，加强经典名方的中药新药开发，支持新型制剂、中药饮片研发，建设优质中药材生产示范基地，推动医疗器械创新中心河南分中心建设，谋建一批医用卫材应急保障基地。

四 影响河南省战略性新兴产业高质量发展的几点制约因素

目前，虽然河南省战略性新兴产业发展成效比较明显，但仍存在一些制约产业发展和升级的现实问题。

从省级乃至国家层面对于新兴产业发展的顶层设计和统筹协调不够完善。产业布局差异化分工体现不足，产业趋同现象明显，产业链协调配套不够齐备。

目前，部分新兴产业领域关键核心技术仍然受制于一些国家的现象，没

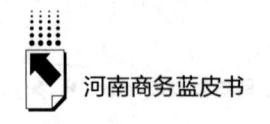

有能得到根本的改变，一些高档工业软件、核心装备、基础元器件、原材料等对外依赖度较高，价值链的高端缺位，"卡脖子"技术依然存在。

国家和行业标准、设计规范、质量控制规范等不成体系，相关的法规和标准体系不够健全，一些细分领域的行业准入制度尚未建立。例如，重点行业能耗限额标准与污染物排放标准、重点用能产品的能效标准的制定，节能环保产业领域相关立法，同产业发展速度相比，明显滞后。

创新驱动、科技兴省的氛围不够浓郁，新兴产业创新环境待完善，"产学研用"与创新机制结合不够紧密，成果转化效率不够高、部分行业创新产品进入市场较难，融资难、融资贵等这些老难题现在未能得到有效解决。

五 推进河南省战略性新兴产业发展的几点对策建议

"十四五"期间甚至今后一段时间内，战略性新兴产业发展对于构建新发展格局、促进河南省经济高质量发展所起到的引擎作用将更为明显，有必要提前着手研究战略性新兴产业发展应对措施，为推动河南省经济高质量发展奠定基础。

1. 顶层谋篇布局，融入国际化发展

立足河南省现有产业基础，加快推动新兴产业领域的对外开放程度，加强国内外创新合作，探索创新成果共享化，进一步发挥"一带一路"桥头堡作用，借助 RCEP 签订机遇，积极引进欧盟、东南亚等更多国家和地区的先进产业。

2. 加快关键核心技术突破，提升产业核心竞争能力

加大对引领型新兴产业企业的支持、引导，鼓励企业加大研发投入力度，支持头部企业开展基础研究以及关键核心技术的攻关，加强对"卡脖子"环节技术的突破，重点聚焦关键领域、核心技术，集中攻克一批关键的基础技术及"卡脖子"技术，特别是要加大对重点产业领域"卡脖子"技术的攻关强度。

3. 推动河南省新兴产业行业标准建设

鼓励支持河南省参与国家及河南省战略性新兴产业及其细分领域的标准制定，强化河南省在国内乃至国际市场话语权及新兴产业发展的引导力，积极参与制定并推广我国优势产业标准。

4. 加快实施创新驱动、科教兴省、人才强省战略

加快创新平台的建设，强化公共创新体系的建设，推动建立一批国家技术创新中心河南分中心、产业创新中心河南分中心、制造业创新中心河南分中心等科技创新平台和共性技术研发平台，建设一批专业水平高、产业支撑力大、服务功能强的公共平台。选拔培养管理和创新人才，完善高层次人才招聘、薪酬、考核、评价、科研资助和管理制度，为提升创新发展动力提供人才支撑。

5. 引导各地发展、优化产业集群建设

鼓励全省因地制宜建设产业集群，要突出本地区域特色和发展目标，要有明确主要任务和推进步骤，发挥省、市级专项资金杠杆作用，利用有限财力，滚动支持"三个一批"重大项目建设，助推产业集群发展。引导各地培育、储备一批具有良好基础和发展潜力的产业集群，与河南省乃至国家战略性新兴产业发展形成配套储备，构建分工明确、相互衔接的产业集群发展格局。培育一批比较优势明显的企业，采取技术创新、规模扩张等方式，使之成为具有国内、国际竞争力的标杆企业。

B.14 河南氢能产业发展趋势及前景展望

李梅香 侯 锐 魏玲圆*

摘　要： 近年来，发展氢能产业广泛受到各地政府的重视，特别是国家提出碳达峰碳中和的战略目标后，氢能产业发展的前景更加广阔。河南氢能产业发展起步较早，具备一定发展基础。本文简要介绍了氢能相关产业链，概述了河南省氢能产业发展现状，分析了当前存在的主要问题，对河南氢能产业发展前景进行了展望。

关键词： 河南省　氢能产业　高质量发展

一　氢能全产业链及相关技术介绍

作为一种清洁低碳、高效灵活的二次能源，国家将氢能列为战略性新兴产业和未来产业的重要发展方向。当前，氢能正处于产业链技术突破、从研发阶段转向产业示范应用阶段的关键时期，氢能制备、储运、加氢、燃料电池和系统集成等主要技术和生产工艺已经逐渐走出了实验室，一批具备自主创新能力的企业逐步成长起来。

1. 氢气制备

（1）灰氢

通过化石燃料（例如石油、天然气、煤炭等）制取的氢气，因为在生产过程中会有二氧化碳排放，因此称为灰氢。主要包括煤制氢、天然气制

---

* 李梅香、侯锐、魏玲圆，河南省商务厅。

氢、工业副产氢（氯碱工业、乙烷裂化、合成氨、丙烷裂化等工业生产过程中会副产大量氢气）。灰氢的生产成本较低，制氢技术较为简单。

（2）蓝氢

由煤或天然气等化石燃料制得（如天然气通过蒸汽甲烷重整或自热蒸汽重整制成），并将二氧化碳副产品捕获、利用和封存（CCUS），从而实现碳中和。蓝氢碳排放量较低，但无法消除所有碳排放。

（3）绿氢

通过使用太阳能、风能等制造的氢气，如可再生能源发电进行电解水制氢，在生产过程中，完全没有碳排放。[①]

根据 Global CCS Institute 发布的数据，2020年，全球利用天然气（甲烷）生产纯氢的产量占比达到43.8%，仅13.4%的氢气是通过煤炭生产的。国内因缺乏天然气资源，大部分都依赖进口，天然气制氢份额并不高，煤制氢技术是目前国内主流的制氢技术。根据中国煤炭工业协会公开的数据，2020年中国氢气产量超过2500万吨，其中煤制氢所产氢气占62%、天然气制氢占19%，工业副产气制氢占18%，电解水制氢占1%左右。氢能产业发展初期，由于短期内电解水制氢成本高，短时间内很难成为氢气的主要来源，煤制氢、工业副产氢由于成本低、运输方便等优势将成为短中期发展重点。中期阶段，以可再生能源发电制氢、"煤制氢+CCUS"碳捕捉技术等大规模集中稳定供氢为主，工业副产氢为辅助手段。远期来看，将以可再生能源发电制绿氢为主，煤制氢配合CCUS技术、生物制氢等技术成为有效补充。

2. 氢储运

目前，常见的有四种储氢技术，包括高压气态储氢技术、低温液态储氢

---

① 根据中国氢能联盟牵头制定发布的行业标准《低碳氢、清洁氢与可再生氢的标准与评价》，对不同类型氢源的碳排放判断标准为：在单位氢气碳排放量方面，低碳氢的阈值为 $14.51 kgCO_2 e/kgH_2$，清洁氢和可再生氢的阈值为 $4.9 kgCO_2 e/kgH_2$。标准中的"低碳氢"和"清洁氢"，即通常所说的"蓝氢"，制氢方式没有限制。标准中的"可再生氢"，即是通常所说的"绿氢"，碳排放低于 $4.9 kgCO_2 e/kgH_2$，且制氢方式为可再生能源。

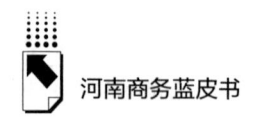

技术、固态储氢技术及有机物液体储氢技术。

高压气态储氢以气罐为储存容器，通过高压压缩的方式存储气态氢。其优点是成本低、能耗相对小、技术成熟，可以通过减压阀调节氢气的释放速度，充放气速度快，动态响应好，能在瞬间开关氢气，工作条件较宽。缺点是储氢密度低、体积容量比低，存在泄漏、爆炸的安全隐患。

低温液态储氢是将氢气压缩后冷却到-252℃以下，使之液化并存放在绝热真空储存器中。与高压气态储氢相比，低温液态储氢的质量和体积的储氢密度都有大幅度提高，通常低温液态储氢的质量储氢密度可以达到5.7%。单从质量和体积储氢密度分析，低温液态储氢是比较理想的储氢技术，它的储运能力是高压气态氢气运输的十倍以上，可配合大规模风电、水电、光电电解水制氢储运。但液态氢需要保存在非常低的温度下，与环境温差极大，容易挥发，必须为容器增加专门的保温层或保温设备，且液化过程耗能极大，综合成本较高。

固态储氢利用固体对氢气的物理吸附或化学反应等作用，将氢气储存在固体材料当中。固态储氢一般可以做到安全、高效、高密度。固体储氢材料主要包括碳质材料、金属氢化物、配位氢化物、金属有机骨架和氢气水合物等。固态储氢方式体积储氢密度高，操作安全方便，不需要高压容器，具备纯化功能，得氢纯度高。但常规固态材料中氢的释放存在条件苛刻、动力学缓慢、脱氢不完全、催化剂昂贵、催化剂中毒等问题，因此研制高性能的储氢材料是发展固态储氢的关键。

有机物液体储氢是利用不饱和芳香烃、烯炔烃等作为储氢载体，与氢气发生可逆化学反应来实现储放氢，质量储氢密度达到7%左右，在到达用户端时，载氢液体通过催化反应器释放氢气供氢燃料电池使用。经脱氢后储氢载体再回流到储罐中，并到加氢站置换新的载氢液体有机储氢。液体有机储氢材料最大的特点就是常温下为液态，能够十分方便地运输和储存，可以利用传统的石油基础设施进行运输、加注，方便建立像加油站那样的加氢网络，相较其他技术而言，具有独一无二的安全性和运输便利性。但该技术尚有较多的技术难题，未来看会极具应用前景。

3. 氢能源汽车及零部件

（1）氢燃料电池汽车

主要构成包括燃料电池系统、车载供氢系统、动力电池、车架等传统车辆部件。其中燃料电池系统为燃料电池车的核心部件，占整车成本的60%以上。燃料电池系统包括燃料电池堆、空压机、氢气循环泵等，其中膜电极作为燃料电池的核心部件，在整个系统中成本占比约为30%。

（2）质子交换膜（PEM）

质子交换膜在燃料电池中的主要作用是实现质子的快速传导，同时也阻隔氢气和氧气、氮气在阴阳极之间的渗透。质子交换膜的性能好坏直接决定着燃料电池的性能和使用寿命。理想的质子交换膜需要具备高质子传导率，低电子导电率，气体渗透性低，化学、电化学、热稳定性好等特点。质子交换膜根据含氟情况进行分类主要包括全氟磺酸膜、部分氟化聚合物质子交换膜、复合质子交换膜和非氟化聚合物质子交换膜。

（3）膜电极（MEA）

膜电极（MEA）主要由质子交换膜（PEM）、催化层和气体扩散层组成。催化层方面，目前最优催化剂仍是铂和铂基催化剂，常用的商用催化剂是由铂纳米颗粒分散到碳粉载体上的担载型催化剂。使用铂作为催化剂成本较高，如何降低催化剂的铂载量或寻找性能良好的低成本催化剂是当下的研究热点之一。气体扩散层方面，两片多孔气体扩散层（GDL）将膜电极组合体夹在中间，主要作用包括支撑催化层、收集电流、传导气体和排出反应产物水。气体扩散层需要具备高导电性、多孔性、适当的亲水/憎水平衡、高化学稳定性、高热稳定性以及低成本等特点。气体扩散层由支撑层和微孔层组成，支撑层材料主要为多孔的碳纤维纸、碳纤维织布、碳纤维无纺布及碳黑纸，微孔层通常是由导电炭黑和憎水剂构成。

（4）双极板

双极板是电、热的良导体，具有良好的机械性能，很好的阻气性能，耐腐蚀性好等特点，其性能决定了燃料电池堆体积比功率和质量比功率。双极板材质主要是石墨或者合金。通常由石墨板材料制作，石墨双极板厚度2~

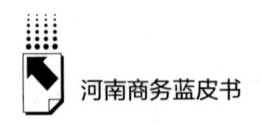

3.7mm，经铣床加工成具有一定形状的导流流体槽及流体通道，其流道设计和加工工艺与电池性能密切相关。

（5）燃料电池堆

电堆由多个单体电池以串联方式层叠组合而成。单体电池是由将双极板与膜电极（催化剂、质子交换膜、碳纸/碳布）组成。若干单体之间嵌入密封件，经前、后端板压紧后用螺杆紧固拴牢，即构成燃料电池电堆。

（6）氢内燃机汽车

氢气内燃机汽车与氢燃料电池汽车的关系，类似于燃油汽车与纯电动汽车。氢内燃机保留了传统内燃机的主要结构和系统，按照"吸气—压缩—做功—排气"4个冲程来完成化学能向机械能的转化，可以利用工业副产氢气，通过优化燃烧系统及增压系统有望达到与燃料电池相近的热效率，氢内燃机是对现有发动机的升级，相对氢燃料电池汽车技术难度小成本低。因此，氢内燃机是推动传统内燃机各种应用领域升级转型、助力碳达峰和碳中和的重要技术方向。缺点是在当前技术下，同样的储氢量，氢内燃机汽车比氢燃料电池汽车续航里程短，同时由于氢内燃机吸入的是空气而不是纯氧，会与空气中氮气反应，排放氮化合物。

4. 加氢站

（1）外供氢加氢站

加氢站内没有制氢装置，所用的氢气由站外的集中式制氢基地制备，而后再通过长管拖车、液氢槽车或者氢气管道由制氢基地运输至加氢站，由氢气压缩机压缩并输送入高压储氢瓶内存储，最终通过氢气加气机加注到氢能源燃料电池汽车中使用。外供氢加氢站又可进一步分为高压气氢站和液氢站两大类。外供氢加氢站中的高压气氢站建设成本最低，是全球应用最广泛的加氢站模式，占比近70%，目前中国的加氢站均为高压气氢站（如郑州宇通加氢站）。液氢储运加氢站主要分布在美国和日本，在中国也得到了初步探索。

（2）站内制氢加氢站

该模式加氢站内建有制氢系统，属于分布式制氢。制氢技术包括天然气重整制氢、电解水制氢、可再生能源制氢等。其中，天然气重整制氢法由于设备便于安装、自动化程度较高，且能够依托现有油气基础设施建设发展，因而在站内制氢加氢站中应用最多，因此在欧洲、美国，站内制氢加氢站主要采用这种制氢方式。另一种相对成熟、应用广泛的制氢方式是电解水制氢。

二 氢能相关应用场景

1. 交通领域应用

开展氢燃料电池货车运输示范，推进氢燃料电池在冷链物流车、环卫车、自卸/搅拌车、重型牵引车等商用车领域应用，探索氢燃料电池在轨道交通、无人机等领域的应用。

2. 储能领域应用

氢能调节周期长、储能容量大，可以弥补太阳能、风能量波动较大的缺点。探索"风光发电+氢储能"一体化应用新模式，逐步形成抽水蓄能、电化学储能、氢储能等多种储能技术相互融合的电力系统储能体系。

3. 分布式发电应用

在通信基站、数据中心、铁路通信站点、电网变电设施等场所，推广氢能应急电源应用，提高设备供电可靠性。氢燃料电池在发电过程中会产生热能，通过多能互补和智慧微网等手段，布局燃料电池热电联供系统，在工业园区、矿区、机关、学校、医院、商场等开展以氢为核心的能源综合利用，为用户提供电能及高品质热源。在山区、景区等相对偏远地区，探索燃料电池分布式电源和固定式发电站。

4. 工业替代应用

氢能可以作为传统化石能源的替代能源，降低化工、冶金、建材等工业领域化石能源消耗。在合成氨、合成甲醇、炼化、煤制油气等行业，氢能替代可以加快高碳工艺向低碳工艺转变，促进高耗能行业绿色低碳发展。

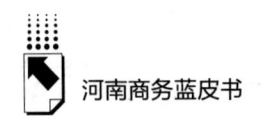

三 河南省氢能产业现状

1.氢气来源丰富多样

河南是化工大省，焦炭、烧碱、合成氨、甲醇等产业年副产氢气55万吨，为初期氢能产业发展提供充足保障。截至2021年，河南风电装机容量1850万千瓦，居全国第七；太阳能发电装机容量1556万千瓦，居全国第七，其中2021年新增分布式光伏并网容量居全国第三[①]，河南具备清洁能源制氢的资源条件。

2.应用示范起步较早

郑州市2015年建成全国第三座加氢站，2018年开通全省首条氢燃料客车示范专线。宇通客车已经实现氢燃料电池客车规模化推广，郑州已有223台氢燃料电车公交车投入运营，累计里程超过1000万公里。全省已建成加氢站6座，加注能力为4210公斤/天。以郑州为牵头城市的"1+N+5"燃料电池汽车应用示范城市群已获得国家批复。

3.产业基础初步显现

河南在整车、核心零部件、氢能装备等方面有较好基础。宇通是最早研究氢燃料电池的整车企业，客车研发已迭代至第四代，重卡、市政车辆研发深入推进，累计在全国推广应用458台。北京冬奥会赛事保障氢燃料汽车中，有两成是河南制造。培育引进了豫氢动力、骥翀氢能、捷氢科技、氢枫能源、中沁康泰等产业链上下游企业，在燃料电池电堆、空气供应系统、70兆帕储氢瓶、固态储氢设备、氢气管束拖车、加氢站建设等领域初具规模。在创新平台方面，宇通牵头组建了氢能与燃料电池汽车产业研究院、氢能产业联盟。新乡成立了电池研究院。新乡、濮阳等地氢能产业园基本建成。

---

① 资料来源：中国电力知库《2021年全国电力版图》，国家能源局《2021年光伏发电建设运行情况》。

四 主要存在问题

1. 产业布局协同仍有待强化

目前，制约河南省氢能产业高质量和可持续发展的相对突出的问题就是同质化严重，集中体现在如下三个方面：一是缺乏顶层设计。统筹规划布局的缺失，导致各地市政府规划趋同，资金、政策、技术创新等资源配置都比较集中，不能发挥出其应有的作用。助推产业发展的后劲儿不足，重复建设现象明显。二是体制机制和标准体系有待完善。扶持氢能产业的政策还不够全面，扶持力度不足，难以对氢能产业相关企业产生吸引力。加氢站建设运营管理规范及氢气制储运加相关安全标准体系还不够健全，一定程度上制约了产业发展。三是氢能产业企业主要是行业中下游布局，上游企业少，缺少行业头部企业。产业链还不健全，缺少催化剂、质子交换膜、气体扩散层等关键零部件企业。整个产业链企业规模小，行业影响力弱。

2. 核心技术水平仍有待提高

核心技术研发还有较大的发展空间。与国际先进水平相比，河南省氢能及氢燃料电池技术水平和产业化程度还有较大差距。在可再生能源高效制氢、氢气储运及加注、燃料电池等关键领域仍存在一定程度的空白。质子交换膜、催化剂等仍未达到规模化生产水平。核心技术指标比较落后，气体扩散层（碳纸）对外依存度非常大，氢气循环泵、金属双极板以及空压机等关键零部件还处于落后阶段。管道等储运技术、液驱、离子氢气压缩机、加氢枪等也处于跟跑阶段。

3. 人才储备不足创新能力欠缺

河南省未来产业相关高精尖专业人才不足，针对技术人才的培育渠道窄、与相关高校开展合作少。创新能力方面不足，大多数落地企业是作为总部公司的分支机构，以代工、生产、开拓市场为主，研发、创新依赖于总部公司，没有独立的创新平台。

4. 全产业链成本有待降低

随着技术的精进，一些生产厂家已经能够实现把燃料电池电堆价格降到

2000元/千瓦,但从整个产业链来看,成本仍显高昂。一是有很多核心零部件、关键材料和氢能装备技术等依赖进口比较严重,自主化率低。同时推广应用的规模化程度也不高,这就进一步加剧了成本的居高不下。二是由于电价优惠力度小、储运效率低等因素,氢气运输成本高昂,再加上偏高的建站成本,导致氢气零售价格较高。三是绿色低碳程度有待提升,氢气主要来自工业副产氢及化石能源制氢,制取环节仍存在环境污染及碳排放问题,当前风电、光伏发电等清洁能源制氢经济性和技术性还不够成熟,制氢成本是煤制氢的4倍以上。

5. 示范应用场景仍有待拓展

河南省的终端应用领域有待拓展,从先进国家经验及国内污染防治和节能降碳实际需求看,未来在冶金、建材、化工等工业方面、分布式供能方面、储能载体方面,氢能利用都有广阔的空间。交通领域(尤其是汽车)是主要的推广应用领域,这种模式是不可持续的。一是随着经济增长的压力越来越大,采购与运营氢燃料电池汽车的成本也会逐渐增加,这会给地方财政带来很大的压力。二是这种单一的应用场景进一步加剧了布局同质化,电堆、膜电极等产能严重过剩,对于氢能全产业链技术创新与突破十分不利。

五 河南氢能发展前景

"十四五"期间,河南将打造"一轴带、五节点、三基地"的"郑汴洛濮氢走廊",形成辐射全省、串联陕西"氢能产业集群"、山东"鲁氢经济带"的黄河中下游氢能产业发展格局。

1. 郑汴洛濮氢能示范应用轴

交通领域氢能示范应用将率先发展,郑州、开封、洛阳、濮阳在氢能创新研发、高端装备制造、绿氢供给、示范应用等方面具有先行优势,高速公路、国道等将成为交通领域氢能示范应用的主要场景,沿京港澳高速、连霍高速延伸,形成以氢燃料电池应用为特色的氢能示范应用轴,构建可持续发展和良性循环的产业链、生态链、价值链,在全国氢能发展格局中承接、贯通南北。

2. 五个氢能装备制造产业节点

郑州、新乡、洛阳、开封、濮阳等地大力发展氢能全产业链装备制造和一体化布局，充分发挥各自优势，依托龙头企业、科研院所及高校，引进外部战略合作，加快形成国内领先的氢能装备产业集群。郑州将加快建设氢燃料电池汽车整车生产基地、氢能产业孵化中心和创新中心。濮阳、新乡依托骨干企业建设氢能产业园，成为豫北氢能协调发展高地，构建氢能产业协同生态圈。开封、洛阳成为氢能产业关键零部件研发制造重要节点。

3. 三个氢能供给基地

濮阳、安阳、焦作、济源、三门峡、许昌、平顶山等地结合工业副产氢资源、风光等可再生能源资源，建设豫北、豫西北、豫中南3个氢能供给基地，优化副产氢提纯技术，拓展绿氢供给渠道，服务郑汴洛濮氢走廊、辐射供应周边地区。

4. 三大创新发展平台

一是将建成氢能智慧供应平台，利用新一代信息技术，统一质量标准，建设一张网络；二是将建成氢能汽车运营平台，立足需求端，探索车辆生产、运营维护、金融方案一体化解决方案，降低氢燃料电池汽车购置和使用成本；三是将建成产业资本合作平台，利用财政引导基金，完善省内氢能源产业配套，提升氢能产业链整体竞争力。

六 有关政策建议

1. 依托高速、国道交通干线建设氢走廊示范

河南是全国重要的交通枢纽，高速公路网络密布，物流车辆川流不息，建议依托京港澳、大广、连霍等高速干线，在高速服务区建设加氢站；在G310、G106、G107国道沿线枢纽城镇布局建设加氢综合能源站，打造高速、国道交通干线氢走廊。

2. 依托物流产业园建设物流集散货运氢能示范

河南现有物流产业园115家，各类开发区近200家，园区内物流车、重

型载货车及叉车等交通工具需求量、保有量巨大，同时面临较大的减碳压力，建议在大型工业园区、产业聚集区、物流园区及大型企业厂区、农贸批发市场等物流集散地推广氢燃料电池汽车应用，并配套建设加氢站，为物流配送通行提供便利，打造物流燃料电池汽车示范，满足绿色物流发展需求；建议提升氢燃料电池物流车辆服务范围。

3. 依托文旅客运打造城际客运氢能示范

河南文化旅游资源丰富，当前河南正在着力打造郑州、开封、洛阳"三座城三百里三千年"的文化旅游带，建议建立城际旅游氢能客运专线，推动旅游景区燃料电池汽车示范应用，鼓励建设以氢能为主题的绿色生态景区。持续发展城际公交线路的燃料电池汽车应用，鼓励增设城际氢燃料电池客车专线，连接重要节点城市，逐步打通氢燃料电池汽车客运走廊，提高广大人民群众对氢燃料电池汽车的认同感。

4. 依托公务车辆推广市政交通氢能示范

"绿色河南、美丽河南"是河南生态发展的需要，建议鼓励有条件的地市制订合理计划，优先将政府公务用车、市政环卫车及城市配送车等新增或更换为氢燃料电池汽车，在市政工程领域推广氢燃料电池自卸车、清障车等，降低市域污染物排放。

5. 依托氢燃料电池鼓励多能互补领域示范

氢能含能效率高、转化效率高、清洁无污染，与风能、太阳能、生物能可以形成多能互补耦合发展。建议利用氢燃料电池技术，发挥氢能作为储能介质的作用，在应急电源、分布式能源、工业替代领域，探索氢能应用示范。探索氢燃料电池在通信行业中应用，建设一批氢燃料电池5G基站。鼓励有条件的工业园区、景区、居民小区内部布置固定式氢燃料电池装置，为用户提供电、冷、热及应急备用等综合能源服务，积极推进氢、热、电等能源的互联互补和协同优化，构建供需平衡的分布式热电联供系统。可以在郑州碳中和机场项目中，加大氢能使用比例，积极探索氢燃料电池等绿色低碳技术应用，构建机场氢能应用场景。

B.15
RCEP背景下河南货物贸易发展研究

马子占　贵明佳*

摘　要： 2022年1月1日起《区域全面经济伙伴关系协定》（RCEP）在6个东盟成员国（文莱、柬埔寨、老挝、新加坡、泰国、越南）和中国、日本、新西兰、澳大利亚四国生效，2月1日起RCEP对韩国生效，3月18日起对马来西亚生效。RCEP覆盖15个国家，人口22.7亿，GDP 25.6万亿美元，贸易总额超10万亿美元，均占全球总量的30%左右。协定生效后，RCEP将成为世界上覆盖人口最多、成员结构最多元、发展潜力最大的自由贸易协定，也是全球规模最大的自贸区，将有力推动地区经济发展，拉动全球经济增长。

关键词： RCEP　降税承诺　原产地规则

《区域全面经济伙伴关系协定》（RCEP）是由东盟于2012年首倡，包括中国、日本、韩国、澳大利亚、新西兰五国的自由贸易协定。RCEP历时八年艰苦谈判，于2020年11月15日正式签署。2021年10月，6个东盟成员国（文莱、柬埔寨、老挝、新加坡、泰国、越南）和4个非东盟成员国（中国、日本、新西兰、澳大利亚）正式提交核准书，使RCEP达到协定生效门槛，并于2022年1月1日对上述国家开始生效；2022年2月1日起RCEP对韩国生效；2022年3月18日起对马来西亚生效。RCEP生效实施后，将成为世界上覆盖人口最多、成员结构最多元、发展潜力最大的自由贸易协定，也是全球规模最大的自贸区。

---

* 马子占、贵明佳，河南省商业经济研究所。

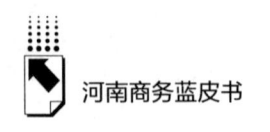

一 RCEP 实施具有重要意义

在当前全球经济低迷、贸易秩序重构的大背景下，RCEP 的诞生是世界经济难得的一抹亮色，不仅将加快地区经济整体复苏进程，增添地区发展繁荣新动能，也将成为拉动全球经济增长的重要引擎。

（一）RCEP 将为经济增长注入强大动力

RCEP 覆盖 15 个国家的 22.7 亿人口、25.6 万亿美元经济总量、超 10 万亿美元外贸总量，三者均占全球同类总数的 30%左右。RCEP 区域内成员国将形成统一的经贸规则和便利的跨国营商环境，促进成员国之间的贸易、金融、投资、服务往来，对域外投资的吸引力也将增强，推动区域经济并带动世界经济增长。据有关机构研究测算，到 2025 年，RCEP 将拉动区域内国家出口增长 10.4%、对外投资存量增长 2.6%、GDP 增长 1.8%。到 2030 年，RCEP 将推动成员国出口总额净增加 5190 亿美元，国民收入总额净增加 1860 亿美元。

（二）RCEP 是我国新的对外开放的里程碑

RCEP 有利于成员国共同应对国际形势的不确定性，对促进我国高水平开放、国际产能合作、高质量发展和构建新发展格局意义重大。RCEP 还填补了中日在自贸安排上的空白，我国首次与日本签订自由贸易协定，这也是我国首次与世界排名前 10 的发达经济体达成自贸协定，标志着我国自由贸易区战略取得新突破。2021 年，我国对 RCEP 成员国出口规模达 56437.02 亿元，约占我国出口总额的 25.97%；我国自 RCEP 成员国进口额达 64277.57 亿元，约占我国进口总额的 37.01%；来自 RCEP 成员国的投资额占我国实际使用外资的比重超过 10%。RCEP 实施后，我国有超过 30%的货物贸易将实现零关税或逐步减让，直至零关税，这有利于扩大出口，占有更多的国际市场份额，增加进口，满足国内消费需要；协议的实施使区域内合作制度化，为促进成员国双边及多边贸易、投资、金融、服务合作提供了保障。同时，RCEP 实施后，国际市场竞争更加激烈，迫使企业直面国际市场不断提高产品科技含量和服务质量，进而推动我国产业结构转型升级，大幅提升我国对外开放水平。

（三）RCEP将为构建新发展格局提供有力支撑

RCEP实施后，将进一步提升贸易、投资便利化程度和优化营商环境，带动相应的服务和投资开放，有效联通国内国际两个市场、两种资源，可以在进出口、对外投资、吸引外资等多个方面发挥重要的接口作用，有助于稳外贸、稳投资工作，为形成以国内大循环为主体、国内国际双循环相互促进的新发展格局提供有效支撑，促进国内国际双循环走向良性循环。

（四）促进成员国间贸易合作及产业链供应链的稳定

RCEP的15个成员国之间经济结构高度互补，区域内资本要素、技术要素、劳动力要素齐全。RCEP在制度安排方面，将进一步放宽各成员国之间的市场准入（包括货物、服务、投资等），成员国之间的通关流程、检验检疫、技术标准等将逐步统一。协议有利于促进区域内各成员国之间生产要素自由流动，强化相互间的分工合作，推动区域内各成员国在产业链、供应链和价值链等方面的进一步融合。此外，RCEP中的原产地累积规则和区域价值成分等规则，允许将产品生产中所使用的其他成员国原产材料视为本国原产材料，这样，最终产品更容易取得原产地资格，享受原产地优惠关税，有利于促进供应链多元化，增强产业链、供应链的稳定性。

表1 RCEP与全球主要贸易协定对比

	RCEP	CPITP	EU	USMCA
覆盖国家数量(个)	15	11	27	3
平均经济增速(%)	5.2%	2.2%	2.3%	2.4%
人口(百万人)	2262(29%)	508(7%)	448(6%)	493(6%)
经济总量(十亿美元)	25816(29%)	11197(13%)	15593(18%)	24369(28%)
出口金额(十亿美元)	5481(29%)	2942(16%)	5815(31%)	2551(13%)
进口金额(十亿美元)	4956(26%)	2851(15%)	5532(29%)	3498(18%)
外商直接投资(十亿美元)	364(24%)	276(18%)	388(25%)	329(21%)
对外直接投资(十亿美元)	441(34%)	368(28%)	424(32%)	212(16%)

资料来源：根据公开资料整理。

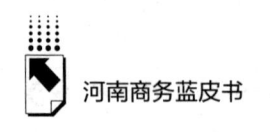

二 RCEP货物贸易的主要内容

RCEP由序言、20个章节、4个部分的附件共56个承诺表组成，涉及货物贸易、服务贸易、投资、电子商务、政府采购、中小企业等领域。

货物贸易规则包括六个章节，分为"货物贸易""原产地规则""海关程序和贸易便利化""卫生和植物卫生措施、标准""技术法规和合格评定程序""贸易救济"内容，以及1个附件——关税承诺表。

（一）关税减让

RCEP 15个成员国之间的货物贸易自由化安排采用双边两两出价的方式，协定生效后区域内货物贸易将有90%以上最终实现零关税，包括立即实现零关税和20年内逐步降低直到零关税。这使得协议中的所有货物贸易自由化承诺可以立即兑现或在较短的时间内逐步兑现。

1. 关税减让承诺

RCEP关税减让承诺分为"统一减让"和"国别减让"。

"统一减让"是成员国对同一产品适用相同的降税安排。目前有8个缔约成员国（澳大利亚、新西兰、马来西亚、新加坡、文莱、柬埔寨、老挝、缅甸）采用这种模式，这些成员国只有一张关税承诺表，即RCEP项下原产于不同成员国的同一产品，在上述成员国进口时，都将适用相同的税率。

"国别减让"是对成员国适用不同的降税安排。原产于不同成员国的同一产品，进口时适用不同的协定税率。包括韩国、日本、印度尼西亚、越南、泰国、菲律宾和我国在内的国家采用这种模式。我国共有5张关税承诺表，分别是与日本、韩国、澳大利亚、新西兰和东盟两两之间达成货物贸易关税承诺。

2. RCEP降税模式

RCEP的降税模式分为以下四种。

立即降为零：RCEP生效后立即执行零关税。

过渡期降为零：自 RCEP 对一成员国生效之日起，原产货物的关税税率从基准税率最终降至零。过渡期的时间主要为 10 年、15 年和 20 年等。

部分降税：即原产货物的关税税率有一定程度的削减，但最终并不降为零。

例外产品：即执行现有关税，免除取消或削减关税的产品。

我国与 RCEP 成员国之间关税承诺情况如表2、表3所示。

表 2 RCEP 项下我国对成员国降税承诺情况

单位：%

降税模式		日本	韩国	东盟	澳大利亚	新西兰
协定生效立即降为零的比例		25	38.6	67.9	65.8	66.1
过渡期降为零的比例	10 年降为零的比例	46.5	41	12.7	14.2	13.9
	15 年降为零的比例	11.5	3.1	3	0	0
	20 年降为零的比例	3	3.2	6.9	10	10
最终关税降为零的比例		86	86	90.5	90	90
部分降税占比		0.4	1	5.4	5.5	5.6
例外产品占比		13.6	13	4.1	4.5	4.4

资料来源：根据公开资料整理。

由表2可见，中国对日本、韩国产品关税最终降为零的比例达86%，对东盟、澳大利亚、新西兰产品关税最终降为零的比例分别为 90.5%、90%、90%，均达 90% 以上。

表 3 RCEP 项下其他成员国对我国关税承诺情况

单位：%

降税模式	日本	韩国	东盟		澳大利亚	新西兰
			马来西亚、越南、新加坡、泰国、印尼、菲律宾、文莱	老挝、柬埔寨、缅甸（最不发达国家）		
协定生效立即降为零的比例	57	50.4	74.9	29.9	75.3	65.4
最终关税降为零的比例	88	86	90.5	86.3	98.2	91.8
部分降税占比	0	1.1	5.5	0	1.1	8.2
例外产品占比	12	12.9	4	13.7	0.7	0

资料来源：根据公开资料整理。

由表3可见，其他成员国均对我国85%以上的产品关税最终降为零，其中澳大利亚最高，达98.2%。

表4 中国对RCEP成员国相互立即零关税比例

单位：%

RCEP成员国	中国对成员国立即零关税比例	成员国对中国立即零关税比例	RCEP成员国	中国对成员国立即零关税比例	成员国对中国立即零关税比例
日本	25	57	菲律宾	67.9	80.5
文莱	67.9	76.5	新加坡	67.9	100
柬埔寨	67.9	29.9	泰国	67.9	66.3
印尼	67.9	65.1	越南	67.9	65.8
老挝	67.9	29.9	韩国	38.6	50.4
马来西亚	67.9	69.9	澳大利亚	64.7	75.3
缅甸	67.9	30	新西兰	65	65.5

资料来源：根据公开资料整理。

表5 中国与RCEP成员国相互最终零关税比例

单位：%

RCEP成员国	中国对成员国	成员国对中国	RCEP成员国	中国对成员国	成员国对中国
文莱	90.5	97.9	新加坡	90.5	100
柬埔寨	90.5	87.1	泰国	90.5	85.2
印尼	90.5	89.5	越南	90.5	86.4
老挝	90.5	86.0	日本	86.0	88.0
马来西亚	90.5	90.0	韩国	86.0	86.0
缅甸	90.5	86.0	澳大利亚	90	98.3
菲律宾	90.5	91.3	新西兰	90.0	91.8

资料来源：根据公开资料整理。

3. RCEP与已生效自贸协定对比

目前，我国已经与26个国家签订了19个自由贸易协定，大大提高了我国与相关国家和地区之间的贸易投资便利化水平。RCEP项下包含许多超出已生效自贸协定降税安排的产品，将进一步推进区域自由贸易一体化，带动我国经济发展。

表6 RCEP与已生效自贸协定对比表

		立即降为零关税商品(税目数)占比	降税周期（年）	2022年零关税商品占比	最终自由化比例
中国—东盟	自贸协定（2004年1月1日实施）	—	各国不等,已完成降税承诺	94%	超过95%（94%零关税）
	RCEP	67.90%	10、15、20	—	95.9%（90.5%零关税）
中国—韩国	自贸协定（2015年12月20日实施）	20.10%	5、10、15、20	40.60%	92.2%（90.7%零关税）
	RCEP	38.60%	10、15、20	—	87%（86%零关税）
中国—澳大利亚	自贸协定（2015年12月20日实施）	29.20%	3、5、6、8、10、12、15	95.20%	96.8%（均为零关税）
	RCEP	65.80%	10、20	—	95.5%（90%零关税）
中国—新西兰	自贸协定（2008年10月1日实施）	24.10%	5、6、9、10、12	97.20%	97.2%（均为零关税）
	RCEP	66.1%	10、20	—	95.6%（90%零关税）

资料来源：根据公开资料整理。

表7 RCEP项下超出已生效自贸协定降税安排的产品

自贸协定	出口产品	进口产品
中国东盟	泰国纸制品；印尼和马来西亚加工水产品；菲律宾医药产品；文莱家用电器	成卷或成张的自粘的胶粘纸、已印制的纸或纸板制标签、机动车辆用照明与音响信号装置等商品、未磨胡椒、菠萝罐头、菠萝汁、椰子汁、壬烯、柴油、初级形状的其他丁苯橡胶、输出功率≥132.39kW车用柴油发动机、机动车辆用视觉信号装置、车窗玻璃升降器等
中澳、中新	鲨鱼翅、鱼翅制品；椰子油；部分中密度纤维板；未使用邮票、转印贴花纸等
中韩	鹿茸、糊精、干贝、瓷砖等	太阳能热水器；其他专门技术用途纺织产品及制品、不规则的盘卷的不锈钢轧条、杆；起酥油、鱼翅制品、输出功率不超过750W的直流电动机或发电机、其他未列明机动车辆用离合器及其零件等

资料来源：根据公开资料整理。

此外，在 RCEP 框架下，我国与日本首次建立自贸关系，必将显著提升中日经贸合作水平。我国与日本之间的主要货物贸易产品为电子电气产品、机械产品、汽车和光学产品等；我国对日本产品关税最终降为零的比例达86%，其中，在协定生效时关税立即降为零的日本产品比例达25%，包括部分水产品、矿产品、化工品、纺织服装、机械产品和电气设备等；我国出口享惠产品主要集中在纺织品、塑料制品、箱包等，日本对我国绝大部分机电产品均执行零关税。

表 8　中日之间主要贸易商品种类及市场准入开放情况

	商品类别	RCEP 项下零关税待遇商品类别
中国自日本进口	机电产品、汽车及零部件、香化产品、塑料及其制品、化工品、仪器仪表、铜钢等金属制品、珠宝首饰、橡胶、涂料、药品、照相及电影用品等	集成电路、半导体、电容器变压器及其他部分电子电气产品，半导体集成电路制造设备、阀门、部分发动机及其他机械产品，部分汽车零部件、大部分仪器仪表、大部分塑料及其制品、部分化工品、药品、部分珠宝、涂料、部分照相电影用品
日本自中国进口	电话机、电视投影显示器、半导体、电线电缆、变压器等电子电气产品，电脑及配件及制造设备、印刷机、空气设备等机械产品，服装，家具，塑料，仪器仪表，玩具，钢铁及铝制品，车辆及零部件，化学品，纺织品，鞋靴，水产品，蔬菜及其制品	全部机电产品，服装，家具，仪器仪表，玩具，部分钢铁及其制品，铝及其制品，车辆及零部件，化学品，部分纺织品，部分鞋靴，部分水产品，部分蔬菜及其制品

资料来源：根据公开资料整理。

（二）原产地规则

RCEP 原产地规则涵盖 5205 个 6 位税目产品，明确了可被视为原产货物的三类情况：①完全获得或者生产的货物，即在一缔约方完全获得或者生产，协定中规定了 10 种情形；②在一成员国仅使用来自一个或一个以上成员国的原产材料生产；③在一成员国使用非原产材料生产，并且符合附件一（产品特定原产地规则）所列的适用要求。

对于产品特定原产地规则按照全部税则号列划分，可以分为完全获得或生产和实质性改变标准两种情形，其中实质性改变标准中包含三个标准：第一，区域价值成分，在确定货物是否适用 RCEP 关税优惠时，将来自 RCEP 任何缔约方的价值成分都考虑在内，以满足最终出口产品区域价值成分不少于 40% 的原产地标准。第二，税则归类改变（CTC）标准，是指当货物与生产该货物的非原产材料被归入《商品名称与编码协调制度的国际公约》（HS 编码）中的不同税号时，即可视为该货物经过生产制造已经发生了实质性改变，并获得原产资格。包括章改变、品目改变、子目改变和排他条件。第三，加工工序标准，是依据产品在加工、生产过程中是否经过特定的加工、生产工序来确定产品是否经过实质性改变的标准。

协定还制定了累积规则，直接运输，微小加工和处理，微小含量，包装、包装材料和容器的处理，附件、备件和工具，间接材料，可互换货物或材料，生产用材料，标准单元等关于原产地货物的多个补充规则。

累积规则，即把产品生产过程中使用的域内其他成员国原产材料视为本国的原产材料。确定货物的原产资格时，如果使用了来自协定的其他成员国的产品，允许将自贸协定的其他成员国使用非原产材料的加工生产的产品累积至最终产品。

直接运输，即货物应由出口国直接运输至进口国。在满足一定条件的情况下，货物经第三方（包括中间缔约方和非缔约方）转运后，仍被视为 RCEP 原产货物。除物流、装卸、仓储以及用于适航的操作外，货物在中转地未经实质性加工；并且确保货物处在中转地海关的监管之下。

三 河南与 RCEP 成员国的货物贸易现状

近年来，河南省一直与 RCEP 成员国保持着密切的经贸往来。2021 年，河南与 RCEP 成员国进出口总额为 2216.85 亿元，同比增长 17.6%，占全省贸易进出口总额的 27.01%。其中出口额为 836.55 亿元，占全省出口总额的 16.65%；进口额为 1380.30 亿元，占全省进口总额的 43.35%。

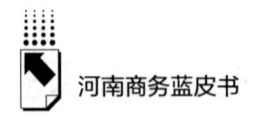

东盟已经成为河南第二大贸易伙伴，日本、韩国、澳大利亚、新西兰也是河南省重要的贸易伙伴。2021年，全省对东盟进出口总额为925.5亿元，占全省进出口总额比重达11.28%；对韩国进出口总额为724.8亿元，占比达8.83%；对日本进出口总额为319.9亿元，占比达3.9%。全省对东盟出口391.4亿元，占全省出口额比重达7.79%；对韩国出口146.3亿元，占比达2.91%；对日本出口179.7亿元，占比达3.58%。全省对东盟进口534.04亿元，占全省进口额比重达16.77%；对韩国进口578.5亿元，占比达18.17%；对日本进口140.2亿元，占比达4.4%。

表9　2021年河南省与RCEP成员国进出口情况

RCEP成员国	进出口总额（万元）	占进出口总额比重(%)	出口额（万元）	占出口额比重(%)	进口额（万元）	占进口额比重(%)
河南省进出口情况	82080722.0	—	50240555.8	—	31840166.3	—
与RCEP成员国进出口情况	22168458.3	27.01	8365502.5	16.65	13802955.7	43.35
韩国	7247569.5	8.83	1462679.9	2.91	5784889.7	18.17
日本	3199145.9	3.90	1796949.9	3.58	1402196.0	4.40
澳大利亚	2364009.6	2.88	1132934.3	2.26	1231075.3	3.87
新西兰	102888.0	0.13	58499.9	0.12	44388.2	0.14
东盟10国	9254845.1	11.28	3914438.6	7.79	5340406.5	16.77
越南	4737840.0	5.77	895119.0	1.78	3842721.0	12.07
新加坡	1198995.5	1.46	900588.3	1.79	298407.3	0.94
泰国	1071992.0	1.31	865279.6	1.72	206712.4	0.65
马来西亚	957322.4	1.17	523903.8	1.04	433418.7	1.36
印度尼西亚	573731.6	0.70	327064.4	0.65	246667.2	0.77
菲律宾	365171.8	0.44	240897.2	0.48	124274.6	0.39
缅甸	230154.6	0.28	59870.2	0.12	170284.4	0.53
柬埔寨	102210.0	0.12	90408.2	0.18	11801.8	0.04
老挝	9447.4	0.01	7854.5	0.02	1592.9	0.01
文莱	7979.6	0.01	3453.4	0.01	4526.2	0.01

资料来源：郑州海关。

四 RCEP 带来的机遇

RCEP 的生效为河南货物贸易发展带来新机遇，RCEP 的关税减让安排长期利好河南对外贸易。

（一）促进产品出口

RCEP 关税减让安排，有利于保持和提升产品出口。以纺织服装为例，RCEP 是我国与日本之间的首个自贸协定，实施后，我国对日本纺织服装出口将受到最直接和最显著影响。2019 年，中国对日本纺织服装出口 199 亿美元，占我国纺织服装总出口的 7.3%。中国在日本纺织服装市场份额从 2010 年的 80% 左右降到 2019 年的 55%，减少的份额主要被东盟和孟加拉国等低成本国家所填补。针对我国的纺织服装产品，在 RCEP 中，日本对我国纺织服装作出的关税承诺减让期限普遍较长。目前，日本的最惠国纺织品加权平均关税是 5.2%，服装加权平均关税是 9.3%。在 RCEP 项下，日本对我国纺织品和服装关税的年均减让幅度仅有 0.5%~0.8%，因此，预计在 RCEP 生效初期，对我国对日出口的直接促进作用有限，但从长期看有利于增强中日企业对相互合作的预期，对稳定与发展中日纺织服装贸易具有重要的积极意义。总体来说，RCEP 实施后，绝大多数的中国纺织服装产品对日出口关税将在 15 年内降为零。这样的关税安排，为两国之间长期发展纺织服装贸易创造了积极的、可预期的政策环境，有利于稳定和增强中日企业间的长期合作，进而实现减缓、消除我国纺织服装产品在日本市场份额的下滑局面。

东盟与日本之间原有的自贸协定，对原产地规则进行了严格的约束，为了能够享受到日本的免关税待遇，东盟各国不得不进行本地生产。RCEP 实施后，东盟成员国可以充分从中国进口具有质量、成本优势的线、面料等中间产品，从而扩大对日本的出口。与此同时，也有利于扩大中国的中间产品对东盟国家的出口。

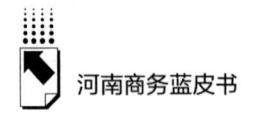

此外，我国在海外的投资，也带动了国产装备的"走出去"。如中国的工业用缝纫机在全球具备领先优势，RCEP地区发展纺织服装业、鞋业、玩具等，中国缝制机械企业有更多的产品出口机遇。

（二）有助于进口产品多元化

RCEP项下高水平的贸易便利化安排、灵活的原产地规则等将有助于多种产品更多更快地进入我国，丰富消费者的市场选择，推动在东亚和东南亚地区形成在世界上具有竞争力的产业制造中心、消费中心。如原产地累积规则鼓励成员国使用区域内中间产品，有利于区域内投资的扩大，推动区域内轻工供应链体系的构建。以皮革行业的箱包生产为例，越南使用中国广东等地区的原材料进行生产，产品出口至日本、韩国时原来并不能享受优惠税率，但RCEP生效后，越南生产的箱包将符合原产地规则，可以享受优惠税率，因此越南箱包皮具生产企业将会加大对中国原料的进口。此外，我国近年来一直保持镀层板、冷轧薄板带、热轧薄板带、电工钢和无缝钢管等中高端产品一定的进口规模，RCEP生效后，削减关税和非关税壁垒，将有效降低我国从日韩进口中高端钢材的成本，满足部分中高端钢材的需求。

（三）减缓产业转移

RCEP的实施，将有助于巩固和整合亚洲区域供应链，推动RCEP成员国间生产的一体化进程。区域内企业在对日本出口货物时，可以有效利用原产地累积原则，利用区域内具有更高质量的中间产品，从而提高资源的配置效率，可以最大限度地发挥我国在相关产业，特别是生产高端中间产品方面的优势，减缓国内产业链向东南亚转移的趋势，进一步强化我国在全球供应链体系中的中心地位，保持和提升我国优势产业和优秀企业的全球竞争力。

（四）增强贸易投资和产业之间的协同

RCEP实施的目的之一就是降低贸易和投资壁垒，打造区域内的统一大市场。在这个区域市场上，企业可以选择、配置最优的资源，进行国际化布局。RCEP 实施后,成员国之间的产业分工合作更加广泛而深入,形成的区域产业链、供应链和价值链闭环将显著提升区域产业在全球市场的竞争力。

随着 RCEP 的实施,我国企业可以有效整合区域内日韩等国的技术优势、东盟国家的低成本生产要素优势,构建更加高效、更具优势、更具竞争力和更加稳健的产业链、供应链。

在产品研发设计、国际营销网络建设和跨境电商等方面,我国企业可以充分发挥自身优势,挖掘区域内市场潜力,提升价值链。近年来我国在东南亚地区投资较多,如皮革、家具、五金、造纸、食品、家电等行业有很多投资,其中有的是新建工厂,有的是并购,通过这些举措,我国企业进一步优化了产业布局。

五 RCEP 带来的挑战

(一)国际竞争加剧

RCEP 关税减让实行差异化出价,部分产品和行业将面对更加激烈的竞争。如日本对东盟、澳大利亚、新西兰的农产品开放水平高于对中国、韩国的开放水平。日本是我国第四大贸易伙伴,韩国是我国第五大贸易伙伴,但在机械产品贸易方面,我国对日本、韩国进出口一直为逆差。我国对澳大利亚和新西兰在机械工业方面的贸易额较小,两国目前不是我国机械工业主要贸易伙伴国。RCEP 的实施,将极大地促进中日韩之间的自由贸易,但也将加剧三国产业之间的竞争,尤其是在机械制造领域。我国对日本出口以加工贸易或中低端产品为主。如果阶段性地取消关税,日本的出口竞争力将会更高。

(二)非关税壁垒依然存在

RCEP 虽然取消了许多非关税壁垒,但在部分领域仍设置了非关税壁垒。如韩国于 2015 年通过的《农药肯定列表制度》,2016 年实施的《进口食品安全管理特别法》,加强了对进口农产品的管控,新法规的颁布与

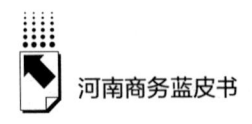

《中韩自由贸易协定》签署几乎同步。印度尼西亚农业部自2017年以来要求大蒜进口商必须在印尼境内种植相当于其申请进口量5%的大蒜，将其作为发放"进口推荐书"的前提，该措施对我国大蒜出口印尼实际上形成了壁垒。

（三）对适应规则的能力提出了较高要求

RCEP实施累积原产地规则，并允许企业自主申报，这就要求出口企业熟悉有关标准和操作流程，最大化地利用协定提供的优惠。另外，协定在服务和投资领域大多采用负面清单，在知识产权、电子商务、竞争政策等领域与国际高标准规则全面接轨，市场主体要对此类规则有所关注。此外，中美经贸摩擦的负面影响不容低估。

六 相关建议

河南省已经形成了航空港经济综合实验区、自贸区、跨境电商综合试验区、自创区、大数据试验区"五区"联动，空中、陆上、网上、海上丝绸之路"四路"协同的开放格局，RCEP的生效将进一步为河南省对外开放发展注入新动能、激发新活力。

（一）政府层面

为深入贯彻国家扩大开放的战略部署，做好RCEP实施的相关工作，各级部门应加大RCEP培训力度，提高服务企业水平，指导地方和产业因地制宜、综合施策，谋划产业发展；切实帮助企业特别是中小企业熟悉与自身国际经营活动有关的RCEP规则，了解成员国的关税减让情况，掌握原产地证书证明材料、申领程序等方面的要求，产业部门和企业要适应新形势，不断提升行业竞争力，提升利用协定的意识和主动性，带动各类市场主体以RCEP为契机，应对挑战，趋利避害用好RCEP协定，紧密结合本地区发展战略和实际需要，实现投资和贸易的更大提升，助推河南省经济高质量发展。同时，支持行业协会加强对 RCEP 成员国的国别研究，引导行业企业及时了解 RCEP 相关规则实施情况，反映存在的问题，提出相关建议。

（二）企业层面

企业是新时代构建新发展格局的生力军，广大企业要积极参与培训，研究协定、用好协定，全面掌握协定中的优惠政策和便利化规则的内容，谋划转型升级，提升自身竞争力。

1. 吃透货物贸易对产业发展的影响，采取有效的应对策略

企业要认真研究关税减让表，掌握与自身经营有关的关税减让进度，合理安排生产经营活动。同时，由于各成员国关税减让幅度和进度各不相同，企业要适应这些规则的变化，灵活地在区域内建立精细而完善的分工体系，从而充分利用 RCEP 特有的原产地规则最大限度地降低关税。除日本外，我国与其他 RCEP 成员国都达成有自贸协定，企业应当对这些自贸协定的原产地规则进行综合分析评估，从而做出最适合自身的选择。此外，企业还要提高自身的经营管理水平，增强国际市场竞争力，提升开展国际化经营的能力，拓展产业链、供应链合作，推动扩大优势产品出口和高质量产品进口；要积极对标国际先进产业水平，提高产品质量，推动产品向中高端迈进。

2. 抢抓 RCEP 关于服务业和投资开放的最新安排，结合行业特点实现更大发展

制造业相关服务方面。货物贸易的增长必然激发制造业相关服务需求，包括设计、研发、批发零售等需求，技术密集型企业要加大创新力度，增加高附加值领域投入；加强与日韩等国企业在科技创新领域合作，推动自主创新与借鉴国外先进相结合。

物流产业方面。RCEP 生效后，国际海运、航空运输、陆路运输等方面开放力度会更大，快件、易腐货物快捷通关，中间品贸易显著扩大，物流成本显著降低，将激发物流需求，企业要提前谋划，抢抓市场。

跨境电商方面。贸易便利化提升将提高跨境贸易效率；电子商务新规则将提升区域电商政策一致性，降低经营风险和不确定性。企业要探索跨境电

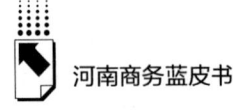

商、市场采购贸易方式等外贸新业态新模式，扩大海外仓规模，抓住消费市场机遇。

供应链金融方面。贸易和投资的增长对金融结算、外贸相关保险、投融资等供应链金融服务提出了新需求，RCEP纳入了我国最新金融领域改革成果，将提升金融服务供给和服务水平，助力企业开展贸易投资活动，助推金融服务企业实现自身发展。

3. 抓住营商环境提升机遇，积极"走出去"优化产业布局

出口企业要借助"走出去"项目，促进通信电力、工程设备、机械装备等产品开拓市场；投资并购优质资源和先进企业，投资先进技术产业。进口企业要积极开拓重要产品、资源、技术和供给渠道，推动劳动密集型产业向高端化、精细化方向发展，同时保留研发、设计、材料等高附加值环节。

4. 提高竞争意识，做好应对挑战的准备

RCEP带来更大范围、更高标准的开放，同时也带来更加激烈的竞争，机遇与挑战并存，企业要增强转型升级的紧迫感，为应对挑战提前做好准备；充分利用好我国国内超大规模市场优势，利用好我国产业门类齐全、综合配套能力强的优势；特殊情况下要善于运用贸易救济等措施，维护合法利益。

B.16 学习借鉴前海改革开放经验 推动河南现代服务业创新发展

张大幸 韩笑*

摘 要： 前海因毗邻港澳，地理位置优越，是深圳经济发展要地、全球投资热土。本文借鉴前海深港改革开放经验，立足河南服务业发展现状，研究提出河南发展现代服务业的思路建议。

关键词： 前海经验 改革开放 现代服务业

推进前海深港现代服务业合作区的开发开放，是习近平总书记亲自谋划、亲自部署、亲自推动的国家改革开放重大举措。借鉴前海深港现代服务业合作区（以下简称前海）经验，推动河南省现代服务业创新发展，对促进河南经济高质量发展具有重要意义。

一 前海改革开放经验

前海坚持"开局就是决战、起步就是冲刺"，从一片滩涂变成深圳经济发展要地、全球投资热土。党的十八大以来，习近平总书记先后三次到前海视察，充分肯定前海模式和发展态势。前海改革开放经验，主要有以下4个方面。

---

* 张大幸、韩笑，河南省商务厅。

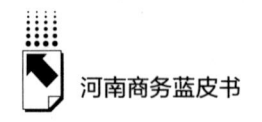

（一）强化区域开放合作，深港携手发展成为前海最大优势和鲜明特色

前海紧密联结港澳，强化区域开放合作，积极承接国际产业转移。2010年，国务院批复的《前海深港现代服务业合作区总体发展规划》明确提出，把前海建设成为香港与内地紧密合作的先导区和珠三角地区产业升级的引领区。2021年，党中央、国务院印发的《全面深化前海深港现代服务业合作区改革开放方案》又明确提出，打造粤港澳大湾区全面深化改革创新试验平台，建设高水平对外开放门户枢纽，不断构建国际合作和竞争新优势。前海因深港合作而生，因深港携手而兴，为吸引香港企业到前海投资，陆续推出100余项惠港利港政策，为港澳企业提供高效便利的政务服务，率先构建起全方位对港开放合作政策体系；为接轨国际投资管理体系，在全国率先启动企业注册登记"证照分离"，最早实现行政审批一门综合受理和外商投资"一口受理"；为进一步推进深港产业合作，深圳市提出到2025年，向港资新出让产业土地面积，占前海扩区后总面积的比例不少于1/3。目前，前海累计注册港资企业超万家，利用港资占比九成以上，已成为与香港地区合作最紧密最成功的区域和国际投资合作的热点地区。

（二）积极对接国际经贸规则，前海已成为新时代"制度创新策源地"

前海坚持以制度创新为核心，着力引入不同的制度、规则和惯例，已累计推出685项制度创新成果，在全国复制推广一大批改革创新成果。与港澳规则衔接、机制对接方面，前海不断推出"一事三地""一策三地""一规三地"等创新举措，重点推动跨境要素流动便利化、市场标准一体化、服务贸易自由化。推动前海综合保税区向全球供应链管理服务转型，联动香港打造国际贸易组合港。管理体制创新方面，探索行政区和经济区适度分离下的新型管理体制，编制行政区与经济区"权责清单"。营商环境改革方面，出台了《前海深港现代服务业合作条例》，并逐步推动实行商事登记确认制，创建信用经济试验区，携手香港建设国际商事争议解决中心和国际法律服务中心。高水平对外开放方面,充分发挥港口、机场、会展中心等平台优势,依托前海综保区实现"空港+会展+保税"服务高效流转。建设跨境贸易大数据服务平台,推动与境外港口开展关际合作。

(三)紧盯重点行业突破,前海已形成高端现代服务业体系

前海紧紧依托香港服务业发展优势,重点发展现代金融等战略性新兴服务业。累计注册超17万家企业,其中科技创新领域企业超6万家,金融业、信息服务业、科技和专业服务业、现代物流业四大主导产业增加值占总量的90%左右,构建形成了高端现代服务业体系。在金融合作方面,充分发挥香港国际金融中心的优势,率先降低港资金融机构进入内地市场门槛,推出跨境双向人民币贷款、发债以及自由贸易账户等"六个跨境"金融合作举措。尤其是前海深港国际金融城,聚焦深港合作,探索政府引导、业界共治、深港共享模式,着力打造香港金融机构拓展内地市场的"首选地"。首家港资控股公募基金公司、首家港资控股证券公司等落户前海。目前,前海集聚了5万家金融机构,其中融资租赁公司占全国1/4,商业保理公司占全国近五成。在科技服务方面,建立了"基础研究+技术攻关+成果产业化+科技金融+人才支撑"的全过程创新生态链,加快科技发展体制机制的改革创新;全力支持香港高校、科研机构、企业在前海设立新型研发机构及重点实验室;赋予前海科研人员更大经费管理自主权,正在加快建设深港数字经济小镇。在专业服务方面,大力发展法律服务、咨询服务等专业服务。尤其是在法律服务方面,积极引进香港和国际知名仲裁机构,高标准建设前海深港国际法务区。前海已成为集仲裁、公证等于一体,在最小区域具有最完整链条的公共法律服务集聚区。同时,还积极举办国际知名展会,探索与港澳联合办展、联合参展的合作新模式。围绕现代海洋服务业集聚区和海洋科技创新高地建设,拓展航运金融、航运法务等增值航运服务。

(四)汇聚人才增活力,前海已成为青年人才聚集地

前海大力推进深港跨境执业便利,在税务、咨询和建筑等专业服务业方面,

陆续推出了资质认可、合伙联营执业备案等一系列措施。特别是出台了香港工程建设领域专业机构、专业人士执业备案两个管理办法，率先解决了香港工程建设领域专业人士在前海执业的资格问题；积极拓展青年"圆梦"空间，成立了前海深港青年梦工场等一系列的深港青年合作平台，累计孵化创业团队549家，港澳台团队286家；在人才管理体系方面，前海率先试点特定人才15%所得税政策，相关经验在粤港澳大湾区和海南全面推广，在累计认定的1600余人次境外高端紧缺人才中，中国香港籍人才占总人数的50%以上。

二 河南省服务业现状

近年来，河南省服务业快速发展，2021年全省服务业增加值达28935亿元，居全国第7位，同比增长8.1%，占GDP的比重达49.1%，较2015年提高9.6个百分点。服务业成为河南省稳增长和稳就业的"压舱石"和支撑经济高质量发展的重要引擎。但总体来看，河南省服务业发展仍相对滞后，尤其是现代服务业发展更为薄弱，与河南省第五经济大省的地位不相适应。主要表现在以下方面。

1. 服务业发展形势严峻

2021年河南省服务业增加值占GDP的比重低于全国平均水平4.2个百分点，居全国第28位。金融业、信息服务业等占服务业的比重明显低于全国平均水平；服务业总体规模与全国排名第一的广东省差距已由2015年的2.1万亿元扩大到2021年的4.02万亿元，与四川省的差距由2015年的1747亿元收窄到2021年的647亿元。

2. 市场主体实力弱

缺乏服务业龙头骨干企业，在2020年全国民营企业服务业100强榜单中，河南仅有3家企业上榜。

3. 服务业开放程度偏低

2021年河南省服务业实际吸收外资占全省吸收外资的比重为50.8%，低于全国平均水平，且主要集中在房地产、电力热力等传统服务业领域。

4. 缺少服务业创新人才

河南省每万名就业人员中研发人员数为 29.2 人,仅相当于全国平均水平的 47.2%;高端人才匮乏,在豫"两院"院士与湖北、陕西、山东、湖南、安徽等周边省份仍有较大差距;大数据、人工智能、5G 通信等行业的人才缺口较大。

三 推进现代服务业创新发展建议

学习借鉴前海改革开放经验,结合河南实际,以提高发展质量和核心竞争力为目标,突出制度创新引领、重点领域发力、区域合作互动、人才培引保障,全面提升现代服务业发展能级,推动形成集约高效、结构优化、竞争力强的现代服务业体系。

(一)复制推广前海经验,全面推进制度创新

在复制推广前海改革创新经验成果的基础上,积极对标《区域全面经济伙伴关系协定》《数字经济伙伴关系协定》等国际经贸规则,推动河南省在科技、金融、跨境电商、专业服务等领域开展体制创新、政策创新;发挥河南自贸试验区先行先试优势,及时跟进实施国家跨境服务贸易负面清单,力争在服务贸易领域探索形成一批创新成果;强化航空港区、跨境电商综试区、自主创新示范区等国家高端平台在特色服务领域的优势,推出系列河南创新集成经验;探索与境外商事调解机构建立合作机制,打造海外知识产权纠纷应对指导平台,完善调解、仲裁、诉讼等多元化纠纷解决机制,协同解决跨境纠纷,最大限度保护企业合法权益;优化监管服务,坚持包容审慎监管原则,强化精准监管、智慧监管;深化"证照分离""照后减证"改革,推动将更多审批改为备案的相关事项,纳入"多证合一"范畴。

(二)聚焦重点领域发力,推动现代服务业高质量发展

结合河南实际,借鉴前海经验做法,聚焦"科技服务、金融、物流、会展"等重点领域发力。在科技服务方面,创新全链条科技服务体系,打造一

流创新生态，积极引进国家实验室、科研院所、知名企业研发中心等重大科技服务载体落户河南，共建一批新型研发机构；加快中原龙子湖智慧岛建设，提升双创能级，做优数字产业，进一步增强智慧岛示范、辐射能力。在物流方面，发挥综合交通枢纽优势，以航空物流为引领，放大多式联运效应，引进大型物流集成商、多式联运服务商，提升物流服务效能。在金融方面，扩大金融业开放，支持郑商所拓展功能、扩大品种；强化北龙湖金融岛集聚效应，争取银行、基金、证券等金融机构设立分支，开展知识产权证券化、科创金融、融资租赁等业务。在会展方面，吸引一批知名展会服务商及国家级重大展会项目落户河南，推动河南省会展业国际化高端化发展。同时，加大对文创、设计、法律、咨询等领域的政策支持力度，优化服务业创新发展生态。

（三）坚持项目为王，积极承接粤港澳大湾区产业转移

粤港澳大湾区是我国开放程度最高、经济活力最强的区域之一，港澳地区是河南最大的外资来源地。前海对推动粤港澳大湾区发展发挥着重要引领带动作用。借鉴"哈尔滨前海园""丝路（西安）前海园"的做法，探索在河南省建立"前海产业园"，以飞地模式加强与前海服务业的对接合作。支持有条件的市县与前海合作创建孵化基地，探索"孵化在前海、产业在河南"协同发展模式。面向粤港澳大湾区，主动承接国际产业转移，开展对接洽谈，引进一批行业龙头企业。充分利用香港遍布全球的商业网络，拓宽招商引资渠道，加大对全球尤其是香港地区的招商力度。

（四）引进培育并举，打破现代服务业发展人才瓶颈

开放健全的人才管理保障体系为前海高质量发展注入强大动力。积极引进高端人才，推进跨境执业便利化改革，吸引科技研发、律师、金融、咨询、设计等国内外高层次人才来豫发展。大力培育本土人才，充分利用知名高校、科研院所专业知识资源，开展培训合作，提升河南省服务业从业人员专业能力。加强高端人才服务保障，完善人才引进培育配套政策，建设集医疗、社保、子女教育等综合一体的服务平台。

B.17 河南省县域商业现状及发展对策

河南省商务厅县域商业课题组*

摘　要： 近年来，河南省县域商业建设成效明显，消费规模不断增加，市场主体逐步壮大，流通网点日趋完善，农村电商蓬勃发展，物流配送不断健全。本文从河南省县域商业发展短板和薄弱环节入手，梳理出当前存在的问题与不足，比如县域商业发展不均衡、市场主体小散弱为主、业态功能品质待提升、资源深层融合度较低、商业流通效率待提高、市场消费环境待优化、政策扶持力度待加大等问题；结合河南县域商业发展面临的形势，坚持问题导向，从培育壮大市场主体、提升业态功能品质、加强资源深度融合、加大政策扶持力度等方面，有针对性地解决制约县域商业发展的痛点难点，促进河南省县域商业高质量发展。

关键词： 县域商业　流通网络　功能品质　资源融合

近年来，河南省县域商业不断发展，对激活农村消费潜力和扩大农村消费，强大内需市场和构建新发展格局，促进乡村振兴和城乡融合发展起到了重要作用，但仍面临基础设施落后、流通主体弱、流通效能低等诸多突出问题。在"十四五"开局之年，国家层面和省级层面发布了多个关于加强县域商业体系建设的指导意见，如何加快县域商业建设已成为需要深入探讨的重要课题。

---

* 课题组组长：周子存；课题组成员：李云江、任秀苹、程全玉、张进才、宋军鹏、王洪军、周琼；执笔人：李云江、任秀苹、周琼。

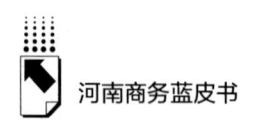

一 加强县域商业建设的重要意义

加强县域商业建设是全面推进乡村振兴的重要内容和关键环节。加强县域商业建设，推动农产品上行，有利于以市场需求为导向加强产销衔接，拓宽农产品流通渠道，夯实乡村特色产业基础。同时乡村特色产业是乡村振兴的物质基础，种养以及休闲农业在内的乡村特色产业是高度市场化的，与传统农业相比，对市场体系有着更高的要求。成熟的商业体系是特色产业能够健康发展的关键环节，有利于加快农村一二三产业融合发展，催生新经济新业态，拓宽农民增收渠道，激发农村发展活力。

加强县域商业建设是促进城乡融合发展的重要载体。县城处于城乡之间，是农民进城就业安家、城乡要素双向流通和产业协同发展的天然载体。其一，发展县域商业，统筹推进县乡村商业网点空间布局、业态发展、基础设施建设等，有利于强化县城综合服务能力，提升乡镇多种服务功能和辐射能力，形成县乡村功能互补的空间发展格局。其二，商业就业门槛低，吸纳就业能力强，有利于引导城乡之间人口有序流动，商品、要素双向流通。其三，乡村服务功能的完善和文旅等特色资源的挖掘开发，既丰富了农村经济业态，又满足了城乡居民多元化消费需求，促进城乡消费融合发展。

加强县域商业建设是构建新发展格局的必然选择。河南省县域常住人口7373万人，占全省常住人口的74.6%，消费群体庞大，消费观念不断转变、消费结构不断升级，是培育完整内需体系、畅通国内大循环的持续动力。加强县域商业建设，从供给侧着手提高各类产品的有效供给，激活消费潜力，形成供给创造需求、需求牵引供给的更高水平动态平衡，有利于培育和扩大县域消费，将河南省巨大国内市场优势切实发挥出来，把河南打造成为发展国内大循环的重要支点。

二 河南省县域商业发展现状

近年来,河南省高度重视县域商业建设,陆续出台了有关农村电商、冷链物流、商贸流通等领域的扶持政策,加快推进三级商业体系、电子商务进农村综合示范、特色优势农产品供应链示范、物流配送体系建设,河南省县域商业呈现良好发展局面。

1.消费规模不断增加

2015~2021年,河南省县域社会消费品零售总额由8856.39亿元增加到12971.9亿元,增长了46.5%。其中,2021年县域社会消费品零售总额占全省的比重为53.20%,与上年基本持平。随着我国经济由高速增长阶段转向高质量发展阶段,与全国社会消费品零售总额变化规律趋同,河南省县域社会消费品零售总额增幅稳中趋缓。分区域来看,除2020年受新冠肺炎疫情突发影响呈负增长外,县域社会消费品零售总额总体稳定增长,且增速高于城镇增速或与城镇持平(除2019年受数据调整影响,城镇社会消费品零售总额增速显著高于县域外),体现出较强韧性和增长潜力。

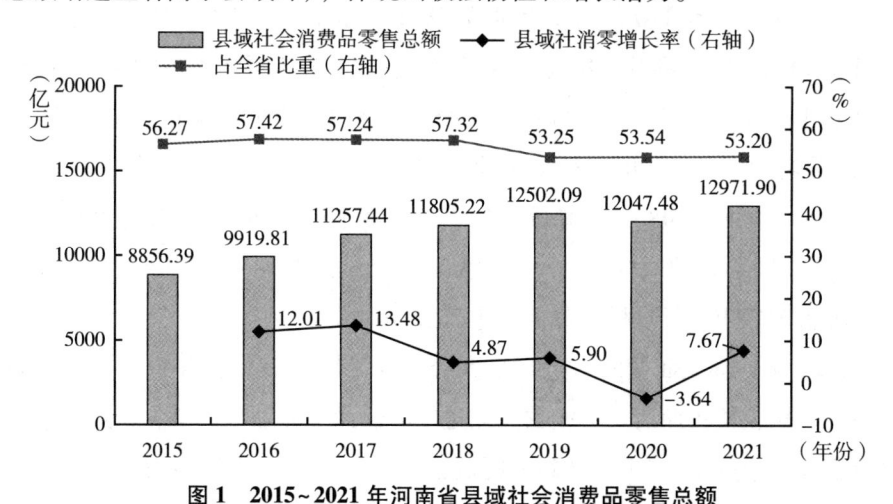

图1 2015~2021年河南省县域社会消费品零售总额

资料来源:2015~2021年河南统计年鉴,省商务厅县域商业摸底数据。2019年社会消费品零售总额统计数据调整。

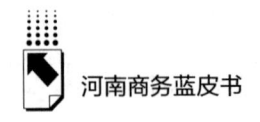

2. 市场主体逐步壮大

目前，全省共有县域龙头商贸流通企业287家，其中，连锁经营企业177家，使用自建物流企业173家，完成数字化改造的101个。洛阳大张、鹤壁裕隆、南阳裕客隆、信阳西亚等一批区域商贸流通龙头企业网点下沉，不断深耕县域市场；云书网、来村网、农购网、莲菜网等3万余家本土电商企业不断开拓细分市场；郑州万邦国际农产品物流城、商丘宁陵国家级花生交易中心、内黄果蔬城、西峡县国家级食用菌交易中心、黄淮农产品批发市场等一批农产品市场做大做强，漯河双汇物流、河南大象物流等8家国家星级企业引领带动冷链物流企业快速发展。截至2021年底，全省纳入名录系统家庭农场达到25.92万家，县级以上示范家庭农场达到4982家，其中省级466家，拥有注册商标的家庭农场数1406个，通过农产品质量认证的家庭农场数2244个。2021年，全省通过举办各种形式的农村电商培训活动，累计培训人数达7.1万人次，带动1.9万人就业创业，培育近1500人农村电商创业带头人。

3. 流通网络日趋完善

初步统计，全省现有县城综合商贸服务中心310个（参照县域商业建设指南，其中，提升型24个，增强型78个，基本型139个，未达到基本型69个），覆盖94个县城，覆盖率达89.5%；全省共有县级物流配送中心180个（其中，提升型2个，增强型27个，基本型75个，未达到基本型76个），覆盖71个县（市、区），覆盖率达67.6%。现有乡镇商贸中心2116个（其中，提升型48个，增强型207个，基本型1066个，未达到基本型795个），覆盖1243个乡镇，覆盖率达76.6%；现有村级便民商店71686个，覆盖31773个行政村，覆盖率达78.5%。

2021年，县域商业网络进一步完善，县城综合商贸服务中心、乡镇商贸中心、村级便民商店、县级物流配送中心建设明显加快。全省新建改造县城综合商贸服务中心37个（新增覆盖县城31个）、县级物流配送中心29个（新增覆盖县城28个）、乡镇商贸中心161个（新增覆盖乡镇108个）、村级便民商店2712个（新增覆盖村1479个），网点数量较2020年分别增加了

18.05%、20.14%、7.54%、3.39%，服务农村居民消费能力进一步增强。

4. 农村电商蓬勃发展

2021年新增国家级电子商务进农村综合示范县10个，全省累计认定99个电子商务进农村综合示范县，其中，国家级示范县67个、省级示范县32个，覆盖率达到96%。2021年全省淘宝村共有188个，同比增长39%，总量排全国第七位、中部六省中位居第一；淘宝镇121个，同比增长28.7%，总量排全国第七位、中部六省中位居第一。2021年河南县域农村网络零售额达1769亿元，较上年大幅增长；105个县域合计实现农产品网络零售额580亿元，新郑市39亿元、中牟县21亿元、镇平县20.7亿元、巩义市17.3亿元、荥阳市17.3亿元等五县（市）居县域前5位。培育出西峡县的"水源西峡"、栾川县的"栾川印象"、镇平县的"老家镇平"、卢氏县的"原本卢氏"、淅川县的"淅有山川"、武陟县的"陟选好物"等200多个知名县域电商公共品牌，覆盖各地的特产和优质农产品。京东数据显示，河南是2020年县域地区网购用户第二大省份。

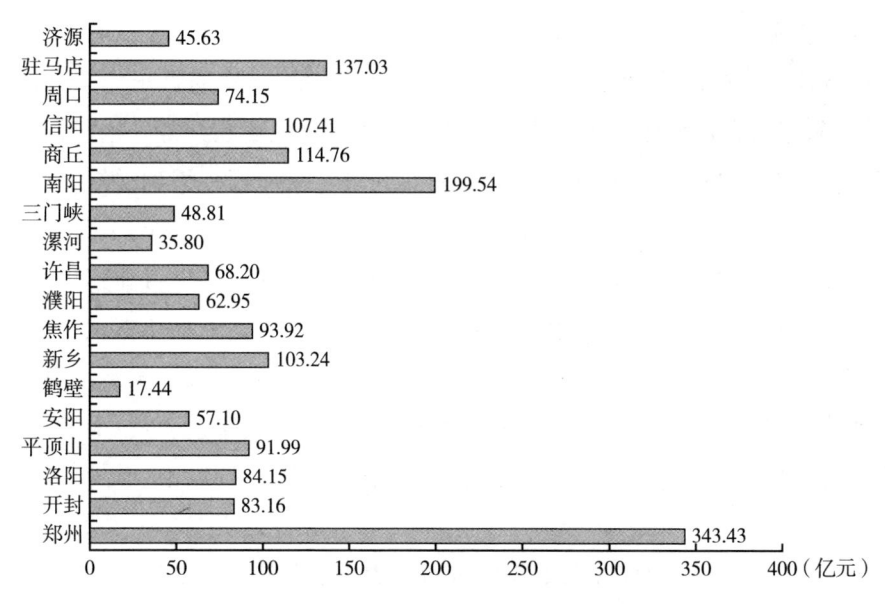

地区	数值（亿元）
济源	45.63
驻马店	137.03
周口	74.15
信阳	107.41
商丘	114.76
南阳	199.54
三门峡	48.81
漯河	35.80
许昌	68.20
濮阳	62.95
焦作	93.92
新乡	103.24
鹤壁	17.44
安阳	57.10
平顶山	91.99
洛阳	84.15
开封	83.16
郑州	343.43

图2　2021年河南省农村网络零售额

图3　2021年河南省农产品网络零售额（亿元）

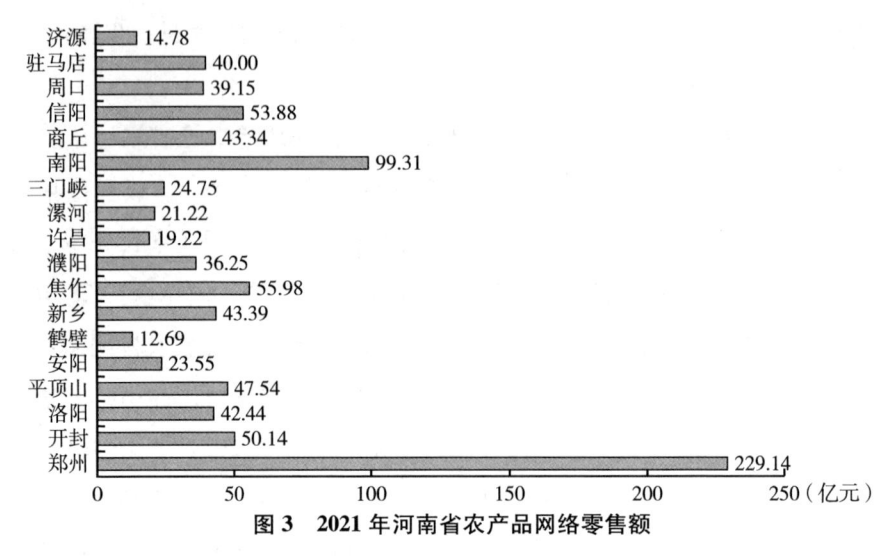

济源	14.78
驻马店	40.00
周口	39.15
信阳	53.88
商丘	43.34
南阳	99.31
三门峡	24.75
漯河	21.22
许昌	19.22
濮阳	36.25
焦作	55.98
新乡	43.39
鹤壁	12.69
安阳	23.55
平顶山	47.54
洛阳	42.44
开封	50.14
郑州	229.14

资料来源：根据公开资料整理。

5.物流配送不断健全

一是完善县、乡、村三级物流配送体系。各县依托自身发展特点，统筹邮政、快递、交通、商贸、供销等物流资源，逐步建立起县、乡、村三级物流配送体系，探索了邮快合作、快快合作、交邮融合、快商合作、"三统三定"、智慧云仓智慧配送等模式，推动城乡快递物流统仓共配、进村设点，提高覆盖率，"最后一公里"和"最初一公里"难题逐步得到缓解。截至2021年底，乡镇物流服务站2917个，村级物流服务点3万多个，实现行政村快递物流通达率90%以上。二是冷链物流设施不断完善。目前，河南省冷库库容940余万立方米，占全国总量的7.4%，库容居全国第五位；拥有冷藏车2.1万余辆，居全国第六位，占全国保有量的6.5%。果蔬、肉类、奶类冷链流通率分别接近30%、50%和60%，年均增长率近5%，为提高河南省农产品供给质量、保障食品安全发挥了重要作用。

三　河南省县域商业存在的问题和不足

虽然河南省县域商业发展取得了一定成效，但由于各县资源禀赋差异，县域经济发展程度不同，由于城乡二元经济结构，农村地广人稀等，河南县域商业发展总体比较薄弱，存在一些比较突出的短板，对县域居民消费提质升级的支撑作用有待进一步增强。

1. 县域商业发展不均衡

一是县城与县城之间不均衡。县域市场幅员广阔，发展水平、文化民俗、生产生活习惯差异较大，一些经济发达、人口集聚、旅游活跃的县城基础设施成熟，终端市场业态丰富，业态之间的替代效应明显，综合商贸中心、大中型商场与连锁便利店之间的竞争趋近饱和，与大中型城市的差距缩小、融合加深；反观一些产业单一的农业县商业资源相对缺乏，农产品产地集配中心、农产品保鲜库和低温加工等商品化预处理设施不足，农产品专业性物流设施配套不足；部分道路通行能力不强增加了末端商业网点配送难度，信息基础设施建设滞后制约了线上线下融合发展。二是县域商业发展的短板在乡镇和村级。目前，县城的综合商贸服务功能已具备，县城居民的日常生活、娱乐等消费需求已基本满足，部分县城还可以满足居民的高档消费需求，但相较之下，乡镇、村级的商业设施建设明显不足。据不完全统计，1500平方米以上的乡镇商贸中心仅792家，占乡镇商贸中心总量的37.4%；尚有379个乡镇无乡镇商贸中心，8720个行政村无标准化便利店。

2. 市场主体小散弱为主

一是龙头流通企业少。县域商业经营主体多以小微企业和个体户为主，据不完全统计，年销售额在1亿元以上的商贸流通企业仅93家，占县域龙头商贸流通的三成左右，村级店更为明显，夫妻店和小卖部占农村流通主体的90%以上。二是新型农业经营主体占比低。截至2021年底，全省农民合作社注册登记数19.6万户，拥有成员530万户，占全省承包农户的30%，难以有效改善农户弱势市场地位，规模效应和带领农民分享流通受益作用发挥不够。三是物流快递企业小、散、弱。县域快递企业除顺丰、京东等外，多为加盟商，数量多、发展迅速，但规模小、层次低，组织化程度低，低端价格竞争时有发生。

3. 业态功能品质待提升

一是业态相对单一。县域商业多以分散的传统零售模式为主，新业态新模式较少，村级商店包含服务的种类和质量多取决于店主对电商和服务业的接受程度，发展程度参差不齐，消费场景单调。二是服务功能不足。县城综合商贸服务中心配套商务办公、住宿、健身等功能较少；县级物流园区和物流中心存在规模小、布局分散、设施设备落后、配套不完善，信息化、现代化水平低，集聚分拨功能弱，难以满足高效、畅通的物流服务要求；电商公共服务中心以人才培训、农特产品线下展示等功能为主，营销策划、宣传推介、农产品供应链打造、创业孵化、品牌培育等功能有待提升。三是适配性商品不足。市场主体进入农村意愿不强、针对性供给品或设施提供不足，面对农村居民日益旺盛的消费需求，县域市场优质产品少、优良服务缺等结构性矛盾凸显。四是服务业发展滞后。生活服务业结构简单且多为传统业态，维修、售后、信息、保险、中介、金融等服务业发展不足。

4. 资源深层融合度较低

一是物流快递资源整合不足。县域专业市场配送中心、物流中心、快递企业分拨中心、农村电商快递物流服务中心、企业自建物流中心等物流资源分散布局、规模小、组织化程度低，一些物流资源的整合由于利益竞争、管理体系不同和信息系统的兼容等问题深度融合不够，信息共享和利益分成等机制不够健全，统仓共配模式尚未全面铺开，未来资源整合仍有很多工作要做。二是一二三产业融合程度较弱。以农村电商推动农产品上行为例，农产品开发缺乏深加工和精品化处理，产业融合链条短，生产加工一体化的规模农户较少，特色农产品与旅游、会展等融合营销不力，资源优势转化为商品优势、商品优势转化为经济效益还需要深入推进。以开封市为例，全市8598家规模农户中94.3%的农户以生产为主，仅有少数开展了加工活动；从事乡村旅游的155家农户中96.8%仅限于提供住宿餐饮、农事体验等服务，科普教育、文化传播、健康养老等拓展功能挖掘不够。

5. 商业流通效率待提高

一是县域商业运行效率待提高。与城市商业相比，除房租成本和人工成本较低外，农村商业集聚效应低，客单价不高，经营效益面临电商和社交媒体等多方分流，经营状况亟待提升。二是农产品流通效率有待提高。统计数据显示，2021年农产品物流总额达11053.1亿元，同比增长7.9%，占物流总额的6.2%、同比上升0.2个百分点。由于农产品产地商品化预处理设施以及乡镇的农产品低温仓储不足，在农产品上行的"最初一公里"阶段损耗较大。农户自产自销或通过经纪人销售的比例在七成左右，农产品到达消费者手中要经过多次运输、存储等环节，延长了中间流通时间，降低了农产品流通效率。三是物流配送效率仍有提升空间。县域地区，特别是偏远山区，人口居住相对分散，购买力有限，收发件业务量规模相对较小，快递物流配送成本较高，配送路线不够优化、空载返程等问题均需要逐步解决。四是冷链流通率有待提高。由于农产品的鲜活特性对运输效率、保鲜条件、温控有很高的要求，冷链物流需要从生产采摘开始到终端零售环节进行系统配置方可有效发挥系统整体功效，但仓储、运输环节所需设备及信息化不足、新技术应用不够，完整、系统化和标准化的冷链物流体系尚未形成。

6. 市场消费环境待优化

由于农村居民识假辨假能力和自我维权意识不强、广大农村地区市场监管力量薄弱等，部分厂商将质量不好或滞销商品销往农村，"三无"、"山寨"、劣质、过期商品时有出现，质次价高、服务质量参差不齐等现象时有发生，监管盲区不同程度地存在，农村市场成为假冒伪劣商品集中的重灾区，农村日用品（食品）消费市场监管亟须进一步加强。部分农村生产经营者缺乏食品安全、诚信经营等意识，部分产品存在质量不一、以次充好等情况。

7. 政策扶持力度待加大

虽然国家和省市对县域商业建设出台了多项扶持政策，但由于长期以来城乡二元经济结构的存在，县域基础设施和公共服务相对滞后，商业设施相对不足，县域商业建设仅靠市场力量推动现代化进程难度大、时间长，难以有效满足县域居民消费升级的需求，难以有效发挥县域消费对促进国内国际双循环、融入新发展格局的重要支撑作用，同时，一些县域地区经济实力不足导致财政支出困难，使部分基层单位的公共服务能力较差。此外，针对财政支持方式较为单一，以及县域资金外流等问题，需要多方政策发力，激发县域商业内生发展动力。

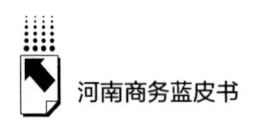

四　河南省县域商业面临的形势

1.面临的机遇

一是县域商业得到前所未有的重视。发展县域商业对构建新发展格局具有重要意义，是全面推进乡村振兴、加快城乡融合发展的重要内容。2022年中央一号文件和河南省委一号文件明确提出"加强县域商业体系建设"，对县域商业建设的重视程度不断提高，提出到2025年，在具备条件的地区，基本实现县县有连锁商超和物流配送中心、乡镇有商贸中心、村村通快递。

二是新型城镇化助力县域商业发展。与一些大城市相比，小城市（约90%为县级市）和县城发展总体滞后。党的十九大报告提出以城市群为主体构建大中小城市和小城镇协调发展的城镇格局。2022年国务院政府工作报告中提出，要"加强县城基础设施建设……促进大中小城市和小城镇协调发展"。赛迪顾问数据显示，2020年县域经济百强县规模实力突出，"千亿县"达到38个。未来县城在新型城镇化中将发挥重要作用，一批经济实力强、人口集聚的县将成长为中小城市，助推县域商业更好更快发展。

三是县域居民消费升级提供强大动力。伴随农民收入水平的提高，2020年河南省农民家庭恩格尔系数由2015年的29.2%下降到27.8%，居住和医疗保健消费占比分别提高了1.9%和1.6%；家用汽车、助力车、电冰箱、空调、热水器、排油烟机和移动电话等主要耐用品拥有量增势明显。得益于移动互联网的普及和社交媒体的快速发展，县域年轻群体的消费理念向城市趋同，乐于接受健康、服务等新的消费形式，消费由同质、低端向多元、个性演进，消费升级是大势所趋。近年来，农村居民的消费水平稳步上升，与城镇居民形成鲜明对比。京东数据显示，2021年新增的京东活跃购买用户数中的70%来自下沉市场，农村地区的人均网购件数达到了2019年的5.3倍，年均增速131%，健康类、服务类、交通类等消费呈现高倍数增长。

表1 2016~2020年河南省城乡居民人均可支配收入比较

单位：元，%

年度	城镇居民人均可支配收入	城镇同比增速	农村居民人均可支配收入	农村同比增速
2015	25575.61	—	10852.86	—
2016	27232.92	6.5	11696.74	7.8
2017	29557.86	8.5	12719.18	8.7
2018	31874.19	7.8	13830.74	8.7
2019	34200.97	7.3	15163.74	9.6
2020	34750.34	1.6	16107.93	6.2
2021	37095.00	6.7	17533.00	8.8

资料来源：2021年河南统计年鉴，2021年河南省国民经济和社会发展统计公报。

表2 2015、2020年河南省农民家庭平均每百户主要耐用消费品年末拥有量

项　目	2015年	2020年	变化量
家用汽车(台)	11.99	26.57	14.58
摩托车(台)	65.18	38.64	-26.54
助力车(台)	87.64	124.13	36.49
洗衣机(台)	92.92	99.11	6.19
电冰箱(台)	79.11	97.07	17.97
微波炉(台)	8.99	14.37	5.38
彩色电视机(台)	112.61	114.96	2.35
空调(台)	54.78	107.52	52.74
热水器(台)	48.32	77.57	29.25
洗碗机(台)	0.45	0.71	0.26
排油烟机(台)	6.29	24.14	17.85
固定电话(部)	20.06	6.19	-13.87
移动电话(部)	220.99	270.95	49.96
#接入互联网	67.71	222.63	154.92
计算机(台)	26.56	31.74	5.19
#接入互联网	19.92	22.71	2.79
照相机(架)	3.10	1.57	-1.53
中高档乐器(件)	0.23	0.61	0.39
健身器材(套)	0.45	1.44	0.99

资料来源：2016年、2021年河南统计年鉴。

2.存在的挑战

一是县域常住人口外流加快。2015~2020年，河南省县域常住人口由6985万人增加到7051万人，仅增长了0.9%，而流出人口（户籍人口与常

住人口的差额）增长了30%左右，县域常住人口在全省的比重由73.68%下降至70.93%。2020年，有人口流入的县（市）只有中牟县、荥阳市和新郑市。2021年河南省农村劳动力转移就业总量3134.33万人，且大部分为中青年群体，乡村地区消费主力人口外流而导致的消费外流，将制约商业的发展。

二是电子商务及新冠肺炎疫情对县域实体商业的冲击。2021年全国实物商品网上零售额10.8万亿元，占社会消费品零售总额的24.5%；河南省实物商品网上零售额2426.4亿元、同比增长10.1%，占社会消费品零售总额的近10%，与全国相差近15个百分点。电子商务作为商业的重要组成部分，对促进实体商业创新转型发展和满足居民多样化消费需求发挥了重要作用，但不可避免地分流了消费需求，对实体商业造成了冲击。尤其是随着社区团购等电商市场下沉，县域活跃用户激增，如何融合、创新发展需要深入思考。新冠肺炎疫情零星散发，居民休闲购物、外出就餐显著减少，给实体商业冲击明显。

表3 2020年京东平台县乡网购用户数TOP5

序号	省份
1	河北省
2	河南省
3	山东省
4	江苏省
5	广东省

资料来源：京东官网。

五 促进县域商业发展的对策建议

1. 补齐商业设施短板

一是完善县城商业设施。统筹县域商业发展，编制县域商业网点规划或县域商业建设规划，合理布局网点资源。县城重点升级改造或新建县城综合商贸服务中心、综合性仓储物流配送中心和专业商品交易市场、商业步行街；文化旅游资源丰富的县城可创建省级文旅消费示范县（市）、夜间文化和旅游消费示范区，建设文旅消费集聚区；农业大县可谋划建设或改造升级农产品产地市场。二是因地制宜建设乡村网点。依据县、乡、村人口集聚情况，理性客观认识人口流出现象，按照宜大则大，宜小则小的原则，建设立足乡村、贴近农民的乡镇商贸中心、新型乡村便利店、村村通快递等乡村商业网点。三是实施农产品流通补短板工程。支持农产品批发市场、集贸市场、农贸市场升级改造。在农产品主产区、农特产品优势区支持建设产地冷藏保鲜设施，建设规模适度的采收预冷、分拣加工、包装等初加工设施。探索发展产地预冷、产区集配、区域调运共享式"田头小站"等移动冷库，支持有条件的县乡建设一批产地集配中心，推广"移动冷库+集配中心"运行组织模式，提升产地预冷、仓储保鲜、初加工、产地直销等能力。四是加强基础设施建设。利用新型城镇化建设补齐短板，充分改善水电路气等基础设施，切实提高物流运输条件和效率等消费便利化水平。

2. 培育壮大市场主体

一是加强县域商贸流通企业培育。实施限上企业培育计划，支持发展直营连锁、特许经营等经营模式，推动企业做大做强。鼓励城市大型流通企业拓展农村市场，共建共享仓储等设备设施，鼓励输出管理和服务，通过技术赋能、特许经营、供应链整合等方式示范带动中小企业发展。二是加强培育乡村新型商业带头人。充分利用全国电子商务公共服务平台、国家电子商务示范基地、县级电商公共服务中心等平台资源开展涉农商业人才培训，举办创新创业和技能大赛，挖掘农村商业人才。支持鼓励创建农村电商示范企业、电商特色小镇、电商示范村等，推出一批农村产品上行、电商服务、电商扶贫等先进典型。三是壮大新型农业经营主体。培育种植大户、家庭农场、龙头企业、农民专业合作社等新型农业经营主体，促进农产品由"小生产、大流通"向"大生产、大流通"转变。

3. 提升业态功能品质

一是业态升级。结合乡村人口、消费习惯等特点，鼓励流通企业积极发展新业态新模式，鼓励农村电商、直播电商等新业态、新模式，规范化、产业化发展，形成多元商业供给，丰富县域消费场景，满足居民消费体验。二是功能升级。在县城，依托综合商贸服务中心和物流配送中心，强化县城的综合商业服务功能；县电子商务公共服务中心要提升营销策划、宣传推介、供应链打造、创业孵化、品牌培育等功能。在乡镇，依托乡镇商贸中心，增加生活服务功能，发展专卖店、专业店，推动购物、娱乐、休闲等业态融合，重点提升乡镇多种服务功能和服务周边辐射能力，满足农村居民消费升级需求。在村级，重点强化便民服务功能，人口集中的村发展连锁商店，丰富快递收发、农产品经销等功能，为村民提供多样化服务，人口较少的村通过电商、供应链赋能，改造夫妻店，保障基本日用品供应。三是商品服务升级。统筹考虑商品消费与服务消费、生活消费与生产消费，把握商品、服务消费融合发展趋势，结合乡村人口消费习惯等特点，鼓励流通企业开拓农村市场，鼓励生产和服务企业开发适合农民特别是老人、妇女和儿童需要的产品和服务，增加质优价廉商品和服务供给，逐步缩小城乡消费差距。积极发展农资直供直销、统一配送，满足乡村生产性消费需求。

4. 加强资源深度融合

一是加大快递物流资源整合力度。依托县级物流中心，完善智能化仓储分拣设备等硬件设施，建立快递企业合资参股、联盟运营、统仓共配等合作机制，深度整合网点、标识、价格、人员、车辆、配送等资源，有效破解农村配送成本高等难题，实现快递通达乡村长期可持续发展。支持物流、邮政、快递、商贸流通等企业市场化合作。在整合县域电商快递基础上，搭载消费品、工业品和农产品双向配送服务，创造规模效应。二是围绕全产业链推动一二三产业高效融合。提升县域文旅服务功能，吸引城市居民下乡消费，促进农民增收致富。鼓励农民合作社、家庭农场、中小微企业等依托门店发展农产品产地初加工业务，提高产品附加值。加大农村电商与当地县域产业的融合；鼓励农村电商企业采取"电商+基地（合作社）+贫困户"

"名优特产品+景区"等模式,助推农产品上行。

5. 强化流通效率提升

一是以供应链赋能效率提升。支持大型流通企业下沉供应链,输出集中采购、统一配送、库存管理、精准营销、店面设计、售后结算、融资担保等全流程服务,增强农村实体店铺经营水平与抗风险能力。建立更紧密的产销衔接,减少流通环节,降低流通损耗,提高农产品流通效率。二是平台建设赋能效率提升。鼓励本地商贸流通企业组建省级品牌联盟或联合采购平台,发挥规模优势。充分发挥节庆、会展活动等平台引领和辐射带动作用,探索建立节会与游食住行等消费信息共享联动机制,创造新需求,培育新消费群体。三是科技赋能效率提升。加大新技术在县域商业的推广应用,推进农产品流通、冷链物流软硬件建设,优化管理,实现信息化、标准化、集约化、规范化,降本增效。

6. 加强农村市场监管

一是深入开展县域消费市场整治行动。强化质量安全监管,加大食品、日用消费品、农资等假冒伪劣商品查处力度,严厉打击假冒伪劣、虚假宣传、价格欺诈等违法行为,维护县域消费者的合法权益。二是实现常态化的市场监管。完善县域市场"红黑名单"制度,实现奖优惩劣,震慑提供假冒伪劣商品或不合规服务的商家。利用信息技术,建立健全跨部门协同监管机制;鼓励相关保险机构设立正品保障险、质量安心险等消费保险,引导居民购买正规商品;广泛宣传,增强县域消费者维权意识,降低维权成本。

7. 加大政策扶持力度

一是实施县域商业建设示范工程。贯彻落实商务部、财政部、国家乡村振兴局三部委工作部署,在省内分批优选一批县域商业建设示范县,通过示范带动,促进县域商业高质量发展。鼓励示范县加大对县域商业的扶持力度。二是加大资金支持力度。为县域商业发展提供专项资金支持,将农产品流通设施建设、农村电商公共服务中心等县域商业设施纳入乡村振兴投入保障范围。加快完善涉农资金统筹整合长效机制,与发改、农业等相关资金加强衔接。制定商业专项财政资金使用管理办法,合理安排以奖代补、担保、

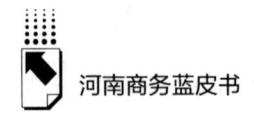

贴息、保费补贴等资金使用方式，切实发挥财政资金的杠杆作用，撬动社会资源投入县域商业建设。二是强化多方政策保障。从土地、金融、税收、交通等方面完善支持政策。优化新增建设用地计划指标和城乡建设用地增减挂钩指标分配，保障县域商业建设的合理用地需求。强化土地供给保障，建立健全城乡统一的建设用地市场，深化产业用地市场化配置改革，探索增加混合产业用地供给，保障县域商业设施建设用地需求。开展银企对接活动，加大业务模式创新力度，引导各类金融机构加大对县域商业建设领域的信贷支持，提升县域信贷资金适配性。完善税收扶持政策，对县域内从事商贸服务的中小微企业实施更多、更实的税费减免措施。严格执行鲜活农产品运输"绿色通道"政策，完善绿色通道预约等服务，适时探索拓宽目录种类，扩大惠民范围。

B.18
2021年河南网络零售报告

张巍 袁文卓[*]

摘　要： 网络零售数据是B2C电子商务的重要衡量指标，及时准确掌握全省网络零售交易情况，对于省、市、县三级政府开展电子商务工作提供科学决策有重要意义。本报告主要对2021年河南省网络零售情况进行分析，涉及整体、区域、行业、渠道等多个维度，旨在多角度探查河南省网络零售发展现状。

关键词： 河南省　网络零售　B2C

一　2021年河南省网络零售概况

1.河南省网络零售整体情况

2021年全年，河南省累计实现网络零售额4881.42亿元，同比增长25.01%，累计实现农村网络零售额1768.70亿元；网络零售量5.05亿件，在线活跃店铺数量510947家。相较于2020年，电子商务在促进农产品上行、助推现代农业发展、助力乡村产业振兴和数字化转型方面发挥了更大的作用和成效。

从月度数据看，2021年11月单月网络零售额全年最高，达到527亿元，远超过单月最低的256亿元（1月）；从季度来数据看，2021年第一季度网络零售额906.19亿元，第二季度1220.57亿元，第三季度1263.70亿

---

[*] 张巍、袁文卓，河南省商务厅。

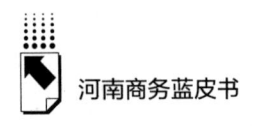

元,第四季度1490.96亿元,四个季度网络零售额连续稳步增加。

2. 河南省区域网络零售发展情况

2021年,河南省网络零售额排名前三的省辖市分别为郑州市、南阳市、洛阳市,其全年网络零售额分别为1762.28亿元、431.11亿元、315.65亿元。

2021年网络零售额同比增长率排名前三的省辖市分别为济源市、郑州市、漯河市,其网络零售额分别同比增长32.71%、30.33%、28.74%。

3. 行业发展情况

分行业来看,2021年河南省实物商品零售额4191.38亿元,非实物商品零售额690.03亿元,2021年河南省农村实物商品零售额1628.34亿元,农村非实物商品零售额133.97亿元。

从省辖市实物商品网络零售额占全省的比重来看,郑州市、南阳市、洛阳市名列前三,占比分别为35.90%、8.95%、6.59%;从省辖市非实物商品网络零售额占全省的比重来看,郑州市、南阳市、洛阳市名列前三,占比分别为37.34%、8.11%、5.71%;从省辖市农村实物商品网络零售额占全省的比重来看,郑州市、南阳市、驻马店市名列前三,占比分别为19.46%、11.18%、7.46%;从省辖市农村非实物商品网络零售额占全省的比重来看,郑州市、南阳市、驻马店市名列前三,占比分别为19.82%、10.07%、7.08%。

4. 品类和产品情况分析

(1) 品类和产品的全年网络零售总额

从2021年全年零售额来看,在27个一级品类中,家居家装、家用电器、食品酒水、珠宝礼品、服装服饰、电脑办公、机械设备、手机数码、母婴用品、个护化妆类商品的网络零售额排名前十,分别为950.85亿元、623.34亿元、604.11亿元、364.85亿元、299.38亿元、269.08亿元、218.38亿元、199.81亿元、181.17亿元、178.57亿元。

从产品全年网络零售额来看,项链、白酒、空调、牛仔裤、教材、文件柜、电热水器、洗衣机及其配件、厨房置物架/角架、裤子类商品网络零售额名列前十,分别为62.26亿元、61.38亿元、54.57亿元、50.97亿元、46.47亿元、34.06亿元、30.08亿元、28.85亿元、28.63亿元、27.08亿元。

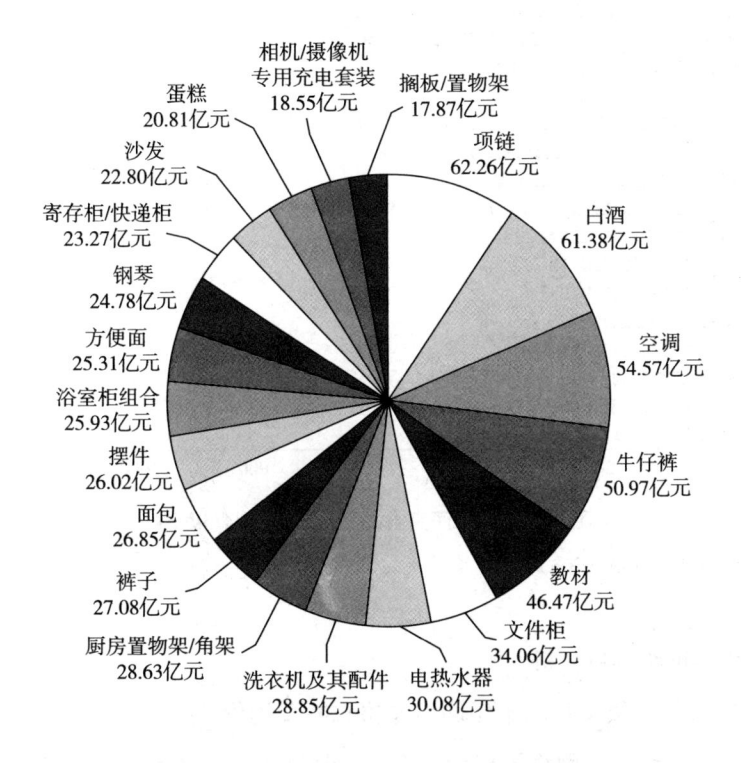

图1 2021年河南省TOP 20产品网络零售额

资料来源:鹤壁市商务局。

(2)品类均价排名

从一级品类均价来看,家用电器、电脑办公、机械设备、休闲娱乐、珠宝礼品、在线旅游、文玩收藏、手机数码、虚拟商品、在线拍卖类商品网络零售额位列前十,分别为974.46元、867.99元、736.35元、694.06元、619.34元、566.83元、530.59元、462.79元、434.96元、426.78元。

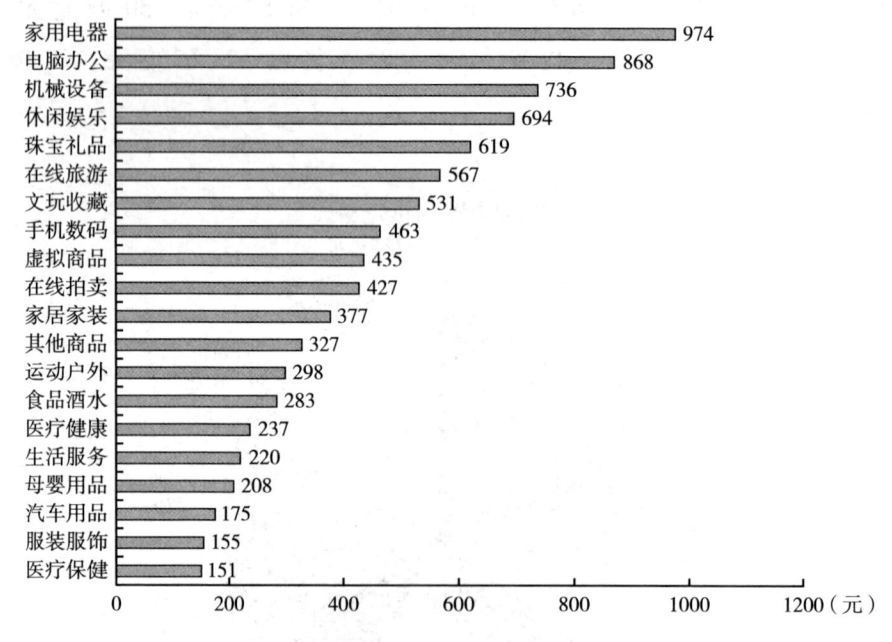

```
家用电器   974
电脑办公   868
机械设备   736
休闲娱乐   694
珠宝礼品   619
在线旅游   567
文玩收藏   531
手机数码   463
虚拟商品   435
在线拍卖   427
家居家装   377
其他商品   327
运动户外   298
食品酒水   283
医疗健康   237
生活服务   220
母婴用品   208
汽车用品   175
服装服饰   155
医疗保健   151
```

图2　2021年河南省品类销售均价TOP 20

资料来源：鹤壁市商务局。

5.农村网络零售分析

（1）农村一级类目的全年网络零售总额及均价

从农村一级类目网络零售额来看，食品酒水、家居家装、母婴用品、家用电器、珠宝礼品、机械设备、医药保健、农资绿植、服装服饰、个护化妆类商品的网络零售额位列前十，分别为490.59亿元、289.93亿元、174.68亿元、137.49亿元、112.26亿元、92.37亿元、68.90亿元、68.40亿元、66.56亿元、51.02亿元。不难看出，随着农村经济的发展，在电子商务的带动作用下，农村地区的消费潜力得到了进一步释放。

按农村一级品类均价来看，珠宝礼品、家用电器、休闲娱乐、机械设备、运动户外、电脑办公、家居家装、医疗健康、其他商品、虚拟商品类商品的网络零售额位列前十，除虚拟商品外，其余品类均价分别为1014元、807元、707元、688元、609元、399元、321元、249元、247元。

(2) 农村产品及农产品网络零售额

从农村产品全年网络零售额来看，竹炭包/炭盒/活性炭、山药、山药粉、白酒、浴室柜组合、蛋糕、大枣、方便面、文件柜、篮球鞋类商品的网络零售额位列前十，分别为 12.99 亿元、12.49 亿元、11.12 亿元、10.64 亿元、10.45 亿元、10.28 亿元、8.86 亿元、8.25 亿元、7.56 亿元、7.46 亿元。

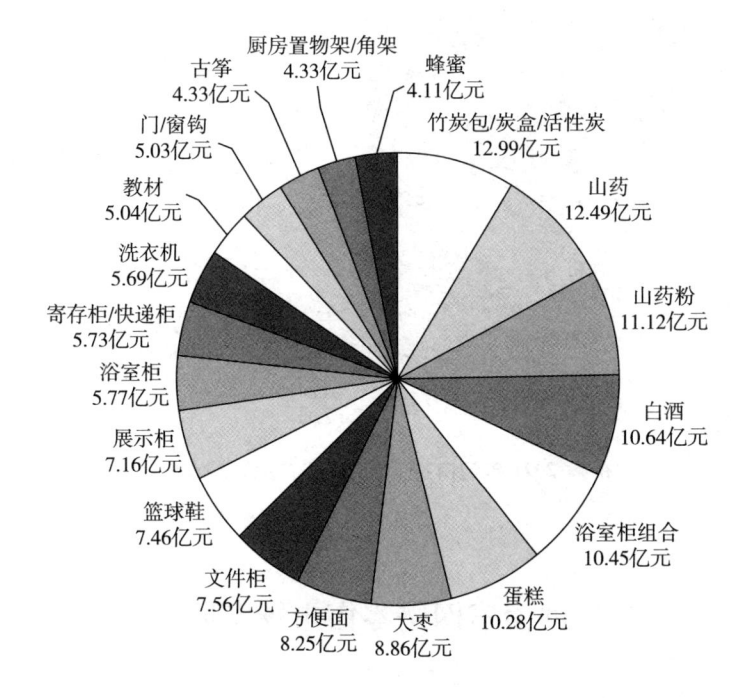

图 3　2021 年河南省 TOP 20 农村产品网络零售额

资料来源：广州市宏观经济数据库 2021 年进度报表。

从农产品全年网络零售额来看，大枣、山药、山药粉、鸡蛋、牛肉、蜂蜜、面粉、鸡肉、瓜子、核桃类商品的网络零售额位列前十，分别为 17.66 亿元、15.08 亿元、11.79 亿元、7.4 亿元、6.38 亿元、5.58 亿元、5.13 亿元、4.17 亿元、3.23 亿元、3.21 亿元。

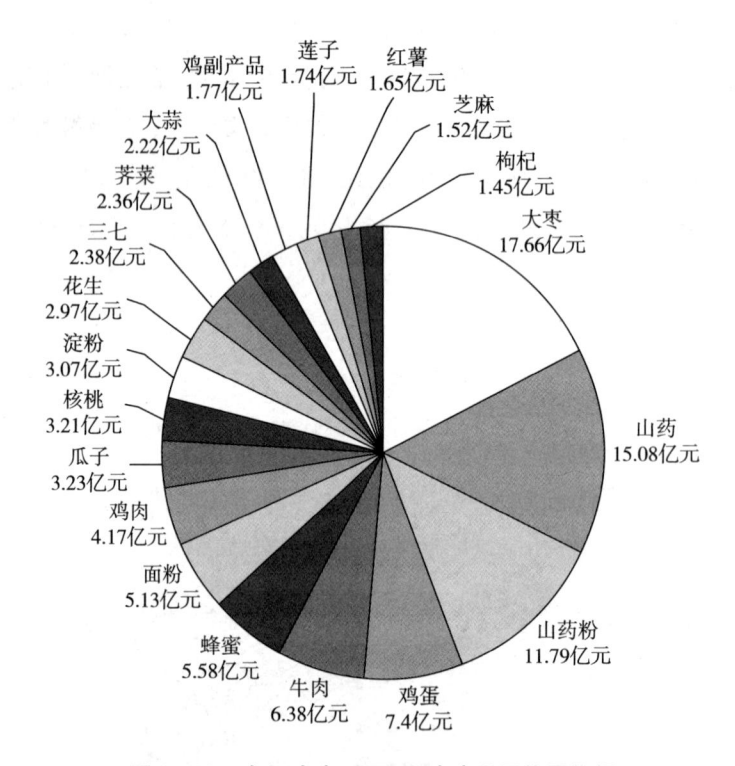

图 4 2021 年河南省 TOP 20 农产品网络零售额

二 河南省网络零售市场发展特点

2021年,面对河南省新冠肺炎疫情的多点散发以及省内特别重大自然灾害发生等不利因素,河南省电子商务工作在省委、省政府的正确领导下,充分发挥应有优势,多措并举,在深化供给侧结构性改革中,贯通生产、分配、流通、消费各环节,促进形成需求牵引供给、供给创造需求的更高水平动态平衡,加快形成了新发展格局,为提升国民经济体系整体效能发挥了重要作用,已稳步成为国民经济和社会发展新动力。

1. 疫情之下逆势增长,网络零售助力经济社会发展

随着疫情防控进入常态化,凭借非接触、在线化、产销高效衔接等优势，网络零售在助推疫情防控、经济社会发展等方面的作用更加难以替代。新冠肺炎疫情加速了互联网和实体经济的融合，疫情期间传统农产品购销渠道遇阻，不少地区出现农产品滞销的情况。作为新兴业态，农村网络零售着力打通农产品上行通路，解决产销信息不对称等问题，为保障全省"菜篮子"和丰富农民"钱袋子"提供了强力支撑。疫情防控常态化倒逼了网络零售常态化，促进了河南省包括城市治理、政务服务、批发零售等在内的数字化转型。

疫情防控期间，网络零售为线下企业和商家加快复工复产提供了新渠道，中小企业则通过云办公、远程交易等方式，利用网络零售缓解了运营压力。电商平台与省政府联合发放各种电子消费券，通过补贴用户激活线上线下消费；河南省商务厅等部门组织电商平台开展线上促销活动，带动全省网络零售额超过 100 亿元。网络零售进一步推动了商品价格的透明化，促进了全省范围内的资源优化和配置，带动了以新基建为主导的新型基础设施建设，成为河南省经济社会高质量发展的重要助推力量。

2. 网络零售对消费的促进作用更加显著

丰富的商品选择和快捷的物流配送，使得网络零售为农村地区提供优质的消费体验，是直接带动农村消费的重要途径之一。此外，在农村居民的线上消费结构中，虽然食品类消费仍然占比最大，但生活用品类消费已经跃居第二。家电及数码产品消费支出的增加，是农村居民生活品质提升的重要体现。

2021年，实物商品网络零售取得了超过 10% 的增幅，成为促进全省消费的重要力量。实物商品网络零售额增速高于全国平均增速以及全省社会消费品零售总额增速，带动了物流、运输、冷藏等消费产业链的发展。作为河南省现代化建设进程中具有特殊意义的一年，2021 年河南省网络零售帮助农产品扩大销路、增加收入，提升农民消费能力，同时促进城市商品流通，让城镇居民足不出户就能买到物美价廉的商品，促进了消费和社会资源的优化配置。随之而来的是，全省移动互联网用户超过 1 亿，消费群体持续扩

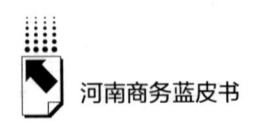

大。随着疫情防控形势持续向好，河南省在餐饮、商超、日用品方面的零售潜力正在加速释放，传统商贸流通企业在消费网络、消费生态、消费能力、消费环境等方面得到了提质扩容。

3. 品类更加细化，优质特色农产品备受青睐

从网络零售品类来看，细分领域的消费市场正在形成。综合全省的网络零售监测来看，不仅服装服饰、手机数码、家居家装外，珠宝首饰、家居日用、生鲜产品、营养保健、食品饮料等成为新的热销品类，而且生产这些商品的企业不少是河南本地企业。2021年河南省网络零售购买力位居全国第8，全省网商数量突破51万，消费人群的结构变化使得河南省的网络消费市场呈现年轻、有活力的发展趋势。以珠宝首饰为例，在该品类中，项链吊坠受到了越来越多河南居民的青睐，发式配饰中的国潮、民族风、休闲时尚等细分品类产品的消费数量增多，体现了河南居民对于个性化、定制化的消费需求。

作为农业大省，农产品一直在河南网络零售中占据相当大的份额（占全部网络零售额的比重约为18%），2021年河南省实现农产品网络零售额896.78亿元，实现帮扶产品网络零售额241.03亿元，且增速高于全国平均水平。河南省培育了200多个知名农业品牌，覆盖了全省各地的特产和优质农产品，在各省农产品消费榜上排名持续领先。信阳毛尖、温县铁棍山药、南阳黄牛肉获评备受青睐的网络热销农产品，作为农产品上行的重要力量，也成为河南省颇有特色的网络零售产品。在网络零售推动下，闭环式农产品供应链体系逐渐成形，一些优质农产品已经远销到全国各地和全球市场。

4. 网络零售激发全省供需增长潜力

畅通国民经济循环，形成"生产—流通—销售"的全流程供需体系，是河南省提高市场供给质量、优化消费结构的重要前提。具体来看，县域网络零售以及农产品上行市场规模的稳步壮大，使得网络零售更加有效地推进了河南省农业产业化、标准化发展，提高了全省农民的收入，增强了农村居民的消费能力；通过搭建物流网络以及提供更多消费选择改善了农村消费环境，增强了农民消费意愿，最终形成了以网络零售促进农村消费的开放式循环。通过大数据、人工智能、个性化定制等新技术、新模式，网络零售有效提升了供需匹配的精准度，满足差异化的消费需求给全省居民消费提供了更多的商品品类和业态选择，同时推动着现代商业体系在大中城市和小城镇等多个层面的综合发展；此外，网络零售在促进城镇和农村居民消费的同时，也促进了消费结构由满足生活需求向发展型、享受型需求升级。

近年来，在河南省网络零售消费结构当中，生活用品类消费已经超过衣食类消费支出，占比越来越高，农村地区家电和数码产品消费支出不断提升，也体现了网络零售在提升农村居民生活品质方面的作用。借助供给端和需求端信息的高效匹配，商家和消费者通过市场建立了新型的供需关系，进而为现代商业和流通业体系的发展赋能。

5. 线上线下融合催生出新的市场增长点

在电商流量争夺越来越激烈的大环境下，2021年河南省零售业线上、线下的融合开始提速，网络零售与实体零售的融合向着贴近消费者、提升运营效率的方向发展。与此同时，经历了2020年的一轮热潮之后，各类线上、线下零售的融合发展模式开始催生新的市场增长点。一方面，原本专注于线上销售的电商平台开始注重与线下实体店的融合。新零售在生鲜农产品、食品酒水、餐饮美食、服装服饰等领域的普及度更高，其中尤以生鲜领域的发展最为瞩目。以盒马鲜生和7-ELEVEn为例，在疫情影响依然较大的2021年，盒马鲜生陆续推出了盒马花园、盒马烘焙、盒马鲜切肉铺等全新模块，未来这种升级版的盒马鲜生门店将覆盖全河南；7-ELEVEn的在线团购、同城换购等模式，为河南省网络零售业注入了新发展机遇。

另一方面，新零售也激活了河南省零售业供应链的新的增长空间，比如，河南省在全国率先开展跨境电商零售进口药品试点，探索出了跨境O2O自提馆等新型交易模式；通过和宁圣国际加强合作，万邦国际农产品物流城提升了在原料供应、农产品供应链上的附加值。原来坚守线下的企业

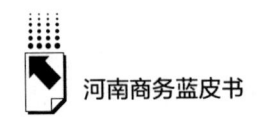

也开始在线上大力布局，使得全省网络零售业的产业链更加完善，网络零售业的渠道、技术和产业优势更加显著。

三　河南省电子商务发展趋势分析

河南省网络零售市场正处于蓬勃发展阶段，具有巨大的市场发展潜力。在"十四五"时期，随着新冠肺炎疫情的逐步缓解和新发展格局的全面形成，河南省网络零售额将持续保持较高增长速度，预计2022年网络零售交易额将达到6000亿元，到"十四五"末期，交易额有望突破万亿元，网络零售业将在助推河南省乡村振兴、构建数字化生活、建设开放强省等方面发挥更大作用。

1. 网络零售规范化、集聚化、多元化发展趋势显著

从高速增长到有序发展，体现了河南省网络零售开始追求发展质量，更加注重网络零售业的持续健康发展。2021年，河南省继续优化营商环境，着力深化"放管服效"改革，加大对第三方网络零售平台的交易和价格监管。经过省商务厅的引导和政策扶持，河南省网络零售的发展更加规范，网络零售的形式更加多元。

根据2021年初的河南省《政府工作报告》，"十四五"时期，河南省将进一步完善"互联网+消费"生态体系，积极推进网络零售等线上消费，鼓励发展首店经济、小店经济等业态模式。在促进消费升级的政策号召下，形成了以大城市为中心、中小城市为结点、县域及农村为支撑的网络零售格局。可以预见的是，"十四五"时期，河南省网络零售将进入高质量发展阶段。在2022年建设20个省内特色消费中心的发展目标引导下，随着郑州市努力打造国际物流中心，以及正在争创国际消费中心试点城市，河南省网络零售的集聚效应将愈发明显。2021年，河南省网络零售额排名前三的省辖市为郑州市、南阳市、洛阳市，其全年网络零售额分别为1762.28亿元、431.11亿元、315.65亿元，共计2509.04亿元，占全省网络零售额的51.40%，占比过半。

从生产集聚到销售集聚，河南省有望形成郑州、洛阳、南阳等几个大的网络零售中心，网络零售龙头企业的带动作用也将更加显著。

2. 网络零售变革和河南省数字化转型趋势有机融合

当前，河南省数字经济年均增速超过14%，对GDP增长的年均贡献率超过50%。加大政府数字化转型力度，夯实数字化支撑能力，打造更高效的数字化线上政务环境是河南省数字化转型战略的重要内容。在这一过程中，网络零售在消除信息不对称、办好民生实事、激发市场活力等方面起到了重要的作用，既促进了企业和政府的数字化转型，也为全省数字化转型战略提供了支撑作用，零售业的数字化转型还将为其他行业的数字化转型提供示范。

河南正在加快建设数字经济强省，缩小城乡差距、减小数字鸿沟，在河南移动5G进农村等相关业务的布局下，中小城镇和农村地区享受到了更多的流量红利，网络零售渠道不断下沉的同时也促进了网络零售的专业化、纵深化发展，数据的应用场景更加丰富，以客户为中心的、以大数据为驱动的泛零售业态初具雏形。移动互联网所带来的消费端的新零售发展趋势，倒逼企业进行内部驱动的数字化变革，不断优化对"人""货""场"的管理，助推实现人、货、场数据整合打通基础上的数字化转型，在产品研发、供应链管理、营销决策等各环节实现智能化决策。云逛街、云探店、云办公为代表的网络零售新业态促进了万物互联，"互联网+流通"促进了网络零售数字化生态的构建，助推河南省数字经济发展的同时，也更好地发挥网络零售业的经济效益和社会效益。

3. 网络零售和跨境电商双向促进国内国际大循环

2021年7月以来的灾情、疫情，虽然对河南省的商品流通和市场供应造成了暂时的影响，但全省社会消费品零售总额依旧位居全国第5，随着灾后重建工作的持续推进，2021年河南省消费品市场很快恢复了增长态势，带动了河南省社会消费品零售市场的回暖，尤其是全省"米"字形高速铁路物流所支撑的实物商品网络零售又极大促进了社会消费品零售额的增长，使得河南省与全国平均水平的差距快速缩小。城镇市场零

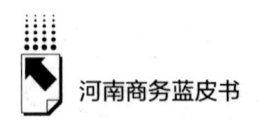

售额增速高于农村市场零售额增速,餐饮、家居、生活类商品和服务的零售额增速均有所提高,网络零售业态快速发展,极大地改变了内贸流通和外贸运行方式,信息流的提速扩量加快了货物流、资金流的流程运行,内需的持续发力,为省内大循环高效运转以及河南经济长期恢复向好奠定了坚实的基础。

2021年,河南省跨境电商交易额突破2000亿元,全年进出口额突破8000亿元,全国跨境电商第一梯队的地位更加稳固。"十四五"时期,河南省有望深度参与以跨境电商为主要形式的数字贸易国际规则的制定,从"电商+"到"跨境电商+",河南省将在全国率先探索适应跨境电商发展的新型监管模式和标准规则体系,"买全球、卖全球"的发展格局得到进一步巩固,供需平衡和产销对接得到了稳步提升,河南省成为全国乃至全球重要的供应链枢纽城市的趋势越来越明显。随着河南省加快建设创新高地,在开放型的数字贸易平台上,河南省加快推进国内国际"双循环"的趋势将更加持久。

4. 农村网络零售为乡村振兴战略赋予新动能

河南省第十一次党代会提出了"全面推进乡村振兴,促进全体人民共同富裕"的发展战略,中央经济工作会议确定了2022年经济工作的总基调,基于此,河南省委牢固树立了乡村振兴和数字化转型战略。数字乡村是乡村振兴和数字化转型的结合点,而农村网络零售在数字乡村的建设、发展上将起到难以替代的作用。2021年河南省农村实物商品零售额1628.34亿元,农村非实物商品零售额133.97亿元,食品酒水、家居家装、母婴用品、家用电器、珠宝礼品等产品销售火爆,农村地区的消费潜力不断释放。

2016年以来,河南省农村网络零售额逐年增长,与之对应的,就是河南省数字乡村建设的顺利推进。按照目前的发展速度,预计到2025年底,河南省所有县域内5G基站数量将达5万个,乡镇以上区域和重点行政村有望全覆盖;以智慧田园、智慧果(菜、茶)园、智慧牧场和智慧渔场为典型业态的农业生产数字化水平将达到30%以上,届时全省网络零售额有望突破万亿元大关，从而实现互联网与特色农业的深度融合。数字乡村既是一种产业，也是一种生态，它将促进城市和乡村的互动融合，让城市居民成为农民的"客户"和"会员"，进而促使河南省诞生一批发展潜力好、产业生态优的数字乡村、电子乡村，探索出一条新时代中国特色社会主义旗帜下的乡村振兴河南实践，让农民成为高收入职业，让农业成为经济效益高的优质产业，让农村成为实现共同富裕的试验田。

案例篇
Case Studies

B.19 河南自贸试验区改革创新案例典选

贾茹 王琨 喻选锋*

摘　要： 郑州商品交易所通过"商储无忧"项目，创新相关举措，将国家化肥商业储备与期货市场交割体系有机结合，为国家化肥商业储备承储企业利用商品期货工具提供引导，有力地化解了储备货物贬值风险，解决了库存贬值这一"痛点"，起到了稳定化肥供应、保障粮食安全作用。瑞茂通集团郑州数链科技打造大宗商品供应链数字化服务平台，提升大宗商品供应链全流程透明度、规范化和真实性，解决中小贸易商"融资难、融资贵"问题，有力支持实体经济发展。

关键词： 改革创新　期货市场　大宗商品供应链

---

* 贾茹，河南省商务厅自贸区制度创新处；王琨，中国（河南）自由贸易试验区郑州片区管委会郑东区块办事处；喻选锋，郑州商品交易所。

河南自贸试验区深入贯彻习近平总书记关于自贸试验区建设重要指示精神，落实省委、省政府决策部署，围绕推进制度型开放战略，深入探索、大胆实践，2021年形成了一批具有突破性、实效性、可行性的改革创新成果，充分发挥了全面深化改革作用，彰显了改革开放试验田效益。

案例1　"商储无忧"项目探索期货服务产业新途径

郑州商品交易所通过开展"商储无忧"项目试点，对国家化肥商业储备承储企业利用商品期货工具进行引导，运用市场化手段化解储备货物贬值风险，解决库存贬值问题，稳定化肥供应、保障粮食安全，探索完善大宗商品储备制度新路径。

一　主要做法

粮食安全的重要抓手之一是化肥，化肥对粮食增产贡献率达40%以上，被称为"粮食的粮食"。化肥储备在我国备受重视，且建立了相应的储备制度。近年来，化肥现货市场价格波动频繁，货物贬值风险之上又增加了仓储费、资金占用等成本，使承储企业可能面临亏损较多的不良局面，影响了企业承储积极性和春耕期间化肥价格稳定。

郑商所将国家化肥商业储备政策和期货市场风险管理功能有机结合，引导试点企业将库承储尿素注册为期货实物仓单，利用期货交易实现套期保值。同时，对承储企业在参与尿素套期保值过程中所产生的交易、交割、仓单检验等部分费用进行相应减免，助力企业降低风险管理成本、应对存储期间价格下跌风险，让企业无忧承储。

2020年12月，郑州商品交易所通过征集、评审等系列流程，最终确定了首批项目试点——河南、安徽、山东三省共5个项目（合计10万吨尿素）。此次试点5家企业，分别为尿素贸易龙头企业中农集团和中化化肥，安徽省级农资公司辉隆农资、尿素消费龙头企业云图控股，河南万庄化肥交易市场（河南地方性承储企业）。"商储无忧"项目于2021年1月正式启动，5家试点企业于4月完成国家化肥商业承储任务，该批试点项目10万吨尿素，全部进入报备仓储库。结合市场价格波动情况及相应承储要求，试

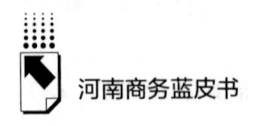

点企业累计将10920吨在库承储尿素注册为546张期货仓单，通过期货交易有效对冲市场风险。

二 实践效果

"商储无忧"项目创新举措，有效利用期货工具，以16万余元的资金支持，有效地对冲了价值2亿元的10万吨尿素货物贬值风险，有力地保障了500万亩良田春耕尿素供应。

一是助力承储企业化解承储风险。以辉隆农资为例，该企业通过期货市场对部分在库储备尿素进行卖出套期保值（尿素2105合约卖出500手，折合现货1万吨），有效规避现货价格下跌的潜在亏损风险，期货端实现盈利124万元。

二是助力保障春耕化肥供应。以中农集团为例，2020年底，尿素现货市场供给紧张、价格持续上涨，中农集团锁定采购成本，在尿素2101合约买入套保1.2万吨，持有至2021年1月进行交割接货，按时完成承储库存任务。

三是助力确保商储安全。期货市场交割体系与国家化肥商业储备进行有机结合，变储备尿素注册为实物仓单，使交割体系监管尿素入库、仓储、出库等系列流程。利用电子化期货仓单，监管部门可以及时准确监测商储货物的数量以及质量，有效降低监管成本，保障国家商储的安全性、真实性、合规性。

四是得到国家部委认可。"商储无忧"项目试点针对储备尿素存储周期长、面临远期贬值的风险，运用市场化手段化解，有效提升试点企业承储信心和能力，得到国家发改委、农业农村部等对项目试点的充分肯定。得到了《人民日报》、新华社内参、学习强国平台等媒体的高度报道。

三 下一步工作思路

在首年度试点圆满完成的基础上，交易所听取行业诉求，衔接国家发改委相关工作要求，持续推进新年度项目。

一是延长项目周期。依据国家春耕肥储备项目的在库时间要求，将2021年11月至2022年4月设置为下年度项目周期，基本贴合国家春耕备肥项目时间要求,为企业全周期避险提供便利。同时也方便企业在1月、5月两个活跃合约上进行套期保值及仓单注册,增强企业的选择权。

二是扩大试点规模。10家试点企业被选定,支持额度为每家5万吨尿素,共计50万吨试点规模,相较首年度项目,规模扩大至5倍。

三是丰富企业类型。以贸易企业为主转变为生产、贸易、消费企业全覆盖,新增龙头生产企业晋煤中能、东光化工,龙头复合肥企业史丹利、云图控股。

四是增强支持力度。上调每家企业补贴上限至100万元,仓储费补贴比例增长至75%,进一步激励企业参与承储。

五是做好项目监管及宣传。郑商所优化工作流程,细化操作规范,做好动态监管。同时积极联合全国供销合作总社及农资流通协会,以合作办会、授课宣讲、产业座谈等多种方式做好项目试点宣传推广工作,扩大服务范围。

案例2 大宗商品供应链数字化服务平台

瑞茂通集团郑州数链科技打造大宗商品供应链数字化服务平台,通过场景化全链交易、智能化资产整理、一体化风险管理、多维度安全验证,提升大宗商品供应链全流程透明度、规范化和真实性,通过供应链金融创新,降低行业交易成本,打破大宗商品领域核心企业资金瓶颈,解决中小贸易商"融资难、融资贵"问题,有力支持实体经济发展。

一 主要做法

(一)科技应用赋能大宗商品供应链,推动大宗行业和金融机构实现产业数字化和资产数字化场景应用创新

通过场景化全链交易,实时跟踪买卖双方业务真实开展情况。链接第三方物流平台,使用区块链技术,对在线交易数据施行交叉验证和信息互联,多维度安全验证,形成多条基于真实业务场景的业务链。以时间轴的表现形式在线直观反映资产实时变化,让出借资金的金融机构及时掌握企业业务运营情况。

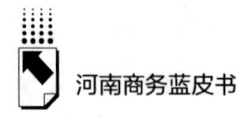

数链科技与金融机构合作,基于应收账款、预付业务、存货业务(粮食)等设计多种数字供应链方案,覆盖全链条。客户可以在线选择一种或多种供应链方案,满足融资需求,缓解资金压力。

一是基于应收账款。贸易商将其与下游的交易(应收账款形成过程)通过平台实现线上化,形成资产数据。贸易商在线发起融资申请并推送至数链审核平台,数链审核平台对该资产数据进行清洗和分类,按照金融机构的标准和条件,要求融资方与融资过程中各个主体在线签订融资合约。合约签订后,将融资合约推送至满足条件的金融机构的系统,实现在线快速放款。

二是基于预付业务。核心企业向贸易商指定的煤矿采购煤炭,并销售给贸易商,整个交易过程通过数链科技在线上操作。在核心企业同煤矿签订采购合同,同贸易商签订销售合同后,由贸易商在线发起融资申请并推送至数链审核平台,数链审核平台审核通过后将该融资申请推送至资金方,资金方在收到该申请后对煤矿支付整个合同货值的预付款,贸易商在向核心企业提货时,分批次向核心企业指定收款账号支付提货款,减轻贸易商的资金压力。

三是基于存货业务(粮食)。数链科技为智慧粮仓研发了线上线下信息数据平台——智慧粮仓云监管平台。粮食入库、出库后,品种、产地、质数量、交易等信息以及对应原始凭证将实时上传云监管平台,并利用区块链技术加密算法,保障交易真实性、流程规范性和粮食安全性。核心企业的"主体信用",智慧粮仓对货物严格管控形成的"物的信用",依托云监管平台数据采集形成的"数据信用",三者合一打消金融机构疑虑,实现粮食入库放款、还款出库,大大缓解收储企业资金压力。

(二)以"数据信用+物的信用+主体信用大数据"为核心提升全流程产业风险控制能力,对金融机构风控形成有效补充

依托线下风控制度进行数字化提炼加工,将风控模型贯穿至在线交易的重要节点上,降低交易风险。依托平台沉淀的海量交易和金融数据,借助智能化计算、大数据建模等手段,将企业信用进行标准化建模,输出大宗商品行业特有的数字化信用报告。

针对大宗商品供应链的采购风险、销售风险、物流仓储风险等，建立完善的贷前、贷中、"贷后+线上"、线下全流程风险控制体系，降低融资风险和新金融机构切入大宗商品行业的风控壁垒，助力金融机构打造特色融资产品。以"陕煤集团""晋能装备制造""平煤神马集团"等主体信用强的供应链核心企业为做市商，通过控货产生"物的信用"，降低金融机构融资风险。

二 实践效果

平台上线以来，服务了20余家大型央企国企控股供应链核心企业、600余家优质终端客户、3000余家中小贸易企业，链接100余个仓储物流节点，助力平台核心客户在煤炭、农产品、铁矿石、油品、建材等大宗商品实现年交易量突破1亿吨。

成功在郑州、西安、太原、成都、银川等地建立了供应链贸易中心，2021年1~10月营收规模达到1200亿元。14家金融机构通过平台为中小企业累计放款10149笔，中小企业实现融资近200亿元。

三 下一步工作

瑞茂通集团郑州数链科技将继续加大科技研发投入，在平台数据安全、参与主体的责任划分、信息对称、回款管理体系等多方面不断完善平台服务能力，通过新技术应用，赋能大宗商品供应链行业数字化升级，支持中小企业发展，为实体经济发展做出积极贡献。

B.20
前瞻谋划　定制招商
鹤壁市全力打造数字经济新高地

王卫红　张育文　许保海　贾春奇*

摘　要： 近年来，鹤壁市认真贯彻落实中央精神和省委省政府决策部署，抢抓机遇、前瞻布局数字经济核心产业，以打造产业生态为目标，以龙头企业为牵引，以产业园区建设为载体，制定招商方案，绘制招商图谱，组建招商专班，按图索骥、定制招商，依托京东等一批行业头部企业，推动数字经济产业从无到有、从弱到强，呈现快速集聚发展的良好态势。

关键词： 鹤壁市　数字经济　产业生态　招商图谱

一　主要成效

近年来，鹤壁市积极探索新兴产业发展路径，大力发展5G、云计算、大数据、人工智能等数字经济核心产业，构建数字经济发展生态链，积极创建国家新型智慧城市建设试点市。2018年以来，鹤壁市先后招商引进了京东、阿里、华为、腾讯、联想、浪潮、360、赛仕、曙光、航天宏图等一批数字经济头部企业。2020年，鹤壁市数字经济核心产业占GDP比重为6.9%，高于全省平均水平2.2个百分点，位居全省第二。

---

* 王卫红、贾春奇，河南省商务厅；张育文、许保海，鹤壁市商务局。

（一）基础设施不断完善

紧抓省首批"全光网"城市建设契机，鹤壁市建立5G项目清单，项目数量居全省第五、总投资额居全省第二，建成5G基站1601个，打造精品网络，在全省率先实现乡镇以上城区全覆盖以及垂直行业应用按需覆盖。实施5G智慧城市新基建（智慧合杆+边缘计算+应用场景）项目，推广"杆塔桩站房、云网边端场"智慧城市建设模式，以较小成本实现了智慧城市5G通信、物联网及智慧场景应用的覆盖。

（二）产业生态日益完备

以建设鹤壁东区数字经济核心区为引领，鹤壁市规划建成全省首家5G产业园，落户数字经济龙头企业近20家，吸引400多家数字经济相关企业扎堆集聚，实现了新技术、新产品在生产制造、城市管理、数字乡村等方面的场景应用，初步形成"以应用带产业、以产业促发展"的互动格局。京东与鹤壁实施了"互联网+"新经济发展合作项目，京东（河南）云计算产业基地云平台获"2020IT行业年度优秀云服务案例奖"；华为垂天5G边缘计算实验室和华为新农邦数字乡村实验室落户鹤壁；奇虎360区域总部大厦建成投用，正在打造全国首个地市级"城市大脑"；鹤壁密码先进技术研究院揭牌运营；中国测绘学会全国首个空间地理信息与5G融合应用试验区加快建设，航天宏图华中地区总部开始运营。

（三）数字赋能进程加快

鹤壁市加快推动制造业数字化转型，培育以富士康、耕德电子为龙头的5G智能终端配套产业集群，以仕佳光子为代表的5G光通信产业集群。农业数字化转型成效突出，鹤壁市被确定为全国第一个数字乡村综合改革标准化试点市，是全省唯一的整市创建数字乡村示范市，农业硅谷产业园已建成全国最大的农业行业云和大数据中心，农业信息化业务全国行业领先。服务业数字化产业步伐提速，京东电商平台、煤炭储配交易中心能源互联网平

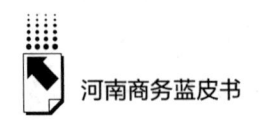

台、新农邦农村电商平台等发展迅速,京东鹤壁"亚洲一号仓"一期投用,鹤壁在线新经济产业园投入运营。

(四)应用场景丰富拓展

鹤壁市初步形成了"一网、一平台、三中心、多应用"的智慧城市架构体系,曙光星云政务云稳定运行,智慧淇河系统实现淇河管理全天候、信息化、智能化,5G智慧城市新基建项目加快推进,9个项目入选全省第一批5G应用场景示范项目。依托上海小邻通智慧运营平台、政企云智慧小区平台等,部署推广智慧社区,淇滨区新城社区被认定为省级智慧社区建设试点,垂天智能制造智慧合杆已规模化生产,小狮科技环卫智能作业车试运行。

二 主要做法

(一)在解放思想中谋篇布局,加强顶层设计,推动产业从无到有

鹤壁市坚持把培育新业态新模式作为关键突破,以创建全国产业转型升级示范区为抓手,高水平打造以数字经济为核心的新经济,推动产业数字化、数字产业化和城市数字化协同融合发展,着力提升区域经济竞争力。成立了以市长任组长的数字经济建设工作推进领导小组,建立健全工作机制,印发出台了《加快5G产业发展三年行动计划》《新型智慧城市规划建设方案》《支持新经济招商引资十条措施》等系列文件,统筹新型基础设施、产业发展与重点项目的融合衔接。按照"规划引领、对标雄安"思路,高标准规划鹤壁东区高质量发展城市创新引领区,大力发展5G、人工智能、大数据、商用密码等数字经济核心产业,建设区域性数字经济中心。在鹤壁东区规划建设5G产业园、智能应急产业园及百佳、千慧、万和、亿发、兆丰等智造产业园。

（二）在抢抓机遇中按图索骥，开展定制招商，推动产业从散到聚

一是编图谱建园区。坚持"龙头+集群+园区"模式，编制数字经济核心产业发展报告、招商图谱和推进方案。其中，依托京东集团建设京东数字经济产业园，编制了京东数字经济产业园招商图谱和推进方案，兴鹤科技等150家企业已经入驻园区；以头部企业中科曙光为牵引，编制了智能应急产业园招商图谱和推进方案，园区部分厂房已经建成，数据方舱等项目正在加快推进；以龙头企业奇虎360为牵引，编制了商用密码产业园招商图谱和推进方案，360网络安全协同创新产业基地已建成运营；围绕中国测绘学院，以航天宏图为牵引，编制完成了空间地理信息与5G融合应用试验区空间地理信息产业园、空间地理信息与5G融合应用试验区卫星遥感产业园招商图谱和推进方案，航天宏图华中地区总部已开始运营；以头部企业人民数谷为牵引，编制了直播电商产业园招商图谱和招商推进方案，大鱼网络科技等多家企业已经入驻；以头部企业深兰科技为牵引编制了深兰人工智能产业园招商图谱和推进方案，状元台、生态芯片等系列项目正在加快推进；以龙芯中科为龙头编制了龙芯（鹤壁）工控产业园招商图谱和招商推进方案等。瞄准科大讯飞、北斗导航、海康威视、银河航天、北斗星通等行业重点企业及其配套企业，制定三年招商推进方案，动态更新完善图谱，开展延链补链强链招商，招引链主企业和上下游关键环节项目，立足专业园区，打造产业集群。

二是引龙头带产业。紧扣"提高招商质量、提升招商实效"目标，坚持大员上阵、高效招商，市委市政府主要领导坚持重点项目亲自洽谈、重要客商亲自会见、重大问题亲自协调；聚焦重点产业、重点区域、重点企业，突出产业招商、以商招商、驻地招商、平台招商等精准招商方式，变招单一企业为招产业生态，变全面撒网为定制招商，变单兵作战为协同发力；整合招商资源，创新多方联动、季度"五账法"等"1+9"招商机制，对重点项目实行台账化管理，做到项目清单化、清单责任化；紧盯行业龙头、产业链头部企业、链主企业，着力实现引来一家、带来一批的"葡萄串"效应。

2018年9月，在引进京东集团"互联网+"新经济发展合作项目的基础上，加强与京东集团科技、物流、健康等板块沟通对接，深化全方位合作，推动京东亚洲一号电商产业园一期、京东（鹤壁）智能制造产业新城、京东数字经济产业园、中华（河南）老字号数字营销中心等项目相继落地，京东大厦、京东（鹤壁）数智广场等一批京东系项目正在加快推进，产业集聚效应凸显。

三是育链条聚生态。紧盯北京、深圳、上海等重点区域，加强与中国信息通信研究院、中国信息化发展研究院等对接交流，围绕数字经济核心产业及上下游关联产业建立链长制，依托中国测绘学会建立空间地理信息产业链，依托360区域安全总部建立商用密码产业链，依托小狮科技建立自动驾驶产业链，依托北京分音塔科技建立智能语音产品链，依托中航天建设、鸿腾智能科技建立应急制造产业链等，开展链群招商，力争形成产业链闭环，打通产业发展的上下游、干支流、左右岸，构建生产要素完备、上下游联系紧密、横向互补发展的产业生态。

四是优环境促发展。在全省率先启动"两个健康"示范市创建、设立"企业家节"，"护航""暖心""清风"三项工程深入实施，创新"企业做甲方、政府当乙方"签约模式，积极推行投资项目审批"多评合一""容缺办理"等审批制度改革，"一张蓝图"工程建设项目审批系统全国推广，"五位一体"服务机制受到国务院通报表扬，营商环境评价连续三年排名全省第三，企业满意度调查全省第一，荣获全国社会治安最高奖"长安杯"。

（三）在创新驱动中双向赋能，打造产业生态，推动产业从虚到实

一是搭建平台赋能企业发展。创新引才聚才新模式，建立了中科院半导体研究所河南研究院等90多家省级以上创新平台。搭建产业发展平台，建立新经济产业发展基金，设立鹤壁产业技术研究院，成立鹤壁钜能信息产业技术研究院公司，发挥平台在集聚人才、招商引资、企业研发等方面的作用。加大职业技能人才培养，鹤壁技师学院新开设物联网、大数据应用两个专业。落实高质量发展实施意见、招商引资优惠政策等，强化在土地、人

才、资本等方面支持,为数字经济企业提供良好政策环境。

二是突出数字技术赋能产业转型。积极推动大数据、新一代人工智能、物联网等信息技术赋能实体经济。农业农村信息化发展总体水平为63.6%,连续三年居全省第一,4个县区入围"全国县域农业农村信息化发展先进县"。京东鹤壁"亚洲一号仓"在全国74个城市中建成投用速度最快,豫北地区及河北、山东、山西部分县市消费者享受到了京东"211限时达"服务。

三是构建应用场景赋能政府智治。以新型智慧城市试点城市建设为突破,规划建设一批智慧安防、智慧社区、智慧园区、智慧教育、智慧交通、智慧旅游、智慧应急等试点应用场景。发挥华为垂天5G边缘计算实验室平台支撑优势,推动5G智慧城市新基建项目建设,形成智慧合杆生产制造、推广建设、场景应用一体化示范。加快公共安全体系建设,建成智慧安防小区113个,实施智能交通中心、情指联勤中心、智慧消防等一系列项目。依托航天宏图技术优势,在洪涝灾害综合风险方面精准监测分析,并制作成可视化资料,为防汛救灾提供支撑。

三 未来发展

下一步,鹤壁市将深入落实数字中国、网络强国、中部崛起等重大战略,以推进数字产业化和产业数字化为核心,按照"一核、三区、多点"统筹生产力布局,全面提升数字经济发展水平、数字社会和数字政府治理能力,打造成为区域数字经济示范市和资源型城市数字化转型样板市。

一是在空间布局上,探索构建"一核引领、三区协同、全域联动"的数字经济发展格局。"一核引领"即依托鹤壁东区打造全市数字经济核心区,争创省级数字经济产业园。"三区协同"即推动淇滨区、开发区、城乡一体化示范区协同高质量发展,形成特色鲜明、相对完整的区域产业链供应链体系。"全域联动"即全域推进数字技术与生产制造、政府服务、社会治理等实际需求深度融合,不断拓展各领域信息技术应用的广度和深度,赋能

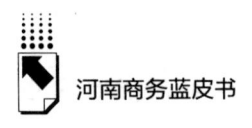

传统产业和城市发展，提升实体经济和城市治理的数字化水平。

二是在开放招商上，聚焦五大核心产业开展精准招商。聚焦5G、新一代人工智能、网络安全及商用密码等数字经济核心产业，动态更新数字经济招商图谱，坚持龙头带动，加快引进一批数字经济骨干企业和创新载体平台，大力推动5G产业园、智能应急产业园及百佳、千慧、万和、亿发、兆丰等智造产业园建设，打造500亿级数字经济核心产业集群。

三是在产业保障上，夯实数字经济发展基础。积极培育引进数据生态，推动数据资源开发利用，探索构建数据资源体系和价值体系。大力推进产业数字化，以智能制造、企业上云、工业互联网等为重点推进制造业数字化转型；以农业生产数字化、农业数据综合利用等为重点推进农业数字化转型；以智慧物流、智慧文旅等为重点推进服务业数字化转型。提升数字化治理能力，加快新型智慧城市建设，打造高效服务的数字政府，建设智慧协同的数字城乡，构建利企便民的数字社会。

B.21
依托港口优势发展临港产业 做好"海洋经济"承接文章

——淮滨县以临港经济推进海洋经济发展

王卫红 吴小昱 鲁付森 扈金锋 刘昱杞*

摘　要： 近年来，淮滨县坚持以习近平新时代中国特色社会主义思想为指导，牢记"两个更好"的殷殷嘱托，抢抓加快大别山革命老区振兴发展和淮河生态经济带发展等机遇，深入践行县域治理"三起来"重大要求，发挥"千里淮河第一港"的优势，积极融入"一带一路"建设，大力推进"滨淮福地、临港强县"建设，做大做强临港产业，以临港经济促进海洋经济发展，打造河南省开放经济"桥头堡"，坚持融合发展，以创新理念走出"港产城"综合发展新道路，省委书记楼阳生对淮滨发展"流通贸易型"县域经济新模式给予肯定，指出淮滨县要发展临港产业，并着力打造淮河生态经济带重要节点城市和豫货出海集散地。

关键词： 淮滨县　海洋经济　临港经济区

一　信阳淮滨临港经济区建设情况

淮滨县位于河南省东南部，毗邻安徽阜阳，居淮河中上游，因临近淮河

---

* 王卫红、刘昱杞，河南省商务厅；吴小昱，淮滨县政府；鲁付森、扈金锋，淮滨县商务局。

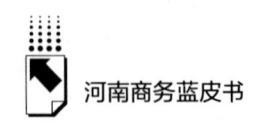

而得县名淮滨。淮滨坐拥淮河主航道，淮滨港是河南省最大的内陆天然良港，是中原地区通往东南沿海的水运要塞，水运连通淮河、长江、运河三大水系，"公、铁、水、空"立体交通网络独具优势，被确定为全省18个区域物流枢纽之一。

信阳淮滨县以淮河生态经济带国家战略为契机，立足优势推动临港经济高质量发展。规划建设面积约106.9平方公里的信阳淮滨临港经济区，编制了《信阳淮滨临港经济区概念规划》，该经济区的基本空间构架为"一港、六区、一廊道"。一港即公铁水一体化物流港；六区即临港现代物流区、临港配套服务区、临港高端制造区、临港科研教育区、临港能源储备区、临港精深加工区；一廊道即淮河生态廊道。

信阳淮滨临港经济区坚持"港产城"融合产业体系全面发展的指导思想，基于港口"大中转、大集聚""对内辐射带动、对外开放互联"的特性，科学规划临港产业，结合实际延伸产业链条，打造集物流、制造、贸易、休闲于一体，港、产、城、商、文、旅融合发展的临港经济新产业体系，从而将临港经济区打造成河南内陆港优秀经济体系发展模范，形成"千里长淮第一港，内陆物流新枢纽"。港区建设主要包括公铁水一体化淮河淮滨港码头和码头配套工程，工程总占地1500亩，设计20个泊位、年吞吐量2080万吨，项目于2018年10月开工，港口及物流园区于2022年1月4日正式开航。

二 信阳淮滨临港经济区建设政策机遇

信阳淮滨临港经济区是省委明确支持的重大区域规划，为淮滨乃至信阳发展带来了重大机遇。《淮河生态经济带发展规划》《大别山革命老区振兴发展规划》《大别山片区区域发展与扶贫攻坚规划》等文件明确指出，推进淮安、周口、漯河、固始、淮滨等内河港口二类口岸建设。支持信阳淮滨、蚌埠、淮安、连云港、盐城滨海港等临港经济区建设。实施淮河干流航道整治，完善淮滨港功能。《国家发改委　自然资源部　交通运输部　国家铁路

局 中国国家铁路集团有限公司关于加快推进铁路专用线建设的指导意见》将"淮滨县淮上交通有限公司专用铁路"列入铁路专用线重点项目。《河南省人民政府办公厅关于印发河南省贯彻落实淮河生态经济带和汉江生态经济带发展规划实施方案的通知》提出，加快淮河干支线航运开发和港口建设，建成淮滨县内河港口口岸查验区，支持建设淮滨临港经济区。2020年，省编办正式批复设立信阳淮滨港务中心，全面负责信阳淮滨临港经济区建设与管理工作。这些政策给港区建设提供了强力支持。

三 临港产业发展情况

（一）临港产业蓄势崛起

紧邻港口的县产业集聚区规划面积15平方公里，形成了纺织、食品"1+1"主导产业，入驻企业198家，其中规上企业128家，实现规模以上工业企业主营业务收入213.7亿元，工业增加值44亿元，从业人员2.66万人。2020年成功晋升为二星级产业集聚区，先后荣获河南十佳特色产业名片集聚区、中国新兴纺织产业基地县、河南高质量发展产业集聚区、5A级营商环境集聚区等荣誉称号。抢抓产业转移机遇，大力发展纺织服装产业，通过精准化招商、集团化引进，基本形成"初级丝—织布丝—成品布—印染后整理—服装深加工—市场交易"的完整产业链，推动产业链向中高端延伸。纺织服装企业157家，2021年纺织服装产值达150亿元，是全市唯一超百亿级纺织服装产业集群，正由中原地区最大的化纤纺织生产基地向中西部最大的化纤纺织生产基地迈进。被授予中国针织服装产业转移示范区、中国针织服装智能制造基地、河南省纺织服装营商环境先进县等称号。依托"中国弱筋小麦第一县"的优势资源，加快食品加工产业发展，培育规上食品加工企业22家，年产值50亿元，形成了从田间到餐桌的全产业链条，正在打造豫南沿淮弱筋小麦生产、加工基地及产业集群。

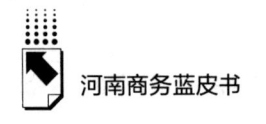

（二）船舶制造加快转型

基于河南最大内陆港优势，以船舶制造为产业核心，注重产业链构造，建设沿淮造船工业带，构架船舶产品加工区、船用材料贸易区、造船产业服务区"一带三区"产业链格局。造船园区规划面积3.8平方公里，拥有船台240个，具备年造船舶500艘生产能力，是淮河流域最大的造船基地。现有规模以上船舶生产企业7家，船艇研发企业1家，船艇旅游企业1家，造船专用工业气体企业3家，船用产品配套企业23家，是河南省重点培育的20家特色装备制造园区之一。产品实现了从散货船舶到冲锋舟、画舫、游艇等多元化发展。享有内河航运"十船三淮滨"的美誉。淮滨造游艇销售客户群不仅有西安、青岛、三亚等旅游景区，同时开拓了印度尼西亚、缅甸等国家的钓鱼艇市场。正在加强与中国船级社国际业务对接，推动淮滨游艇取得国际CCS认证。

（三）流通贸易快速发展

信阳淮滨临港经济区"公、铁、水、空"综合交通体系完善，两条国道、五条省道过境四通八达；四条高速公路连贯南北、承东启西；京九铁路穿境而过；阜阳机场、武汉机场、潢川机场、明港机场均在2小时经济圈内；是河南省157个县（区）中唯一集公路、铁路、水运三种运输方式于一体的港口。信阳淮滨港作为河南省十大多式联运示范项目，拥有66公里的淮河岸线资源，常年水深6~8米，常年保证通航能力1000~3000吨。对内与沿淮16个地市港口成立淮河生态经济带港口联盟；对外与丝路之鹰中非贸易集团珠海公司和毛里求斯公司签订了"淮滨港—珠海高栏港—非洲路易斯港"航线协议，在茶叶、粮食、食品、农业机械设备等领域开展对外贸易，实现河南产品走进非洲，推进豫非贸易直通港，打通内陆与非洲经贸往来的水上黄金通道，打造河南海上丝绸之路的桥头堡、豫货出海的大窗口、豫非直贸区和内陆开放新高地，形成"北有郑州航空港、南有信阳淮滨港"的对外开放新格局。

（四）建设临港产业"十大基地"

科学布局临港产业，全力打造"十大基地"，即中原粮食和物资储备基地、中西部化纤纺织服装仓储物流基地、中原石油天然气储运基地、中原煤炭储运基地、中原户外休闲家居集装箱转运基地、豫非贸易储运基地、中原船艇制造维修基地、装配式建筑生产加工基地、豫皖农产品冷链物流基地、豫皖综合保税区基地。

四 发展海洋经济建议

一是建议将信阳淮滨临港经济区作为"河南省海洋经济发展示范区"给予支持。信阳淮滨临港经济区规划面积106.9平方公里，公路、铁路、水路交通优势明显，岸线资源丰富，临港产业初具规模，建议将信阳淮滨临港经济区作为全省海洋经济发展示范区打造，为全省海洋经济发展探路。

二是建议支持淮滨县淮上交通有限公司专用铁路工程项目建设。国家发改委、自然资源部等五部委联合印发的《关于加快推进铁路专用线建设的指导意见》（发改基础〔2019〕1455号）将淮滨县淮上交通有限公司专用铁路项目列入2019~2020年重点项目。建议在该项目用地报批时开辟绿色通道，予以审批。

三是建议省商务厅、省外办支持推进中非贸易自贸港机制。落实河南省融入"一带一路"的战略目标，推进淮滨至毛里求斯、尼日利亚、肯尼亚、加纳、坦桑尼亚五条航线，建立中非豫货贸易直通港，并通过贸易建立与非洲各国的经济贸易桥梁，进一步发挥豫货出海通道优势，发展海洋交通运输业。

四是建议对港口的产业发展做出清晰的定位。信阳港·淮滨中心港区作为河南省天然气、石油、煤炭等能源储备基地、粮食加工基地、户外休闲家居用品集装箱转运基地、装备式建筑生产基地，给予产业发展支持。作为河南省第二批多式联运示范工程，可对接中欧班列。通过开通国际航线，对接

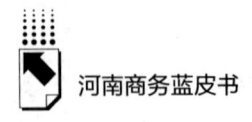

"一带一路"沿线国家和地区，成为河南省对外开放的新平台。

五是建议省政府支持信阳淮滨临港经济区用地指标。信阳淮滨临港经济区规划面积106.9平方公里，概算总投资632.7亿元。为了使临港经济区项目能够快速地实施，先期在国土空间规划中为信阳淮滨临港经济区单独分配建设用地指标9.22平方公里，为临港经济区建设预留土地发展空间。

B.22
三门峡经济开发区致力打造一流营商环境

金川 张秀 李永兵*

摘　要： 本文梳理总结了三门峡经开区聚焦主责主业，主动识变、应变、求变，以"创新体制机制改革释动力、创新人事机制改革激活力、创新绩效改革添效能"为目标，重塑部门架构，厘清政务职能，再造管理模式，提升政府服务水平和服务效能等相关经验做法，为河南省经开区提供有益借鉴。

关键词： 体制机制改革　市场化运作　营商环境

作为2020年全省开发区体制机制改革试点之一，三门峡经济开发区充分结合开发区产业发展现状，改革创新，压实责任，重新建立了全新的体制运行、人事管理、薪酬发放、绩效考核等制度办法。同时，积极发挥开发区体制机制改革红利，聚力高质量发展，打造一流营商环境。

一　体制机制改革"三重奏"夯实一流营商环境基础

三门峡经开区聚焦主责主业，主动识变、应变、求变，充分借鉴省内外先行先试开发区改革的经验和做法，以"创新体制机制改革释动力、

---

* 金川，河南对外经济贸易职业学院；张秀、李永兵，河南省商务厅。

创新人事机制改革激活力、创新绩效改革添效能"为目标,重新建立了全新的体制运行、人事管理、薪酬发放、绩效考核等制度办法。建立开发区党工委领导下的"三驾马车"——经济开发区管委会(负责政务管理)、三门峡经开投资发展集团公司(负责招商引资)、向阳街道办事处(承担社会职能),实行企业化管理、市场化运作、专业化服务的整体运行模式。

(一)重塑部门架构,厘清政务职能

通过部门架构的重新构建,划清了开发区内管委会各职能部门、集团公司、街道办的职能权限和职责清单,形成了在党工委领导下的"管委会+集团公司"工作格局,建立了专业化服务、市场化运作、精细化管理的运行模式。

一是强化经济服务管理职能。坚持"大部门、扁平化"的改革方向,将管委会内设部门由原来的23个整合为7个,精简比例达到69.6%。强化纪工委,成立监工委和巡察办,进一步健全了纪检监察巡察职能,为经济发展保驾护航。充实中乌科技创新研究院人才队伍,建强科创研发平台。建立了相应的经济财政、项目建设、产业投资、招商引资、人事薪酬、国资管理等运行机制和管理办法,各部门职能重在聚焦服务经济发展、提高政务服务水平、优化营商环境。

二是整合社会事务管理职能。重新制定《三门峡经济开发区向阳街道办事处体制机制改革实施方案》,建立了独具开发区特色的街道办管理运行办法。将全区涉及基层党建、公共服务、城市管理、社会治理、安全稳定等社会性和群众性工作职能全部归并,由向阳街道办行使区直原有社会职能部门和街道两级职权职责职能。

三是构建市场化运营体系。对原有11家国有企业资产进行整合,注册成立三门峡经开投资发展集团有限公司,发挥集团公司在推动全区改革创新发展的"主力军"作用,承担全区建设开发、双招双引、投融资平台等职能。经过1年的发展,资产总额突破50亿元,资产负债率

40.51%。与中原银行、国开行、广发银行等金融机构合作，完成融资近 6 亿元，撬动社会资金 20 亿元，有效拉动了社会投资，推动了项目落地。

（二）再造管理模式，实行双轨运行

一是注重建章立制。制定了《三门峡经济开发区绩效考核实施办法（试行）》《三门峡经济开发区薪酬管理考核办法（试行）》《三门峡经济开发区职级晋升管理办法（试行）》《三门峡经济开发区岗位退出管理办法》，编制内人员原有身份、编制和职级不变，档案封存，根据聘用岗位定薪酬领绩效明职责，进行岗位管理，"双轨运行"，真正实现"岗位能上能下、身份能进能出、工资能高能低"。

二是稳步推进全员岗位聘任制和绩效工资制。坚持"老人老办法、新人新办法"原则，建立以岗位职责分类为基础、以绩效考核为核心的岗位绩效工资分配激励制度，取消编制管理，实行聘任制。原体制内人员实行"双轨"制管理，体制内人员选聘、体制外人员竞聘，面向全国招聘高层次管理人才和专业人才，新聘用人员实行企业化管理。岗位工资根据聘用岗位定级定档，绩效工资根据考核结果确定系数；个人考核按"月度评分、季度考查"方式进行，部门考核按"季度考查、半年考评和年终考核"方式进行。绩效工资分为季度绩效工资和年终绩效工资，其中，季度绩效工资占年总绩效工资基数的 15%；年终绩效工资占年总绩效工资基数的 40%。由下一级综合绩效系数确定上一级综合绩效系数，一级影响一级。

三是优化队伍建设，力求运行高效。体制内选聘人员 219 名，逐级选人，上级选下级、双向可选择；体制外竞聘人员 23 名，以岗选人，能者留、适者用；社会公开招聘人员 26 名，专业找人，谁有本事谁来、谁有能力谁干。改革完成后，人员结构得到大幅优化。其中，硕士研究生以上 52 名，占比 19.4%；45 岁以下 190 人，占比 70.9%。改革后，人员由原来的 515 名精简到 268 名，精简比例达到 48%。

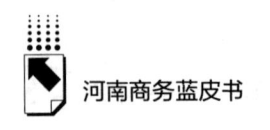

二 提升政务服务水平

(一)发挥党政核心作用

一是联通政企服务,缔造"经开速度"。依托政务服务部,建立"云端经开"政务服务中心,凭借"'云'上走、'端'在手、'经'常见、'开'心办"的服务理念,以为群众、为企业、为项目服务"一件事"的服务宗旨,以"首席服务官"制度为特色,形成"一窗受理、全程跟踪、全面帮办代办""一平台、一件事、一专员"的服务模式,实现办事不出园区的工作目标,解决政企的"最后一公里"问题。

二是链接党群服务,营造"经开温度"。围绕"为谁服务、谁来服务、怎么服务"的核心问题,搭建智慧社区综合服务管理平台,"一中心、一站式、一群人",探索创新党服务群众的工作方法,完善建强党联系群众的工作机制,将自治、法治、德治、数治结合起来,实现畅通链接党群"最后一公里",夯实党领导下的社会治理基层阵地,努力形成"共建、共治、共享"的基层治理管理模式。

三是锤炼服务效能,打造"经开高度"。以"13710"工作机制为抓手,打造更优营商环境、更高工作效能、更快发展速度,着力建设"清廉经开",实现以党的建设高质量引领经济社会发展高质量。事前教育引导预防、事中跟踪提醒督办、事后评价结果运用。

(二)推进政务服务便利化

一是提高企业开办便利度。全面推行企业开办全程网上办理,整合设立登记、公章刻制、申领发票、社保登记等企业开办事项,实现登录一个平台、填报一次信息、一个环节、一日办结、零收费的优化目标。

二是提升纳税服务质量。推行"多税合一综合申报",简化申报纳税和办税流程,简化表证单书,扩展缴纳税费新渠道,不断提升办税效率。优化企业所得税汇算清缴流程,优化增值税留抵退税工作机制。

(三)提高法治服务保障水平

一是推进法治政府建设。坚持把法治诚信打造成为营商环境最硬内核,依法保护民营企业和企业家合法权益。提升公共法律服务水平,严格公正文明执法,强化中小投资者保护,为各类市场主体投资兴业营造稳定、公平、透明、可预期的法治环境。

二是实施公平统一的市场监管制度。全面推行部门联合"双随机、一公开"监管,建立健全监管事项目录清单动态管理机制,合理确定抽查比例和频次,最大限度减少对企业经营的干扰。

三是依法平等保护好企业和企业家的合法权益。依法保护企业知识产权。对经营失败无偿债能力但无故意规避执行情形的民营企业家,及时从失信被执行人名单中删除;对已履行生效法律文书义务的,及时屏蔽失信信息,恢复民营企业家信用,积极引导失信主体通过作承诺、受培训、入监管、交报告、受辅导、行公益等方式主动开展信用修复。

(四)提升招商引资服务能力

一是细化考核,强化责任。招商工作中落实主体责任,把考核作为抓招商的有力载体,完善考核评价机制,强化考核结果运用,充分调动各部门积极性、主动性。

二是多渠道提升招商人员专业素质,鼓励招商人员外出挂职。为突出园区招商主战场作用,在人手紧缺的情况下派出一名招商同志挂职昆山经济开发区,承接产业转移,共同推动园区招商。

三是建立完善招商引资重点项目库。积极对接协会、商会、科研院所,开展项目谋划和招商引资,利用基金、融资平台招商,加大对招商引资的奖励扶持力度,促进招商引资提质增效。积极与三门峡市人民政府驻上海办事处及上海河南三门峡商会保持联系,捕捉招商项目,提供招商信息,建立完善招商引资重点项目库,探索实行产业链"链长制"。

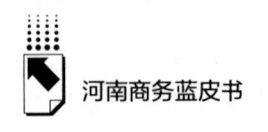

（五）加快平台建设

一是营造良好创业氛围，助推企业高效发展。举办生物医药实训实习活动，助推产教融合、加快企业转型升级、鼓励大学生创业就业。举办"科技大讲堂"活动两期，"企业金融大讲堂"，为企业普及金融知识、解读金融政策、提供融资服务。组织企业参加上市培训会，提升企业资本市场运作和融资能力。

二是完善服务平台，为企业提供全方位服务。在原有服务平台基础上，中乌科技创新研究院从企业发展着手，建设高新技术企业认定、科技型中小企业评价、知识产权维权援助中心、政策咨询、法律咨询、创业导师、科技金融、技术经理人和财务顾问等科技服务平台，为企业提供便捷的一站式服务。

三是实行园区企业动态管理。多措并举做好企业安全生产督查。建立园区"优胜劣汰、能进能出"的动态管理机制，实现园区企业高质量发展。

（六）加强科技创新

提升科技工作者整体素质，全面掌握、吃透各类科技政策，向三门峡经济开发区企业印制下发《惠企政策汇编》，联合市科技局、市统计局深入企业进行调研指导，对高新技术企业培育和企业研发投入等工作进行宣讲，推动各项政策应知尽知、应享尽享，确保企业研发经费投得进、统得出。在中乌科技创新研究院基础上成立三门峡产业技术研究院分院，以市产业技术研究院为依托，为企业提供技术开发、技术咨询、分析检测、技术培训等服务。

三 提升服务效能

（一）加快政务服务数字化建设

一是完善行政服务中心功能。以优化市场准入、项目建设审批和企业服务机制为抓手，积极推进营商环境改革，依托政务服务部，建立"云端经开"政务服务中心,凭借"'云'上走、'端'在手、'经'常见、'开'心办"的服务理念,以为群众、为企业、为项目服务"一件事"的服务宗旨,以"首席服务官"制度为特色,形成"一窗受理、全程跟踪、全面帮办代办"的服务模式,实现"办事不出区""办事不见面"的工作目标。目前,政务服务体系建设工作已经完成并投入使用。

二是深化数字化平台应用。加快推进"甘棠政务"App 的推广应用,实现网上办公,提高政务服务效率;探索建设营商环境可视化监测平台,实现高频指标实时监测,达到一个平台管营商环境的改革目标。

(二)降低要素成本

一是持续降低用电用水用气成本。实施分类管理,简化建设项目报装前置条件,压缩整体时限,用水用气报装材料压缩成 1 张表单,报装流程压缩为申请受理、勘验开通两个环节,实行"零上门""零审批",企业投资产权边界外"零收费"。精简办电业务证件,推广线上办电,优化配套工程管理模式,推动供电企业内外部高效联动。坚决清理不合理收费。

二是持续降低税费和融资成本。全面推进电子退税,进一步畅通减税降费政策传导机制,清理规范各类涉企收费。深入实施"861"金融暖春行动和金融服务"百千万"行动计划,落实民营企业上市挂牌"绿色"通道制度。严厉打击金融领域乱收费行为,开展银行违规涉企服务收费专项治理,重点督导金融机构严格执行"七不准、四公开"和小微企业"两禁两限"要求,禁止发放贷款时附加不合理条款,变相增加小微企业融资成本;重点关注暂时遇到困难但市场前景好的企业,帮助做到不停贷、不抽贷、不断贷,切实减轻企业负担。

三是持续降低其他要素成本。争取对接国家、省惠企政策支持,拓宽政策向企业传递渠道,精准有效、公平公正落实各项优惠政策,降低企业生产性成本和制度性交易成本。降低用地成本,创新存量土地和低效用地盘活利用机制,探索增加混合产业用地供给,优化用地办理,实现土地资源的优化配置和集约利用。

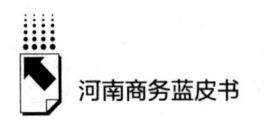

四 打赢蓝天碧水净土保卫战

持续推进清洁取暖，实施"电代煤"工程，落实扬尘污染管控措施，加强油品质量监管；持续推进黄河流域生态保护、辖区支流综合治理；持续推进城区绿化美化、市政道路改造提升等工程，绣花匠心提升城市品质，大力开展人居环境整治，营造优美生态环境。

B.23
适应品质需求 焕新老街老味 全力打造省级示范步行街

李文才 郭建峰*

摘　要： 洛阳市广州市场步行街是新中国成立初期，全国十余万中华儿女援建洛阳时建设的，曾是引领洛阳时尚潮流的繁华商圈，是一个在老洛阳人眼中独具广州特色的街区，至今仍让人回味。近年来随着市场化经济高速发展，广州市场步行街逐渐丧失其洛阳商业领先地位。作为一个老街区、老品牌、老味道，如何能吸引新消费、产生新热度、焕发新活力，是新时代需要解决的问题。步行街改造提升工作，恰好架起了联通"老"和"新"之间的桥梁。洛阳市政府、涧西区政府紧抓省级步行街改造提升试点机遇，采取政府搭台、市场化运作方式，引进专业化运营公司，首创"五统一管理""八举措运营""智慧化赋能""多维度布局"等创新运营管理模式，着力提升消费体验，促进商旅文融合互促，老街焕发了新活力。

关键词： 洛阳市　涧西区　广州市场步行街

一　历史印迹

在"一五"建设时期，一拖、洛轴等6家国有企业相继落户洛阳市涧

---

* 李文才、郭建峰，河南省商务厅。

西区，为解决从全国各地而来的10万多名建设者及数万名家属的生活保障问题，洛阳市主要领导紧急到上海、广州请求支持，动员国有和民营企业迁往洛阳，因此，广州市场步行街应运而生，并在此后相当长一段时期内成为洛阳商业体系中满足群众衣、食、住、行最高水平的代表。随着市场化经济高速发展，人民群众生活水平逐渐提高，广州市场步行街因建设年代久远、产权归属混乱、缺少统一管理运营，业态分布及日常管理混乱无序，地摊小吃占据街区，店铺档次低、环境差。为助力洛阳打造"文旅强市"，推进文旅融合大发展，洛阳市涧西区结合城市发展定位和总体规划，按照对标全国一流、彰显河南特色的原则，对广州市场步行街实施了提升改造，改造方案、方式、方法和运营模式成效明显，取得了步行街改造提升可复制、可推广的成熟经验。

二 改造升级

广州市场步行街提升改造工程共分两期实施。一期工程为街区内部改造，涉及"一横两纵"三条街区，总长806米（南北向东西街各长228米，东西向中街长350米），改造街道总面积1.35万平方米，改造建筑总面积1.5万平方米，提升业态商家111家。一期项目已于2020年7月完工，2020年11月11日开街。二期工程以街区内部美陈装饰和外围1.2公里街道改造为主，投资5000万元，目前正在实施中。改造后的广州市场步行街复古与现代共融并存、典雅与时尚交相辉映，在外部环境得到提升的同时，街区业态也得到全面优化，以"复古风、烟火气、国际范"的崭新姿态回归洛阳。目前，商业建筑面积空置率为3%；年度客流量达1800万人次以上，较改造前同期提高500%以上；每万平方米商业建筑面积吸纳就业1000人以上，较改造前同期提高近200%；最近年度平效达2万元以上，较改造前同期提高800%以上。广州市场步行街已获得多项荣誉并受到各级领导好评，先后被上级主管部门授予"河南省示范步行街""洛阳市2020年十大网红打卡地""河南省夜间文旅消费集聚区""阿里巴巴数智街区"等称号。

三 经验做法

（一）高位谋划，建强机制

洛阳市、涧西区高度重视广州市场步行街提升改造工程，洛阳市主要领导亲自参与审定了改造方案，并多次到现场视察指导工作，2019年广州市场步行街提升改造工程被洛阳市、涧西区列为重点民生实事项目。涧西区将该项目列为"书记工程"，2019年2月成立了以区委主要领导为指挥长的"广州市场步行街提升改造工程指挥部"，指挥部下设综合协调、市场管理保障、建设施工、招商运营四个工作组，均由相关委局一把手担任组长，各部门协同作战。

（二）创新理念，激发活力

采取"政府搭台、市场化运营"模式，引入上海意博集团"最家空间"运营管理团队组建广州市场步行街运营管理公司。运营公司负责项目的整体定位、设计、策划及运营管理，创新采用"五统一"运营模式（统一规划、统一回租、统一招商、统一运营、统一管理），以品质为导向，注重中式与欧式、砖块与石材、古典与现代相结合，通过外观环境改造、业态布局调整、景观商铺植入、品牌配置优化、智慧系统运用、经营模式创新等手段，吸引了一批知名及网红品牌落户广州市场步行街，呈现出复古与时尚、典雅与现代交相辉映的整体形象。开街以来，联合阿里巴巴、抖音、腾讯及本地战略合作企业，举办各类促销引流活动250余次、各类演出活动124场、各类公益活动11场，网红直播及街头艺人表演500余次，目前街区范围商业日均总人流量3.5万人，月消费额1500万~1800万元，提供就业岗位1800个。其中"2021年河南省河洛文化大集""2021年河南省老字号嘉年华"均在步行街举办。经官方统计，老字号嘉年华活动现场，商户销售额约358万元，意向订单金额约526万元，意向客户278家，现场客流量10多万人次，同时带动街区原有商户整体消费200余万元。

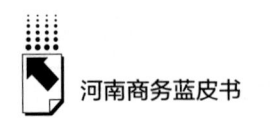

（三）优化布局，打造特色

步行街整体围绕精致餐饮、国潮文创、夜"涧"市集、休闲酒吧、运动街区、沉浸剧场六大板块进行全方位布局，着力打造"六新""六夜"（新氛围、新时段、新场景、新模式、新文旅、新服务，夜购、夜食、夜游、夜娱、夜秀、夜宿）新经济和独特的文化IP。精致餐饮板块入驻海底捞、辣风壹号、酒拾烤肉、小秦川、擂饭、这锅有戏等知名餐饮18家；国潮文创板块引入网红基地、河洛书苑、民国往事、喵星人洗脸吧、龟与熊猫等7家文创类品牌；夜"涧"市集板块引入广东甜品世家、古茗、幸运咖、乐思喵厚切炒酸奶、台湾露地怪物冰屋、桥豆麻袋日式烘焙、书亦烧仙草等13家饮料甜品品牌，引进潮玩市集、超品集美食街，打造出具有烟火气、洛阳style、国际范的夜洛阳形象；休闲酒吧板块引入了布鲁斯小酒馆、北巷酒馆、啤酒公园、The XX Pub、贰麻酒馆、Tao酒馆等知名酒吧；运动街区板块引入宜康健身、世纪英豪健身、乐秀轮滑，形成特色体验的运动主题街区，将小众的运动变成大众的时尚。沉浸剧场板块引入Solo电竞、秘境里密室逃脱、奥斯卡国际影城，以多媒体互动、实景剧场、网红直播等多种形式的打造，从视觉听觉触觉等各方面，形成街区全景沉浸式体验。截至2021年街区整体运行品牌367家，其中省级首店25家、洛阳首店32家。

（四）智慧服务，优化管理

强化智慧化赋能，应用智能管理系统，提供融合支付、资金归集、GDP数据统计上传、产品质量追溯、线上下单、线下配送、水电控制、数据查询、运行监管等系统解决方案，在大数据支持下优化产品、服务，帮助商家提升销售业绩。通过口碑平台、社群+朋友圈自媒体、开通口碑商圈专属淘宝直播账号搭建商圈专属活动会场，定制直播间专享入口等线上功能，实现联动场内零售、餐饮品牌带货。通过识别端、支付端及结算端的资源整合，建立大数据体系，实现客户群画像、销售、街区实时人流、安保数据分析等功能。注重周边环境提升，通过地面绿化、立体绿化、空中绿化等手段，绿化覆盖率达20%。完善周边公共服务设施，在各出入口及主要节点设置导示标识，合理设置垃圾箱、公厕、休息设施等，改造新增机动车停车位2500余个、非机动车停车位500余个，为步行街提供了便捷、舒适的游玩消费体验。

四 目标展望

下一步，广州市场步行街将重点做好以下五个方面的工作：一是进一步完善智能化系统，加快街区服务性设施建设，进一步丰富街区休旅氛围，增强游客休闲消费体验。二是优化品牌布局，完善业态配置。三是加强管理、做好服务，打造成为全省步行街示范标杆。四是加快实施外围景华路、皖中路、广州路、安徽路总长1200米的街道改造。五是协调各部门完善周边配套设施，尽早将广州市场步行街商圈的新形象完整地呈现给全体市民，点亮洛阳古都新生活的涧西夜明珠，力争将广州市场步行街打造成为"青年友好街区"，并向着"国家级示范步行街"目标迈进。

区域篇
Regional Reports

B.24 2021~2022年郑州市商务发展回顾与展望

郭家栋*

摘 要： 2021年，在市委、市政府领导下，郑州市商务系统锚定国家中心城市建设总目标，把握稳中求进的工作总基调，坚持发展为第一要务，郑州市外贸进出口完成5892.1亿元，同比增长19.1%，规模连续10年稳居中部地区第一，在全国省会城市中排名第4，实现晋位升级。全年全市社会消费品零售总额5389.2亿元，同比增长6.2%。全年实际吸收外资48.6亿美元，同比增长4.4%。本文在回顾2021年郑州市商务发展的基础上，预测2022年发展目标，并谋划了重点工作。

关键词： 对外开放 招商引资 促进消费

---

* 郭家栋，郑州市商务局。

2021年,全市商务系统在市委、市政府坚强领导下,紧紧围绕国家中心城市建设总目标,坚持发展为第一要务,把握稳中求进的工作总基调、突出奋发有为的总要求,以商务工作高质量发展为根本方向,商务领域各项工作保持了稳中有进、稳中向好的态势。

一 主要指标完成情况

1. 对外贸易

2021年,郑州外贸进出口完成5892.1亿元,完成目标的118.4%,同比增长19.1%,规模稳居中部地区第一。其中,出口3552.8亿元,同比增长20.5%;进口2339.3亿元,同比增长17.0%。

2. 引进资金

全市实际吸收外资48.6亿美元,完成目标的100.4%,同比增长4.4%。全市引进省外资金1252.4亿元,完成目标的100.1%,同比增长3.1%。

3. 社会消费品零售总额

全市社会消费品零售总额5389.2亿元,同比增长6.2%。

二 开展的重点工作

(一)积极融入新发展格局,着力构筑国家内陆高水平开放高地

充分发挥"枢纽+物流+开放"比较优势,深度融入"一带一路"建设,以自贸区发展为引领,持续提升"四路协同"发展水平,在服务"双循环"新发展格局中厚植新优势。

"四条丝路"协同发力。一是增强空中丝绸之路辐射力,郑州机场三期扩建工程北货运区及飞行区配套工程总承包项目综合楼地下室结构封顶。马尼拉航线开通,柬埔寨吴哥航空与郑州航空港经济综合实验区管委会签署战略合作,共同推进"河南—柬埔寨—东盟空中丝绸之路"合作计划。2021

年，郑州机场完成货邮吞吐量70.47万吨，同比增长10.22%，规模全国排名第六；完成旅客吞吐量1895.5万人次。二是提升陆上丝绸之路核心竞争力，中欧班列集结中心建设方案完成，集结调度指挥中心成功封顶，第二运营公司中铁快运班列开行，初步形成多主体开行国际班列格局；新开通郑州—波兰卡托维兹线路、郑州—米兰线路，形成"十站点、六口岸"国际物流网络体系。2021年，郑州国际货运班列共计开行2002列，货值75.03亿美元，同比增长74.04%，货重121.83万吨，同比增长68.25%。三是推进网上丝绸之路创新突破，成功举办第五届全球跨境电子商务大会，成功获批跨境电子商务零售进口药品试点。开展跨境电商企业国际快递费用降费活动，共计降低全市跨境电商企业135.84万单，带动出口贸易额2421.39万美元。郑州市《发挥创新优势　建立健全全流程监管模式》，被商务部作为典型做法进行推广。四是深化与海上丝绸之路无缝衔接，2021年，铁海联运班列到发17930标准箱，同比增长18.6%。

河南自贸区郑州片区对外开放引领作用进一步强化。累计形成240多项制度创新成果，其中全国首创47项。"跨境电商零售进口退货中心仓模式"创新经验由海关总署发布公告在全国复制推广，"'交房即发证'改革"入选河南自贸试验区第二批最佳实践案例。深化"证照分离"改革，49项省级下放和市、区级事项实行取消审批、审批改为备案、实行告知承诺的改革；片区及所在的经开区、郑东新区、金水区全域享受"郑开同城　自贸通办"和金水、经开区块企业注册业务"就近办"，降低企业往返跑趟儿的办事成本，郑州片区位列全省营商环境评价18个国家级功能区第一。中原科技城、郑州国际金贸港等核心板块加快建设，宇通自动驾驶研究院、中源协合华中区域细胞制备中心、盒马鲜生、新材料产业科创基地等一批重大项目和园区落户发展。

外向型经济规模持续扩大。一是加强政策资金扶持。2021年4月首单出口退税资金池融资和"外贸贷"业务分别落地。截至2021年底，"外贸贷"共为64家企业授信额度1.53亿元，234批次发放贷款共计1.22亿元；出口退税资金池为企业20批次发放贷款共计2668万元。两项业务合计投放资金规模约1.8亿元，为缓解企业资金压力、减少企业出口退税等待时间、促进外贸产业发展发挥了积极作用。为760家企业申请省市奖励、补贴7800多万元，有效促进外贸企业稳定经营。二是拓展汽车进出口业务。扩大乘用车整车出口规模，出台《郑州市关于扩大汽车整车出口的意见》，积极申报国家汽车及零部件出口基地，推进上汽郑州分公司在郑州市建立出口中心。开辟二手车出口业务，印发《郑州市二手车出口工作实施方案》《郑州市二手车出口企业管理办法》，8月实现郑州市二手车出口"首单"成功。推进汽车平行进口试点建设。印发《关于支持汽车平行进口加快发展的若干政策》，加快建设中部地区汽车平行进口分拨集散、整改检测、展示销售中心。三是培育外贸转型升级基地。成功获批经开区国家外贸转型升级基地（汽车及零部件），截至目前，郑州市共有3个国家级出口基地，8个省级出口基地。四是大力发展服务贸易。编制《郑州市服务贸易发展"十四五"规划》《国家服务贸易创新发展试点建设实施方案》《文化贸易发展规划和国家文化出口基地建设实施方案》，为郑州市服务贸易创新发展提供政策支撑。积极组织企业参加中国国际服务贸易交易会等国内服务贸易重点展会，帮助企业开拓国际市场。做好自由类进出口技术合同备案工作，累计办理251项技术进出口备案，技术进出口总额达2193万美元。五是持续推进服务外包示范城市建设。重点围绕"产业发展情况、综合创新能力"提高全市服务外包合同执行额以及高新技术企业入库数量。组织全市服务外包业务培训，宣传推广国家、省、市各项支持政策，鼓励服务外包企业在商务部业务平台注册并填报数据。六是积极推进境外经贸合作区建设。河南国基实业集团有限公司塞拉利昂国基经济贸易合作区、河南豫矿开源矿业有限公司坦桑尼亚环维多利亚湖资源综合利用产业园等3家境外经贸合作区已经纳入商务部统计范围，数量位居中部省会城市第一。

（二）扎实开展招商引资工作，为全市经济发展增添新动能

一是"三个一批"活动项目总额领跑全省。在已举办的两次"三个一批"推进会上共签约重大项目33个，签约总额734亿元。其中，2021年7

月10日，郑州市共签约16个项目，签约总额313.5亿元，目前16个项目中已履约项目9个，已开工项目4个；10月8日，郑州市共签约17个项目，签约总额420.5亿元，是第二名的两倍，目前17个项目中已履约项目7个，已开工项目12个，一个月内开工率达到70.6%。力争2022年上半年两期"三个一批"项目开工率达到100%。二是"125计划"提前完成年度目标任务。全市引进的139个"125计划"项目中已有111个项目实现开工或投产，约占总数的79.9%。百亿级头部企业项目有26个项目实现开工或投产，开工率达89.7%。其中，郑东新区中建七局中原分公司等2个项目已投产，高新区中软国际"中原数字总部"基地等24个项目已开工建设。高质量项目有30个项目实现开工或投产，开工率达78.9%。其中，中原区东方雨虹河南总部等4个项目已投产；航空港区创新药研发生产销售基地等26个项目已开工建设。5亿元以上主导产业链项目有55个项目实现开工或投产，开工率达76.4%。其中，金水区信大网御网络与信息安全产品研发及产业化等5个项目已投产；经开区上汽郑州产业基地高效节能发动机等50个项目已开工建设。三是重点区域招商成果丰硕。京津冀方向，走访了360集团、中软国际、中国电子、京东方等头部企业，举办了郑州市情推介会暨项目集中签约仪式，签约字节跳动河南区域总部、京东方数字文创产业基地等74个项目，签约总额1240.5亿元。目前已有24个项目落地建设，占签约项目总数三分之一，其中，航空港区德国思灵机器人研发及区域运营中心项目已正常投产；郑东新区启迪启智园项目主体结构全部封顶；高新区中软国际"中原数字总部"基地项目轻资产部分已装修完成并入驻办公。长三角方向，走访了上海交通大学、上汽集团、复星国际、吉利集团，目前上汽资产公司河南总部基地、复星数字金融产业基地等项目已于全省"三个一批"活动签约。珠三角方向，拜访了比亚迪、华为云与计算等知名企业，目前比亚迪、华为等公司的项目均已落户郑州市。四是建立完善台账管理推进机制。将市委主要领导会见项目、市级领导联系重点项目、京津冀签约项目、长三角签约项目分别纳入全市重点招商项目台账，实行专人负责、定期跟踪督导，目前，171个重点项目已开工78个、开工率达45.6%，投资总额

1492.6亿元、占投资总额3836亿元的39%。五是及时兑现招商引资奖励政策。为7家企业兑付2020年河南省招商项目奖励和增资奖励1125万元，为2家外资企业申报兑现区域型总部和总部机构的资金奖励320万元，为9家外资企业11个项目兑现市级外商投资奖励资金3140万元。利用2021年省级外经贸发展资金为26家外资白名单企业和受灾较为严重的38家外资企业支持资金450万元。

（三）多措并举促消费，持续扩大消费品市场规模

一是积极创建国际消费中心城市。起草《郑州市创建国际消费中心城市三年行动计划（2021~2023年）（征求意见稿）》《郑州市2021年创建国际消费中心城市实施方案（征求意见稿）》，成立工作专班，赴已创建的先进城市学习创建经验。在市委财经委第一次会议上专题汇报了国际消费中心城市创建工作，根据会议精神，对接专业研究机构推动国际消费中心城市创建顶层设计工作。二是开展各类灾后促消费活动。组织"醉美·夜郑州"、品牌汽车展销、家电促销、电商促销等系列促消费活动，发放2.5亿元政府消费券，带动直接消费57.4亿元。三是步行街改造提升国家试点稳步推进。开展德化步行街改造提升工作，先后完成德化街沿街外立面改造、街区地面部分人防出入口改造、背街小巷支路升级改造及经营业态升级等工作，为步入国家级示范步行街行列奠定坚实基础。四是提升夜间经济活力。组织开展第二届"醉美·夜郑州"消费季活动，举办大型夜间促消费活动百余场，与郑好办、阿里本地生活、抖音等平台合作举办网红打卡地评选、深夜食堂TOP10评选以及短视频大赛等活动，吸引众多企业和市民踊跃参与。编制《郑州市夜间经济发展"十四五"规划》，为郑州市夜间经济发展奠定良好基础。五是积极申建国家级试点。成功获批国家级商品市场优化升级专项行动试点城市，成功入围服务业标准化（商贸流通专项）国家试点城市，河南万邦国际农产品物流股份有限公司、河南云速通跨境电子商务有限公司被列为试点企业。制定《郑州市城市一刻钟便民生活圈试点建设方案》，积极建设国家级"一刻钟"便民生活圈试点城市。

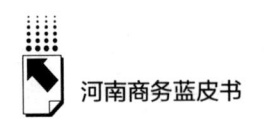

（四）做好复工复展，提升会展影响力

引进了世界电信和信息社会日大会，郑州成为该会在北京以外的首个举办地。高水平举办中国（郑州）国际旅游城市市长论坛、全球跨境电商大会、中英氢能产业合作论坛、世界传感器大会等国际性展会。根据疫情形势变化，动态调整展会活动安排。全市专业展馆共举办展览100场，展会总面积156.99万平方米，举办国际性展会10个，吸引参展商28320家，采购商及观众291.34万人次。

（五）组织抢险救灾，全力帮扶企业加快灾后恢复重建

面对7·20特大暴雨灾情，迅速行动，采取有力措施，最大限度降低企业因灾损失。一是向各开发区、区县（市）商务主管部门下发《关于加强商贸行业主汛期安全生产工作的紧急通知》，通过各种渠道向企业发出预警预报，提醒做好安全防范、防汛救灾等各项工作。二是灾情发生后迅速组建11个工作组，下沉基层一线，驰援企业开展抢险救灾，协调社会各方面调度抽排水设备，协调电力部门为147家大型商超企业优先恢复供电，协调交警部门保障生活必需品运输车辆24小时不限行、不限路线快速入市，全力推动商贸企业尽早恢复经营，水灾发生一周内，全市大型商超恢复经营率达到98%以上。三是第一时间对接省贸促会，为受灾情影响的外贸企业快速开具不可抗力证明，帮助企业在国际贸易规则允许的范围内减免违约责任，最大限度降低企业损失。四是研究制定《郑州市洪涝灾害报废车辆快速处置办法》《郑州市洪涝灾害受损车辆快速维修办法》，联合市财政局下发《关于下达2021年全市城乡小商户帮扶救助资金的通知》，下拨资金5350万元。

（六）稳市场供应，认真做好突发情况保供工作

一是制定出台了《郑州市疫情防控期间生活必需品应急保供方案》，对疫情期间全市特别是封控区域的市场保供做出具体安排。二是启动生活必需品供应和价格监测机制，建立日报告工作制度，每日赴大型批发市场及商超

便利店现场查看，随时掌握库存、交易、价格情况。三是指导万邦农产品交易市场加大调货力度，要求肉蛋菜应急储备企业加大生产能力，紧盯全市生活必需品重点生产、销售企业，确保生产、销售环节正常，安排商超企业加大配送频率，协调市红十字会向封闭区调度捐赠物资，多渠道保证了郑州市尤其是封控区域内民生物资供应充足。四是畅通物资运输渠道，累计协调办理省市运输车辆通行证7200张，实现运送民生物资50万吨。五是做好精准保供，设立了24小时保供服务热线，制定了工作流程，组成工作专班负责接听、处置热线反映的问题，为市民提供"点对点"式的保供服务。开通以来收到市民反馈的各类民生问题1088个，立即解决305个，转交并协调相关部门解决783个，群众满意率达到100%。

三 2022年工作重点

2022年，在市委、市政府正确领导下，按照"扩大一个开放体系、织密一张空中网络、完善一个招商机制、构建一个外经贸新格局、开发一个信息系统、实施一系列消费规划"的工作思路，围绕"量的平稳增长和质的显著提升"，主动作为、锐意进取，按照主要商务目标不低于全省目标增速的原则，力争实际吸收外资同比增长3%；实际引进域外境内资金同比增长3%；对外贸易进出口实现平稳增长；社会消费品零售总额同比增长9%；跨境电子商务交易额同比增长5%。

（一）扩大一个开放体系

一是高水平推进建设河南自贸试验区2.0版。对标高标准国际经贸规则，大力推进规则、规制、管理和标准等制度型开放，强化创新引领，促进开放优势更优、枢纽经济更强、引资效果更好、开放领域更宽、体制机制更新、开放成效更实。二是巩固扩大枢纽通道优势。以空中丝绸之路建设为引领，推动"四条丝路"融合并进。深化郑州—卢森堡双枢纽战略合作，持续拓展空中丝绸之路航线覆盖和贸易通道，畅通连接全球主要经济体的空中经济走廊。推动陆上丝绸之路提质扩量，加快中欧班列集结中心示范工程和国际陆港第二节点建设，推进点对点运输向枢纽对枢纽深度合作转变。探索"跨境电商+空港+陆港+邮政"运营模式，布局双向跨境电子商务贸易平台和海外仓，加快跨境电商零售进口药品试点业务开展。拓展海铁联运班列线路，加强和重点港口合作，着重提升连接东亚、东南亚和中亚、欧洲的货物集疏运能力。三是推动制度型开放。依托自贸区、航空港区和各类海关特殊监管区，对标国际贸易和投资通行规则，在跨境电商、多式联运等领域推进规则规制和标准创新，形成一批制度创新成果。

（二）织密一张空中网络

一是开展多元化包机业务。加快推动开通拉美、斯里兰卡等地旅游包机、商务包机、货运包机，推进多元化包机业务常态运营，完善航空客货运体系。二是构建大航空网络体系。推动包机常态化运营地区开通定期客货运航线，形成稳定的航空动力供给，提升机场枢纽能力和业务规模，打造全球物流体系重要节点。三是推动枢纽优势向开放优势转变。织密空中网络，加快与已开通客货运航线国家、地区落地使领馆、国际组织机构合作，整合双边优质要素资源，互联嫁接双边优势领域，推进双方在外经贸、文化、教育、旅游等领域开展深层次合作，推动枢纽经济向全方位开放合作转变。

（三）完善一个招商机制

一是围绕头部企业强谋划。聚焦先进制造业和战略新兴产业，开展头部企业和配套企业精准走访，对优质项目优先匹配要素资源和政策支撑。二是围绕核心板块引项目。锁定京津冀、长三角、粤港澳大湾区三大经济区，以中原科技城为引领，分批次在北京、上海、深圳等地举办32个核心板块招商推介系列活动。三是利用重点活动促项目。办好中国（河南）国际投资贸易洽谈会、全球跨境电商大会等活动，引进一批高质量项目。常态化抓好"三个一批"活动，确保"签约一批"项目总额全省第一，开工率保持全省前列。持续实施"125"计划，确保全市至少新引进16个百亿级头部企业项目，至少新引进8个30亿元以上、24个10亿元以上高质量项目，至少新引进5亿元以上主导产业链项目56个。四是借助中介招商拓网络。加强与豫资集团等平台公司和商协会合作，广泛征集招商信息线索，构建多元联动招商网络。研究制定中介机构招商引资奖励机制，调动各方参与招商引资积极性。五是着力提升利用外资质量效益。将外资项目招引纳入"125"计划考核体系，各开发区新引进合同外资累计不少于6000万美元的外资项目，各区县（市）新引进合同外资累计不少于2000万美元的外资项目。"三个一批"活动中，各开发区、区县（市）每季度至少有1个合同外资1000万美元以上外资项目。重点跟进荷兰夸特纳斯国际食材集采集配加工中心、美国AP氢能源、中铁置业会展城等新引进重点外资项目。对近三年设立的246家存量外资企业实行台账管理、动态跟踪，加大走访服务力度，鼓励引导重点外资企业增资扩股。

（四）构建一个外经贸新格局

外贸方面，谋划外贸型产业项目，着力引进有较大进出口规模、较强国际化经营能力的龙头贸易公司和工贸一体化企业，支持更多出口带动能力强的外贸企业在郑州市设立总部，吸引进出口业务和外贸数据"回流"。积极培育市场采购贸易、跨境电商等外贸新业态新模式，推进国家外贸转型升级基地、加工贸易产业园建设，大力培育外贸综合服务企业，多元开拓贸易渠道和新兴国际市场。加快推进二手车出口业务发展，支持经开区扩大乘用车整车出口规模。服务贸易方面，探索在自贸区内试行跨境服务贸易负面清单管理模式，积极争取中央外经贸发展专项资金并配套设立市级服务贸易发展专项资金。打造"中国服务"国家品牌，力争河南中医药大学成功申报国家中医药服务出口基地，培育一批特色出口基地，形成一批特色服务产业集群。服务外包方面，加强政策引导，用足用好中央外经贸发展专项资金，鼓励企业承接国际服务外包业务以及建设公共服务平台。培育一批创新能力强、集成服务水平高、具有国际接包能力的企业做大做强；支持一批"专、精、特、新"的中小型服务外包企业加快发展；引进一批"中国服务外包领军企业""中国服务外包成长型企业",为郑州市服务外包产业发展储备力量。

(五)开发一个信息系统

开发生活物资市场监测信息系统,协调生活物资生产企业、承储企业、商场、连锁超市等生活物资骨干企业进入系统填报数据,精准掌握生活物资生产、库存、销售及价格情况,为日常保供及应急状态下市场保供工作提供支撑。协调汽车销售企业、特许经营企业、大型商贸流通企业等对社消零贡献较大的企业进入系统填报数据,为提前研判社消零走势提供依据。

(六)实施一系列消费规划

一是出台国际消费中心城市建设规划。落实市委财经委第一次会议精神,谋划出台《郑州市国际消费中心城市建设五年规划》《郑州市国际消费中心城市创建三年行动计划》等系列指导性文件,科学制定发展目标,着力提升国际知名度、消费繁荣度、商业活跃度。二是持续优化消费场景。发布并落实《郑州市夜间经济发展"十四五"规划》,探索建立夜间经济集聚示范区。做好二七商圈、郑东CBD商圈、花园路商圈等重点商圈打造。加快德化步行街改造提升步伐,做好业态升级、文化塑造、智慧建设等工作,力争国家级商业步行街改造提升试点早日通过验收。研究制定首店经济激励政策,吸引国内外知名品牌首店入驻。加强省级品牌消费集聚区创建工作,促进传统商业转型升级,发展新型商业模式和业态。三是抓好促消费工作。抓住春节、五一、十一黄金周等重要时间节点,谋划系列促消费活动。研究促消费激励政策,推动促消费成果转化为社会消费品零售额数据。

B.25 2021~2022年开封市商务发展回顾与展望

何平山 李松彬[*]

摘　要： 2021年以来，开封市商务系统在市委、市政府的坚强领导下，立足新发展阶段，贯彻新发展理念，融入新发展格局，紧紧围绕年初确定的商务工作目标和重点任务，创新举措，狠抓落实，各项商务工作取得了新成效。

关键词： 开封市　招商引资　开放兴市　电子商务

一　2021年开封市商务指标完成情况及特点

1. 引进省外资金

2021年，全市实际到位省外资金累计完成680.4亿元，完成省下目标的100.2%，同比增长3.2%，完成绝对值居全省第7位，增速居全省第8位。

2. 利用外资

2021年，全市新设外商投资企业13家。实际吸收外资81712万美元，完成省下目标的101.8%，完成目标进度居全省第11位，同比增长4.9%，增幅居全省第11位。

---

[*] 何平山、李松彬，开封市商务局。

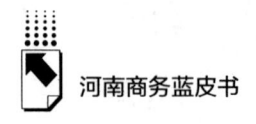

3. 对外贸易

2021年，开封市进出口总值93.3亿元，同比增长39.7%，增幅居全省第5位。

4. 跨境电商进出口

全市（含兰考）跨境电商累计进出口总额44186.6万美元，同比增长61.81%。其中，出口累计完成36248.5万美元，同比增长72.07%，进口累计完成7938.1万美元，同比增长27.19%。

5. 对外经济技术合作

2021年，对外承包工程及对外劳务合作营业额15845万美元，完成省下目标的106%，同比增长5.7%，完成额全省排名第5。外派劳务累计1012次，全省排名第3。

6. 社会消费品零售总额

2021年，全市社会消费品零售总额1112.5亿元，同比增长11.4%，增速居全省第1位。

二 2021年采取的主要措施

1. 坚持项目为王，招商引资开创新局面

一是明确招商引资重点。聚焦"制造立市"，紧盯装备制造、精细化工、新能源新材料等领域世界500强企业、国内500强企业，加强对其产业布局、投资趋向跟踪研究，围绕开封市主导产业，实施产业生态图谱招商。二是创新招商引资方式。综合运用产业招商、节会招商、以商招商、驻外机构招商等方式，借助清明文化节、菊花文化节等节会平台，引进一批科技含量高、投资规模大、带动能力强的重大项目。2021年全市共签约项目796个，总投资达到2519.1亿元。其中，10亿元以上项目有48个、50亿元以上项目有6个。三是做好招商项目服务。围绕"三个一批"，结合"万人助万企"活动，认真落实《开封市招商引资问题项目集中化解攻坚行动实施方案》要求，为招商项目提供360°全生命周期服务，对本市招商引资重点

项目和现存外商投资企业进行大走访活动，送政策上门。

2. 聚焦开放兴市，对外开放取得新成效

一是对外贸易逆势增长。积极落实外贸政策扶持资金，争取省级外经贸发展资金550万元用于"外贸贷"对外贸企业贴息。加快培育外贸综合服务企业，2021年开封综合保税区建设发展有限公司、河南德骊综合外贸服务有限责任公司、河南汴欧进出口贸易有限公司被认定为河南省外贸综合服务企业。二是外经合作稳步发展。鼓励企业积极参与共建"一带一路"，先后组织十一化建参加中阿经贸博览会，组织通达公司、中派公司参加第二届中非博览会等经贸活动，加强对外合作与交流。积极落实省、市对外投资和经济合作奖励政策，为完成目标任务的外经企业争取奖励资金68万元。三是开放载体强基扩面。2021年3月，开封被纳入全国跨境电商零售进口试点范围，成为跨境电商零售进口试点城市，加速国际贸易进出口新业态发展。2021年8月，国家文化出口基地落户自贸区开封片区，开封文化贸易高质量发展有了"国字号"硬支撑。

3. 紧扣民生需求，商贸流通激发新活力

一是多措并举促进社会消费。积极开展促消费活动，通过开展"春暖花开'封'飞蝶舞""'汴'地有礼·惠聚开封""汴地美食·惠享汴味""两宋美食节"等活动，有效激发群众消费热情，2021年开封市社会消费品零售总额指标始终位居全省第一方阵并连续7个月增幅位居全省第一。二是培育壮大电商产业。扎实推进电子商务进农村，兰考县、杞县、通许县被确定为国家级电子商务进农村综合示范县，尉氏县被确定为省级电子商务进农村综合示范县，开封市电子商务进农村综合示范实现4个县全覆盖。加强电商业务培训，联合河南大学、开封海关等单位，举办了"开封制造、跨境出海"等系列培训活动，有效提升了开封市电商人才素质。做好电商企业的管理和服务，结合"万人助万企"活动组织开展了2020年度电商先进企业评选，联合推荐汴欧公司申报省跨境海外仓示范企业。三是加强成品油市场管理。持续开展成品油市场整治，对黑加油站（点）始终保持高压打击态势。坚持疏堵结合，完善农村加油站的布局，加快农村偏远地区建站，确保市场供应。开展错峰加油，在全市范围内倡导实施晚8点到早6点的夏秋季错峰加油，减少高温天气加油时燃油挥发影响，全力防治夏秋季臭氧污染突出问题，持续改善生态环境。四是做好猪肉储备工作。认真贯彻落实《开封市猪肉储备实施方案》，有序推进猪肉储备工作，截至目前市县猪肉储备目标均已完成，有效保障了市场供应和价格平稳。

4. 紧盯风险防患，安全生产平安建设得到新提升

一是开展系列商务领域专项整治行动。先后开展了拍卖企业专项检查、汽车销售行业专项整治、单用途商业预付卡专项检查、成品油市场和报废机动车拆解市场专项督察等专项行动，办理非法报废机动车拆解案1件，罚没非法收入6万元，有效化解了一批安全隐患。二是加强商务领域疫情防控。制定《开封市商务系统疫情防控工作方案》，印发《商超疫情防控提示函》《宾馆、餐饮企业疫情防控提示函》，加强对全市大型商超、农批市场、规模以上餐饮饭店、规模以上宾馆等商贸流通企业落实疫情防控工作的督导检查。三是全力做好防汛保供。强化应急值守，严格执行领导干部带班值班、24小时值班制度，做好突发事件的报告。加强对地下商场、地下仓库、低洼易积水点、自然灾害隐患点的商贸流通企业摸排，及时消除安全隐患。启动汛期生活必需品市场供应监测机制，加强生活必需品市场供应情况监测，畅通进货渠道，确保消费市场总体运行平稳。四是积极做好创文巩卫工作。制定《大型商超巩卫工作考核评分细则》，对全市商超、宾馆不间断检查，督促企业对照创文巩卫的标准持续整改提升。印发《开封市商务领域塑料污染治理工作要点》，在全市商贸流通领域内开展"争做减塑先锋，环保'袋袋'相传"活动，引导企业和消费者自觉减少使用或不用塑料袋。

三 2022年商务指标预测

2022年，坚持"稳中求进"的工作总基调，持续推进高水平对外开放，全力促流通扩消费，加快建设现代商贸流通体系，服务构建新发展格局，在推动开封当好高质量发展开路先锋中贡献商务力量。

预计，2022年开封市社会消费品零售总额同比增长9%以上，货物进出口总额、实际利用外资、实际利用省外资金、对外承包工程和劳务完成营业额、对外直接投资额、跨境电商进出口交易额完成省下目标。全年引进1亿元以上项目110个以上，引进总投资5亿元以上项目63个以上，引进总投资10亿元以上项目24个以上。推进三个一批滚动开展，围绕全省"三个一批"活动，力争签约项目100个。推动2021年签约的200个重点招商引资项目落地开工。

四 2022年商务发展对策

1. 精准谋划抓招商

坚持项目为王，围绕"三个一批"活动，把传统产业转型升级、新兴产业培育壮大、未来产业谋篇布局贯通起来。围绕开封市产业实际，结合"六大片区"产业定位，聚焦先进制造业、新材料、高端化工、新能源、节能环保、生物医药、数字经济等重点领域，创新招商方式，实施精准招商，精准招引一批头部企业和产业链上下游配套企业。

2. 多措并举促消费

继续开展系列促消费活动，促进家电、餐饮等领域商品消费；继续做好电子商务进农村综合示范工作，扩大电商进农村覆盖面，提振乡村消费；推动传统商贸企业数字化转型，推进线上线下融合，培育新型消费。

3. 综合施策稳"三外"

深入实施"万人助万企"活动，加大外贸发展政策支持，配合市政府、市财政局做好"外贸贷"的设立工作，解决企业融资难问题，支持外贸企业发展海外仓业务。探索县区外经工作突破口，加强对县区外经工作的督导考核，形成齐抓共管的对外经济工作格局。深化与"一带一路"沿线国家的合作交流，鼓励优势企业到境外设立工厂。积极开展承接产业转移合作与交流，加强与境内外商协会、贸易投资促进机构等中介机构的合作，引进一批知名度高、辐射力、带动力强的外资项目。

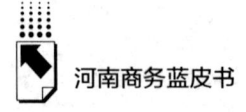

4. 多点发力强电商

加强电商人才的培养，深化产教融合、校企合作，实现教育链、人才链、产业链贯通。推动电商与传统产业深度融合，拓展直播电商、社交电商等应用面，培育龙头企业品牌，大力发展跨境电商新业态。持续开展电商助力乡村振兴、电商促销费活动，推动开封市优势产业、名优特产品和生鲜农产品上行。

B.26
2021~2022年洛阳市商务发展回顾与展望

白宏涛 金婷婷*

摘　要： 2021年，面对全球疫情的严重冲击和复杂多变的国际形势，全市商务工作抢抓新时代推动中部地区高质量发展、黄河流域生态保护和高质量发展等重大战略机遇，立足新发展阶段、贯彻新发展理念、融入新发展格局，聚焦"建强副中心、形成增长极"，强力实施"精准招商提质增效、消费提力扩容提质、开放平台优势提升、开放通道拓展升级、对外贸易转型发展、'洛企出海'市场开拓"六大行动，全市商务经济呈现稳中向好的发展格局，实现了"十四五"起好步、开新局的发展目标，高质量发展迈出了坚实步伐。

关键词： 洛阳市　对外开放　招商引资　促进消费

一　2021年洛阳市商务发展指标完成情况

1. 招商引资

2021年，全市实际利用省外境内资金893亿元，同比增长3.1%；全市实际吸收外资32.1亿美元，同比增长3.8%。

---

* 白宏涛、金婷婷，洛阳市商务局。

2. 货物贸易

2021年，全市外贸进出口总额232.4亿元，同比增长20.4%，再创历史新高。其中，出口190.2亿元，同比增长10.4%；进口42.2亿元，同比增长103.1%。

3. 对外经济合作

2021年，全市对外承包工程营业额3.92亿美元，同比增长54.6%；对外直接投资2.85亿美元；对"一带一路"沿线国家进出口91.3亿元，同比增长25.9%。

4. 社会消费品零售总额

2021年，全市社会消费品零售总额2291.2亿元，同比增长8.8%。

二 2021年主要工作开展情况

1. 开放平台创新发展势能显著增强

河南自贸区洛阳片区挂牌以来入驻企业1.8万家，是挂牌前企业的4倍；《"四链融合"促进洛阳老工业基地转型升级》案例入选全国自贸区第四批最佳实践案例，12项制度创新成果入选河南自贸区最佳实践案例，5项在全国自贸片区创新联盟复制推广，目前累计形成创新案例181项。综合保税区综合服务楼、查验和监管仓库等7项工程主体建设完工，2021年12月2日通过国家正式验收。众创集团中德（洛阳）跨境贸易基地等9个项目签约落地。跨境电商综试区体验中心开工建设，宜阳县跨境电商公共服务中心揭牌运营，《跨境电商促进洛阳钢制家具产业集群转型升级路径研究》入选《中国跨境电商发展报告（2021）》案例篇，成功举办第二届（洛阳）跨境电商高峰论坛，组织60余家企业参加第五届全球跨境电子商务大会。2021年，全市跨境电商进出口完成61.72亿元，同比增长18.7%；其中，跨境电商出口56.62亿元，同比增长16.5%。

2. 空陆海网开放通道不断拓展

空中方面，稳步提升国内航线、航班运行水平，与柬埔寨吴哥航空签署合作备忘录，通航城市达到27个，全年洛阳机场旅客吞吐量124万人次、同比增长28.7%。与省机场集团初步达成在洛阳开展货运业务的合作意向，推动洛阳机场完成1287平方米新货站建设、加快海关监管场所规划设计。陆上、海上方面，东方红（洛阳）国际陆港《一期铁路口岸建设项目规划设计方案》经市规委会审议通过，集装箱堆场、海关监管查验场所正在加快施工建设。中欧（中亚）班列纳入全国铁路运行图，到宁波铁海联运班列稳定运行，试运行洛阳到连云港铁海联运班列，初步构筑起了洛阳"东联西进"国际货运通道，2021年东方红（洛阳）国际陆港共完成集装箱吞吐量2.56万标准箱、同比增长8.7%。在网络方面，持续开展跨境电商零售进口试点和B2B出口试点（9710、9810模式）业务，截至2021年底，跨境电商通关平台累计通关69万单，出口到美国、俄罗斯等67个国家和地区。

3. 产业招商规模质量双提升

2021年，洛阳市出台《关于改革完善招商引资工作机制若干措施》《驻点招商工作方案》等文件，编印《洛阳市招商引资产业优惠政策汇编（2021年版）》《洛阳市投资指南（2021年版）》，产业招商体制机制更加有力。成功举办第39届中国洛阳牡丹文化节投资贸易洽谈会，签约亿元以上招商引资合同项目118个、投资总额1146.6亿元。建立3个市级招商联络处和9个驻点招商组，县区成立39个小分队，赴北京、上海、广州等地开展驻点招商，跨区域协同招商网络加快形成。在全省2021年第一、二期重大项目"三个一批"活动中，现场集中签约项目共46个、投资总额567.4亿元，居全省前列。全年签约亿元以上招商引资项目366个、投资总额2604.9亿元，其中10亿元以上项目99个、投资总额1904.1亿元。

4. 对外贸易在逆境中实现高速增长

在全球疫情、世界经济持续下行、国际贸易投资萎缩等影响下，洛阳市结合"万人助万企"活动，出台《2021年洛阳市对外贸易创新发展行动方案》，编制首份《洛阳市外贸企业服务手册》，开展"送政策送服务入企业"活动，定期召开银企对接会，积极争取上级政策资金支持，扶持组团参加第四届中国国际进口博览会（以下简称"进博会"），注册登记人员数量居全省

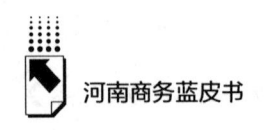

第一，进博会期间，洛阳交易团场内场外共签约50个意向协议，总意向成交额139.02亿元。其中，在河南省跨国采购签约暨长三角地区经贸合作交流会上共签约11个合作协议，意向成交额134.41亿元，在进博会现场签订39个合作协议，意向成交额4.61亿元。2021年，全市外贸进出口相继跨越200亿元、210亿元、220亿元、230亿元4个关口，完成232.4亿元、同比增长20.4%，为"十四五"完成500亿元的发展目标奠定了基础。

5. 对外经济合作领域不断拓展

2021年，洛阳市充分发挥产业优势，深度融入共建"一带一路"，组织企业开拓国际市场，全年完成对外承包工程营业额3.92亿美元、同比增长54.6%，对外直接投资完成2.85亿美元。对"一带一路"沿线国家进出口91.3亿元、同比增长25.9%，在阿联酋、伊拉克等9个"一带一路"沿线国家完成对外承包工程营业额3.52亿美元、占全市的89.85%。

6. 服务外包产业发展实现新突破

2021年，洛阳市获批中国服务外包示范城市。近年来，洛阳市形成了软件和教育、动漫影视、大数据、呼叫中心等8大重点服务领域，累计注册服务外包企业950家，从业人员共计16.33万人，构建了制造业与服务业相互支撑、工业化与信息化相互融合的新发展格局。2021年，全市服务外包合同额完成13.51亿美元、同比增长42.36%，服务外包执行额完成8.16亿美元、同比增长38.07%，与93个国家和地区发生离岸服务外包合同执行额9415.2万美元、同比增长29.4%，其中与"一带一路"沿线国家和地区发生的离岸服务合同执行额4122万美元，占离岸合同执行额的43.78%。

7. 电子商务产业发展势头强劲

目前，洛阳市规上电商企业数量达到4000多家，网上店铺数12万家，拥有10个省级电商示范基地，21家省级电商示范企业，大型企业电子商务应用率超过70%、中小企业51%、工业企业68%、商贸企业80%，为产业的转型升级带来了动力和活力。目前，全市拥有6个国家级、3个省级电商进农村综合示范县、9个县级电商运营中心、9个县级电商物流配送中心，以及113个乡级电商服务站、1308个村级电商服务点，构建形成了覆盖全市乡村的电子商务服务网络，为实现精准扶贫发挥了积极作用。2021年，全市电子商务交易额3004亿元，同比增长13.3%；其中，网络零售额683亿元，同比增长20.4%。

8. 商贸服务业创新发展取得新成效

在品牌创建上，万达、泉舜获批国家级绿色商场，正大广场获批省级平安商场，6家企业被认定为"第七批河南老字号"。在省级步行街创建上，老城区历史文化街区步行街、广州市场步行街被认定为"第一批省级试点步行街"。瀍河区铜驼暮雨步行街入选全省第二批步行街改造提升试点。在示范园区、基地创建上，五洲国际获批第二批省级电商物流示范园区，中浩德、五洲国际电商产业园被认定为省级电子商务示范基地，万茗堂公司被认定为省级电子商务示范企业，新都汇、丹尼斯政和店获批省级品牌消费集聚区。在物流业转型发展上，持续完善城乡物流网络节点，新增1家4A级物流企业，目前全市A级物流企业达到10家。在便利店建设上，围绕打造"一刻钟"便民生活服务圈，新建和改造提升便利店203个。面对常态化疫情防控对消费市场的持续影响，洛阳市全年组织开展"赏游洛阳城·嗨购都市圈"等200余场商贸领域促消费活动，在上半年投放1000万元商贸电子消费券和2000万元汽车消费补贴资金，下半年在汽车、家电、餐饮住宿、成品油等领域发放总额7000万元资金补贴，多方式、多途径激发消费活力。

三 2022年商务发展思路及指标预测

2022年，全市商务系统将坚决按照省委、市委的决策部署，以制度型开放为统领，紧盯万亿级经济总量目标，深入推进"产业精准招商、有效激发消费潜能"两大核心工作，持续实施"精准招商提质增效、消费提力扩容提质、开放平台优势提升、开放通道拓展升级、对外贸易转型发展、'洛企出海'市场开拓"六大行动，力推商务经济高质量发展，为建强副中心、形成增长极、在现代化建设新征程中重振洛阳辉煌贡献商务力量。

2022年预期目标：实际利用省外境内资金同比增长3%（920亿元），

实际吸收外资同比增长3%（33.1亿美元），外贸进出口同比增长3%（239亿元），服务贸易同比增长5%（3.9亿美元），服务外包执行额同比增长27%（10.2亿美元），离岸服务外包执行额同比增长40%（1.17亿美元），跨境电商交易额同比增长13.5%（70亿元），对外承包工程营业额4亿美元，对外直接投资3.8亿美元，社会消费品零售总额同比增长8.5%（2486亿元）。

四 2022年商务发展对策建议

1. 以制度型开放为统领，顶层设计谋开放

加快制定出台《洛阳市"十四五"开放型经济发展规划》《洛阳市"十四五"招商引资和承接产业转移规划》，着力推动规则、规制、管理、标准等制度型开放，不断扩大对外开放领域，构建更高水平开放型经济新体制。

2. 立足十大产业集群发展，实施精准招商提质增效行动

按照洛阳市产业发展"136"工作举措，以发展"风口"产业为主线，打造十大优势产业集群，研究制定《洛阳市产业精准招商行动计划（2022—2025）》明确全市产业招商的目标任务、招引承接的重点产业、重点区域、重大项目和落实举措。坚持全市招商引资"一盘棋"，督促落实大员招商责任和县区主体责任，做好招商引资"五库"建设，强化招商引资项目"三运转"工作机制。加强产业研究，对拟引进的重大项目进行先期综合论证，提升项目精准度和落地率。立足洛阳主导产业、战略新兴产业和未来发展产业，绘制产业链图谱，编制招商路线图，大力开展驻点招商、产业集群招商、基金招商、节会招商，着力引进一批引领性、突破性、标志性的龙头项目，推动一批高成长性的中小企业落户，确保2022年引进亿元以上产业项目不低于80个。

3. 立足电商产业转型发展，实施消费提力扩容提质行动

按照省党代会关于"支持郑州、洛阳培育建设国际消费中心城市"的部署要求,加快制定出台《洛阳市培育建设国际消费中心城市实施方案》,实施特色街区商圈提升、消费品牌打造、文旅消费提质、会展经济引领、新模式新业态培育、国际交流合作深化、消费环境优化、消费宣传推广等八大工程,加快提升洛阳国际知名度、消费繁荣度和商业活跃度。大力推进网络零售等线上消费,拓展直播电商、网红电商、社交电商等应用面,围绕社交电商、直播卖货等消费新业态新模式引进培育一批优质MCN机构,在全市培育创建10个以上市级直播电商示范基地,打造80个以上共享直播间。持续推进电子商务进农村,在县域新建、改造100个以上电子商务服务站,推动行政村电子商务服务站覆盖率达80%以上。充分利用牡丹文化节、中秋、国庆等消费旺季,以常态化促消费活动促旺传统消费,全年策划开展200场以上商贸领域促消费活动,持续不断激发消费市场潜能,增强消费市场活力。确保完成社会消费品零售总额同比增长8%的任务目标。大力发展首店经济,力争不少于20个品牌首店落户,年内新增省级品牌消费集聚区、绿色商场、平安商场各1家。大力支持老字号创新发展,申请举办中华老字号博览会。着力打造高品质的步行街,认真筹备办好全省步行街高峰论坛,增强全省首批老城历史文化街区、广州市场步行街对外辐射力、影响力,加快第二批省级试点步行街铜驼暮雨步行街建设,推动建设一批青年友好型街区。提升家政等商贸服务行业水平,评选15家左右洛阳市星级家政服务机构和示范社区网点,力争在商务部信用信息平台授权的家政服务员达到9500人。加快国家城乡高效配送试点、省级品牌连锁便利店重点推进试点、省级供应链创新与应用试点建设,推进关闭一批、"超市化"改造提升一批农贸市场。加强县域商业体系建设,深入实施"县域商业建设行动",建立完善县域统筹、以县城为中心、乡镇为重点、村为基础的农村商业体系,年内在全市县域新建、改造提升3个以上县级综合商贸服务中心、40个以上乡镇商贸中心。

4. 立足产业开放创新,实施开放平台优势提升行动

以自贸区建设为龙头,探索推动自贸区、自创区、高新区、经开区、综保区、跨境电商综试区等高端开放平台功能集合和联动发展,以大开放带动发展空间大拓展。强化"五区联动"融合发展，加速形成促进洛阳高水平开放高质量发展新的增长极。在自贸区建设上，增强自贸区洛阳片区开放龙头作用，高水平建设自贸区2.0版，在促进贸易便利化、扩大投资领域开放、双向投资、跨境贸易等方面先行先试、改革创新，形成20个以上制度创新案例。推进洛阳综保区项目入驻，引导符合条件的外贸企业向综保区集聚，力争落地一批高新技术、高成长性、高附加值的企业和项目，年底前完成10个以上项目入驻，全年实现进出口额超30亿元。在跨境电商综试区建设上，全面复制推广跨境电商综试区建设"两平台六体系"成功经验，制定出台支持跨境电商发展专项政策，培育打造3~5家市级跨境电商示范园区、10家以上重点跨境电商企业，孵化100家以上跨境电商创业企业，加快建设跨境电商线上综合服务平台，为跨境电商企业提供金融、物流、供应链等全方位服务。在服务外包示范城市建设上，制定《洛阳市高标准建设中国服务外包示范城市实施方案》，出台支持服务外包发展若干政策，全面提升"洛阳服务"和"洛阳智造"品牌影响力和国际竞争力。

5. 立足产业融入国际市场，实施开放通道拓展升级行动

在空中方面，加快北郊机场综合保障能力提升项目实施；制定增开航线航班具体方案，建立健全管理运营体制机制，引进航空公司进驻洛阳机场；根据国家政策，加强与海关、民航等部门的沟通，适时恢复洛阳到泰国曼谷、越南河内的国际航线航班，满足航空口岸达标要求，全年旅客吞吐量达到150万人次以上。在陆上、海上方面，加快东方红（洛阳）国际陆港建设，力争2022年海关监管作业场所建成并投入运行；推动以"单一窗口"系统为核心的信息系统建设，完善国际陆港服务功能，进一步压缩通关时间；深化与宁波港、青岛港等港口合作，推动订船、订舱等港口服务功能本地化，推动铁海联运班列"班列化"运行，全年实现集装箱吞吐量2.6万标准箱。在网络方面，支持河南众创等企业设立海外仓和海外运营中心，建好用好五洲跨境电商产业园等省级跨境电商示范园区和洛阳863创智广场等省级跨境电子商务人才培训暨企业孵化平台，全年跨境电商进出口额突破70亿元。

6. 立足深度融入全球产业链、供应链，实施对外贸易转型发展行动

持续提升七大外贸转型升级基地，着力在产业聚集、平台建设等方面优化提升，推动产品创新、产业转型、抱团出海，提升产业整体竞争力。依托综保区、外贸转型升级基地等平台，着力引进培育一批生产性外贸龙头企业、跨境电商企业、加工贸易企业、外综服企业，确保全年新增100家以上有进出口实绩的外贸企业。充分利用RCEP释放利好，加强与东盟等区域的经贸合作，利用好原产地规则，促进农机装备、光伏组件等产品深度融入全球产业链、供应链，更好拓展国际市场；加强信贷、供应链融资等金融支持，促进燃料油、金属矿砂等进口实现大幅增长。加强对外贸企业参加国内展会的支持力度，培育贸易双循环企业。

7. 立足产业深度融入"一带一路"，实施"洛企出海"市场开拓行动

巩固扩大洛钼集团、中信重工、一拖集团等优势企业"走出去"成果，支持有条件企业开展海外并购、加强国际产能合作，力争实现全年对外直接投资3亿美元以上。抓住后疫情时期经济复苏机遇，以RCEP成员国为重点，深度拓展"一带一路"合作发展新空间。鼓励引导中石化工程公司等企业拓展工程设计咨询业务，推动中油一建等企业提升工程承包规模和竞争力。

B.27
2021~2022年平顶山市商务发展回顾与展望

郭昀录[*]

摘　要： 2021年，在市委、市政府的正确领导下，平顶山市商务局按照年初确定的工作目标，全面理解、准确把握全市正处于战略叠加机遇期、蓄势跃升突破期、风险挑战承压期、转型发展攻坚期的坐标和方位，保持战略定力，遵循发展规律，强化底线思维，在积极构建新发展格局、服务"四个强市""四个鹰城"建设中，抢抓机遇、勇于担当，全市商务工作呈现良好发展局面。

关键词： 平顶山市　招商引资　促进消费　电子商务

一　2021年平顶山市商务发展指标完成情况及特点

1. 货物贸易进出口

2021年累计完成进出口总值41.9亿元，同比增长21.9%，完成省定目标（35.43亿元）的118.3%。

2. 跨境电商进出口总额

全市2021年跨境电商进出口额19.27亿元，同比增长17.5%，规模全省排名第10，完成省定任务110.9%，全省排名第9；其中出口17.86亿元，同比增长15.7%。

---

[*] 郭昀录，平顶山市商务局。

3. 实际吸收外资

2021年，全市实际吸收外资58311万美元，居全省第6位，同比增长6%，增速居全省第5位；其中，实际到位资本金4353万美元，居全省第5位，同比增长-11.9%，增速居全省第9位。新设立外资企业15家。

4. 实际到位省外资金

2021年，实际到位省外资金638.7亿元，位列全省第10，同比增长3.15%，完成省定目标（637.8亿元）的100.1%。

5. 社会消费品零售总额

全市社会消费品零售总额1100.8亿元，同比增长10.7%。

6. 对外直接投资

2021年全市对外直接投资15516万美元，同比增长31%，完成省定目标（5000万美元）的310.3%。

二 2021年采取的主要措施

1. 着力推动开放招商提质增效

一是积极推进开放平台建设。平顶山海关实现过渡性开关，结束了平顶山外贸企业"异地报关"历史；海关技术用房项目和保税物流中心（B型）项目持续加快推进。

二是不断创新招商引资工作方式。立足本地产业优势和特色资源，大力开展以商招商、产业链招商、龙头企业带动招商，进一步建链、补链、延链、强链，精准引进企业和项目。在珠三角、长三角、闽东南等重点地区设立驻地招商基地66个，全年共开展招商活动500余批次，对接考察企业2100余家，引进了福建恒申集团投资15亿元的年产10万吨尼龙6民用丝二期工程项目、佛山华博润有限公司投资9亿元的聚氨酯项目等一批优质项目。新增基金招商和科研招商两个市级精准招商组成效显著，促成了香港德福（国际）有限公司金源针织服装生产项目，引进了中南大学国家重点实验室平顶山新型碳材料研究中心项目、中试基地项目等。

三是持续深化"四张图谱、四个拜访"。围绕全市主导产业进一步完善了"四张图谱",市县主要领导带头深入开展"四个拜访"。市委书记、市长先后带队赴北京、江苏、上海、重庆、湖南等地拜访对接了知名企业和高校,各县(市、区)主要领导外出开展招商活动达136次,共引进各类项目545个。

四是强化项目服务。推出招商引资项目全程代办服务制度,建立市县两级外来投资者权益维护机制,探索"管家式""保姆式"服务模式,为投资者提供贴心服务。全年全市共受理各类项目代办事项2272件,办结率达100%,受到广大来平投资商的高度赞誉。

2. 着力推动外经贸平稳发展

一是落实惠企政策。为企业申请中小企业开拓市场、出口信保等项目资金94万元,落实外经贸发展专项资金126.81万元,帮助外贸企业尽享国家稳外贸政策红利,降低运营成本。

二是助企开拓市场。依托中国信保全球商讯大数据与外贸风险管理专业优势,为重点外贸企业提供海外客户资信调查、海外货款追收辅导、外贸风险管理咨询等服务;组织企业参加RCEP、外贸新业态新模式培训会,参加广交会、服贸会、消博会、全球跨境电商大会、跨境电商产业展览会等会展活动,为15家企业争取线上线下展位,帮助企业把握政策、捕捉商机、开拓市场。

三是培育外贸新业态。制定出台了《平顶山市跨境电子商务专项资金管理使用办法》,对跨境电子商务优势突出、交易额提升、带动外贸经济增量明显的各类跨境电商主体予以政策激励。

四是发展服务贸易。建立健全服务贸易和服务外包重点企业名录库,督促全市30家外贸企业服务贸易数据录入商务部信息平台,录入率居全省前列。商务部统计平台显示,2021年,全市服务贸易额1670.13万美元。

五是强化跟踪服务。密切关注贸易争端措施对外贸企业的影响,对涉美出口企业开展调研走访,帮助制定应对措施、管控经营风险。扎实开展"万人助万企"活动,发挥"服务官"制度和外贸工作联席会议机制作用,组织政策宣讲,为企纾困解难。全年开展企业调研服务300余次,及时化解了一批通关手续办理、资金申报方面的难题。

3. 着力推动消费全面升级

一是强化品牌培育。开展首批市级"老字号"评选活动，为全市26家商贸流通企业颁发了"平顶山老字号"牌匾，对扩大全市优势产品品牌影响力和市场占有率具有重要促进作用；指导平顶山特色馆正式揭牌运营，目前已有200余家企业入驻，线上线下销售平顶山特色产品1700余种；指导万达广场、丹尼斯开源店成功申报省级消费集聚区。

二是壮大线上消费。举办"鹰有尽有"网上年货节、"农行杯"网络主播大赛等促消费活动，总销售额突破8000万元；组织企业参加"双品网购节""河南好物卖全国"等活动，仅线上成交超4.2万单，总销售额达2000余万元。

三是举办专题促消费活动。以"惠聚鹰城·乐享生活"为主题，在全市范围内举办特色美食、家政服务、夜间消费、汽车油品等系列消费促进活动，带动全市商贸流通领域新增入库企业103家，发放电子消费券和购车补贴700万元，核销565.6万余元，带动消费6700余万元，为拉动消费增长注入了强劲动力。

4. 着力推动流通秩序平稳发展

一是持续加强市场监测。对商贸流通类样本企业进一步优化，采取常规周报告和临时日报告相结合的方式，持续对全市7大类54种生活必需品市场价格和销售情况进行监测，随时掌握市场走势与供求变化情况。特别是汛情、疫情期间，每天汇总、上报、发布生活必需品市场运行情况分析，稳定社会预期，防止出现哄抢和囤积商品现象。

二是深入开展产销对接。建立市、县、乡三级生活物资供销信息发布微信平台，以商超企业为关键连接点，开展农超对接，较好地解决了超市货源少和农民缺销路问题，有力保证了市场供应。针对汛情、疫情、风灾造成农产品滞销问题，积极组织大型商超企业深入对接农产品滞销种植户，帮助农户解决销售难题。

三是全力保障市场供应。与洛阳正大集团签订了573吨冻猪肉储备合同，2021年春节期间在市区设立52个投放点，投放猪肉286吨，有效平抑

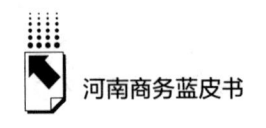

了猪肉价格，稳定了市场供应。汛情、疫情期间，建立"一个机制"（市县商务部门上下联动快速反应工作机制），制定"两个方案"（生活必需品市场供应工作方案和特殊时期应急供应方案），打通"三个渠道"（货源、运输、购销渠道），实施"四项制度"（日报告、日汇总、日分析、日发布制度），切实保障生活必需品市场供应量足价稳。

四是持续强化市场监管。对13家拍卖企业进行年审，规范拍卖行业秩序；督导3家报废汽车回收拆解企业加大国三车回收拆解进度，为大气污染防治攻坚工作作出贡献；开展家政企业管理培训，改善家政业小、散、乱的现状；编制母婴护理、家政保洁两项地方行业规范，促进家政业健康发展。检查单用途商业预付卡企业278家、加油站3441座次，监督企业守法经营。

5. 着力推动电子商务和物流业协同发展

一是加强组织领导。成立市电子商务和快递物流协同发展工作专班，召开电商快递物流对接座谈会，完善工作协调机制，协同市邮政管理局、市邮政公司推进电商快递物流业加速发展。

二是开展电商示范创建。指导舞钢市创建为国家级电子商务进农村示范县，实现电商示范县全覆盖；指导叶县电子商务产业园创建为省级电子商务示范基地、豫西建业农产品物流园创建为省级快递物流示范园区。

三是加速推进项目建设。更新完善全市物流业转型升级重大项目库，压实工作责任，定期督导通报。华润医药平顶山项目、平顶山市国际物流产业新城、平顶山市泰顺达电商仓储物流园、苏宁物流豫南仓储配送中心、宝丰县西商农产品物流园等项目建设正在加速推进。

三 2022年商务发展指标预测

2022年，平顶山将以习近平新时代中国特色社会主义思想为指导，全面贯彻落实党的十九大和十九届历次全会精神及中央经济工作会议精神，锚定省委"两个确保"和"十大战略"，树立"项目为王"导向，立足新发展阶段，贯彻新发展理念，融入新发展格局，统筹疫情防控和经济社会发展,创新方法抓好招商引资、货物贸易、跨境电商、商贸流通等工作,统筹发展与安全,全力保持社会大局稳定,为全面建设社会主义现代化新鹰城不懈奋斗,以优异成绩迎接党的二十大胜利召开。

2022年,平顶山市商务工作预期目标是:滚动推进"三个一批"活动,力争全面签约项目超过100个;用好"四张图谱、四个拜访"工作法,争取引进一批体量大、牵引力强的重大项目,全年实际吸收外资较2021年增长5%以上,引进省外资金同比增长3%以上,力争招商引资工作排名进入全省第一方阵;举办系列消费促进活动,持续释放全市消费潜力,确保年度社会消费品零售总额同比增长8%以上,居于全省前列。

四 对策建议

1.进一步提升对外开放水平

一是对标先进,制定有效措施,进一步扩大市场开放度,全面优化营商环境。二是加快推进海关技术用房项目和保税物流中心(B型)项目建设进度,打造高水平对外开放平台。三是指导宝丰产业集聚区、尼龙新材料产业集聚区创建省级经济技术开发区,提升对外开放水平。

2.进一步提升招商引资实效

一是发挥"指挥棒"作用。结合实际修订招商引资工作考评办法,健全绩效考核评价体系,落实通报制度,利用新闻媒体公布县区大员招商情况,传导压力,激发动力,提升全市招商引资工作效能。二是建立两个数据库。围绕主导产业,进一步完善"四张图谱"数据库,锚定世界500强企业和行业龙头企业,务实推进大员招商和精准定向招商,全力推动招商引资实现重点突破。三是办好各类节会。利用参加重大节会时机,对接国际国内头部企业,开展精准招商活动;精心筹划,务实办好第十六届豫商大会,筹划好第十四届中国国际投资贸易洽谈会和第十三届中国中部投资贸易博览会各项参会工作,多角度、多渠道对外宣介,切实提升平顶山影响力,吸引更多优质项目落户平顶山。四是建立引进项目台账。对签约项目加强跟踪问效,以项目代办制为抓手,及时跟进已签项目开工情况,确保招商成果有效转化。

3. 进一步推动外贸平稳发展

一是开展好"万人助万企"活动,深入宣贯国家、省稳外贸政策,对外贸工作实施常态化运行调度,对重点外贸企业加强跟踪监测,一企一策制定帮扶措施,帮助解决发展难题。二是坚持"持续稳住龙头企业、精准服务重点企业、努力保住小微企业"原则,优先支持平煤神马、平高集团等重点企业开拓国际市场、扩大出口。三是探索出台支持服务贸易发展的激励政策,鼓励传统外贸企业发展服务贸易;加大出口型项目引进力度,加快省级外贸转型升级基地创建,培育新的外贸增长点。四是充分利用广交会、服贸会、高交会等展会平台,帮助企业捕捉商机、开拓市场。五是指导企业开展境外专利申请、商标注册、管理体系认证、产品认证,提高产品附加值和竞争力;鼓励传统外贸企业利用跨境电商新模式开拓国际市场。

4. 进一步增强内贸流通活力

一是培育壮大流通主体。引导本地重点流通企业拓展功能,支持品牌流通企业信息化发展,扶持中小商贸流通企业健康发展。二是提升传统消费能级。围绕商超、餐饮、汽车、家电等行业,精心组织系列消费促进活动。会同有关部门研究制定促进汽车消费支持措施,开展新一轮汽车下乡和以旧换新,释放市场消费潜力。三是开展"老字号"保护和促进行动。集中开展第二批市级"老字号"认定工作,在首批市级"老字号"中筛选部分企业申报省级"老字号"。四是抓好特色商业街区建设。高质量推进和平路步行街改造提升,指导叶县叶公古街对照标准创建省级示范步行(商业)街,新认定命名一批市级示范步行街。鼓励各县(市、区)以步行街改造提升为"小切口",推动商旅文联动、业态多元、人气聚集的高品位特色商圈建设。推进电子商务进社区,打造"一刻钟"便民服务圈。五是加快发展新型消费。落实国务院支持新业态新模式加快发展带动新型消费措施,积极发展直播经济、网红经济、宅经济。创新流通发展方式,支持实体商业与知名电商平台对接合作,抓住"在线经济"新机遇,运用直播、短视频等零售新模式新场景扩大销售，转型发展。

5. 进一步推进电子商务转型发展

一是完善更新全市电商产品目录库，围绕县域特色产业和特色产品深挖细掘，推动线上线下融合发展，引导企业走品牌经营之路，打造一批特色电商品牌。二是联合平台企业举办专业培训，帮助传统商贸企业学习电商及跨境电商经营新模式，利用数字经济发展机遇，创新营销模式，实现转型发展。三是支持线上平台企业与商贸流通企业深度对接合作，探索开展线上、线下协同运营模式。四是加强县域商品流通体系建设，完善电商进农村网点布局，畅通双向流通渠道，引导消费下沉，助力乡村振兴。

B.28
2021~2022年安阳市商务发展回顾与展望

刘健 常剑*

摘　要： 2021年，安阳市商务系统在省商务厅指导下，坚持以习近平新时代中国特色社会主义思想为指引，围绕建设新时代区域中心强市目标，统筹抓好疫情防控和商务发展，着力推动开放招商、对外贸易、内贸流通、电子商务等重点工作，商务工作高质量发展迈出坚实步伐。

关键词： 商务高质量发展　开放招商　对外贸易　内贸流通

一　2021年安阳市商务发展指标完成情况及特点

1. 引进省外资金

2021年，全市引进省外资金795.2亿元，总量居全省第4位，同比增长3.22%，增幅居全省第6位。

2. 实际吸收外资

2021年，全市实际吸收外资省口径完成6.2亿美元，同比增长6%，增幅居全省第5位。其中部口径外资完成3581万美元，总量居全省第8位，完成年目标的59.4%，目标占比居全省第6位。

---

* 刘健、常剑，安阳市商务局。

3. 对外贸易

2021年，全市货物贸易进出口总额完成65.2亿元，同比增长3%。

4. 社会消费品零售总额

2021年，全市社会消费品零售总额完成908亿元，同比增长6%。

二 2021年采取的主要措施

（一）着力提升招商引资质量

全市持续把招商引资作为促进产业转型升级和高质量发展的重要抓手，以招商促开放、谋发展。

一是"三个一批"签约项目工作扎实推进。按照全省统一部署，积极落实项目为王战略，大力谋划落实"三个一批"签约项目。在全省第一期、第二期"三个一批"活动中，安阳市共签约39个项目，总投资额355.9亿元。

二是主导产业招商取得积极成效。2021年，全市新签约亿元以上项目494个，投资总额2499亿元。全市新开工亿元以上项目375个，投资总额1664亿元。光远六期5G用超薄电子级玻璃纤维布产业化、超高功率石墨电极、凤宝出口专用管、高端计算机制造基地、比亚迪智能元器件、新型3D显示保护材料产业园等一批重大项目开工建设。

三是组织举办重大招商活动。2021年组织参加了第十二届中国中部投资贸易博览会，签约3个项目，总投资21亿元。举办了2021安阳招商大会，共有65个项目成功签约，投资总额683.7亿元。在第13届安阳航空运动文化旅游节项目签约仪式上，安阳市共签约项目38个，总投资242亿元。组织参加第四届中国国际进口博览会河南省跨国采购签约暨长三角地区经贸合作交流会，现场签约5个项目，总金额30.9亿元。其中跨国采购项目3个，签约金额15.9亿元；经贸合作项目2个，签约金额15亿元。本届进博会安阳市共有324家企业和单位、930人注册报名参展参会，现场达成意向采购金额1.05亿美元，居全省第三位。

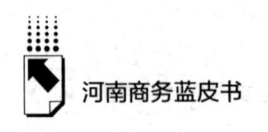

（二）多措并举稳定外经贸增长

2021年，面对国际疫情影响、进出口成本增加等不利因素，安阳市积极应对，着力稳定外贸增长。

一是全面落实稳外贸政策。为13家外贸企业拨付贷款贴息资金310.36万元。根据《安阳市"外贸贷"融资业务管理办法（试行）》规定，为企业申请"外贸贷"资金38笔，共计贷款8018.15万元。为外贸企业拨付外经贸发展资金、中小企业市场开拓资金、出口信用保险资金、国家进口贴息资金、保税物流中心建设资金等528万元。

二是服务企业拓展业务。积极组织外贸企业参加第四届进博会、第130届广交会、第五届全球跨境电商大会、2021年中国国际服务贸易大会、2021年内外贸融合（西安）交易会、氢能产业中英合作论坛、中国—南美国际贸易数字展览会等展会。大力开展"当好服务官，助企促发展"专项行动，组织开展全市外经贸政策宣讲培训会暨银企对接会，帮助企业纾困解难，持续优化营商环境。

三是全力推进外向型经济平台建设。制定出台了《安阳市保税物流中心发展扶持办法》，为万庄安阳物流园解决建设资金短缺问题，组织安阳市大宗进口商品企业与安阳万庄物流园进行洽谈对接，全力推动安阳保税物流中心申建工作。成功创建林州市红旗渠经开区新型材料、北关区纺织服装2个省级外贸转型升级基地。安阳市通用国际贸易有限责任公司成功申报省级外贸综合服务企业。

（三）全面扩大流通促进消费

全市围绕构建新发展格局，创新消费业态和模式，搞活流通，释放潜力，加快培育强大消费市场。

一是大力开展促消费活动。安阳市先后开展促消费活动，联合阿里巴巴开展了"约惠古都 品飨安阳"惠民消费季系列活动，阿里巴巴本地生活投入资金800余万元，惠及全市3000余家餐饮商户、38万用户，创造了40

余万订单,拉动全市消费达到2000余万元。启动了"助力灾后重建·创造美好生活"消费券促销活动,市政府投入补贴资金1000万元,拉动消费约2.6亿元。

二是培育流通主体构建现代商业体系。积极做好第八批"河南老字号"培育申报工作,组织安阳市4家老字号企业参加中华老字号数字创新发展高峰论坛暨"老字号嘉年华"活动。扶持引导万达商场成功创建省级绿色商场,并入选省级平安商场。挖掘培育优质品牌连锁便利店,目前林州市六合实业有限公司便利门店在全市已达44家。

三是加快物流业转型发展。大力推进万庄物流园、象道物流园、安西物流园、内黄果蔬城等重点物流项目建设。万庄物流保税中心申建工作加快推进,万庄铁路专用线通车,实现了出口集港功能,开展了从白俄罗斯进口钾肥、向印度出口尿素等大宗商品交易。安阳象道国际物流园铁路专用线正式开通,对实现大宗货物运输"公转铁"跨越式发展发挥积极作用。安阳市成功获批"十四五"首批陆港型国家物流枢纽建设城市。

四是全面抓好成品油市场整治工作。对成品油市场实行"两手抓",一方面抓好正规加油站的提质升级,开展油品质量检查,实施错峰装卸油作业,有效降低污染。另一方面抓好成品油市场整治,保持打击"黑油"高压态势。全年累计查获黑加油(点、车)22个、没收非法油品38.3吨,有效震慑了违法犯罪行为,净化了成品油市场。

(四)加快发展电子商务

2021年全市实现电子商务交易额581.7亿元,同比增长14%。举办了"全国网上年货节安阳嗨购过大年"专题活动,成交额400余万元。开展了"遇见最美安阳直播节活动""网购安阳"直播(短视频)电商大赛等活动20余场,销售额超2000万元。推动电商进农村与乡村振兴有效衔接,完善三级电商物流体系,加快推进林州姚村镇电商小镇示范工程、河顺镇生态农业直播电商基地建设,提升农产品电商化水平。

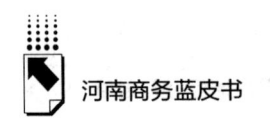

三 2022年商务发展形势分析及指标预测

当前和今后一个时期，疫情影响经济稳定增长，全市消费需求复苏滞后，投资增长内生动力不足，企业发展预期不稳。产业结构偏重，产业层次偏低，高质量发展动能还不充足，但是安阳拥有良好的产业基础、文化资源和交通区位优势，尤其是处于京津冀和中原城市群、黄河流域生态保护和高质量发展、大运河文化带等多重国家战略叠加交汇区域，为全市发展提供了新的重大机遇。把构建新发展格局贯穿到商务工作的各领域、全过程，在构建新发展格局中切实担负起责任，展现更大作为，夯实国内大循环主体地位。同时把坚持开放带动作为建设新时代区域中心强市的主战略、主动力，进一步推进全方位、深层次、多元化、高水平对外开放，推动国内国际双循环相互促进，推动安阳经济社会高质量发展。

2022年商务工作发展预期目标是：全市社会消费品零售总额同比增长9%，货物贸易同比增长3%，服务贸易同比增长5%，实际吸收外资同比增长3%，引进省外资金同比增长3%，对外投资合作平稳发展。

四 对策建议

（一）深入推进招商引资工作

一是抓好"三个一批"签约项目。落实"项目为王"战略，谋划推进"三个一批"签约项目。持续围绕四大千亿级主导产业和重点培育产业，瞄准世界500强企业、国内500强企业、央企、行业龙头和高成长性企业，综合运用产业招商、资本招商、节会招商、园区招商、飞地招商、驻外机构招商等方式，促进重大产业和项目落地安阳市，储备一批高质量项目。同时，对前三期"三个一批"活动中安阳市签约的59个项目，建立招商项目协调推进专班，跟踪服务台账，加快签约项目落地，提升项目履约率、开工率、资金到位率。

二是组织参加重大招商活动。组织参加河南投洽会、中博会、进博会等国家、省重大活动，精心举办第十四届安阳航空运动文化旅游节经贸活动、安阳招商大会，围绕京津冀、长三角、粤港澳大湾区大力开展定向专题招商活动，引进一批前沿型、基地型、总部型、品牌型项目。

三是抓好央企对接合作工作。研究推进安阳市引进央企及分支机构在安设立总部或开展项目合作的工作，充分发挥安阳市14个重点及新兴产业链专班和各县（市、区）、各驻外联络处招商主体作用，在围绕京津冀招商、对接央企合作上取得新突破。

四是提升吸收外资水平。大力引进外资项目，为安阳市高质量发展夯实基础。全年新设外资企业15家以上，做大外资增量。推动已注册外资企业资金到位，提升外资存量。

五是强化工作推进机制。发挥全市招商引资指挥部抓总抓综、统筹协调作用，坚持周通报、月台账、季督导、半年观摩、年终总结工作机制，汇聚全市合力。健全重点项目联系服务机制，落实"万人助万企"、关爱企业家"八大员"等制度，持续优化营商环境。

（二）加快培育外贸增长动能

一是培育外贸发展优势。加快申建安阳保税物流中心。加快推动安钢国贸安阳分公司尽早开展业务。大力引进出口型项目，打造特色出口产业集群和区域出口品牌。发挥安阳市外贸综合服务企业（通用国际）作用，夯实全市外贸工作基本盘。

二是加大服务企业力度。全面落实国家、省稳外贸政策措施，用足用好外经贸发展专项资金，提高使用效益。组织安阳市企业参加上海进口博览会、高交会、广交会等重大展会，积极开拓"一带一路"新兴市场，助力企业开拓国际市场。

三是大力发展跨境电商和服务贸易。推动跨境电子商务与特色优势产业深度融合，支持企业利用跨境电商平台开拓国际市场。大力发展文化服务贸

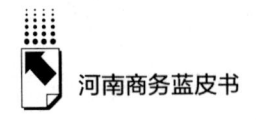

易,完善服务贸易企业国际市场开拓支持政策体系,引进培育一批服务贸易品牌企业。

(三)持续扩流通促消费

一是大力开展促消费活动。持续开展"电商直播节""夏季购物节""夜间经济""汽车促消费"等活动,促进汽车销售、餐饮住宿、家用电器、零售百货等领域消费。积极培育万达广场、吾悦广场品牌消费集聚区,推动消费增长。二是培育壮大流通主体。着力培育更多中小企业、产业活动单位和大个体成为限上单位,推动大型商业综合体成立法人企业。三是持续推进物流业转型发展。大力推进万庄物流园、象道物流园、安西物流园、内黄果蔬城等重点物流项目建设,增强物流园区区域辐射带动能力。四是加大成品油市场监管力度。推动全市成品油企业品牌化连锁经营,深入开展成品油市场专项整治,保持打击"黑油"的高压态势。

(四)加快发展电子商务

一是推动电商园区发展。加快引进顺丰、万邦等电商物流园区,推动现有电商园区提档升级。二是培育电商发展平台。加强与抖音、快手等平台合作,打造安阳电商基地+直播基地,培育柏庄童装、万古镇齿科材料等一批电商小镇。三是推动电商进农村助力乡村振兴。完善农村电商物流配送网络,促进农副产品上行"进城"和工业品下行"入村"。四是打造安阳市电商品牌。强化与京东、天猫、苏宁、拼多多等平台合作,培育安阳童装、食品、农产品等领域电商品牌。

B.29
2021~2022年鹤壁市商务发展回顾与展望

张育文　胡子龙　罗钟艳　赵玉磊[*]

摘　要： 2021年，鹤壁市认真落实省委、省政府决策部署，深入实施开放带动战略，牢固树立"产业为基、项目为王、招商为要、环境为先"理念，持续优化投资环境，培育产业生态，完善招商体系，着力在招龙头、引链条、育生态上下功夫，持续提升开放招商质量，不断夯实"三外"发展基础，积极培育新兴经济发展，努力促进消费保障供应，全市商务运行呈现稳中向好态势，商务高质量发展成效显著。本文回顾总结了2021年鹤壁市商务工作情况，对2022年鹤壁市商务发展进行了展望。

关键词： 鹤壁市　开放招商　利用外资　商务发展

一　2021年鹤壁市商务发展指标完成情况及特点

1.实际到位省外资金情况

2021年，全市实际到位省外资金完成366.5亿元（见图1），同比增长3.3%，增幅居全省第3位。

2.实际利用外资情况

2021年，全市实际利用外资完成10.28亿美元（见图2），同比增长

---

[*] 张育文、胡子龙、罗钟艳、赵玉磊，鹤壁市商务局。

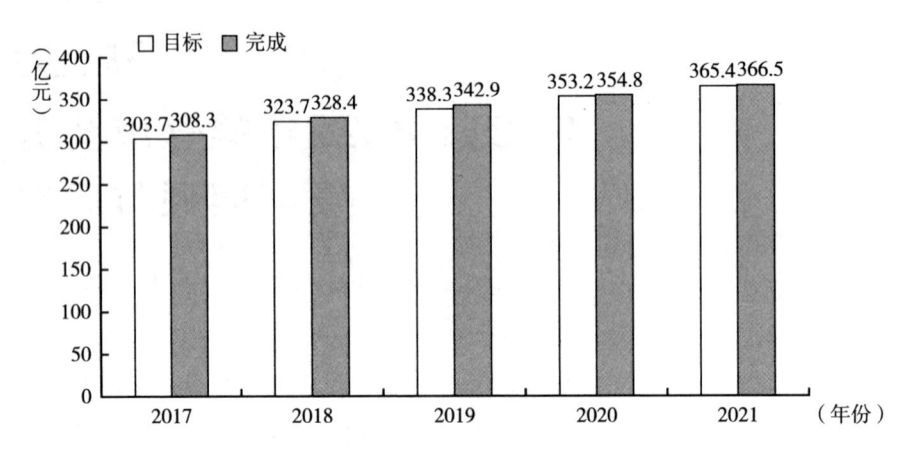

图1　2017~2021年鹤壁市引进省外资金完成情况

资料来源：鹤壁市商务局。

9.7%，增幅居全省第1位。境外资金来源地主要集中在中国香港、中国台湾、泰国等地（见表1）。

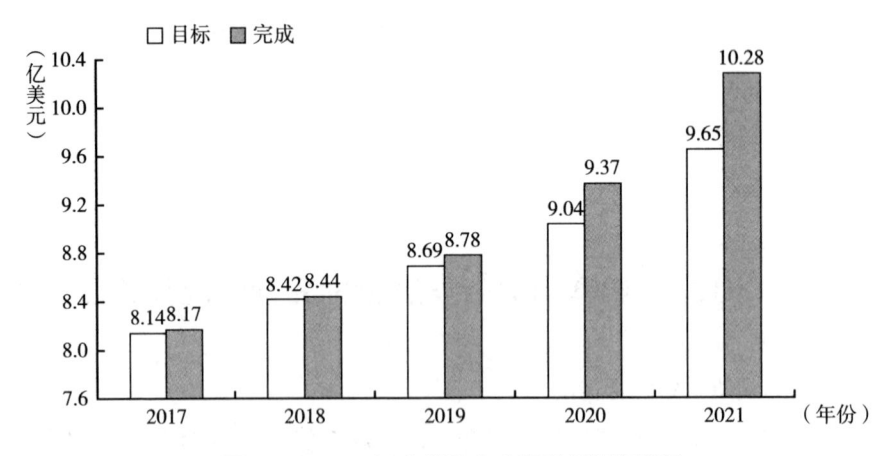

图2　2017~2021年鹤壁市实际利用外资情况

资料来源：鹤壁市商务局。

3. 货物贸易进出口情况

2021年，全市货物贸易进出口累计完成55.6亿元（见图3），同比增长

44.8%，增幅居全省第 3 位。其中：出口额 50.3 亿元，同比增长 39.5%，进口额 5.3 亿元，同比增长 129.5%。

表 1　2021 年鹤壁市实际利用外资主要来源地

单位：亿美元，%

利用外资主要来源地	实际外资	占比	利用外资主要来源地	实际外资	占比
中国香港	7.3272	71.27	法国	0.1288	1.253
中国台湾	1.6371	15.92	英属维尔京群岛	0.1	0.97
泰国	0.4383	4.26	埃塞俄比亚	0.0622	0.61
中国澳门	0.2236	2.18	比利时	0.042	0.41
马来西亚	0.19	1.85	俄罗斯	0.0007	0.007
美国	0.131	1.27	合计	10.2809	100

资料来源：鹤壁市商务局。

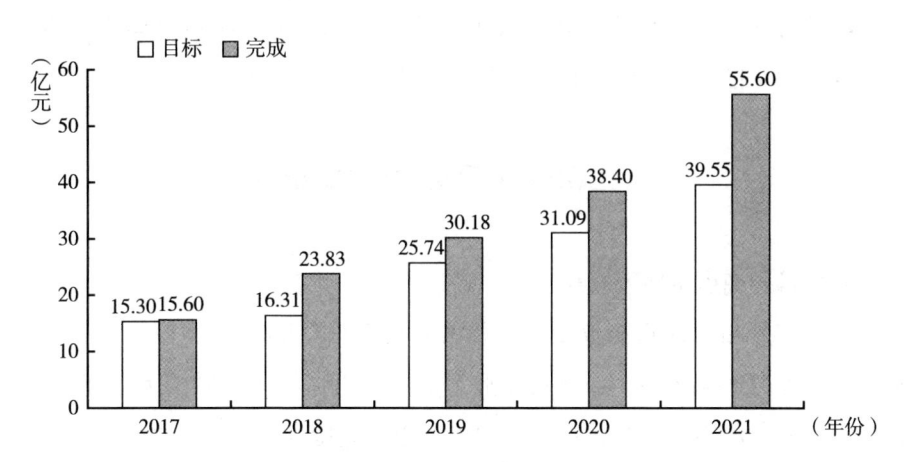

图 3　2017~2021 年鹤壁市货物贸易进出口情况

资料来源：郑州海关。

4. 社会消费品零售总额完成情况

2021 年，全市社会消费品零售总额完成 318.02 亿元，同比增长 10.8%，增幅居全省第 3 位（见图 4）。

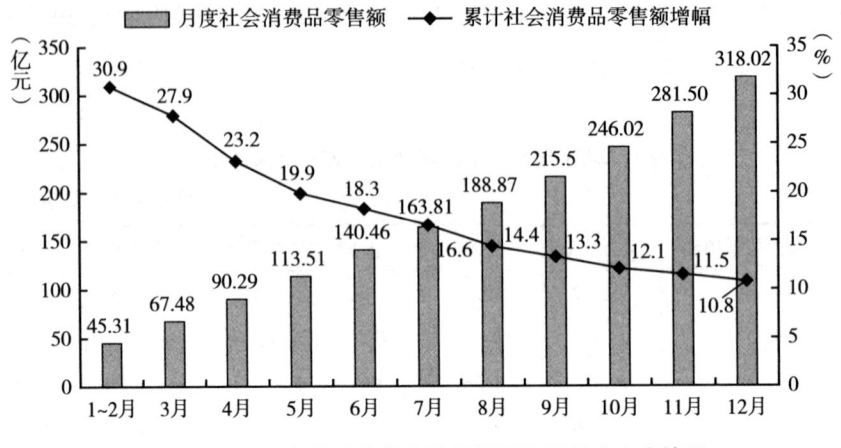

图 4　2021年鹤壁市社会消费品零售额月度完成情况

资料来源：鹤壁市统计局。

5. 对外直接投资和跨境电商进出口交易额完成情况

2021年，全市对外直接投资完成122万美元；全市跨境电商进出口累计完成18.74亿元，同比增长24.3%，增幅居全省第4位。

二　2021年采取的主要措施

1. 助推招商引资质效提升

鹤壁市紧扣"注重招商质量、提升招商实效"目标，变中求胜，变招单一企业为招产业生态，变单兵作战为协同发力，变全面撒网为定制招商，招商引资成效明显。一是营造浓厚招商氛围。坚持大员上阵、高效招商，市主要领导多批次亲自带队拜访重点企业、接待重要客商、洽谈重大项目，推动河南能化集团功能性新材料产业园、海尔集团镁合金轻量化装备产业园等一批重大项目签约落地。县区之间明争暗赛、比学赶超，全市开放招商氛围更加浓厚。二是积极开展精准招商。聚焦重点企业、重点区域、重点产业，突出以商招商、产业招商、平台招商、驻地招商等精准招商方式。编制完成30套招商图谱和招商推进方案，紧盯目标企业，开展定制化招商。深化与京东集团、河南能化、联想集团的合作，新签约京东大健康、美瑞聚氨酯、联想智能制造产业园等项目。深化与商协会的沟通对接，依托中国信息协会、上海浦东企业家联合会等商协会，洽谈推进天融信商用密码、东方希望养殖屠宰全产业链、益海嘉里食品产业园等项目。三是持续完善招商机制。出台《关于整合招商资源创新招商机制的意见》，制定《多方联动工作机制》《重点招商项目季度"五账法"工作机制》《驻地招商工作机制》等9项招商工作机制，形成了开放"1+9"招商工作局面。实行项目台账化管理，做到项目清单化、清单责任化。每周编发驻地招商组和县区招商动态，每月一调度一通报，每季度一签约一考核。推进市、县、驻地招商组多方联动，形成了"县区点菜、驻地对接、大员上阵、一体推进"的招商新格局。四是精心组织招商活动。组织参加第十二届中博会、第四届进博会等国家级、省级经贸活动，先后举行了首届中华老字号数字创新发展高峰论坛，"首月开门红""决战三季度"招商引资项目网上集中签约，"决胜四季度"集中签约等一系列招商活动，举办了长三角、粤港澳大湾区5G智能制造头部企业座谈会等"小、精、专"招商推介活动。促成美瑞聚氨酯新材料产业园、中原光谷电子信息产业园、联想（鹤壁）智能制造产业园、赛仕软件（华中）大数据与人工智能产业园、深兰科技人工智能产业园等一批重大项目签约。2021年，全市新签约亿元以上项目148个、总投资941.49亿元，新落地亿元以上项目132个、总投资654.06亿元。

2. 促进外贸外资外经增长

强化措施，实现外资提质增效。全市外资企业注册资本金完成3233万美元，同比增长200%，完成目标进度和增幅均居全省第2位。一是落实惠企政策。成功为河南天伦燃气集团申请认定为河南省第一批5个跨国公司地区总部之一，奖励资金600万元。二是积极在长三角、粤港澳大湾区、京津冀地区开展外商内招，引进香港丰润泰产业园和鹤壁碧荣置业等一批外资项目。三是深入推行外资企业"服务官"制度，受理企业需求，做到"全程代办""随叫随到"。四是加强交流，深化对外经贸合作。积极贯彻"走出去"战略，引导全市企业"走出去"开展对外经济合作，帮助天海对美再

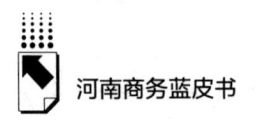

增资300万美元。

落实政策，促进外贸稳定增长。一是组织开展"大走访"活动，协调解决企业困难问题，全年新增外贸备案企业105家。二是全面落实各项政策措施，帮助28家企业申报"稳外贸政策"资金项目36个，争取资金1013万元。三是推进"出口退税周转金""外贸贷"等稳外贸金融政策创新试点，为7家企业新增贷款2303万元。四是推动外贸平台建设，开发区、宝山区成功申报镁精深加工、现代化工与新材料省级外贸转型升级基地；鹤壁歌源纺织品进出口贸易有限公司被认定为全市首家省级外贸综合服务企业。五是自贸试验区185项创新成果在全市复制推广。六是助力企业开展国际市场，组织企业参加进博会、广交会等线上线下境内外展会活动。

3. 积极推进新兴经济发展

在现代物流方面，鹤壁市高起点编制完成《鹤壁市"十四五"现代物流业发展规划》，以建设豫北物流中心城市为目标，着力打造豫北地区一流物流分拨配送中心、全省重要的大宗商品物流供应链组织中心、国家重要的煤炭储配交易基地和应急物资储备基地，推动现代物流业优化升级，构建"通道+枢纽+网络"的现代物流运行体系。强力推进物流产业招商引资和项目建设。加快顺丰丰泰创新产业园、韵达鹤壁傲智仓储物流、上海民禾绿色食品生产加工基地和冷链物流等项目建设进度，推进京东亚洲一号电商产业园二期、申通、海尔日日顺、极兔、G7智慧物流科技园等项目洽谈进度。着力打造重点物流园区。鹤壁现代煤炭物流园区成功获批第三批国家级示范物流园区，鹤鲜生冷链物流园成功申报第二批省级冷链物流示范园区。加快两县电商快递科技产业园项目建设，实现快递产品统仓共配，构建乡村物流配送体系，形成鹤壁"快递进村"新模式，有力促进乡村振兴。深入开展调研，促进物流资源整合，助力物流降本增效。

在电子商务方面，鹤壁市出台了《鹤壁市直播电商发展三年行动计划》，实施"直播电商+"数字赋能行动。积极推进直播电商共享基地建设，人民新谷投资建设的鹤壁在线新经济产业园开园运营，已签约米立方、恒云、帮太、永达、好麦滋等企业187家，正式入驻企业82家。国士无双直播主题乐园、重庆大龙网跨境电商等项目正在抓紧推进。开展省市电子商务示范创建，天章双创园、京东数字经济产业园获河南省电子商务示范基地称号，链多多、乡恋电子商务获河南省电子商务示范企业称号。

4. 努力营造良好消费环境

一是建设新型城市消费商圈。推动市级步行街改造提升，完成投入近5亿元，浚县古城商业步行街成功申报省级试点步行街。二是全力推进便民生活圈试点城市创建。联合创城办建设15分钟多业态生活服务圈，全市成功入选全国首批、全省唯一的"一刻钟"便民生活圈试点城市。三是持续开展成品油行业经营管理、老旧市场改造提升专项行动、废品收购站专项整治工作。农贸市场商超化改造提升工作，累计投入资金2495万元，基础设施得到有效提升，顺利通过全国文明城市创建实地测评，圆满完成城市创建工作任务。四是推荐淇县成功申报农产品供应链示范县，获财政资金500万元。淇县在全省农村商业体系建设暨促消费工作会上作典型发言。五是持续推进省级城乡高效配送试点城市建设工作。六是持续推动浚县、淇县电子商务进农村综合示范工作。七是积极开展市场监管商务执法工作，推进商务领域营商环境不断优化，有效维护了商务领域市场秩序。

5. 全面助力灾后恢复重建

一是全力保障市场供应。汛情期间，实施生活必需品市场监测日报告机制，发放省车辆通行证40份，出具市内通行函93份，确保了生活必需品运输畅通、供应充足。二是汛情以来，联系京东集团、航天宏图等招商引资企业，浦东新区企业家联合会等商协会，向全市捐赠救灾物资23批次，总价值约2000万元。三是第一时间将省下达全市的1740万元帮扶救助资金拨付县区，支持受灾商贸企业灾后重建。四是开展灾后促进消费活动，2021年9月组织金秋惠民销售活动，12月出台《鹤壁市灾后促进消费活动方案》，争取省财政支持资金2100万元，市财政配套资金3000万元，发放汽车、家电家居、零售餐饮等消费券，拉动消费1.75亿元。

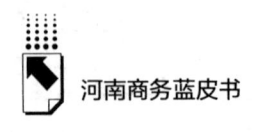

三 2022年商务发展指标预测

2022年，鹤壁市将深入学习贯彻中央经济工作会、省第十一次党代会、省委经济工作会、全国商务工作电视电话会精神，紧扣高质量发展主题，推进招商引资提质增效、外资外贸稳固增长、内贸流通转型升级、物流电商融合发展，努力提高全市开放型经济发展水平。

2022年鹤壁商务工作预期目标是：实际到位省外资金争取完成377.5亿元，同比增长3%以上，吸收外资同比增长3%以上，对外货物贸易同比增长3%以上，社会消费品零售总额同比增长8.5%，全年新签约、新落地亿元以上项目各140个以上，总投资1000亿元以上，其中50亿~100亿元项目4个，100亿元以上项目1个，外资项目18个，引进跨境电商企业8家。

四 对策建议

1. "四个聚焦"推动招商引资

牢固树立项目为王、招商为要理念，始终把招商引资作为经济工作的生命线和源头活水，持续大招商、招大商，一举求多效。一是聚焦"三个一批"。围绕"五要"考核提质量，贯彻落实省委、省政府关于"三个一批"活动的要求，围绕"规模要大、签约总量要多、质量要高、要有外资、要当季落地"的要求，发挥好考核指挥棒作用，强化对县区的考核。围绕"五账"督导抓落实，季度初建立招商项目谋划、在谈、签约和落地4本账，抓好项目谋划。每周理账，加强项目跟进。每半月对账，抓好项目管理，出现问题及早解决。每月交账，保障项目落实。季度末考核算总账，确保季度任务完成，以季保全年。二是聚焦"三个重点"。聚焦"4+3"主导产业，围绕生态链、价值链、产业链建设，精准谋划招商项目，全力打造产业生态。聚焦京津冀、长三角、粤港澳大湾区等重点区域，聚焦京东集团、中维化纤、赛仕软件、联想集团等重点企业，靶向对接洽谈项目，带动产业集群发展。三是聚焦方式创新。动态更新完善招商图谱和招商方案，突出产业招商、以商招商、驻地招商、资本招商、平台招商、智慧招商，实施定制化精准招商。建立产业引导基金，推进资本招商。四是聚焦机制提升。认真落实开放"1+9"招商工作推进机制，坚持招商工作领导小组统筹、驻地招商组一线对接、产业专班合力推进的"1+6+8"多方联动机制。强化市县联动，实行"县区点菜、驻地组落实"的协作机制。按照"谁签约、谁跟踪、谁负责"原则，定责任、定制度、定要求，坚持好项目督导机制，确保签一个落一个、落一个成一个。

2. "四动并进"提升外资水平

招引项目"驱动"，紧盯省组建港资、台资、日韩、世界500强企业4个利用外资专班，提前介入、主动参与，组建全市港资、台资、日韩和世界500强企业4个外资专班，加大招商力度，争取在外资招商上有更多突破。建强平台"带动"。谋划建设国际合作产业园，持续推进开发区、宝山区和示范区提质增效，促进外向型经济集聚发展。宣传政策"促动"。指导企业用足用好各项外资招商政策措施，制定出台扩大外资外贸的优惠政策和措施，做好招商、安商、稳商工作。优化服务"牵动"。推行外资企业"服务官"制度，帮助企业纾困解难，鼓励外资企业增资、再投资。

3. "五抓五促"夯实外贸基础

抓机制创新促合力形成，创新探索"贸易+投资"发展机制，利用"招商+贸易"优惠政策，引进出口型外资企业。抓政策落实促存量扩大，落实好政策，帮扶外贸企业做大做强，引导维多利等鹤商出口业务回归，培育现有企业拓展国际业务。抓招商引进促增量扩大，引进一批龙头型、出口型、基地型等制造业项目，重点引进高新技术、加工贸易、外贸综合服务等企业。抓平台建设促产业转型，加快鹤壁综合保税区建设并争取早日获批，建好淇县出口监管仓，争取镁新型材料产业创国家级外贸转型升级基地。抓营商环境促健康发展，加强对RCEP经贸规则的研究，对全市潜在进出口企业进行深度梳理、列出名单，帮助企业制订市场开拓计划，

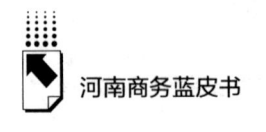

扩大进出口规模。

4. "找准头雁"发力新兴经济

一是大力发展直播电商。实施好《鹤壁市直播电商发展三年行动计划》，引进一批电商项目，建设一批直播基地，培育一批网红知名品牌、网销龙头企业和特色产业集群。二是积极发展现代物流。加快顺丰、韵达等在建项目序时进度。推进京东亚洲一号二期、申通、海尔日日顺、圆通等在谈项目早日签约。持续推动快递进村工作，进一步便利农产品出村进城和消费品下乡进村。

5. "织网络建体系"打通市场经脉

培育壮大流通主体，加强城市商圈建设。做好城市"一刻钟"便民生活圈国家级试点城市建设工作，推动步行街改造提升，持续开展市场提升改造专项行动，打造一批精品市场。强力推进县域商业体系建设，每个县至少建1个综合商贸服务中心，每个乡镇至少建设1个多业态商贸中心，所有行政村实现新型便利店服务全覆盖。办好商贸领域促消费活动，大力发展"网红经济""流量经济"等，打好搞活流通促消费"组合拳"。

B.30
2021~2022年新乡市商务发展回顾与展望

周勇 王霖霖*

摘　要： 2021年，新乡市商务局坚持以习近平新时代中国特色社会主义思想为指导，认真贯彻落实省委省政府、市委市政府各项决策部署，坚持稳中求进工作总基调，积极融入新发展格局，努力工作、锐意进取，商务系统疫情防控、灾后重建工作开展扎实有效，商贸流通、招商引资持续稳中向好，外资外贸稳定发展，保持了商务工作稳中有进、稳中提质的良好发展态势。

关键词： 新乡市　开放招商　消费促进　灾后重建

一　2021年新乡市商务发展指标完成情况及特点

2021年，全市一般货物贸易进出口完成112.9亿元，同比增长11%；全市对外承包工程和劳务合作完成营业额3948万美元，同比增长28.2%；全市实际利用外资13.98亿美元，同比增长6%；全市实际利用省外资金746.9亿元，同比增长3.16%；全市社会消费品零售总额1056.6亿元，同比增长9.3%。

---

* 周勇、王霖霖，新乡市商务局。

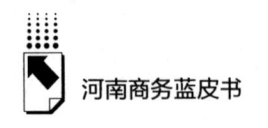

二 2021年采取的主要措施

1. 抓好中央、省委省政府、市委市政府重大决策部署落实

一是扎实开展"万人助万企"活动。安排精干力量完成新乡市"万人助万企"第一服务工作组工作,收集解决问题56个。制定《新乡市商务局"万人助万企"活动实施方案》,建立了4个工作机制,明确了13项工作任务,成立了以县处级干部为组长的8个工作小组,深入106家商务重点企业开展调研,共收集解决问题42个。

二是切实做好灾后重建工作。认真落实《新乡市商务领域企业复工复产和灾后重建工作方案》,指导7类受灾商贸企业开展灾后重建和复工复产。协调解决重建中遇到的难题。全市337家受灾严重的大型商贸企业于2021年10月底已复工335家,复工率达99.4%。向省商务厅申请小微商户救助帮扶资金2090万元,全市重灾区近9000户小微商户得到救助。

三是做好疫情防控工作。突出春节、冬季疫情反复期和洪灾疫情易发期关键节点,印发各类企业疫情防控指导手册,指导企业严格落实消杀、测温、佩戴口罩、一米线、健康码、人员限流等措施。深入各县市区大型商场、超市、农批市场、加油站等人员密集场所或人员流动量大的场所进行现场检查指导,对检查中发现的防疫措施不到位问题进行现场纠正或问题交办,指导大型商超进行加装自动测温设备等技术改造,提高了防控效能,保证了商贸系统无疫情发生、无疫情传播。

2. 攻坚克难,外贸进出口稳步发展

平台项目建设有新突破。长垣市被商务部认定为国家外贸转型升级基地(医疗器械),新乡市高新区、牧野区被认定为省级装备制造外贸转型升级基地,外贸产业集群化、品牌化、规模化水平不断提升。企业服务工作有新成效。落实"三外"重点企业首席服务官制度,全年服务企业120余件次,帮助企业解决一大批难题;全市企业通过中小开、出口信保评审项目共147个、争取支持资金731.1亿元,惠企数量居全省前列;为企业争取广交会线上线下展位79个。公平贸易工作有新胜利。帮助新乡化纤应诉印度粘胶长丝"反补贴"案件取得最终胜利，有效提振了企业稳定海外市场的信心，胜诉案例被商务部复制推广。

3. 强化服务，引进外资实现平稳增长

组织召开两次全市外资会议，全力推进部口径外资工作。淡马锡集团全资子公司新加坡丰树集团、华润集团等世界500强企业加大在新投资力度，累计实现资本金到位1874万美元。开展"千家外企大走访"活动，对全市外资企业开展全面摸排，帮助解决生产经营中的矛盾困难。出台《新乡市吸收外资工作目标考核办法》，进一步加大外资工作在招商引资考核、对外开放考核中的权重，在全市招商引资会议中突出对外资的点评与安排。

4. 招大引强，开放招商工作成效显著

扎实开展"三个一批"活动。2021年组织全市开展两期"签约一批"活动，共签约项目292个，总投资1837.7亿元。积极参加重大经贸交流活动。组织相关县（市、区）参加第十二届中博会、河南省长三角地区合作交流会、第四届高校院所博览会等国家及省、市重大经贸交流活动，共签约项目91个，总投资225.7亿元。积极组织企业申报招商引资奖励资金，推荐本市3家企业申请招商引资奖励资金共250万元。扎实推进招商条件建设。全市新收储工业用地23437.8亩，新建标准化厂房209.4万平方米，新建产业引导基金5个、规模9.2亿元，投放资金7.3亿元；新增省级以上创新研发平台109个，其中国家级3个；新设投融资平台12个，投放资金13.41亿元；新增对外开放平台20个，招商引资承载能力不断增强。

5. 多措并举，消费潜力得到充分释放

一是不断提升市场流通体系建设品质。积极推动东方文化商业步行街开展智慧商街试点建设，百货大楼成功创建为第五批河南省品牌消费集聚区。二是扎实开展促消费活动。举办新乡市首届促消费迎五一"衣食住行玩"展销节、新乡市大中型商超联合打折促销月、"新飞焕新健康生活百万惠民家电消费补贴"等活动，有力拉动消费。开展新乡市"钜惠夏季·火热新乡"促消费活动，发放政府消费券400万元。制定《新乡市"灾后重建·

情暖新乡"促消费工作方案》，用好1亿元促消费专项资金，强力促进汽车、家电家具、住宿餐饮消费，拉动消费10.4亿元。三是鼓励电商物流发展新业态。举办"居家嗨购 网上过年"线上年货节活动、2021年新乡市线上消费季促销活动。与市邮政管理局、市邮政分公司签署战略合作协议，在发展农村现代流通网络、深入推进"快递进村"等12个方面开展合作，完善县、乡、村三级物流体系建设，推进"快递进村"工程。

三 2022年商务发展形势分析及指标预测

2022年，新乡商务发展形势依然严峻复杂。一是吸收外资后劲不足。近年来，招商引资落地外资大项目较少，外商直接投资仍面临诸多不确定因素，成为制约全市吸收外资工作持续发展的突出问题。二是对外经贸形势不容乐观。全市出口产品整体处于价值链的低端，在国际供应链中议价能力较弱，且由于海陆运输价格提升、人民币汇率升值、原材料价格上涨等因素，在一定程度上降低了企业出口意愿。三是消费规模与全市经济发展水平不相匹配。

2022年，以习近平新时代中国特色社会主义思想为指导，全面落实省委"两个确保""十大战略"部署要求和市委打造"两地、三区、一枢纽"，经济总量在全省"进五争四"的目标要求，牢固树立项目为王工作理念，不断创新招商方式，大力开展资本招商、平台招商、产业链招商等，提高招商精准性和实效性；强化签约项目全周期跟踪服务，不断提高项目签约率、开工率和履约率。强化开放平台建设，拓展开放合作空间，推动与经济发达国家、新兴经济体及"一带一路"沿线重点国家双向投资经贸合作快速增长；健全现代商贸流通体系，提升全市消费能级，多措并举推动消费快速增长。

2022年，全市努力实现外贸进出口额126亿元，同比增长12%；实际引进外资14.5亿美元，同比增长4%；实际利用省外资金769亿元，同比增长3%；社会消费品零售总额达1183亿元，同比增长12%。

四 对策建议

1. 注重挖潜，积极培育外贸进出口新增长点

稳存量。做好外贸"白名单"企业服务工作，解决企业生产经营困难；发挥4家省级贸易摩擦预警点作用，妥善应对"两反一补"案件，支持重点企业守住海外市场，稳住外贸基本盘。扩增量。持续推动大宗商品进口数据回流新乡市；积极引导全市重点企业进口高端装备、精密仪器、先进技术和大宗商品，增加"两头在外"企业数量，加工贸易占比重回20%以上；加快培育和引进贸易型进出口企业。搭平台。协调推进海关肉类指定监管场地申报和建设；引进优质外贸综合服务企业和平台落户新乡。组织企业参加广交会、进博会、加工贸易博览会和系列线上展会，积极开拓国际市场。强支撑。积极谋划推进卫滨区、牧野区、经开区国家加工贸易产业园项目；支持相关县区申报国家级、省级外贸转型升级基地；推动原阳大迈六宝公司、经开区陆港保税公司建设保税仓，并辐射周边企业。

2. 前瞻谋划，全力增强招商引资实效

建立统一招商模式。出台《关于进一步完善招商引资工作机制的意见》，杜绝招商引资工作的随意性、盲目性。完善招商促进政策。聚焦新乡市"542"产业体系，围绕传统产业改造升级、新兴产业重点培育、未来产业谋篇布局，制定出台适应行业发展需求的招商引资政策。强化招商项目谋划。谋划开展"三个一批"集中活动四期，签约项目不少于400个，投资规模不低于2000亿元。用活招商引资方式。紧盯招商引资重点区域，绘制好招商引资"四张图谱"，大力开展资本招商、平台招商、以商招商、产业链招商，全力提高招商引资精准性，加快形成更具竞争力的新乡现代化产业体系。组织好招商活动。积极组织本市企业参加上海进博会、河南投洽会、河南高博会等国家级、省级重大经贸交流活动，努力实现一批高质量项目签约落地。举办好本市在长三角、粤港澳大湾区、京津冀地区、郑州等地4场以上招商活动，承接一批高端制造、高成长服务项目。强化招商项目全生命

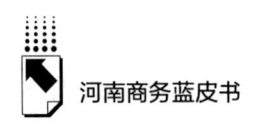

周期服务，促进在谈项目早签约、签约项目早落地、落地项目早开工。

3. 突出重点，切实提升社会消费能级

加强现代商贸流通体系建设。加快推进步行街提升改造，培育和创建河南省品牌消费集聚区，打造城市品质消费圈。积极发展新业态、新模式引领新型消费，引导传统商贸企业加速数字化转型，打造县域直播基地。新建改造一批农产品批发市场、农贸市场（菜市场）、产地集配中心、乡（镇）集贸中心，培育一批农产品冷链物流龙头企业，加快推动县、乡、村三级商贸流通体系建设。鼓励电商物流、冷链物流园区发展壮大，支持具备条件的园区申报省级示范物流园区。千方百计促进消费增长。积极谋划重大节日促消费活动，突出抓好汽车、家电等大宗消费，激发消费快速增长。发挥财政资金的杠杆作用，引导社会资源深度参与促消费活动。大力培育本土电商平台。积极引进、培育本土有影响力的网络销售平台，壮大平台经济规模，减少域外平台对全市消费的"抽血"效应。加快推进限上企业入库。推进全市符合限上条件的商贸流通企业入库，实现应入尽入。推动大型商场实行统一结算，减少社会消费品零售总额数据漏统率。推动网上汽车销售企业在新乡市注册，引导"生产+销售"型企业注册成立销售公司，不断壮大消费增长点。

4. 聚焦关键，加大开放平台建设力度

积极推进综合保税区建设，深入开展调研，加大重大产业项目引进力度。争取1家省级产业集聚区晋级省级经开区。推进海关特殊监管区建设进度。加快推进综合保税物流中心（B型）建设，争取2022年投运；新增经开区、原阳县保税仓库2个。积极申建自贸区开放创新联动区，争取首批纳入全省自贸区开放创新联动区范围。加快推进跨境电商平台建设，支持跨境电商园区、龙头企业做大做强，强化跨境电商综试区申建基础支撑。探索跨境电商新业态、新模式，鼓励跨境电商龙头企业在主要业务地区布局海外仓1~2个。不断提高开放型经济建设水平，争取营商环境评价市场开放度指标位次前进。

B.31 2021~2022年焦作市商务发展回顾与展望

李坤承 李林*

> **摘 要：** 2021年，焦作市坚持以习近平新时代中国特色社会主义思想为指导，坚持稳中求进工作总基调，落实高质量发展要求，完整准确全面贯彻新发展理念，统筹推进疫情防控、防汛救灾、灾后重建和经济社会发展，商务工作实现了"十四五"良好开局。本文总结了2021年焦作商务工作的主要成效，并就2022年焦作商务发展提出了发展举措。

> **关键词：** 焦作市 招商引资 消费促进 疫情防控

一 2021年焦作市商务发展指标完成情况

1.外贸指标完成情况

2021年，全市进出口完成169.5亿元，居全省第6位，同比增长24.5%，增速高于全省1.6个百分点，高于全国3.1个百分点。其中，出口完成127.7亿元，同比增长24.7%，进口完成41.8亿元，同比增长24.9%。

2.外资指标完成情况

2021年，全市新设外商投资企业3家，合同外资8316万美元；商务部口径外资企业资本金到位1460万美元；省口径实际利用外资9.87亿美元、

---

* 李坤承、李林，焦作市商务局。

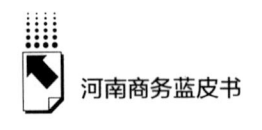

居全省第7位，同比增长3.7%、居全省第11位。

3. 省外境内资金指标完成情况

2021年，全市累计新引进省外境内项目485个，合同省外资金1461.7元；实际到位省外资金724.7亿元（含往年项目当年到资），同比增长3.17%，全省排名第11。

4. 社会消费品零售总额

2021年，全市社会消费品零售总额863.3亿元，同比增长6.1%，增速居全省第16位。

二 2021年主要工作措施及成效

1. 关口前移，推动防疫保供有序进行

一是加强行业疫情防控。加大对全市商超、加油站、农批市场、二手车交易市场等商务领域重点场所的疫情防控检查督导工作，及时发现隐患、堵塞漏洞。严格督促各大商超落实测温、扫码、1米线、佩戴口罩等防控措施，实行"限流"制度。建立四级应急响应机制，指导商超、农批市场制定疫情防控应急预案，开展了3次商超现场防疫规范培训。二是加强市场保供工作。加强组织协调，印发做好生活必需品市场保供工作方案和应急预案。强化监测预警，通过市商务局微信公众号向社会发布重要生活必需品每日监测价格信息，引导居民理性消费。抓好应急储备，全市共完成1000吨政府储备肉任务，其中城区300吨，待肉类供应紧张或物价波动时开启投放。保障物流畅通，2021年共协调发放生活物资运输车辆绿色通行证1137张（次），运输保供物资1.3万吨。

2. 高位推动，全面提升招商引资工作

一是完善工作机制。建立了市级层面招商引资协调工作机制。组织各县（市、区）聚焦装备制造、食品、现代化工等主导产业，编制产业链招商图谱。着力实施"151"工程，建立委托招商平台，第四届进博会期间，在上海设立了第一个招商引资联络处。二是自办活动成果丰硕。先后举办"百名湘商焦作行"、东旭·孟州光电显示材料产业园项目签约仪式、"一赛一节·百名苏商进焦作"招商推介暨项目签约仪式等主场招商推介活动，2021年12月在深圳举办焦作（深圳）招商引资推介暨项目签约活动，共签约28个项目，总投资240.03亿元。三是重大展会亮点频现。第十二届中博会期间，焦作市金玉米粮食深加工科技产业园项目等5个项目签约，签约项目数量居全省第一位，投资额32亿元，居全省第3位。第四届进博会期间，焦作市参加了河南省跨国采购签约暨长三角地区经贸合作交流会，风神轮胎、隆丰皮草等6家企业在会上签约进口订单共25.97亿元，位居全省前列。

3. 积极应对，多方位促进外贸发展

一是加强政策宣讲。召开稳外贸政策宣讲座谈会，举办全市原产地签证和外贸政策业务宣讲会，帮助企业用好、用活、用足政策。二是开拓国际市场。积极组织焦作市外贸企业参加了第129届线上广交会、第130届线上线下广交会、河南省出口商品线上展会、第二十三届海峡两岸经贸交易会、第四届中国国际进口博览会等国内外展会，其中，借助广交会的平台，焦作市隆丰皮草、贝贝特玩具等企业与客户达成了近2000万美元的销售意向。三是争取资金支持。新锐印铁制盖有限公司和蒙牛乳业（焦作）有限公司申报国家进口贴息408.4万元。争取外经贸专项资金530万元和国家级外贸转型升级基地支持资金300万元。

4. 扩大内需，促进社会消费稳步回升

一是开展行业消费券发放惠民活动。2021年下半年通过"云闪付"平台，分6期向广大市民发放共计1000万元消费券，据统计，此次消费券活动共核销金额642.66万元，拉动焦作市商品零售额3587.25万元，杠杆比为5.58∶1；9月启动了200万元家电家居专项消费券发放，共核销60.8万元，核销率30.4%，带动家电消费528.66万元，杠杆比9.08∶1，截至2021年底，累计发放购车补贴3624笔，金额513万元，直接带动汽车消费4.45亿元。二是联合商家组织系列线下促销活动。组织开展焦作市第三届豫北汽车博览会、宏达名车狂欢季购车展销会、鸿运国际商城汽车节等展销

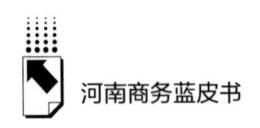

活动。组织各县（市、区）动员商贸企业开展特卖会、打折等线上线下结合的促销活动30余场，参与企业450余家，企业发放各类打折让利券6500万元，间接拉动消费近2亿元，有力提振焦作经济复苏。

5. 提质增效，推动内贸流通行业升级

一是提升现代商贸流通服务水平。着力提升步行街创建水平，山阳潮街步行街被河南省商务厅列为2021年全省第一批省级试点步行街。做好老字号推荐宣传，推荐焦作市绿洲怀药、三家村、李氏绞胎瓷、禄满园食品四家企业申报第八批"河南老字号"。全力打造便民消费服务中心，推动指导各城区新建和改造一批集餐饮、家政、托幼、维修等基本生活服务于一体的便民消费服务中心，目前共建成网点100余家。二是抓项目育主体推动物流发展。推动中国宝武焦作现代综合物流园成功获评省级示范物流园区，获得100万元省级奖励资金；开展供应链创新与应用试点城市建设，武陟县、孟州市、博爱县、温县被确定为省级供应链创新与应用试点城市（县），蒙牛乳业（焦作）有限公司等13家企业入选省级供应链创新与应用试点企业名单。三是多渠道推动电商产业发展。参与组织2021年中国农民丰收节河南主会场焦作·武陟直播专场，通过直播平台向全国推介"四大怀药"等特色农产品，累计对接农产品电商企业40余家，线上直播产品100余种，带货总业绩256.5万元；承办河南省2021年电商"巧媳妇"直播带货大赛，培养了一批"带货能手"；2021年12月底在鸿运国际商城成功举办焦作市首届电商直播大赛暨2022年全国网上年货节，带动当月全市电商零售交易额较上年同期增长1.16亿元。

三 2022年商务发展预期目标

2022是"十四五"规划承上启下的关键一年，全市商务系统将努力克服国内疫情多点散发和国际形势局部动荡等所带来的不确定性，发挥焦作自身的资源和地缘优势，完整准确全面贯彻新发展理念，融入和服务新发展格局，紧扣建设内陆开放高地、黄河流域生态保护和高质量发展、郑焦一体化发展等目标，统筹疫情防控和经济社会发展大局，围绕稳外资、稳外贸、扩消费、惠民生，研究谋划具有较大影响的标志性工程和项目，以优异成绩迎接党的二十大胜利召开。

2022年全市力争外贸进出口平稳增长，引进省外资金同比增长3%，实际吸收外资同比增长3%，社会消费品零售总额同比增长8.5%，力争2022年签约招商引资项目100个以上、总投资800亿元以上。

四 对策建议

1. 突出抓好开放招商工作

一是制作"四张图谱""四个拜访"。按照市委、市政府提出的建设"356"产业集群，制定产业发展的"四张图谱"确定"四个拜访"，实施强链、延链、补链，争取把主导产业做大做强。二是建立智慧招商平台。筹备焦作市智慧招商云平台建设，真正实现招商移动办公应用。实施"151"工程，建立招商联络点、聘请异地商协会、知名人士、专家学者为招商大使，进行委托招商，增强点对点、叩门招商的实效。三是明确大员上阵、实施小分队招商。严格落实主要领导全年外出实质招商不少于1/4时间的规定，大员上阵与小分队招商相结合，定期赴长三角地、珠三角、京津冀等发达地区开展招商引资活动。

2. 培育外贸进出口新增点

一是落实各项稳外贸政策。加大对龙佰集团、倍耐力、中内配等外贸企业的支持力度，做强羊剪绒及制品、造纸及制品出口基地和服务外包示范园区。积极为企业申请"中小开""出口信保""进口贴息"等各类国家和省支持资金，扩大中小外贸企业进出口规模，支持外贸企业自建"独立站"和海外仓，推动焦作外贸"区域品牌"向"国际品牌"跃升。二是积极发展外贸新业态。鼓励和支持孟州市申报市场采购贸易试点，联合孟州市政府申报国家级外贸转型升级基地（羊剪绒），谋划举办中国—河南（桑坡）国际毛皮交易会。积极组织开展RCEP及外贸业务培训，拓展韩国、日本、新加坡等潜力市场。

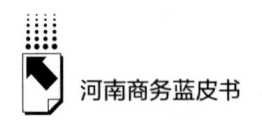

3. 创新流通方式推动消费升级

一是开展好2022年度的汽车促消费工作。组织企业开展汽车展销活动、做好汽车消费补贴发放等工作，提振大宗商品消费。二是继续组织开展政府消费券发放活动。通过加大消费券折扣额度、延长有效期等方式提升群众参与度，刺激零售及餐饮行业消费。三是组织企业参加各类产销对接促销展会。筹办好线上线下融合的消费促进系列专项活动，鼓励企业适当延长营业时间，扩大夜间消费，促进焦作市消费转型升级。

4. 全面加快发展电子商务

一是积极谋划申报电子商务进农村综合示范县项目，进一步挖掘农村电商发展潜力，抓好孟州市电子商务进农村综合示范县项目申报工作，积极争取获得国家级示范县奖励政策。二是积极对接申建跨境电商综合试验区试点城市，促进传统贸易电商化，提高贸易便利化水平，推动对外贸易转型升级。三是推动跨境电子商务发展，探索跨境电商试点城市业务开展，以"焦作跨境电商生态圈"项目建设为总抓手，以"一园区一平台"为发展主线全力构建跨境电子商务完整的产业链和生态链，积极培育电子商务示范园区和示范企业。四是推动焦作市电商直播基地建设。谋划筹建省级、国家级电商物流产业园和直播基地，举办电商直播大赛或直播活动，为市一级本土与特色产品的知名度提升奠定基础。

B.32
2021~2022年濮阳市商务发展回顾与展望

杨 宁*

摘　要： 2021年，面对错综复杂的国内国外形势、艰难繁重的工作任务和不可预知的风险挑战，濮阳市锚定"两个确保"，实施"十大战略"，依托国内大循环，谋篇布局国内国际双循环，扎实推进制度型开放战略，优化开放平台建设、提升招商引资质量、稳妥推进对外经贸、搞活内贸流通，实现商务"十四五"良好开局。2022年，濮阳市将完整、准确、全面贯彻新发展理念，融入新发展格局，推动高质量发展，以"能力作风建设年""招商引资突破年"为抓手，全面落实制度型开放战略，聚焦招商引资、对外经贸、内贸流通等商务事业，奋楫扬帆、砥砺前行、开拓创新，谱写新时代中原更加出彩的濮阳绚丽篇章，以优异成绩喜迎党的二十大胜利召开。

关键词： 濮阳市　高质量发展　制度型开放　招商引资突破年

一　2021年濮阳市商务发展指标完成情况及特点

2021年，濮阳市商务系统抓重点、补短板，强弱项、求突破，各项任务较好完成，主要指标好于预期，呈现稳中有进、持续向好的发展态势。

---

* 杨宁，濮阳市商务局。

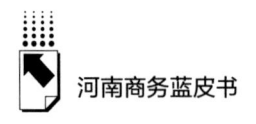

1. 招商引资

全市实际到位省外资金达271.9亿元,同比增长了3.34%,增速位居全省第1;全市实际吸收外资达78122万美元,目标进度、增速分别为103.6%、6.7%,目标进度和增速均位居全省第2,其中资本金到位4375万美元,增速、目标进度分别位居全省第1、第3。

2. 对外贸易

全市货物进出口115.87亿元,同比增长32.5%,总量位居全省第8,增速位居全省第7;其中,出口60.03亿元,同比增长48%,总量、增速分别位居全省第11、第4;进口55.84亿元,同比增长19.1%,总量、增速分别位居全省第4、第11。

3. 对外经济

全市对外承包工程和对外劳务合作完成营业额达5.66亿美元,外派劳务人员2192人。

4. 社会消费

社会消费品零售总额达722.59亿元,同比增长了10.0%,增速位居全省第6。

二 2021年采取的主要措施及成效

1. 树牢招商引资"一号工程"

一是招商机制不断优化。出台《濮阳市招商引资考评暂行办法》《濮阳市支持双招双引促进高质量发展二十三条措施实施细则(试行)》,全面落实招商项目全程代办服务,不断健全招商引资政策体系。从市直部门抽调骨干,实现专人招商、脱岗招商,在全省率先组建了12支青年干部双招双引突击队;依托市政府驻外办事机构,创新性成立了4个双招双引基地,招商主体结构不断优化。充分调动各部门积极性,对33个市直单位下达招商目标,对各县(区)下达招引30亿元、50亿元重大项目目标,科学设置目标体系。强化台账管理,实行周动态、月通报、季考核排名、年总评制度,以督导催推进，狠抓项目落地。濮阳市招商引资先进做法2次在《河南日报》刊发，省政府网站、人民网、新华网予以转载，"双招双引再出新招"被确定为濮阳市2021年改革创新典型案例。二是招大引强成效明显。全市新签约、开工、投产亿元以上招商项目208个、138个、93个；签约30亿元以上工业项目4个、50亿元以上工业项目5个；新引进立邦石膏砂浆及真石漆、海尔创新产业园、月星环球港、巴德富（濮阳）新材料产业园等上市公司和500强企业投资项目共计17个。三是招商平台亮点纷呈。务实参加第二十七届中国兰州投资贸易洽谈会、第四届中国国际进口博览会等12项国家级、省级经贸活动。组织举办2021亚太国际涂料产业发展大会、中国（濮阳）生物基降解材料大会等8项专题招商活动。以参加第四届中国国际进口博览会为契机，举办"濮阳市长三角区域合作产业推介会"，推介了濮阳、扩大了合作。组织举办了两期"三个一批"签约活动，全市共有31个项目纳入省级督导，总投资411.2亿元，投资额位居全省第6，项目开工率达100%。

2. 对外经贸新动能持续释放

一是政策支持愈加有力。出台《濮阳市外经贸促进专项资金管理办法（试行）》《濮阳市外经贸发展专项资金管理办法》《关于推进对外贸易创新发展的实施意见》，落实2021年度省级外贸外资外经发展专项资金580万元。以政策为支撑，推进开放平台建设，加快建设日照港台前"无水港"、濮昇保税物流中心（B型），市外向型经济综合服务平台建成运营，走在全省前列；南乐县生物基材料转型升级基地获批，全市国家级、省级外贸转型升级基地累计7个，数量居全省前列；宏业控股集团被认定为河南省外经贸综合服务企业，加快推进惠成电子申报制造业融合发展重点企业、深港跨境电商产业园申报省级跨境电商示范园区。二是拓宽市场力度加大。积极融入《区域全面经济伙伴关系协定》（RCEP），组织企业参加中国服务贸易博览会，第129届、第130届广交会等10余个国际展会。第四届中国国际进口博览会期间，签订采购合同8个、金额57.95亿元，丰利石化签订全省第三大单。举办国际贸易"单一窗口"推广应用培训会，为政策宣讲搭建了良好平台，全市180余家外贸企业积极参与。推动出台《濮阳市跨境电子商务发展行动计划（2022—2024年）》，助力企业通过跨境电商拓展外贸业务。三是融入"一带一路"更加紧密。支持濮耐股份、可利威化工、中原油田等企业发挥技术强项和人才优势，深耕"一带一路"沿线国家市场。2021年濮阳市企业先后在孟加拉国、塞尔维亚、越南等共建"一带一路"国家投资项目共计3个。

3. 社会消费不断升级

一是用活补贴促消费。充分利用省级和市级促消费补贴资金，全面释放成品油、汽车、家电等6大领域的消费潜力。"濮惠龙城"家电促消费活动如火如荼，共计交易17973笔，拉动消费达7083万元。二是培育热点促消费。组织参加及举办"新春赶大集直播带年货"网上年货节暨濮阳特色产品线上展销活动、"京东618"濮阳城市嘉年华活动、第三届"双品网购节"等一系列产销对接活动。认定首批7家"濮阳老字号"企业。组织开展濮阳美食系列活动，评选出濮阳"十大名优小吃"及其制作金牌单位，举办夜间美食节。三是强化监管促消费。召开豫鲁冀三省八市规范成品油市场打击黑加油站协作联席会议，河南濮阳、新乡、安阳、河北邯郸和山东菏泽、济宁、泰安、聊城三省八市联合推动开展规范成品油市场打击黑加油站点协作行动。

4. 电子商务发展迅速

一是电商产业不断壮大。京东城市（濮阳）数字经济产业园服务中心建成并投入使用，新获评省级电商示范基地1个和省级电商示范企业1家，新增电商企业25家，累计建成省级电子商务示范企业8家、省级电子商务示范基地4个、电子商务专业园区10个；市级电子商务示范企业34家，市级电子商务示范基地6个。二是农村电商迅猛发展。清丰县、范县分别获批特色优势农产品供应链示范县、国家级电商进农村综合示范升级版，全市累计争取资金1.22亿元。建成县级公共服务中心7个、乡村服务站点1808个，培育区域公共品牌5个，其中清丰县食用菌品牌"富物清风"被评为国家级区域公共品牌，台前县清水河乡前王集村被阿里命名为"中国淘宝村"，成为濮阳市第一个淘宝村。台前县马楼、孙口镇连续三年被阿里命名为"中国淘宝镇"。

三 2022年商务发展形势分析及指标预测

2022年是党的二十大召开之年，是"十四五"规划实施的关键之年，做好2022年的商务工作意义重大。总体来看，2022年面临的外部环境愈加复杂严峻。新冠肺炎疫情持续全球蔓延，贸易保护主义抬头，逆全球化浪潮兴起，新兴市场国家与我国同质竞争加剧，世界经济仍处在深度调整阶段。新常态下我国发展面临诸多风险和矛盾，有效需求增长乏力，结构性问题突出，实体经济困难增多，经济下行压力依然存在。濮阳市产业结构仍然处于新旧艰难调整蜕变阶段，新业态、新模式发展较慢，又面临优化外资产业结构、提升引进外资质量的现实挑战和国际贸易需求不旺、外贸增长趋缓的严峻形势，加之城镇化率较低，中原油田资金、人才外流趋势明显，消费增长乏力，都为商务发展带来不小的压力。

但同时濮阳商务发展也面临有利条件。一是对外开放利好增多。国际产业分工格局加速调整，国内区域经济一体化加快发展，国内外产业加速转移的趋势仍将持续。濮阳地处三省交界、占据豫东北门户，对外承接产业转移的区位优势更加突出。省委、省政府前瞻30年发展，支持濮阳、鹤壁、安阳建设"豫北跨区域协同发展示范区"，支持共建豫鲁毗邻地区黄河流域生态保护与高质量发展示范区，为拓展区域合作创造了机遇。同时，济郑高铁濮阳段五一通车，濮卫高速、阳新高速年底有望开通，濮阳至天津港、日照港铁海联运班列优势日趋凸显，基础设施、能源交通等支撑作用不断增强，平台保障、产业配套等加快完善，在提升招商引资上仍前景广阔。二是内贸流通大有可为。全国内贸流通体制改革释放巨大红利，城乡流通体系不断完善，进一步改善了内贸流通大环境。随着全市工业化、城镇化加快发展和消费结构持续升级，城乡居民收入快速增长，濮阳市消费市场发展空间广阔。教育、旅游、文化、养老、健康等服务类消费快速增长，电子商务、互联网购物等新业态全面渗入城市乡村，社会消费潜能得到进一步释放，为壮大内贸流通注入了强劲动力。

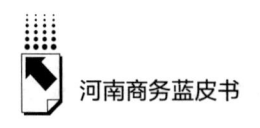

2022年,预计全市实际利用省外、境外资金均同比增长3%,分别达到280亿元、80466万美元,增速居全省第一方阵,到位境外资本金5250万美元,质量效益明显提高;货物贸易进出口保持适度平稳增长;社会消费品零售总额同比增长9%,力争增速居全省第一方阵。

四 对策建议

1. 抓好开放平台促提升

加快濮阳濮昇保税物流中心（B型）建设,力争海关总署等四部委批复。推进台前"无水港",争取保税仓库获批。加强与中远海运物流有限公司、天津港集团对接,加快推进中原国际陆港建设。不断优化外向型经济综合服务平台功能,加快推动设立国际贸易"单一窗口"濮阳专区。

2. 抓好招商引资求突破

实施"招商引资突破年"活动,在招商机制、招商载体、精准招商、营商环境等方面持续发力,力争全年新签约260个亿元以上项目,引进8个20亿元以上工业项目、4个30亿元以上工业项目、4个50亿元以上工业项目。一是创新招商机制。组建节能环保、新能源、新材料、新一代信息技术、高端装备制造、绿色食品等12个产业招商专班（小组）,落实周通报、月调度、季考核、年总评及每月晾晒成绩单等制度。出台《濮阳市青年干部双招双引突击队工作管理办法》,规范程序、提高质效。二是夯实招商基础。做好谋划项目库、在谈项目库、签约项目库"三库"建设,每月跟踪更新,每季度定期发布,加快谋划项目早洽谈、洽谈项目早签约、签约项目早开工。绘制产业链全景图、产业链招商图谱、项目招引目标表等"两图一表"。2022年,全市力争新谋划亿元以上招商项目突破400个,新增在谈亿元以上招商项目突破300个。三是实施精准招商。聚焦聚碳酸酯（PC）、聚氨酯（PU）、绿色涂料、可降解材料、风电能源装备制造等重点产业链条,锁定目标企业,找准承接点,精准出击,定向突破。四是丰富载体平台。精准组织开展重点区域专题招商行动。组织各县（区）开展专题招商活动，适时举办区域合作交流会。围绕主导产业开展产业专题招商活动，举办中原能源装备及技术服务展览会、可降解材料产业发展大会、濮阳张姓文化节经贸活动、亚太国际涂料产业发展大会等招商对接活动，营造浓厚招商氛围。五是狠抓项目落地。立足招商项目开工率、投资完成率、投产率三项指标，抓在谈项目促签约，力争入库在谈项目签约率突破80%。加大对县（区）招引20亿元、30亿元、50亿元工业项目目标的督导力度，全力破解项目落地困难问题。

3. 抓好对外经贸开新局

一是优化国际市场布局。支持企业深耕东亚、欧盟等传统市场，加快布局拉美、"一带一路"沿线国家等新兴市场。深度融入《区域全面经济伙伴关系协定》（RCEP），开拓东盟市场。积极参加第五届中国国际进口博览会、2022年中国国际服务贸易交易会等，力争年内将"一带一路"贸易往来国家扩充至62个。二是实施出口品牌战略。大力培育国际品牌，持续提高出口商品知名度和国际竞争力，力争品牌产品、机电及高新技术产品出口占全市出口的60%以上。持续支持企业开展境外商标注册、管理体系认证、专利申请、产品认证，打造国际知名品牌。三是大力发展跨境电商。出台《濮阳市加快跨境电商发展三年行动计划（2022—2024年）》，扶持传统外贸、制造和流通企业运用跨境电商平台实现数字化转型。引导跨境电商企业拓展货代业务，鼓励其在境外设立海外仓。争创示范区深港跨境电商产业园省级示范园区。

4. 抓好内贸流通强亮点

一是持续激发消费潜能。积极引导商业综合体围绕主力商圈集聚，推动月星环球港、万达广场等申报省级品牌消费集聚区。出台促进汽车、家电等大宗商品消费政策，开展"全民消费季"活动，提振大宗商品消费。推进以"水秀"夜间名优小吃美食街为中心，班家耕读小镇、濮水小镇、西湖夜宴等为点的夜间美食经济。培育小吃品牌和特色餐饮，打造美食节、美食街、美食大赛和开展"三名"认定等，扩大"濮阳小吃"影响力。适时开展第二批"濮阳老字号"评定工作，增强品牌美誉度，提升品牌知名度。

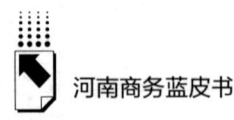

实施县域商业体系建设行动，持续完善县、乡、村三级物流配送体系，畅通工业品下乡、农产品进城双向流通通道，挖掘城乡消费潜力。二是加快发展电子商务。谋划开展市级电子商务示范企业和示范基地评定工作，积极推荐符合条件的企业、基地申建国家级、省级示范企业和示范基地。支持京东（濮阳）数字经济产业园、台前县电商物流园等园区发展。鼓励各县（区）建设直播基地（直播间），孵化网红品牌，培养网红带货达人，开展"网红直播带货"活动。

B.33 2021~2022年许昌市商务发展回顾与展望

郑璐 杜向伟*

摘 要： 2021年，面对百年未有之大变局和新冠肺炎疫情，许昌市商务系统服务和融入以国内大循环为主体、国内国际双循环相互促进的新发展格局，迎难而上、担当作为，商务发展总体稳中向好、进中提质、好于预期，实现了"十四五"良好开局。2022年，许昌市商务系统将围绕"打造开放强市"，持续加强开放平台建设，大力抓好招商引资，多措并举稳外贸，因地制宜促消费，力争商务工作在高质量发展中实现新突破。

关键词： 许昌市 对外开放 招商引资 对外贸易 高质量发展

一 2021年许昌市商务发展指标完成情况及特点

2021年，全市主要商务指标运行总体稳中向好，对外贸易增长迅猛，招商引资和消费稳中有进，为全市经济社会平稳健康发展作出了积极贡献。

1. 对外贸易态势强劲

全市货物贸易进出口额254.6亿元，同比增长88.6%，进出口总量居全省第4位，进出口增速居全省第1位，其中，出口212.7亿元，同比增长79%，出口总量居全省第2位，增速居全省第1位。全市跨境电商进出口

---

* 郑璐、杜向伟，许昌市商务局。

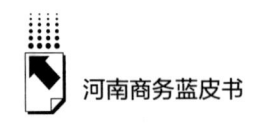

180.6亿美元,同比增长6.8%,总量稳居全省第2位。

2. 招商引资稳步增长

在吸收境外资金方面,全市新设外资企业8家,合同引资17586万美元,同比增长84.8%;实际吸收境外资金87106万美元,同比增长3.1%,其中到位资本金2683万美元,同比增长95.8%。在实际利用省外资金方面,全市新增省外资金项目316个,总投资1643亿元,实际到位资金563.3亿元,完成年度目标的100.12%,同比增长3.13%。

3. 消费品市场回暖向好

全市社会消费品零售总额完成1331亿元,总量居全省第6位,同比增长9.2%,高于全省平均增速0.9个百分点。

4. 对外投资合作逐步恢复

2021年,全市新设境外投资企业2个,中方协议出资额100万美元,境外投资实际出资额500万美元;对外承包工程新签合同金额327万美元,同比增长1984.8%。

二 2021年采取的主要措施和成效

1. 开放平台建设取得新突破

一是市场采购贸易试点成效显著。研究制定了专项行动实施方案等一系列配套政策、制度,通过完善工作机制、落实便利政策、优化公共服务、培育市场主体,推动试点建设开好局、起好步,持续走深走实。2021年3月,市场采购贸易试点联网信息平台通过部委联合验收,4月中旬正式开展业务。2021年,许昌市场采购联网信息平台完成备案各类市场主体454家,其中采购商273家,代理商39家,供货商142家,通过市场采购贸易方式出口产品3048单,货值3.15亿美元。二是保税物流中心全面开展业务。按照"政府主导、企业主体、市场运作、合作共赢"思路,在设施完善、项目引进、产业培育和新业务拓展等方面持续用力,确保保税物流中心运营规范向好。2021年5月出台了《河南许昌保税物流中心(B型)运营发展扶持办法》，7月13日通过验收，10月28日实现封关运营和首票进口报关试单，11月11日完成首票出口报关业务办理。2021年，保税物流中心注册企业17家，实现进出口265.09万美元。

2. 对外贸易创历史新高

加大外贸企业政策、资金支持力度，先后组织了稳外贸政策落实情况座谈会、进出口形势分析和企业座谈会，多次对接河南物资集团、航投物流等公司，在中欧班列中开通许昌专列，积极解决企业货柜紧缺、运费高昂等问题；组织了3期《区域全面经济伙伴关系协定》（RCEP）线上专题培训，开展了外贸新业态新模式线上专题培训，受益企业逾百家；组织22家企业参加第130届广交会，发布动员企业参加2021年哈萨克斯坦—中国商品线上展览会、第23届高交会、上海环球食品展等国内外展会，帮助企业开拓市场拿订单；组织47家企业和单位参加第四届中国国际进口博览会，达成成交意向项目19个，意向金额达1102万美元，较上届进博会增长32%。开展2021年度河南省外贸综合服务企业申报工作，许昌远鼎实业有限公司、许昌格罗科实业有限公司2家企业认定省级外贸综合服务企业。开展了禹州市钧陶瓷和发制品、长葛市蜂产品省级外贸转型基地考核认定工作。2021年新增注册外贸企业340家。

3. 招商引资高位推进

强化顶层设计。通报表彰了2020年度开放招商先进单位和先进个人，制定了《2021年扩大对外开放强化招商引资行动计划》，并在全市领导干部大会上发布，营造大招商、招大商的浓厚氛围。强化产业链精准招商。印发了《许昌市关于建立全市重点产业链工作推进机制的通知》，出台了11个重点产业链专项工作方案，绘制产业招商图谱，开展有针对性地延链补链招商。2021年，各县（市、区）认真落实"二分之一"工作法，主要领导带队赴长三角、珠三角、京津冀等沿海发达地区开展招商活动，共组织招商小分队167批次，洽谈对接项目342个。强化重大活动招商。2021年5月，在深圳组织了珠三角集中招商活动，签约项目共26个，总投资199亿元，涉及环保装备、电子信息、智能制造、新能源等；组织10家企业参加第十二届中国中部投资贸易博览会,签订项目2个,总投资4.7亿元;2021年"三个一批"活动,签约项目28个,总投资152.9亿元;进博会期间,市、县联动先后考察拜访了安德里茨(中国)有限公司、上海城建数字产业集团有限公司等37家企业,在河南省跨国采购暨与长三角地区经贸合作交流会上,签约项目3个,总投资25.6亿元;2021年12月,在北京、天津开展许昌市与央企合作暨京津冀地区招商活动,共签约项目20个,总投资192.1亿元,并在新能源、新材料、创新合作平台等多个领域达成合作意向。强化招商项目落地。对2021年许昌市组织参加的长三角、沪苏浙、珠三角、中博会、"三个一批"(两期)、进博会等7次重点招商引资签约活动上的签约项目逐一建立台账,建立工作专班,坚持周跟踪、月通报工作机制,推动重大项目落地实施。世界500强圣戈班(法国)、国内500强及行业龙头大唐集团、振德集团、平安建投等企业先后在许昌投资。

4. 持续深化对德(欧)合作

完成中德产业园规划编制工作和对德合作展览馆建设。加大与沙尔平公司、德国工商大会、中德工业城市联盟等机构的联络力度,组织16次线上交流会,5次线下交流会,发布34家外国企业意向投资中国信息,召开了8次工作推进会,进行项目谋划和对接。2021年,全市新签约对德(欧)合作项目10个,新落地项目8个。欧绿保餐厨废弃物处理项目竣工运营,百菲萨年处理11万吨电炉炼钢除尘灰项目即将竣工投产。

5. 内贸流通活力有效释放

完成城乡高效配送试点城市建设,确定验收合格企业19家,完成项目建设20个。做好老字号宣传培育工作,组织企业参加了全省老字号鹤壁、洛阳展销和论坛活动,新申报禹州"卢家世代""孔家钧窑"等老字号品牌5个,扩大了企业"品牌"影响力。因地制宜开展促消费活动,2021年春节前后,开展了"2021全国网上年货节"活动,推广了禹州粉条、河街腐竹等许昌特色农产品,成交订单超过6000单;开展"乐享莲城美好生活"系列促消费活动,中国银行、邮储银行等10家银行,中国银联电商交易平台、客老大电商平台参与,合作商家达到3511家,参与活动180万人次。

联合相关部门实施了灾后促进消费活动,加速促进消费市场回暖。

6. 电子商务创新发展

举办了跨境电商专题培训会,组织企业参加了第五届全球跨境电子商务大会,与 Amanbo、全球贸易通集团签订战略合作协议,组织了"发动全球·货通天下"跨境直播节暨全国首届"顶上时装"电商直播大赛。持续抓好电商示范创建工作,新培育省级电商示范企业 2 家,新认定市级电商示范企业 8 家、市级电商示范基地 1 家,累计 10 家企业获评省级电商示范企业,4 家园区获评省级电商示范基地。大力发展农村电商,加快区域公共品牌建设,成功打造了"葛天印象""禹人为膳"等区域公共品牌。2021 年,全市电商交易额 815 亿元,同比增长 4.9%,许昌假发列全球速卖通"双十一"海外热销榜第 3 位。

7. 应对汛灾疫情和服务企业彰显担当

在 2021 年 7 月疫情防控期间,许昌市商务局深入市区 30 多家超市、批发市场实地调研指导疫情防控和市场供应工作,向各大超市发出了疫情防控期间不涨价、不断货的倡议,有效保障了全市生活必需品市场供应。为主城区生活物资采购运输车辆司乘人员常态化开设快速核酸检测点,及时办理生活必需品通行证,确保重点商贸流通保供企业物资保障渠道畅通。做好汛灾后商贸领域重建工作,会同市财政局发放城乡小商户帮扶救助资金 499 万元,救助商贸企业和个体户 893 家。扎实开展"万人助万企联乡帮村"活动,协调解决企业资金、用工、安全、环境等方面的问题 22 个,办理市活动办转交问题 25 个,办结率达 100%,《协调中欧班列　助力企业发展》被表彰为许昌市"我为群众办实事"优秀实事项目。

三　2022年商务发展形势分析及指标预测

当前,百年未有之大变局和新冠肺炎疫情交织演变,全球经济复苏坎坷曲折,外部环境更为严峻,发展的不确定、不稳定性因素增多,正常经贸合作活动受到较大影响;国内经济发展面临需求收缩、供给冲击、预期转弱三重压力，经济持续恢复的基础仍不稳固，商务发展面临诸多挑战。在招商引资方面，发达经济体实施产业回归政策，随着国外疫情趋于稳定，有可能向其他国家和地区转移，对吸引外资带来更大的难度；在对外贸易方面，疫情错位带来的部分订单在2021年集中释放，综合美国刺激消费政策调整、汇率不稳、疫情不确定性等因素，进出口稳增长难度加大；在内贸流通方面，受疫情冲击，居民收入和消费信心减弱，消费恢复态势短期抑制，短期内很难实现高速增长。同时，我们也要看到，我国经济具有较强的韧性和巨大潜力，稳中向好、长期向好的基本趋势没有发生变化，《区域全面经济伙伴关系协定》（RCEP）正式生效，为开放发展带来新的机遇；中央一系列政策组合拳将释放巨大红利，省委支持许昌高质量建设城乡融合共同富裕先行区，市八次党代会明确提出"打造开放强市"要求，这些都为许昌市商务发展带来了更稳定的预期、更强大的信心。

综合以上因素，2022年预期目标：实际利用外资、实际到位省外资金同比增长3%，货物贸易进出口总额保持稳定增长，社会消费品零售总额同比增长9%，跨境电子商务交易额同比增长5%，对外直接投资和对外承包工程及劳务合作有序稳定发展。

四 2022年商务发展对策

2022年落实市八次党代会提出的"打造开放强市"要求，着眼构建以国内大循环为主，国内国际双循环相互促进新发展格局，更好利用国内国际两个市场、两种资源，持续加强开放平台建设，大力抓好招商引资，多措并举促外贸，因地制宜促消费，力争商务工作在高质量发展中实现新突破。

1. 着力推动更高水平开放

强化对外开放顶层设计，高水平编制"十四五"开放型经济新体制及开放强市规划、"十四五"招商引资和承接产业转移规划。加强市场采购贸易方式试点建设，加大市场建设投入，完善软硬件配套，引进培育综服企业，优化公共服务，提升市场承载能力。推进建安综保区申建工作，在争取政策支持的同时，加快工程进度，并同步开展产业谋划和招商引资工作。做好保税物流中心招商运营工作，在体制机制改革、多元化发展、拓展平台功能、营商环境建设等方面进行探索，推动高质量发展。申建跨境电子商务综试区，通过完善政策体系，创新公共服务，巩固壮大跨境电商龙头企业和产业集群。申建河南自贸区开放创新联动区，带动全市共享自贸试验区改革红利，将开放创新联动区建设成为改革创新排头兵、对外开放新高地和区域发展增长极。积极对接 RCEP 经贸新规则，研究深化与 RCEP 成员国地方经贸合作的政策举措，持续提升全市开放水平。

2. 提升招商引资质效

借鉴外地先进经验，在招商领导机构、运行机制、队伍建设、考核激励等方面加强探索，制定《许昌市驻外联络机构双招双引实施方案》《2022年对外开放和招商引资行动计划》《许昌市招商引资优惠政策》等，完善招商引资考核办法，为招商引资提供政策保障。围绕优势产业和发展布局，结合打造硅碳新材料、节能环保、新一代电子信息技术等产业集群，以黄河鲲鹏、金汇集团、平煤隆基等重点企业、重大项目为核心，谋划产业招商项目，瞄准珠三角、长三角、京津冀地区等重点区域，聚焦头部企业、国内外500强企业、行业龙头企业，开展有针对性推介对接，引进一批延链补链强链项目。适应常态化疫情防控形势，积极通过线上发布、线上洽谈、云签约等方式推进招商引资工作。建立许昌市招商引资工作周例会制度，采取集中会议、现场办公、观摩调研等多种形式，及时协调解决招商引资及项目落地过程中存在的问题，切实保障招商项目"招得来、留得住、发展好"。

3. 聚力培育对外贸易新优势

结合许昌市市场采购贸易方式试点、保税物流中心（B型）等平台，大力发展数字展会、社交电商、大数据营销等，提升传统外贸数字化水平，举办好许昌数字贸易云展会暨线上第三届发制品跨境电商大会、第四届发制品跨境电商大会，参展企业将在线上平台进行长期展示，接受来自全球各国采购商的询盘，真正意义上实现"永不落幕的交易会"。鼓励企业加大对"一带一路"沿线国家和欧盟、拉美市场开拓力度，与中国—东盟中心等东

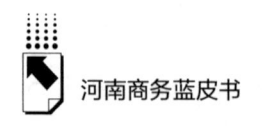

盟商协会等机构建立联络，为全市企业用好RCEP规则、实现更好的"走出去"开拓新的市场、搭建新的桥梁。支持电商企业在海外注册商标、申请专利、建立自主品牌，加快布局海外仓，强化应对知识产权纠纷和贸易摩擦能力，为电商企业出海提供保障。推动跨境电商零售进口试点业务在许昌保税物流中心（B型）尽快落地实施。

4. 继续深化对德合作

依据中德（许昌）产业园发展规划，深入挖掘全市中德合作元素，密切跟踪、梳理德国重点企业、重点项目信息，研究完善对德招商项目库，实施持续精准对接。有机整合现有对德合作资源，全面构筑许昌对德关系网，做好国内现有德资企业对接，与太仓等地探索互派代职干部、定期举办交流活动等方式，实现优势互补、联动发展。组织筹备第十四届投洽会（许昌—德国）专场对接会，参加中国（河南）—德国产业合作推介对接活动、中德工业城市联盟第十一次全体会议等活动，积极寻找合作机会，拓展发展空间。强化筑巢引凤理念，实施"一企一策"全流程跟踪服务，持续优化营商环境，推动已签约对德合作项目的落地实施，实现以商招商。

5. 着力提升内贸流通水平

出台《许昌市现代物流业发展空间布局规划（2021—2035）》，并依据规划推进物流园区项目。实施"县域商业建设行动"，以县、乡、村商业网络体系和农村物流配送"三点一线"为重点，加快建立完善县域统筹、以县城为中心、乡镇为重点、村为基础的农村商业体系，支持农产品供应链体系建设项目申报，实现更高水平保障民生和推动经济发展双赢。适时开展有针对性的促消费活动，评选一批餐饮名店。加强老字号的挖掘与保护，开展市级"老字号"的评选推介工作，提升品牌影响力。

B.34
2021~2022年漯河市商务发展回顾与展望

张天伟*

摘　要： 2021年，面对复杂严峻的发展环境、超出预期的风险挑战和灾情疫情叠加的严重冲击，漯河市商务系统，坚持以习近平新时代中国特色社会主义思想为指导，按照市委、市政府和省商务厅决策部署，统筹疫情防控和商务发展，抓重点盯难点，锻长板补短板，实现了"十四五"商务良好开局，商务工作实现跨越式发展。2022年，是党的二十大召开之年，是"十四五"发展承上启下的关键一年。全市商务系统坚定不移扛起政治责任，忠诚履职、只争朝夕，拉高标杆、奋勇争先，坚定不移推进商务发展精彩出彩、高质量发展。

关键词： 漯河市　招商引资　高质量发展

一　2021年漯河市商务发展指标完成情况及特点

主要指标创历史新高，实现了"一项第一""两项新突破""七项第一方阵"。"一项第一"，即2021年，全市社会消费品零售总额突破700亿元，达716.5亿元，同比增长11.4%，增速位居全省第一。"两项新突破"，即一是全市各县区、功能区利用外资企业资本金全部实现零突破，二是商务部

---

* 张天伟，漯河市商务局。

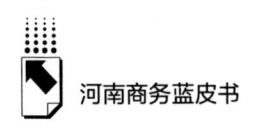

服务贸易统计监测管理业务平台数据录入实现"零突破"。"七项第一方阵",即:实际吸收外资117823万美元,总量居全省第5;外资企业资本金到位5904万美元,总量居全省第3;实际引进省外资金283.1亿元,同比增长3.25%,增速居全省第5;全市直接对外投资310万美元,同比增长157.9%,增速居全省第4;货物贸易进出口59.2亿元,同比增长32.6%,增速居全省第6;服务贸易完成6.917亿美元,同比增长15.88%,增速居全省第4;跨境电子商务交易额完成4.3亿美元,同比增长33%。

二 2021年采取的主要措施

(一)主动担当作为,服务全市大局展现新作为

坚持常态化疫情防控和应急保供并举。研究出台疫情防控生活必需品市场保供应急预案、封闭小区物资配送方案等措施,做好生活必需品应急储存,扎实做好商务领域常态化疫情防控。打造更加开放的营商环境。持续提升市场开放水平,在2020年度全省营商环境评价中,全市市场开放度指标位居全省第3,晋升6个位次。扎实开展"万人助万企"工作。派出1名局班子成员和1名科级干部专职参与全市"万人助万企"工作。11名县级以上领导干部担任企业首席服务官,累计到21家企业调研40余次,摸排问题28个,问题办结率及企业满意率达100%。

(二)创新招商举措,引领经济发展实现新跨越

创新工作机制。建立市政府招商引资工作周例会机制,制定工作流程及相关制度,推动形成了全市招商引资"一盘棋"格局。精准高效招商。以图谱为引领,坚持高位推动、展会推介、政企联动等招商方式,强化大项目招引,不断为全市经济发展注入新的动力活力。强力推进"签约一批"工作。将"签约一批"项目纳入考核体系,成立工作专班,对"签约一批"项目实行全流程跟踪服务,前两期"签约一批"项目履约率、开工率均达

100%，推动项目的经验做法受到省政府主要领导充分肯定。严格督导奖惩。研究出台《漯河市招商引资激励办法》，完善《漯河市招商引资考评办法》。对全市招商引资情况实行周动态、月排序、半年考核、年度总评，加压推动全市招商引资工作高质高效落地落实落细。2021年，全市新签约亿元以上项目198个，投资总额708亿元。其中，超十亿元项目32个，国内外500强企业、上市公司、行业百强企业投资项目57个。漯河市招商引资的经验做法，被省委《调查研究》刊发，在全省推广。

（三）狠抓重点关键，推动商务高质量发展跃上新台阶

以强服务重支持为抓手，稳固外贸外资根基。帮助企业开拓市场。组织企业参加广交会等知名重点展会，扩大对外贸易。帮助14家企业申报信用保险项目资金约55万元；争取2021年度省级外经贸发展专项资金760万元，资金量居全省第4位。新培育宠物食品出口企业2家，省级外综服企业1家。帮助双汇成功申请"河南省首批跨国公司总部型机构"扶持资金800万元；帮助河南福贞金属包装、华润风电（漯河）申请重大招商引资项目奖励资金290万元；帮助21家外资企业申请河南省外经贸发展资金325万元。

以内贸流通为根本，激发消费市场活力。研究出台《2021年商务领域消费促进工作要点》，扎实组织开展商务领域"千企惠民促消费"和全国"消费促进月"等活动，充分释放消费潜力，全市商超销售额同比普遍增长10%左右。精心培育老字号品牌，提升老字号消费内涵。推动商贸提档升级，成立工作专班，积极开展商贸企业调研，建议移除社消零统计样本商贸企业14家，推荐入库社消零统计样本商贸企业16家。2021年全市社会消费品零售总额增速位居全省第一。

以现代物流转型升级为重点，畅通经济发展通道。出台《漯河市扶持和促进冷链物流业高质量发展的若干政策措施》，设立1000万元专项扶持资金。强化项目支撑。全市6家企业入选"2020年中国冷链物流企业百强榜"，入选企业数量全省领先；全省入选"2020年中国冷链自有运力50强"的3家企业均来自漯河；示范区被确立为"中国冷链物流产业创新基地"，

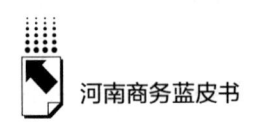

漯河市荣获"国家骨干冷链物流基地承载城市"荣誉称号。漯河冷链物流在全省领先、全国有影响。

以食品名城提质发展为核心，高质量举办食博会。主办单位、冠名支持单位历届规格最高，参加国家院士数量历届最多，"云上食博会"平台首次打造，展览展示专业化水平历届最高，宣传力度历届最大，漯河食博会已成为全国同类博览会中综合效益最好的知名会展之一，漯河食品名城的知名度美誉度全面提升。第十九届食博会，全国28个省区市的1023家企业参展；到会各类采购团208个、采购商21836家，现场交易额和意向采购额达462.21亿元，较上届增长5.12%；集中签约75个项目，投资总额267亿元。

三 2022年商务发展形势分析及指标预测

精准把握中央和省市精神，明晰努力方向。中央经济工作会议强调稳字当头、稳中求进。省委经济工作会议明确提出要锚定"两个确保"，实施的"十大战略"的重点任务。市委经济工作会议要求，促进经济提速提质，奋力推动单项工作争第一、整体工作创先进，争当全省"奋勇争先、更加出彩"排头兵。这些都为做好2022年漯河商务工作指明了方向。

清醒看待当前面临压力，沉着应对挑战。一是外部环境复杂严峻。当前形势不稳定不确定性较大，全球疫情衍生影响广泛深刻，需求收缩、供给冲击、预期减弱三重压力在商务领域日益凸显。二是区域竞争日益激烈。省、市党代会后，全省发展格局正在重塑，各地市都在拉高标杆、抢抓机遇、千帆竞发、百舸争流。三是自身发展面临制约。产业生态还不够完善，生产端附加值不高；消费增长缺乏持续的动力支撑；外贸依存度低、结构不合理，抗风险能力弱；利用境外资金量较少、招引的大项目不多；等等。

积极把握前所未有的机遇，主动担当作为。一是积极的政策取向。中央经济工作会议明确"七大政策取向"，有关部委正在推出一批有利于经济稳定、发力适当靠前的政策措施，必将惠及扩大内需、发展外贸等各项工作。

二是叠加的战略布局。长三角一体化发展、中部地区高质量发展、淮河生态经济带建设、中原城市群发展等国家战略布局多重叠加、深入实施，必将为漯河招商引资提供难得的机遇。三是融入郑州都市圈战略机遇。省委对全省区域发展格局作出了重塑性调整，将漯河纳入郑州都市圈范围，为漯河打造区域性改革开放新高地、推动商务提质扩能增势赋能。

2022年商务发展预期目标力争2022年全市社会消费品零售总额同比增长9%，货物进出口总额59亿元，实际吸收外资同比增长3%，省外资金同比增长3%，对外投资合作平稳发展。

四 对策建议

（一）坚定不移强招引，在招大引强、引领发展上攻坚发力

1. 高树工作目标

严格按照市委"单项工作争第一、整体工作创先进"的要求，高树目标，持续招大引强，致力于大招商、招大商，以项目的大引进大建设引领助推全市经济高质量发展。

2. 坚持多措并举

围绕"1+8+N"现代产业体系，以20套高质量招商图谱为总指引和总方向，编制"两图一表"，实施强链、育链、聚链、优链、延链精准招商。在产业链图谱基础上，进一步对准产业链目标企业定向招商。利用外资专班和"招强引精"工作专班，突出招大引强。借力进博会、厦洽会等加大招商引资力度。在常态化疫情防控形势下，积极开展云招商。充分利用中介机构信息量大、覆盖面广等优势，大力开展中介招商。研究出台《漯河市招商大使管理办法》，发挥招商大使在推介漯河、牵线搭桥、推动项目等方面的作用。

3. 全力抓好"签约一批"

按照"签约即能开工"的要求，建立完善招商项目谋划、对接、筛选、储备全流程推进机制，守好项目产业关、效益关和成熟度关，确保"签约

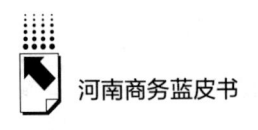

一批"项目履约率、开工率始终保持全省第一方阵。

4. 强化督导考核

用足用好市委、市政府重点工作周交办、月讲评会议等重要决策议事平台，持续推动重大事项落实，破解问题难题，有效传导压力，确保招商引资全年目标任务务圆满完成。

（二）坚定不移扩开放，在建设平台、拓展空间上攻坚发力

1. 积极推动制度型开放

积极融入国家和省重大开放格局，深度对接"四条丝路"、淮河生态经济带等，加快建设更具竞争力的开放强市。依托国家漯河经济技术开发区、河南临颍经济技术开发区两个片区积极创建"中国（河南）自由贸易试验区漯河开放创新联动区"。

2. 扎实推动开发区质量提升

漯河经开区在全国国家级经开区综合发展水平考核中力争跨入50强；临颍县、舞阳县开发区要主动对标对表，积极为晋升为国家级开发区创造条件；淞江产业集聚区、东城产业集聚区制订工作方案，尽快成功申建省级经济技术开发区。

3. 加快推进国际食品产业园申建

根据《关于推进国际合作园区建设的指导意见》《河南省国际合作园区认定与管理暂行办法》，推动漯河经济技术开发区建设"河南漯河国际食品产业园"，大力招引国际性现代化食品企业，进一步提升漯河现代化食品名城水平。

（三）坚定不移稳外贸，在优化结构、扩大规模上攻坚发力

1. 优服务强支持

进一步深化"万人助万企"活动，"一企一策"帮助企业解决难题。加大国家支持外经贸发展政策和支持外贸发展省级十条、市级五条惠企政策宣传力度，积极帮助企业申报扶持资金，充分发挥好财政资金引导示范效应，

帮助中小企业纾困解难。

2. 拓市场抓订单

支持企业用好国家级展会平台，多拿订单。鼓励企业利用新技术新渠道开拓国际市场，促进适合国内市场的产品转内销。指导企业用好 RCEP 成员国间关税减让政策、原产地累积规则等，精准开拓 RCEP 市场。

3. 优结构增动能

加大外综服企业培育引进力度，提升外贸综合服务企业系统集成服务能力，引导更多中小外贸企业使用外贸综合服务。引导支持企业利用跨境电商平台等渠道开展线上推介、在线洽谈和线上签约等。要注重引进出口型项目，培育新的外贸增长点。加快发展服务贸易，挖掘培育新的服务贸易企业。

（四）坚定不移促消费，在激发活力、推动升级上攻坚发力

1. 提升传统消费能级

支持新能源汽车消费，引导二手车交易市场规范升级，挖掘汽车后市场消费潜力。稳定家居、家电、建材等重点商品消费。推动餐饮服务提质升级，打造漯河特色品牌。培育壮大限额以上商贸流通企业，确保消费品市场持续健康发展。

2. 加快新型消费发展

支持大商、千盛等传统商业企业加快数字化、智能化改造和跨界融合，打造沉浸式、体验式、互动式消费场景。实施生活服务数字化赋能行动，加快促进生活服务业上线上云，提升市民服务业消费便利度。支持双汇电商做大做强，探索出食品产业与电子商务融合发展、转型升级的有效途径。

3. 促进城市消费升级

推动步行街高质量发展，积极申报省级步行街。探索开展智慧商圈、智慧商店示范创建，让城市生活更加有品质，让城市生活更加有温度。

4. 挖掘乡村消费潜力

乡村消费潜力大，发展空间广阔。深入实施县域商业建设行动，积极构建以县城为中心、乡镇为重点、村为基础的县域商业体系，引导大型商贸流

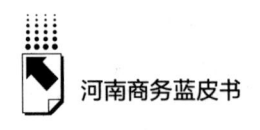

通企业开设连锁门店，推动县区龙头商贸企业下沉乡镇，升级村级便民便利店，改造提升农村传统商业网点，抓好电商服务站点提档升级，满足农村群众基本需求。

5. 抓促消激活力

扎实组织开展消费券促消费活动，充分释放消费潜力。鼓励引导大型商贸企业开展形式多样的促消费活动，拓宽假日消费空间，提升假日消费产品内容品质。

（五）坚定不移促流通，在冷链发展、畅通循环上攻坚发力

1. 政策推动

以规划为引领，研究出台"十四五"冷链物流业发展规划，明确发展方向和目标举措，助推产业高质量发展。以临港冷链物流园区为抓手，科学布局冷链物流产业，积极争创国家骨干冷链物流基地。

2. 培育壮大主体

积极引进一批具有品牌优势的冷链物流龙头企业，加快培育具有核心竞争力强的本地大型冷链物流企业，培育更多冷链物流标杆企业进入全国百强。

3. 提升流信息化水平

完善县、乡、村冷链物流设施，整合现有物流信息共享平台，做大双汇第四方冷链物流信息平台。引导支持漯河市冷链物流企业积极参与各类标准制定。力争2022年漯河市冷链物流行业营业收入同比增长15%以上。

（六）坚定不移办食博，在创新发展、提档升级上攻坚发力

以"食博会二十年"为契机，围绕"打造世界有影响力的展览展示中心"目标，实施品牌强展战略，全面提升展览品质，加快智慧会展建设，提档升级"云上食博会"平台，加速线上线下融合发展，把漯河食品博览会打造成具有国际知名度和强大生命力的专业会展，推动漯河在食品工业、食品文化、食品贸易、学术交流等方面与世界的互融互通，全面展示"食全食美"的漯河风采和现代化食品名城的独特魅力。

B.35 2021~2022年三门峡市商务发展回顾与展望

张恒恺*

摘　要： 2021年，面对世界百年未有之大变局加速演进和新冠肺炎疫情的全球蔓延，三门峡市全面贯彻新发展理念，服务构建新发展格局，巩固拓展疫情防控和经济社会发展成果，大力推动高水平开放和高质量发展，全市商务运行稳中向好、好于预期，实现"十四五"商务发展良好开局，为全市经济持续发展作出了积极贡献。

关键词： 三门峡市　高质量发展　高水平开放

一　2021年三门峡市商务发展指标完成情况及特点

省外资金稳中有进。新增省外资金项目133个，实际到位省外资金446.1亿元，同比增长3.22%，增速居全省第6位。

吸收外资快速增长。新设立外资企业5家，全市实际吸收外资13.11亿美元，同比增长6%，增速居全省第5位。部口径实际利用外资6185万美元，规模居全省第2位。

对外贸易再创新高。进出口总额271.1亿元，同比增长42.8%，增速居全省第4位。其中进口额239.2亿元，出口额31.9亿元。

对外合作不断深化。对外承包工程及劳务新签合同额2.02亿美元，同

---

* 张恒恺，三门峡市商务局。

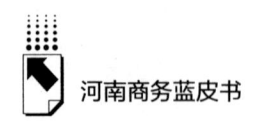

比增长226.7%，规模居全省第3位；完成营业额7.4亿美元，同比增长18%，规模居全省第2位。直接投资额129万美元，同比增长33.7%。

消费市场稳步回暖。社会消费品零售总额535.13亿元，同比增长10.7%。

二 2021年采取的主要措施

1. 全力以赴战疫情

印发《疫情防控技术指南》《监督员制度》等。制定三门峡市商务局班子分包路段制度，督导商务领域落实全面落实防控措施。出台生活必需品市场供应应急预案、分配预案以及封闭小区配送方案。指导7家市级保供企业积极组织货源，提前备货，做到一旦发生异常，物资在第一时间供得上。选址改建进口冷链食品集中监管应急仓，实现冷链食品精准防控。表彰商务领域保供稳价先进企业19家，起到了"树典型、造氛围、保市场"的作用。发布疫情防控知识、措施及市场供应情况等宣传信息20余条，稳定市场预期和秩序。

2. 多措并举扩开放

一是扎实开展"三个一批"活动。树牢"项目为王"理念，制定招商引资"擂台赛"活动方案、对外开放目标"月排名、月通报"制度等，建立项目台账、定期更新进度。提请市委、市政府领导对签约活动作出批示，提升督导力度。截至目前，三期"签约一批"项目共签约项目54个，总投资474.3亿元。二是央地合作再升级。围绕本市区域优势和央企经营特点，充分发挥渠道和资源优势，锚定央企合作抓招商突破。2021年11月，在北京成功举行集中签约仪式，与13家央企达成战略合作框架协议，签约项目42个。三是搭建招商平台。促成"市政府、市委统战部、市工商联+各县（市、区）"的"3+N"联动招商机制，形成市级搭平台、抓服务，县级促落地、强产业，上下协作、共同推进的招商模式。采取"线上+线下"的方式，成功举办黄河金三角产业合作发展（三门峡）峰会，签约投资项目89个，总投资506亿元，在线观看峰会直播人数累计达440

万人次。

3. 抢抓机遇稳外贸

通过对接、协调，促成中原黄金冶炼厂成功获得商务部、海关总署关于开展铜产品加工贸易业务的批复。积极推进卢氏食用菌、灵宝市铜箔、陕州区果汁及鲜果外贸转型升级基地建设，并获得省商务厅认定，建立了外贸竞争新优势。举办"三门峡优品世界行"在韩国、日本两场云洽谈对接活动。建立推进贸易高质量发展局际联席会议制度，每季度组织召开外贸企业座谈会，协调解决企业困难，确保重点外贸企业产能不降。

4. 创新活动活流通

印发《促消费系列活动工作方案》，围绕百货、餐饮、成品油等领域，开展"乐享好生活 惠满天鹅城"电子消费券发放活动，覆盖近4000家线下实体店，共发券4期，累计承兑补贴金额372.37万元，直接带动消费1729万元。2021年11~12月，在全市开展"聚惠购车季"汽车促销活动。据统计，11~12月三门峡市汽车类商品零售额近6亿元。依托电商产业园，与阿里巴巴合作设立"村播学院"，三门峡市成为黄河金三角地区首个阿里授牌直播培训基地。2021年，开展"线上+线下"电商培训16场，培训1000余人次，培养本地主播20名，新农人主播152名。累计开展"年货节"等大型直播活动10余场，日常直播近600场，本市"网红直播基地"初具规模。

5. 深化合作促外径

制定《外经企业境外企业安全和人员疫情防控应急预案》。密切关注国际疫情动态，坚持外经企业疫情日报告、零报告制度。每季度召开外经企业座谈会，指导企业完善内部防控机制、应急预案等，坚决守住疫情防控和安全风险防范底线。指导企业开展国际产能合作，参与海外能源、资源的利用开发。重点促成河南锦荣水泥有限公司并购印尼婆罗洲焦炭资源有限公司项目，投资总额2.9亿美元。促成昌通路桥联合体中标乌兹别克斯坦7亿元路桥工程项目，拉动全市对外承包工程营业额实现跨越式增长。

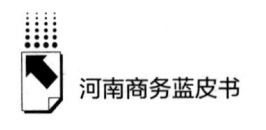

三　2022年商务发展形势分析及指标预测

2022年三门峡市商务工作形势依然复杂严峻。一是受新冠肺炎疫情、劳动力短缺、供应链中断、通胀压力上升等因素影响，全球经济复苏面临巨大的压力。二是2022年我国将继续面临外需增长乏力、缺芯、缺柜、缺工等问题和运费、原材料成本、能源资源价格、人民币汇率上升压力，直接加重企业负担。三是在外部环境发生深刻变化的大背景下，企业担忧情绪、避险情绪、观望情绪上升，发展信心不足，这些因素对商务发展的影响不容忽视。

但是，我国经济长期向好的基本面没有改变。支撑全市商务高质量发展的条件依然较多。面临世界局部战争和世界格局加速演进，中国保持了和平稳定的发展环境，《区域全面经济伙伴关系协定》落地见效，商务部制定了一系列政策措施，可以说政策支持力度前所未有。

预计2022年，全市货物进出口总额同比增长3%；实际吸收外资同比增长3%以上；实际到位省外资金同比增长3%，社会消费品零售总额同比增长9%；各项指标稳中有进、进中提质，力争继续稳居全省第一梯队。

四　对策建议

1. 加强自贸区申建工作

积极申建中国（河南）自由贸易试验区三门峡创新联动发展区。积极推进第二批最佳实践案例复制推广工作，并对第一批复制推广成果进行评估。举办三门峡自贸联动区工作专题培训，组织各片区和相关企业"走出去"，到先进自贸区学习借鉴先进经验，力争在制度创新上取得突破。

2. 提升招商引资质效

一是强化顶层设计。牢固树立"项目为王"理念，以"三个一批"活动为抓手，深化央地合作，着力"用好一个平台，举办四项活动"，即用好省招商引资项目管理平台，高位谋划四项专题招商活动，即办好2022黄河金三角产业合作发展峰会、长三角产业对接活动、大湾区产业对接活动、新材料产业对接活动。二是创新招商方式。实施"双链长"工作机制，政府层面由市级领导任链长，企业层面由主导产业龙头企业任链长的"双链长"工作机制。定期举办企业"鹊桥会"，组织全市主导产业相关企业进行座谈，巩固"产业招商"传统路径。与企业联合开展招商活动，参与招商推介、对接洽谈等重要环节，提升招商引资工作的准确性和有效性，集中力量在产业链薄弱环节进行重点突破，加速构建主导产业"串珠成链"。三是完善招商要素。明晰产业链发展路径，形成"两张图"（产业链全景图、三门峡市产业招商路线图），"四项清单"（重点事项清单、重点园区清单、重点企业清单、重点项目清单）。四是强化招商机制。出台《进一步加强招商引资工作的实施意见》。实行"周动态、月调度、季排名、半年观摩"的督导问效机制。建立市招商信息发布平台，每周公布各县（市、区）招商动态。每季度进行招商引资综合排名并公开发布。同时，组织开放招商系列培训，重点办好三门峡市招商引资职业技能大赛。

3. 积极开拓外贸市场

一是加强服务指导。加强分析研判，立足当前，着眼长远，密切关注企业进出口订单变化，开展精准跟踪指导，鼓励外贸企业与航运企业签订长期协议。同时，进一步优化三门峡市外贸综合服务平台，为外贸企业提供一站式全套服务。二是稳定市场主体。加强横向协作，纵向联动，全力稳住龙头企业，精准服务重点企业，努力培育小微企业。重点指导河南中原黄金冶炼厂开展铜加工贸易业务；指导金渠集团开展进口粗金加工贸易；指导国投金城申请铜加工贸易业务；指导东方希望开展铝矿石进口业务等，丰富三门峡市外贸发展业态。三是开拓国际市场。推动市政府建立市级RCEP实施工作领导推进机制，制定《三门峡市落实〈区域全面经济伙伴关系协定〉行动方案》，推动企业重点开拓RCEP成员国市场，大力发展外贸新业态。继续开展三门峡优品世界行等活动，帮助企业深耕细作传统市场，大力拓展"一带一路"沿线国家和东盟等新兴市场。

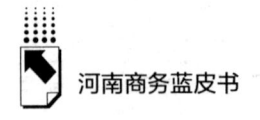

4. 深化对外合作交流

一是拓宽劳务输出渠道。利用市县两级劳务平台、优质劳务公司等，加强对外劳务业务宣传，改善外派劳务结构，积极开拓新的劳务市场和领域。二是健全服务保障机制。密切关注国际疫情动态，继续坚持外经企业疫情日报告、零报告制度，督促企业坚决守住疫情防控和安全风险防范底线。三是创新对外合作途径。持续深化"一带一路"经贸部署，开展国际产能合作，加强投资国别环境评估，开展境外投资说明活动，指导企业有针对性进入目标市场，规避风险。

5. 稳步推进消费市场回暖

一是办好消费促进活动。紧紧围绕汽车、家电、餐饮等消费"顶梁柱"，采用"线上+线下"的方式，开展促消费系列活动，推动汽车消费由购买管理向使用管理转变，稳定市场预期，提振消费信心。二是培育新消费增长点。深入落实省级示范步行街创建工作有关文件精神，加快推进步行（商业）街改造提升，积极开展示范步行（商业）街申报工作。三是增强电商发展水平。依托电商产业园，积极开展年货节等促消费活动。吸引县域品牌入驻三门峡原产地官方旗舰店，形成集聚优势，建立品牌优势。持续开展电商培训和实训演练，培育电商高素质专业人才队伍。同时，鼓励企业建立海外仓，着力打造跨境电商关键节点，为电商产品提供便利，缓解国际物流不畅，提升竞争优势。四是积极推进供应链创新与应用。完善县域特色优势农产品供应链，提高农产品流通效率和质量，着重培育一批规范化、标准化、数字化示范企业。重点督导卢氏县、灵宝市开展特色优势农产品供应链示范县创建工作。

B.36
2021~2022年南阳市商务发展回顾与展望

郭天盾*

摘　要： 2021年，南阳商务系统深入贯彻落实习近平总书记视察南阳重要指示精神和省市党代会精神，紧紧围绕全市"一二三五十"工作布局，学习借鉴苏浙皖先进经验，聚焦六大重点，抓规划、优布局、建体系、重项目、强招商，多措并举稳外贸，千方百计促消费，大力发展新业态新模式，促进内外需市场协调发展，实现了商务经济健康运行、持续增长。

关键词： 南阳市　招商引资　高质量发展

一　2021年南阳市商务发展指标完成情况及特点

一是消费市场持续回升。全市社会消费品零售总额2196亿元，同比增长9.9%，居全省第3位。

二是对外贸易保持增长。全市货物贸易进出口165.6亿元，同比增长28.4%。成功申报艾草、石油装备、光电、茶业、汽车零部件5个省级外贸转型升级基地；成功申建了全省首家国家中医药服务出口基地。

三是跨境电商高速增长。全市跨境电商交易额达到134.2亿元，同比增长57.3%，总量居全省第3位，增速居全省第1位。

---

* 郭天盾，南阳市商务局。

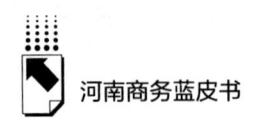

四是对外合作逆势增长。对外承包工程及劳务合作完成营业额331万美元，同比增长298.8%，增速居全省第2位；对外直接投资中方实际完成额6753万美元，总量居全省第5位。

五是服务贸易小幅增长。服务贸易进出口14989.6万美元，同比增长6.8%。

二　2021年商务工作主要举措及成效

1.强招商、重项目

坚持招商为要、项目为王，以项目建设为统揽，采取"二分之一"工作法，南阳市商务局一半人员抓招商项目、一半人员抓业务，重点围绕商贸、物流、电商三大专题重抓重推。招引了红星美凯龙、万达广场、丰树物流等11个项目，项目签约额逾16亿元。推动了万德隆城市广场、万邦农产品冷链物流园等总投资178.1亿元的26个项目顺利建设。同时，深度谋划上报43个项目，其中，"深入推进南阳跨境电子商务综试区建设"已写入《河南省国民经济和社会发展第十四个五年规划和二〇三五年远景目标纲要》；南阳跨境电子商务综试区建设等5个项目纳入《河南省商务发展第十四个五年规划纲要》，南阳东方时尚汽车文化产业园等9个项目纳入《河南省现代商贸流通体系"十四五"发展规划》。

2.深度谋划，强力推进现代商贸中心建设

一是抓规划、优布局、建体系。制定《南阳市商贸中心发展规划》《南阳市促进现代商贸发展的实施意见》等一系列文件，建立政策支持体系，确立了"1+4+6+N"的空间布局，打造"大型商业综合体+连锁商场超市+社区'一刻钟'便民服务圈"的商业网点格局，全市商贸发展思路更加科学清晰，将从根本上解决南阳商贸流通业"少、小、散、弱、低"的突出问题，实现重塑性、跨越式发展。二是抓项目落地见实效。协调督导南阳新都荟商务中心、万德隆城市广场等总投资约86亿元的6个项目均顺利推进。三是中心城区市场外迁扎实推进。着力打造高端智慧专业批发市场，拟新建

农批市场、汽车市场等6个大型专业批发市场承接地，有序推进中心城区38家老旧市场的外迁。制定《南阳市中心城区市场外迁三年行动计划》，建立工作推进机制和督查考核激励机制，计划利用3年左右实现形成新兴区域经济中心市场集聚区。

3. 重招引，着力推进现代物流中心建设

一是认真落实省市党代会、经济工作会精神，在深入调研摸清全市物流发展现状的基础上，制定了《南阳市物流中心发展规划》《南阳市加快物流业发展实施意见》《南阳市关于支持物流总部经济发展的实施意见》等一系列文件，成立了领导小组和工作机构。二是招引了丰树现代物流园、海元物流商城、中通物流园等物流项目3个，累计合同投资额超70亿元。三是引领推动全市物流项目加速落地。南阳万邦农产品冷链物流园、东森医药物流二期等总投资约53亿元的9个项目均顺利建设。四是大力推进物流业示范创建，成功创建2个省级物流示范园；创成4家4A级、1家3A级和1家2A级物流企业；全市A级物流企业达到15家，全省排名第三；成功创建1家3星级冷链物流企业，是全省8家、全国106家星级冷链物流企业之一。

4. 重抓重推电子商务新业态新模式

一是跨境电商综试区驶入"快车道"。制定出台《关于支持跨境电商总部经济发展的实施意见》《促进跨境电商发展鼓励办法》等文件，建成占地1600平方米的跨境电商通关平台和线上综合服务平台，推进通关便利化，已开通跨境电商"1210""9610"等模式。开通"宛—西—欧"、"宛—渝—欧"及南阳与俄罗斯、中亚间的中欧班列，开行中欧班列3列。二是电商示范创建再创佳绩。桐柏成功创建电商进农村综合示范县"升级版"，全市共有示范县升级版4个，位居全省第一，共争取项目资金2.1亿元。获评1个省级电子商务示范基地、10家省级电子商务示范企业。卧龙区七里园乡、淅川县荆紫关镇、镇平县枣园镇获评淘宝镇，全市淘宝镇淘宝村总数分别达到9个、30个。三是项目建设成效明显。镇平新经济产业园、河南蓝奥智能家居产业园、西峡县电子商务仓储物流快递分拣中心等共计投资约39亿元的11个项目已全部完成并投入使用。

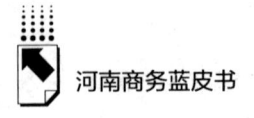

5. 多措并举稳外贸

一是积极培育外贸队伍。按照抓存量、扩增量的发展思路，多措并举支持企业开展进出口业务，2021年全市进出口实绩外贸企业数量达到了368家。招引河南德骊综合外贸服务有限公司等外贸综合服务企业，为中小企业提供通关、物流、退税、信贷等一揽子服务，助力全市企业开拓国际市场。二是优化进出口商品结构。机电产品出口47.7亿元，同比增长65.1%，占全市总出口额137亿元的34.8%，高新技术产品出口比重持续提升。三是创新外贸支持政策。持续发挥出口退税资金池作用，为19家企业办理了259笔退税业务，发放退税周转金1.1亿元，涉及货物价值15亿元，资金池运行两年来发放资金累计突破2亿元，极大缓解了企业短期资金压力。开展"外贸贷"工作，市财政投入2000万元用于建立外贸企业贷款风险补偿金，目前已为3家出口企业授信970万元。四是持续开展外贸服务活动。组织企业参加RCEP专题培训，举办《区域全面经济伙伴关系协定》（RCEP）系列专题培训，编写了《外经贸企业汇率避险业务手册》，贯彻落实外贸企业服务官制度等，实行"一企一策"，跟踪服务。

6. 保供稳价促消费

一是高标准推进商圈建设。围绕区域性消费中心城市建设，推动现有商圈提档升级，同时加快新商圈规划布局，积极引进万达等高端综合体，大力培育万德隆等南阳本土特色品牌，全力打造"15分钟便民消费服务圈"，全面提升商贸服务业发展水平。二是积极开展促消费活动。先后开展了春季"家装节""国际汽车文化节""惠享南都"等一系列促消费活动。其中，"惠享南都"促消费活动共投入专项资金600万元，发放消费券65000张，拉动消费1.76亿元，加快消费回升和潜力释放。三是实施限上企业培育行动。积极培育准限上企业升限入统，促进社会消费品零售总额提升。四是全力做好保供稳价。成立市领导挂帅的疫情防控期间市场供应专班，统筹、协调、指导全市生活必需品保供工作，与重点保供企业签订战略合作协议和应急保供协议，及时开展蔬菜市场供应投放、猪肉储备等，加强价格、库存等日常监测，保证了全市生活必需品持续稳定供应。

三 2022年商务发展形势分析及指标预测

2022年，商务发展面临的形势更加严峻复杂。从国际来看，一方面，随着新冠肺炎疫情蔓延，全球经济复苏步伐受阻，疫情和防疫策略如何发展有较大的不确定性；另一方面，大部分发达经济体开始了货币收紧政策，引发全球资产价格动荡，将对发展中国家造成巨大冲击，引发世界经济复苏分化，全球能源及粮食价格上涨、供应链紧张、外贸订单减少、海运费用的上涨，对全球政治、经济的影响不可估量。从国内来看，我国经济发展则面临需求收缩、供给冲击、预期转弱三重压力。一方面，出口订单优势减弱，基建投资增速低迷，房地产投资增速下滑，消费恢复较慢；另一方面，疫情对供应链安全和稳定造成冲击，部分大宗商品价格暴涨对中下游制造业企业的盈利能力造成冲击；加上企业家尤其是民营企业家预期转弱，市场主体扩大再生产和招工意愿下降，商务发展面临前所未有的压力和挑战。但是，每次危机过程会蕴藏全新的机遇，每次危机也是资源的重新配置。2021年以来，国家、省市出台了深化"放管服"改革、保持流动性、减税降费、发展新业态新模式、推进自由贸易试验区贸易投资便利化改革创新等一系列稳主体、稳市场、保障外贸产业链供应链稳定畅通的政策措施，这些政策措施的效果持续释放，将成为应对挑战、打破困局、激发市场活力的"核力量"，为商务事业高质量发展提供了强大动能。

2022年，南阳市商务工作坚持以习近平新时代中国特色社会主义思想为指导，全面贯彻党的十九大和十九届历次全会精神，深入贯彻习近平总书记视察南阳重要讲话重要指示，落实中央、省委经济工作会议精神和省商务厅工作部署，坚持稳中求进工作总基调，坚持新发展理念，围绕全市"一二三五十"工作布局，以党的建设为统领，紧紧围绕建设河南省中心城市，结合南阳商务工作实际，围绕"一个中心"，实施"四大行动"、突出"八个重点"，再接再厉，攻坚克难，推动商务经济健康快速发展，为南阳建设河南副中心城市做出新贡献。

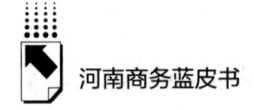

结合当前南阳市商务工作面临的内外部环境，预计全市2022年实现社会消费品零售总额同比增长12%，货物贸易进出口同比增长8%，电商交易额达到3000亿元，跨境电商交易额达到150亿元，对外投资合作平稳发展，推动商务经济健康快速发展，着力推动南阳商务工作实现高质量高效率跨越发展。

四 2022年工作重点

1. 着力提升中心城区商业能级，培育建设全国商贸中心城市

加快大型商业综合体发展。鼓励国内外知名商业综合体商管公司投资、运营大型商业综合体项目，新建万达广场、红星美凯龙等商业综合体，形成一批功能定位清晰、集聚效应显著、经济拉动作用明显以及商业服务、旅游服务、高档消费、商务办公、餐饮娱乐等特色鲜明的商业综合体。推进南阳万德隆城市广场、万达广场、文华天地等10个商贸重点项目建设。培育品牌特色商业步行街。改造提升南阳府衙、卧龙岗文化园武侯里等历史文化特色街区，引导品牌专业店、专卖店、餐饮店等特色业态集聚发展。实施连锁化、品牌化便利店培育工程。打造本土品牌，支持万德隆、大统百货等本土骨干品牌企业开展跨行业、跨区域兼并重组；引进知名品牌，吸引国内外知名品牌连锁企业落户发展；改造中小品牌，鼓励未达到规范化标准的便利店企业升级改造，培育一批发展规模大、网络布局广、经营品类全、便民消费好的品牌连锁企业。积极发展商贸流通业。完善市场功能和物流组织，拓展交易、结算、贸易等功能，增强商贸资源吸附能力。

2. 培育健全县域商业体系，完善县、乡、村三级商业网络

出台实施意见，启动实施县域商业建设行动，建立工作协调机制，以渠道下沉和农产品上行为主线，完善农产品现代流通体系，畅通工业品下乡和农产品进城双向流通渠道，推动县域商业高质量发展，建立完善县域统筹、以县城为中心、乡镇为重点、村为基础的农村商业体系。县级层面，重点强化综合商业服务能力，改造提升一批综合商贸服务中心和物流配送中心。乡镇层面，重点强化区域服务能力，建设一批乡镇商贸中心，推动购物、娱乐、休闲等业态融合，向周边农村拓展服务。村级层面，重点强化便民服务能力，引导一批大型商贸流通企业向村庄延伸供应链服务，优化商品供给。

3. 全力推动现代物流中心建设，打造区域性物流枢纽城市

按照"1+3+N"布局体系，落实好各项政策措施，全年新招引中原物流、国电投等重点项目5个，重抓重推丰树现代物流、广东海元物流等重点项目10个，加快推进建设南阳万邦农产品冷链物流园、南阳聚盟智慧商贸物流园、内乡县牧原智慧物流园、镇平县万德隆现代物流园、方城县裕客隆物流仓储园5个物流园区。加快构建现代物流体系，力争全市新增A级物流企业3家左右；在全市评选2家物流标兵企业、5家物流诚信企业。

4. 聚力推进中心城区市场外迁，建设新兴智慧专业市场

高标准建设六大新兴智慧专业市场，出台《南阳市中心城区市场外迁规划》，建立督查通报考核机制和市区联动机制，对6家市场承接地建设和38家外迁市场逐一建立台账，明确时间节点任务，周动态、月通报、季考评，挂图作战，统筹协调推进，实现大突破，2022年首先实现农批市场、汽车市场的开工建设。

5. 重抓电子商务新业态新模式，推进跨境电商综试区建设

实施项目带动，全年重点着力招引景赛电商、一百大牛等3个电商项目，建设镇平新经济产业园、唐河县电商物流园、新野颐高新经济产业园3个重点项目，改造提升南召电商产业园、邓州电商产业园等10个电商园区，争取1~2家园区获得省级跨境电商示范园区。实施市场主体培育行动，培育本土100家重点电商企业做大做强。壮大主导优势产业，赋能食用菌、艾草、月季等十大产业带，努力打造"一县一产品"，形成集聚优势较强的跨境电商特色产业带。培育一批知名品牌，引导"宛货通天下""淅有山川"等南阳区域公共品牌健康发展，支持"想念食品""仲景食品""仙草"等品牌做大做强。多层次、大规模开展电商人才培训，开展电商人才技能鉴定，引导人才持证上岗，全年培育电商人才不少于1000人。

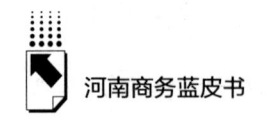

6. 加快转型升级步伐，多措并举稳住外贸基本盘

拿方案、出政策、定机制。按照"稳存量、扩增量、引新量"的发展思路，实施"外贸外经提升年"行动和市场主体培育行动。稳存量，加大对有进出口实绩企业的政策支持力度，增强外贸发展活力，推动企业健康发展，稳定现有进出口实绩企业数量；扩增量，指导已备案尚无进出口实绩企业尽快开展进出口业务，帮助历史上有进出口实绩的外贸企业重新开展外贸业务，鼓励内贸生产和流通企业开展内外贸一体化经营，挖掘外贸企业增量；引新量，积极招引国内外进出口企业，大力承接加工贸易产业转移，引进新外贸企业。强化政策措施落实。持续贯彻国家、省、市稳外贸促外经政策，突出抓好出口退税资金池、"外贸贷"，助力外贸稳定发展。加强外贸转型升级基地建设。加快2个国家级、5个省级基地建设，重点支持西峡汽车零部件产业、光电产业申建国家级出口基地。

7. 打造开放合作新载体，推动开放平台能级持续提升

积极申建自贸区开放创新联动区。以综合保税区为核心，围绕高新区、新能源经开区、光电产业集聚区等功能区构成的开放载体，积极申建自贸区开放创新联动区。扎实推动开发区提档升级。推进新能源经开区体制机制改革，激发内生动力，积极争取新能源省级经开区晋升国家级。推动桐柏产业集聚区、桐柏化工产业集聚区升级为省级经济技术开发区。推进国际合作园区建设。依托淅减与意大利、国宇密封与德国、牧原与以色列的合作，积极探索以"一区多园""一园多点"的模式建立中意、中德、中以产业园，推进双向投资合作。借力高水平经贸平台促发展。积极组织参加进博会、服贸会等国际性展会，开展高水平经贸活动，深化各领域开放合作交流。

8. 聚焦会展服务促消费，打造消费中心城市

打造多元化专业会展品牌。结合南阳特色文化和中医药、艾草、月季、玉雕等特色产业，在张仲景医药文化节、玉雕节、艾草产业发展大会、月季展等现有展会平台的基础上，提升打造区域会展品牌。利用展会的带动能力，促进会展业与旅游业、餐饮业有机结合，推动形成"以会展带旅游、以旅游促会展"的良性互动模式。组织举办美食文化节、人才招聘会、特

色农产品展、汽车展等专业展会，打造多元化特色品牌展和特色节会，通过"会展+展览展销+采购交易+项目招商签约"的方式，创造新消费需求，促进产品销售，推动项目签约和落地，使会展经济成为推动南阳特色产业发展的新引擎。积极组织开展多种形式的促消费活动。围绕家装、餐饮、百货、电商、农产品等，开展形式多样的消费促进活动。严格落实国家、省出台的促消费政策，积极出台南阳市促消费若干措施，适应分层次、多元化消费升级趋势，合理引导消费需求，不断提升消费品质。积极培育信息、时尚、体验、定制、智能、假日等主题多元化的新经济消费场景，积极培养新兴消费热点，释放居民消费潜力。

B.37 2021~2022年商丘市商务发展回顾与展望

蔡英奇　郝秋泉　曹磊*

摘　要： 2021年，商丘市商务系统在市委、市政府的正确领导下，在省商务厅的具体指导下，坚持稳中求进工作总基调，紧紧围绕全年目标任务，牢牢把握新发展阶段、认真贯彻新发展理念、积极融入新发展格局，努力克服疫情对经济社会发展带来的不利影响，以开放带动主战略，抓实招大引强，强化对外经济和贸易，繁荣商贸流通业态，全市商务经济保持了较好的发展态势。

关键词： 商丘市　商务发展　高质量发展

一　2021年商丘市商务发展指标完成情况

2021年，全市社会消费品零售总额完成1489.5亿元，同比增长5.6%。实际吸收外资4.67亿美元，同比增长3.1%，新设外商投资企业7家。实际利用省外资金807.9亿元，同比增长3.1%，规模居全省第3位。货物贸易进出口完成54.3亿元，同比增长27.5%。

---

* 蔡英奇、郝秋泉、曹磊，商丘市商务局。

二 2021年主要工作措施

1. 创新举，优服务，全力推进招商引资

坚持高位引领。把招商引资作为"天字号"工程、"一把手"工程，市、县两级党政主要领导坚持招商引资亲自谋划、重大活动亲自挂帅、重点项目亲自洽谈、重要客商亲自拜访，有力推动了招商项目瓶颈问题的解决。市主要领导多次赴长三角、珠三角、京津冀地区开展招商活动，与中国电力、北汽福田、中建材、上海天虹、广州工控等企业深化合作，达成了重大合作意向。各县（市、区）主要领导纷纷带队一对一、点对点拜访客商，考察企业，对接项目，2021年以来共外出招商115批次，对接洽谈项目239个，取得了良好成效。精心组织参加了2次全省"三个一批"活动，签约项目34个，总投资346.6亿元。

完善推进机制。建立招商引资跟踪推进机制，并列入市政府考核目标，每月进行一次评比通报。建立全市开放招商信息平台，每周向市有关领导通报各县（市、区）主要领导外出招商情况、重大项目签约和开工情况，全年共编发招商信息51期，发挥了鞭策激励作用。

创新招引方式。各县（市、区）积极探索不断开创招商引资新模式。开展资本招商，柘城县建立了产业发展基金，以基金、股权投资等方式鼓励高新技术和高成长性中小企业轻资产入驻，柘城力量新材料成功上市，通过股权投资方式，在柘城建厂4家。实施园区招商，宁陵县签约引进昆山电子产业园项目，9家电子企业整体搬迁入驻；夏邑县依托华夏产业发展投资有限公司，谋划专业园区5个、双创综合体1个，实现招商项目"拎包入住"。探索"飞地"招商，民权县与江阴高新区进行战略合作，在民权高新区建设江阴产业园，实现利益共享。突出链条式引进，引入了福田集团在示范区建设新能源商用车项目、在民权县落地福田雷萨冷藏车项目和福田智能物流项目、在夏邑县布局汽车零部件产业园项目，逐步做大全市汽车产业链。

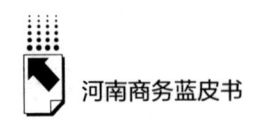

强化企业服务。各县（市、区）均设立了招商引资项目服务管家，全程提供代办帮办服务，对重点招商项目实行一名包干领导、一个服务团队、一套行动方案"三个一"工作法，与企业负责人建立经常性、广泛性联系，持续精准对接，加快项目落地。

推广成功经验。联合《商丘日报》、商丘电视台对睢县、夏邑县、虞城县、柘城县4个县的招商引资先进做法、成功经验、取得成效面向全市宣传报道，形成"比、学、赶、超"的氛围，全面掀起了招商引资新高潮。

2. 稳外贸，促外经，大力发展外向经济

多措并举稳外贸。持续抓好对外贸易经营者备案登记工作，壮大进出口企业队伍，在企业申报材料齐全的情况下，做到随到随办、当天办结，全年共新备案进出口企业134家。组织企业参加外经贸展会活动，先后组织130家（次）企业参加第129届和第130届网上广交会，其中11家摘帽贫困县外贸企业获得129届广交会"贫困地区特色产品"展区展位，占全省该展区企业的35.5%；组织76家单位、263人参加第四届中国国际进口博览会，达成意向成交额7489.4万美元，同比增长13.7%。大力发展跨境电商，积极推进"跨境电商进口零售试点城市"建设，全年跨境电商交易额完成13.1亿美元，同比增长17%。支持商丘保税物流中心扩大业务，商丘保税物流中心全年完成进出口65.7亿元，同比增长45.4%，进出口排名居全国前列；推动民权保税物流中心完善功能，民权保税物流中心从2021年6月4日试运营以来，完成进出口1.87亿元。广泛开展外经贸政策宣传，帮助企业用足用好扶持资金，协助13家企业、16个项目申请"支持中小企业开拓国际市场和出口信保项目资金"55万元。推动河南神火煤电股份有限公司等企业进口业务回归本地，河南神火煤电股份有限公司进口氧化铝业务从深圳分公司转移至永城公司本部，全年完成进口4.5亿元，占全市进口总额的36%。

迎难而上促外经。落实白名单企业服务官制度，主动协调解决企业面临的困难和问题，服务企业"走出去"发展。鼓励企业开展对外直接投资，帮助缘成科技（河南）有限公司办理企业境外投资证书，该企业投资154.9

万美元在日本成立了缘成科技JAPAN株式会社，从事电子设备研发、制造、销售等业务。全市对外直接投资完成660万美元，超额完成全年目标。支持企业开展对外劳务合作、对外承包工程，新批准了河南国龙矿业建设有限公司的对外劳务合作经营资格，该公司与哈萨克斯坦CBCOM公司签订了1260万元的劳务分包合同；河南中州地质勘查院在埃塞俄比亚承包建设项目2个，合同金额105.8万美元，现已完成营业额32万美元。密切关注商丘在外人员情况，加强与相关部门联络沟通，维护境外人员人身安全、财产安全。

3. 惠民生，促消费，着力繁荣商贸流通

及时投放政府储备猪肉。2021年春节前，在全市43个投放点投放销售猪肉194.15吨，有效抑制了肉价上涨势头，满足了群众节前消费需求，取得了良好的社会反响。

围绕抗疫开展市场保供。疫情期间，依托商丘农产品中心批发市场储备生活必需品，24小时值班监测全市生活必需品价格，定期分析发布运行情况，稳定市场情绪；申领发放"河南省疫情防控应急物资运输车辆通行证"（SW类）150张，累计使用1580次，运输生活必需品1.45万吨，保障了全市生活必需品正常供应。

谋划举办特色促销活动。先后组织了"2021年春满商都购物季""钜惠夏季·火热商丘"等促消费活动，组织汽车、餐饮、商超等促销活动，累计销售车辆6767台（新能源车2279台，燃油车4488台），累计核销商超购物消费券9.74万张、餐饮消费券7772张、家电消费券510张，共创造税收约9000万元，拉动社会消费品零售总额增长近25亿元。

发展电商助力乡村振兴。依托苏宁"农村电商"、"乐村淘"、邮乐网等特色农产品交易平台，帮助农产品拓宽销售渠道，促进农产品上行，通过电商平台销售酥梨、西瓜、三樱椒、花生、芦笋、山药等时令农特产品300余种。2021年，全市电商交易额238亿元，同比增长89%；网上零售额161.9亿元，同比增长114%。组织商丘农产品中心批发市场等企业参加第24届农洽会，达成交易额6000万元。推荐金豆子等5家企业申报2021年农产品供

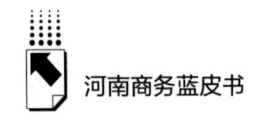

应链体系建设项目。

巩固拓展汽车后市场。积极开展二手车经营主体备案，年内新备案6家二手车经营企业，全市二手车经营主体达到34家。加快报废车拆解行业发展，全市现有报废车拆解企业4家，全年共拆解报废汽车12661余辆（含国三及以下柴油货车近1000辆），同比增长70%。

持续规范商贸流通秩序。狠抓商贸领域安全生产和消防安全，持续整治成品油流通秩序，保持打击黑加油站高压态势，全年牵头查处黑加油窝点63个、黑加油车40辆，查扣加油机27个，挖出加油罐29个，收缴油品78.8吨。高标准做好12345便民服务热线交办事项办理，累计受理投诉举报工单177件，办结率达100%，居全市首位。

三 2022年商务发展对策

2022年，以习近平新时代中国特色社会主义思想为指导，认真贯彻落实党的十九大和十九届历次全会精神，深入学习落实习近平总书记系列讲话精神和视察河南时的重要讲话精神，坚持稳中求进工作总基调，坚持新发展理念，坚持高质量发展，立足国内大循环，畅通国内国际双循环，持续高水平推进扩大对外开放，持续高标准推进内贸流通繁荣，全力促消费、稳外贸、稳外资、加强国际经贸合作，努力实现疫情防控和商务事业"双战双赢"，不断开创商务发展新局面，为商丘市在全省"两个确保"大局中奋勇争先、更加出彩贡献新的更大的力量。

2022年力争全市社会消费品零售总额同比增长9%以上，实际吸收外资同比增长3%，实际利用省外资金同比增长3%，货物贸易同比增长5%；全年招引5亿元以上项目40个（不含房地产项目），力争引进建设投资规模50亿元以上产业项目。

1. 坚持项目为王理念，再掀招商引资高潮

明确招商任务，强化跟踪问效。加快推进承接产业转移示范市建设，进一步强化各县（市、区）招商责任目标，各县（市、区）每年引进落地投资规模5亿元以上项目4个（至少包含2个符合主导产业的工业项目，房地产项目除外）。充分利用全市开放招商信息平台，积极做好县（市、区）责任领导外出招商周统计、季通报、年排名工作，发挥其工作信息交流和"比、学、赶、超"激励鞭策作用，形成县（市、区）领导外出招商高潮。

创新招商方式，实施"回归经济"。紧抓国际国内产业分工调整的重大机遇，聚焦珠三角、长三角、环渤海三大经济圈，紧盯央企和世界500强企业、中国500强企业，开展驻地招商活动。用好领导带队招商、小分队招商、以商招商、挂图招商等传统招商方式，探索云招商、金融招商、委托招商、"头部企业"招商、产业集群招商、园区招商、"飞地"招商等新模式，提升招商实效。大力实施"回归经济"工程，持续推动返乡创业，实现人回乡、钱回流、企业回迁，为乡村振兴注入强大活力。

善用节会契机，加快项目引进。重点组织参加进博会、农洽会、中博会、河南投洽会等国家级、省级重要活动以及河南省在长三角、粤港澳大湾区等举办的主题招商活动，利用节会契机，搜集信息，对接洽谈项目，争取更多项目签约落地。高水平举办第九届中国·商丘国际华商节、冷博会、面博会、纺织博览会、五金工量具博览会等节会，吸引客商投资兴业。

2. 坚定开放带动战略，建设外向经济高地

扩大对外贸易规模。引导鼓励企业开展进出口权备案登记、拓展业务，加快引进市外企业在商丘注册落地，壮大对外贸易经营队伍。全面贯彻落实国家、省、市出台的各项外贸支持政策，用足用好外经贸发展专项资金，加快拨付进度，提高使用效益。积极组织企业参加进博会、广交会等各类外经贸展会，拓展国际市场，寻求合作商机，扩大商丘进出口规模。深度开发欧盟、日韩、港澳等传统市场，大力开拓非洲、拉美、东盟、中亚等新兴市场，加强与"一带一路"沿线国家贸易往来，优化贸易市场布局。积极申建商丘综合保税区，不断完善民权保税物流中心功能，加快跨境电商进口零售试点城市建设，提升对外贸易便利化水平。

积极吸收外商投资。加大对重点地区、重点企业外资引进力度，增加外

资大项目和新项目的落地和储备。放宽商贸物流、专业服务等领域外资准入限制，拓展外资更多投向高技术、高附加值服务业，优化商丘外商投资结构。

强化对外经济合作。持续深化"一带一路"经贸合作，围绕重点国家和地区，推动优势企业开展对外直接投资、对外承包工程以及对外劳务合作，努力以对外直接投资、对外承包工程项目带动设备出口和外派劳务。加大"走出去"服务支持力度，指导相关市场主体提高风险防范、突发事件处置等能力，维护在外企业和人员安全。

3. 坚守扩大内需基点，激发消费增长高峰

加快发展新型消费。落实国务院支持新业态新模式加快发展带动新型消费的措施，积极发展直播经济、网红经济、宅经济，探索发展智慧超市、智慧商店、智慧餐厅等新零售。丰富夜间消费新场景，培育夜间经济新业态，满足多元化消费需求。推进电子商务进社区，打造"一刻钟"便民服务圈。

提振大宗重点消费。支持稳定和扩大汽车消费，鼓励新能源汽车消费，引导二手车交易市场规范升级，挖掘汽车后市场消费潜力。

办好促消费活动。利用特殊时间节点，围绕汽车、餐饮、百货、名优特产品等，以发放消费券或补贴等形式开展"购物节""消费月"等活动。

全方位优化消费环境。继续开展成品油市场秩序整治，保持打击黑加油站高压态势，严防死灰复燃。强化二手车交易、报废车拆解、散装水泥、商业预付卡、拍卖等领域监管，防范化解各类风险。

推进农村电商发展。加大农产品上行力度，充分发挥商丘农村电商平台优势，积极组织全市农特优产品参与国家夏、冬两季农产品网络对接会，促进线上和线下融合发展。

完善商贸流通体系。优化县、乡、村三级电商物流网络，提高服务效率。推进农产品供应链体系建设，建立高效、通畅、安全的农产品现代流通体系。加快商丘农产品中心批发市场现代流通网络建设，形成流通链条，扩大覆盖面。加大冷链物流项目招商力度，补齐冷链物流基础设施等短板，推动冷链物流发展。

B.38
2021~2022年信阳市商务发展回顾与展望

龚学军*

摘　要： 2021年，信阳市商务系统以习近平新时代中国特色社会主义思想为指导，深入贯彻党的十九大和十九届历次全会精神，深入贯彻习近平总书记视察河南深入信阳革命老区重要讲话精神，深入贯彻市委经济工作会议和全省商务工作会议精神，着力扩开放强招商、稳外贸稳外资、抓电商促消费，全市商务运行总体稳中向好。

关键词： 信阳市　稳外贸　高质量发展

一　2021年信阳市商务发展指标完成情况及特点

（一）利用外资逆势增长创新高

2021年，全市新设外资企业15家，同比增长200%，创历史新高；实际吸收外资66006万美元，同比增长6.5%，其中，实际到位外资企业资本金5169万美元，同比增长27.3%，首次突破5000万美元大关，实现"十四五"开门红。

一是龙头企业支撑作用明显。新设外资企业中，有7家投资额超千万美

---

* 龚学军，信阳市商务局。

元，占总数的46.67%。创维无线、永京集团等头部企业落户信阳，华润电力、光大环保等世界500强企业增资扩能、达产见效。

二是制造业领域吸收外资取得突破性增长。2021年，全市制造业领域新设外资企业6家，同比增长500%，占企业总数的40%；合同利用外资8058万美元，占合同外资总额的51%，同比增长1168.8%；实际吸收外资28024万美元，占实际吸收总额的40.49%。一批先进制造业落户信阳。

三是香港仍是信阳市吸收外资主要来源地。全市新设港资企业7家，占全市总数的46.67%；合同利用港资10474万美元，占全市利用外资总额的66.41%；实际到位资金45974万美元，占全市总额的66.44%。

表1　2021年信阳市主要新增外资企业投资情况

企业名称	出资金额（万美元）	国别（地区）
河南广昱鞋业有限公司	1548	中国香港
创科纺织科技（河南）有限公司	644	英属维尔京群岛
河南昱丰电子电路有限公司	1548	韩国
信阳明慧新能源有限公司	773	中国香港
河南省创伟达通信设备有限公司	5000	中国香港
信阳霈兆农业科技有限公司	1017	韩国
信阳金波罗电子科技发展有限公司	2941	中国台湾

资料来源：信阳市商务局。

（二）引进省外资金实现开新局

2021年全市新增引进省外资金项目282个，合同省外资金798.6亿元，实际到位省外资金313.3亿元，超额完成省定312.4亿元的目标任务，同比增长3.33%，增速居全省第2位。2021年度前两期"三个一批"活动中信阳市纳入省跟踪调度的27个签约项目，年内已开工25个，开工率达92.6%；已投产14个，按计划投产率达100%；实际完成投资24亿元，按计划投资完成率达94.1%。在重大经贸活动上的7个签约项目，年内已开工

7个，开工率达100%；已投产4个，按计划投产率达100%；实际完成投资15.65亿元，按计划投资完成率达95.1%。

（三）货物贸易进出口基本保持平稳增长

据海关统计，2021年，信阳市进出口总值63.1亿元，比上年同期上升8.5%。其中，出口34.4亿元，同比下降1.3%，进口28.7亿元，同比增长23.3%，呈现进口好于出口，超过2020年全年进口总额。

（四）对外经济合作稳中有进

2021年信阳市完成对外承包工程和外派劳务营业额（含中韩雇佣制劳务）1152万美元，同比增速和目标比均居全省第8位。中豫华都集团有限公司在乌兹别克斯坦共和国投资1000万美元成立"塔什干义衢珍茗茶叶有限公司"，主要从事茶叶、油茶种植、加工、销售，经营农产品及企业自产产品和相关技术进出口等业务，拓展信阳农产品销售渠道。

（五）社会消费品零售总额成效明显

2021年全市社会消费品总额完成1252.85亿元，同比增长8%。

表2 2021年信阳市各县区社会消费品零售总额情况

单位：万元，%

县区	2021年	2020年	同比增长
信阳市	12528468	11602335	8.0
浉河区	2119044	1984750	6.8
平桥区	1655953	1552950	6.6
罗山县	883841	815080	8.4
光山县	1067260	995711	7.2
新　县	623306	571571	9.1
商城县	799177	745980	7.1
固始县	2222303	2028195	9.6
潢川县	1235324	1141438	8.2
淮滨县	852271	779121	9.4
息　县	1069989	987539	8.3

资料来源：信阳市统计局。

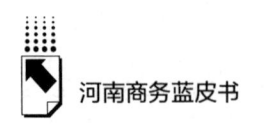

二 2021年采取的主要措施

(一) 重帮扶, 优服务, 积极扩大对外经贸

一是创新发展模式。加快贸易畅通发展,依托信阳至宁波舟山港、潢川至武汉阳逻港铁海联运线路,大力实施"信企出海"加速工程,持续深化"一带一路"经贸合作。用好信阳涉外劳务名片。以新县涉外学院为依托,大力培训劳务人才。信阳市全年共派出赴韩人员111人,居全国第一,受到商务部和省商务厅表扬。二是提优服务质量。组织召开河南"单一窗口"应用信阳培训会议,进一步提高外贸企业国际贸易业务水平。完成进境粮食加工企业备案5家、变更4家;监管进境加工粮食1.89万吨、储备粮食20.6万吨。支持帮扶河南丰源和普有限公司进境种猪隔离场顺利通过海关总署验收,顺利完成河南省历史上单次最大数量1650头进境种猪隔离检疫工作。指导新县明阳畜牧有限公司拟从法国引进1200头种猪隔离场建设项目的选址工作。三是帮助开拓市场。扩大优势特色产品出口,新推荐出口肉类企业对乌兹别克斯坦、哈萨克斯坦、新加坡及中国澳门完成出口注册,完成对韩国、中国香港重新注册推荐出口企业工作,实现冻鸭肉对哈萨克斯坦首次出口。指导出口茶叶企业搭乘5趟"中欧班列——信阳绿茶专列"、开拓欧盟高端市场,监管出口茶叶158批次、货值23250.7万元,同比分别增长72.50%、77.38%。四是积极创新外派劳务监管服务。对外劳务合作有限公司坚持每日一联系、每周一巡查、每月一报告"三个一"制度,坚持外派前"三见面"制度,全市通过对外劳务合作服务平台外派劳务纠纷零案件,切实维护外派劳务人员合法权益。

(二) 强谋划, 建机制, 开放招商纵深推进

一是主攻产业链精准招商。明确各县区、管理区开发区"1+1"主导和特色产业,绘制产业链上下游图谱,推动产业链、技术链、人才链"多链

同招"工作,实施龙头化引进、专业化配套、集群式承接,加快主导产业延链补链强链。明阳集团全面战略合作项目、信阳东航小镇等一批含金量、含新量、含绿量较高的项目签约落地。二是有效开展招商活动。围绕"项目为王"开展"三个一批"活动,2021年先后两期签约项目27个,总投资额140.4亿元,当年落地27个,落地率达100%,当年开工25个,开工率达92.6%,当年投产14个,按计划投产率达100%。大力实施信商回归,成功举办第四届信商大会,1000名信商通过"线下+线上"方式参会,集中签约44个项目,总投资额172亿元。三是丰富招商方式载体。持续紧盯"一核、两翼、两带"区域,抢抓产业转移机遇,精准对接,"一核、两翼、两带"项目个数、签约金额占比分别达88%、87%。积极探索资本招商。鼓励推广"资本+招商""金融+产业"模式,通过市场化、专业化资本运作以投带引,催化主导产业聚变裂变。四是持续提升开放平台建设。加快推动开发区系统性重构、整体性提升。围绕中心城区产业布局实际情况,依托现有的国家级和省级开发区牌子,制定初步整合方案。加快保税物流中心建设。2021年11月4日,信阳保税仓库正式获批挂牌。淮滨保税物流中心(B型)项目已报省政府审批。五是加快项目落地见效。优化"招后服务",增强要素保障,跟踪项目落地存在的瓶颈,推动项目落得下、建得快、发展好。

(三)挖潜力,促消费,内贸流通加快发展

一是鼓励发展新型消费业态。积极推进线上线下消费融合,打造新型消费网络节点,促进传统消费主体转型,推动传统商贸业数字化赋能。支持便民消费服务发展,织密"一刻钟"社区便民生活圈。二是大力开展促消费活动。发展假日经济,依托节假日,组织开展了美食节、购物节、特色旅游消费等促销活动80多场次,带动消费8.74亿元,同比增长8.7%。成功指导举办信阳养生菜推广大赛,积极组织商家参加全省美食节,向与会者展示信阳茶筵、商城炖菜、固始皮丝等信阳美食。三是深化品牌创建提升。改造提升和培育特色商业步行街(区),引导各县(区)打造1~2条市级特色

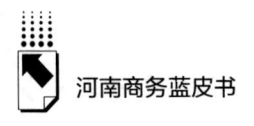

商业街区。大力开展河南老字号、品牌消费集聚区建设及申报，积极开展平安商场、绿色商场创建活动。四是健全县、乡、村三级物流配送体系。引导支持大型流通企业以乡镇为重点下沉供应链，完善农村现代商贸流通体系。着力改善农村消费环境和条件，2021年6月信阳市商务局牵头上报大别山农产品现代物流中心市场优化升级专项行动实施方案，全市农产品流通体系行业建设逐渐做大做强。

（四）筑基础，扩销路，电子商务提速增效

一是深入推进电商进农村。电子商务进农村综合示范县在信阳市实现八县全覆盖，电商服务站点实现贫困村全覆盖，通过县域快递整合，实现快递服务覆盖所有行政村。二是成功培育县域网销品牌。信阳市各个示范县均已培育本地农产品电商公共品牌，如"光山十宝""新县味"等。组织农产品企业参加"三品一标"认证培训，开展可追溯体系建设，"信阳毛尖""固始鸡蛋"等通过网销走俏。三是大力开展电商人才培训。各县区常年开设免费的电商培训，学员随到随学。持续丰富培训课程，开设基础培训、强化培训、微营销培训、网红打造、直播带货培训等课程，已累计培训各类学员12.5万人次。四是用好用活电商平台。借助平台优势，农产品消费显著提升，2021年信阳市商务局办公室被省委、省政府表彰为"河南省脱贫攻坚先进集体"。

（五）抓统筹，明重点，扎实推进底线工作

一是抗疫抗洪抓出成效。常态化抓好商贸领域大型商超、农批市场等行业企业疫情防控措施，严把营业场所入口关，筑牢人员、物品、技术三位一体防疫屏障。积极开展各项防汛措施，多措并举保障市场供应充足，启动生活必需品日报、日调制度，强监测、预研判。二是安全稳定态势向好。坚持全市商贸行业领域"三管三必须"，定期对全市加油站、报废车拆解企业、大型商超等6类场所进行安全隐患排查，实施安全风险防范挂账销号，做到责任领导、主抓科室、企业管理人和安全隐患点实行"点对点""一对一"

管理。三是商贸监管稳扎稳打。组织开展全市范围内专项检查活动，整治黑加油站点，共出动执法人员1400余人次，检查加油站点2500余家次，查处违法违规案件32件，下达责令整改通知书68份。检查汽车销售及售后维修企业633家次，下达责令整改通知书75份，实现了"事事有回应，件件有落实"的承诺。四是环境攻坚有序推进。牵头制定了《信阳市2021年成品油市场专项整治工作实施方案》，对全市加油站进行拉网式排查，共组织危险化学品安全生产工作检查30余次，查出一般安全隐患33条，已整改33条，整改率达100%。

三 2022年商务发展形势分析及指标预测

2022年是我国朝更高水平对外开放迈进的重要一年，面临着全球疫情逐步稳定、海外消费需求和生产能力双双复苏、国际贸易摩擦不断、RCEP生效实施等复杂内外环境，外贸增长和经济发展负压前行，机遇与挑战并存，对我国经济安全造成明显的冲击。

从国内看，各项改革事业向更深层次发展，制约我国经济发展的体制性障碍将逐步被清除，经济发展环境特别是软环境将得到进一步改善。国家正从政策、资金、重大项目布局等方面，不断加大对中部地区崛起的支持力度。东部地区在宏观调控中受资源制约影响较大，部分产业向中西部地区转移步伐加快。随着国内企业经济实力的逐渐壮大，对开拓国际市场、"走出去"的积极性和迫切性也在不断提高。

从省内情况看，目前已经具备了全面提速、再上新台阶的基础。产业结构的升级和消费需求的扩大，将使河南省经济自主发展的能力进一步增强，培育了一大批具有较强竞争力的工业企业集团和农业产业化龙头企业，形成了发展开放型经济的主力军；经济发展的软硬环境不断优化，服务型政府建设卓有成效，各地各部门思开放、谋发展的积极性空前高涨。

当然，2022年信阳市商务工作也面临着一些不确定因素和困难：一是世界经济增长的基础不稳，俄乌战争、国际油价高位波动加大了经济运行风

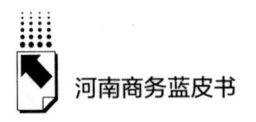

险,影响本市的出口。二是商务工作各项指标近几年来都保持了较高增长,在较高基数上继续保持高速增长存在一定难度。

2022年信阳市预计社会消费品零售总额同比增长8%,货物贸易同比增长9.8%,实际吸收外资同比增长3%,引进省外资金同比增长3%,对外投资合作平稳发展。

四 对策建议

(一)健全完善机制,着力推动精准化开放招商

一是创新招商方式。围绕传统产业改造升级、新兴产业培育壮大、未来产业谋篇布局,明确主导产业三年培育招引计划,完善"四张图谱",开展"四个拜访",全面推行依规招商、依链招商、依企招商。实施信商回归升级工程,创新开展"双招双引",建立"信商之家"企业服务平台,加快资本、人才、项目、科技全方位回归。二是聚焦聚力主导产业。立足构建践行生态文明的绿色发展示范区,在"1+1"主导产业格局基础上,有机衔接河南省六大战略支柱产业、十大战略新兴产业布局。坚持以市场换产业、换投资、换技术,创新模式,精准招商,全力引进一批大项目、好项目,争创国家级承接产业转移示范区。三是强化要素保障。树立项目为王的工作导向。围绕全周期招商,建立健全项目预审预判机制、信息共享机制、政策集成机制、督导考核机制、"管行业管招商"机制,扎实开展"三个一批"活动,开展优质外来投资项目"二次招商"。引导属地招商优惠政策审慎承诺和刚性兑现,充分释放招商项目可持续发展效应。四是推进制度型开放高地建设。以"放管服"改革、优化营商环境为着力点,持续强化制度创新,加快打造对外开放高地。主动对接全省"四路协同""五区联动"战略,加快融入共建"一带一路",东接长三角一体化、南融武汉城市圈、北联黄河流域生态保护和高质量发展战略,深度开展淮河生态经济带、大别山革命老区区域协作,积极参与淮河流域园区合作联盟,进一步拓宽开放发展空间。

（二）加强商贸体系建设，着力推进消费提质扩容

一是健全市场流通网络。优化城乡流通网络布局，积极发展农村物流，推动乡村智慧物流体系建设，持续开展城乡高效配送专项行动，完善区域大型公共配送节点和集货转运中心等设施，增强物流业区域辐射能力。二是实施品牌塑造工程。支持开发区争创全国知名品牌创建示范区，支持企业争创驰名商标和知名品牌，打造信阳品牌产品、品牌企业、品牌产业、品牌经济，形成三次产业品牌协同共进的良好局面。三是丰富城乡消费市场。进一步做大消费规模、调优结构、提升质量品质，打造高端、优质、性价比高的消费市场。积极培育新消费热点、将消费促进活动贯穿全年，促进汽车、家电、零售、餐饮等相关商务领域消费释放。四是加快电子商务发展。持续推动电商进农村综合示范县，规范建设县、乡、村三级服务体系，开展对接，织密网络，完善服务，拓展功能，引导消费下沉。突出县级服务中心公共服务功能，完善技术支持、培训孵化和其他衍生增值等精准服务。加强与电商平台的合作，借助新媒体电商渠道，助推农特产品上行。

（三）优化外贸结构，着力培育外贸新增长点

一是培植壮大出口经营主体。制订精准帮扶计划，培育一批潜力企业，孕育外向型经济新的增长点；扶持一批规模企业，提高出口产品的国际市场竞争力；提升一批优势企业，发挥其行业和区域示范带动作用。重点引进资源整合能力强，服务功能完善的外贸综合服务企业，促进企业拓展海外市场，吸引外贸"回流"。二是落实对外贸易促进措施。用足用好外经贸发展合规性外贸政策工具，加快项目资金拨付进度。重点解决财政退税难、退税少，以及企业融资难等问题，帮助企业享受政策红利，降低企业风险及损失。引导企业加强自主创新，塑造品牌，提升国际竞争力。三是健全企业援助服务体系。以供给侧结构性改革为主线，做好跨周期调节、确保外贸继续运行在合理区间，持续提升外贸服务构建新发展格局的能力。健全贸易摩擦

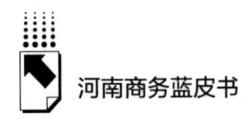

预警机制，及时公开发布国际贸易风险提示，提供答疑、专业指导和法律服务。支持企业开展境外专利申请、商标注册、管理体系认证、产品认证，培育具有竞争优势的新产品。积极开展RCEP相关业务培训，指导企业运用好RCEP原产地区域累积规则、协定税率，扩大全市优势产品在区域内的市场份额。

（四）聚焦服务效能，着力打造最优营商环境

一是优化服务全流程。依法做好外商投资企业投资便利化和登记注册工作，加强与海关等部门协同配合，做好国际贸易"单一窗口"申报和压缩通关时间工作，促进贸易便利化。兑现现有招商引资激励措施，引导、鼓励外资企业加大进资。持续开展"万人助万企"活动，把服务企业作为优化营商环境的突破口，落实好优化营商环境更好服务市场主体21项措施。二是着力深化"放管服效"改革。深入推进简政放权，推进政务服务事项标准化，扩大政务服务事项覆盖率，推动更多的政务服务事项纳入一体化政务服务平台办理。以数字化促进政务流程再造，建立大数据共享平台，对政务服务流程进行系统性重构。持续做好证照分离全覆盖改革，严格执行清单之外不得限制企业进入相关行业开展经营，对"多证合一"事项进行动态调整更新。同时持续抓实抓细安全生产、环保攻坚、市场秩序、商务领域行政执法等各项工作。

B.39 2021~2022年周口市商务发展回顾与展望

徐洪超*

摘 要： 2021年以来，在国际形势日趋复杂严峻以及国内经济下行压力加大和新冠肺炎疫情多点散发的不利因素影响下，周口市商务系统围绕市委、市政府的决策部署，认真谋划、周密安排、明确责任、狠抓落实，主要商务工作有序稳步推进，取得了较好的成效。

关键词： 周口市　招商引资　对外贸易　商贸流通　市场监管

一 2021年周口市商务发展指标完成情况

1. 实际利用外资

全市新设外商投资企业3家，合同外资完成13259万美元；实际吸收外资完成66421万美元，同比增长5.3%，增幅居全省第6位。完成全年目标任务64953万美元的102.3%。

2. 引进省外资金

全市新增省外资金项目222个，合同引进省外资金1484.8亿元，实际到位省外资金645.9亿元，总量居全省第9位，同比增长3.18%，增幅居全省第9位。完成全年目标任务644.3亿元的100.25%。

---

* 徐洪超，周口市商务局。

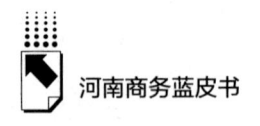

3. 外贸进出口

全市外贸进出口总额完成102.3亿元，总量居全省第10位，同比下降4.3%，居全省第18位。其中，出口87.3亿元，同比下降0.3%；进口15亿元，同比下降22.7%。

4. 电子商务

全市实现电子商务交易额428.31亿元，同比增长20.9%，其中网络零售交易额134.88亿元，同比增长9%。跨境电商交易额13.3亿元，同比增长41.6%，提前两个月完成目标任务。

5. 社会消费品零售总额

全市社会消费品零售总额1804.75亿元，总量居全省第4位，同比增长9.3%，增速高于全省1个百分点，居全省第9位。

二 2021年采取的主要措施

1. 推进招商引资工作再上新台阶

招商机制日趋完善。建立周口云招商平台，建立"全天候网上招商会"和"全流程项目落地跟踪管理平台"，完善线上线下相结合的招商机制。坚持招商引资"周动态、月通报、季核实、半年总结、年终考评"的常态化问效机制。编制周口市六大主导产业招商图谱和《周口市中心城区招商引资政策汇编》《上海市重点招商企业》《周口市"十四五"招商引资和承接产业转移规划》等。

招商氛围越发浓厚。开展豫沪合作及长三角地区春季招商活动，聚焦"一县一主业"，选准目标企业，大员上阵开展产业链精准招商，共达成签约项目34个，投资总额236.06亿元。

项目落地质效并重。深化放管服改革，简化办事程序，落实首席服务官、企业服务日、政府直通车、"大走访"活动等机制，协调解决项目建设中的困难和问题，项目落地效率明显提升。全市新签约项目329个，总投资2006.7亿元；新开工项目264个，总投资1265.9亿元。37个投资10亿元以上重大项目快速落地、开工建设。

"三个一批"活动滚动开展。成立"三个一批"重大签约项目攻坚工作专班，加强组织保障，重点招引1000万美元以上外资项目、50亿元以上重大产业项目。加强跟踪问效，确保签约项目早开工、早落地、早达效。前三期"三个一批"签约项目共21个，总投资322.45亿元，已履约项目21个，履约率达100%，已开工项目17个，项目开工率达81%。

2. 努力促进外贸外资实现稳定发展

落实各类外贸政策资金。下拨中小企业开拓市场资金65.53万元，支持中小微外贸企业"走出去"开拓国际市场。落实省级外贸外资外经发展专项资金300万元，用于企业外贸流动资金贷款、进口贴息、跨境电商的信息化建设等项目，支持企业发展对外贸易进出口业务，降低企业融资费用，发展对外贸易新业态。

鼓励企业开展跨境电商业务。联系阿里巴巴国际站在周口设立运营机构，组织外贸生产企业参加电商业务技术培训活动。全市目前有近百家外贸生产企业通过跨境电商平台开展业务活动，跨境电商年交易额超过1亿美元。

3. 狠抓消费促进，繁荣商贸流通市场

开展消费促进活动。采取政府主导、市县联动、企业参与的形式开展网上年货节、"钜惠夏季·火热中原"2021消费促进活动、"巧媳妇"工程村播之星评选活动和"钜惠三川·乐享生活"促消费保增长活动。其中"钜惠三川·乐享生活"活动市县两级筹措促消费资金1400万元，直接拉动消费共4亿余元。

推动电子商务加快发展。组织开展电子商务示范创建工作，组织评选周口市电子商务示范企业2家，周口市电子商务示范园区2家。全市电子商务示范企业（基地）达到35家，其中省级电子商务示范企业（基地）11家。积极开展县、乡、村三级物流体系建设，推动电子商务与快递行业协同发展。参加全球跨境电子商务大会。推广电子商务应用工作进行校企接洽，打通大学生就业和电商企业招聘关口，拓宽电子商务人才双向交流渠道。

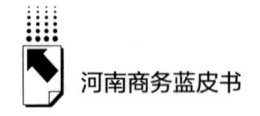

促进流通领域消费升级。推广"河南老字号"统一标识和使用规范，指导5家企业积极参与第七批河南老字号申报。目前全市有中华老字号企业4家，河南老字号企业16家，位居全省前列。继续组织"平安商场"创建，新增市级平安商场1家，推荐省级平安商场1家。强化步行街改造目标，筹备中心城区商业体系发展规划编制。

完善农产品供应链。组织直播带货等线上销售活动，参加万邦农产品展销、地方特色庙会等线下产品展销活动，组织企业参加驻马店中西部投洽会，国际农产品博览会等，推动周口特色农产品的销售。

4. 加强市场监管，维护商务市场秩序

加强商务领域市场监管。深入推动商务行政执法工作，组织开展"双随机一公开"检查。2021年全市共接收投诉举报162起，办结率达100%。

开展汽车销售市场专项整治和单用途商业预付卡管理。加强对汽车销售企业监管，维持汽车销售行业秩序；按照《单用途商业预付卡管理办法》规定，开展单用途商业预付卡专项整治，对发卡企业摸底排查建档，检查验收，督促企业把"三项制度"落到实处。

加大成品油流通市场整治力度。组织召开成品油市场专项整治工作领导小组八部门联席会议、全市成品油市场整治工作会议，按照"四个一律"工作要求，对成品油流通市场进行拉网式排查、整治，对检查发现的问题进行"回头看"，严防死灰复燃。各县市区商务部门按照"属地管理"原则，实行市、县、乡三级联动，相关职能部门互动，持续开展成品油流通市场整治。

三 2022年商务发展形势分析及指标预测

2022年周口商务发展环境面临的形势依然严峻复杂。从国际看，由于新冠肺炎疫情影响，供应链保障不足、劳动力市场疲软以及通胀压力上升，全球经济复苏面临巨大阻力。同时，美欧货币政策调整可能给国际金融市场带来冲击。全球经济重建、产业转型升级以及"碳中和"下全球能源结构调整将加剧相关商品供求紧张关系等，会给商务工作带来新的风险挑战。风险、挑战或掣肘确实存在，但全球经济整体上行和回归中长期发展轨道也是不争的事实。从国内看，2022年是党的二十大召开之年，虽然面临着需求收缩、供给冲击、预期转弱三重压力，但中国发展具有的多方面优势和条件没有变，经济潜力足、韧性大、活力强、回旋空间大、政策工具多的基本特点没有变，经济稳中向好、长期向好的基本面没有变。从自身看，周口商务工作还存在外资企业存量少，进出口产品结构单一，居民消费能力不强，大、中型企业少、拉动力不强等问题。但周口的人力资源优势、消费市场优势不会变，尤其是省委、省政府提出推进周口新兴临港经济城市建设，市委提出坚持"临港新城、开放前沿"的发展定位，实施"十大战略"三年行动计划，奋力向国家区域中心港口城市迈进的总体发展思路，这些都为周口商务工作高质量跨越式发展提供了坚实的基础。

预计，2022年全市社会消费品零售总额同比增长8%；货物贸易进出口同比增长3%，服务贸易、服务外包执行额和离岸服务外包执行额分别同比增长5%、27%和40%；跨境电商进出口同比增长5%；实际利用外资同比增长3%；引进省外资金同比增长3%；对外投资合作平稳发展。

四 对策建议

1.围绕建设面向长三角开放前沿，打造承接产业转移示范区，突出招商引资主责主业，抓好四个重点

突出以"三个一批"和"五职考核"为引领抓招商。《"签约一批"活动项目管理办法》《"五职"领导干部招商引资责任考核办法》是2022年考核衡量一个地方招商引资成效的总标尺。完善签约项目跟踪机制，持续做好"三个一批"重大签约项目攻坚工作，确保"三个一批"活动滚动开展，项目源源不断。按照五职领导招商要求，压实县市区党政一把手、分管副职责任，推动大员招商，招大引强。落实"县市区每年新开工12个亿元以上主导产业项目"的目标任务，做好项目谋划、招商、服务等工作，加快推进

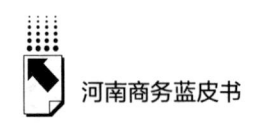

项目落地，壮大产业规模，做大做强优势产业集群。出台《周口市招商引资激励奖励办法》，形成领导带头、市县联动、全社会参与的大招商格局。

突出产业链招商。面向传统产业升级、新兴产业培育、未来产业布局，围绕食品加工、纺织服装、生物医药、装备制造、电子信息、新型建材、现代物流、数字经济八大产业和"一县一主业"要求，实施精准招商，打造集聚稳定、可持续的产业基础。围绕产业链招商，聚焦主导产业，绘好产业链、企业链、产品链、研发机构"四张图谱"。举办图谱招商培训班，发挥好招商图谱精准招商作用，学会在产业链上谋划项目、在产业链上锁定目标企业、在产业链上确定招商方向。积极对接长三角产业链，融入长三角经济圈，加快建设"豫东承接产业转移示范区"。

突出资源和重点区域招商。深入研究周口农产品和粮食资源、岸线港口资源、风能资源、地热资源、人力资源、交通区位资源等独特优势对企业的吸引力，以资源换产业引项目。用好"周口云招商"平台，加强招商宣传推介，形成线上线下相结合的招商机制。按照小线下、大线上、多频次的原则，线下开展分区域、小范围招商活动，线上开展2022年招商引资线上对接洽谈活动，网上对接、线上洽谈、云上签约。组织参加进博会、厦洽会、服贸会、中国—东盟博览会等重大活动，力争集中签约一批优质项目。持续办好周商大会、临港经济大会、荷花节等节会招商活动，使之成为周口招商引资自主品牌和特色阵地。面向长三角、粤港澳大湾区等重点区域，树立进圈入链思维，定位定向定人，实施长三角进圈行动，探索与长三角地区建立一批友好城市、友好开发区，产业互补，互动发展。

突出头部企业招商。紧盯8大主导产业头部企业，开展头部企业招引行动，制定头部目标企业清单，实行实体化运作、常态化招商，每月调度、通报情况。对世界500强企业、头部企业、隐形冠军企业，"一对一"精准对接，引进一批50亿元、100亿元重大项目。

2. 围绕落实制度型开放要求，突出稳外贸稳外资，扩大对外经贸合作，抓好四个突出

突出抓好《实施制度型开放战略三年行动方案》（以下简称《方案》）

落实。商务部门作为实施制度型开放战略的牵头部门，带头落实好《方案》确定的各项内容，推动对外开放取得新成效。要对接好中国（河南）自由贸易试验区，做好制度复制推广，力争新设周口片区尽快取得进展；对照《区域全面经济伙伴关系协定》（RCEP）条款，帮助企业开展 RCEP 相关业务培训，促进政府部门和企业掌握规则、用好政策，开拓东盟国际市场。积极推动周口经济开发区与港口物流产业集聚区"一区两园"创建国家级经开区，争取更多市县开发区创建省级经开区，推动一批经开区与沿海发达地区经开区结对合作，建立友好关系。

突出抓好重点企业、重点行业外贸稳定增长。紧盯重点企业、重点商品、重点市场，强化政策支持，优化企业服务，力争外贸平稳增长。用足用好外经贸发展专项资金，发挥好中小外贸企业纾困资金池和出口退税资金池作用，抓紧落实市城投公司作为资金委托管理人的运作模式；落实好出口信用保险政策，出台鼓励外贸企业发展的政策措施，吸引外贸业务回流；服务好益海嘉里等龙头企业和"白名单"企业，实施外贸主体培育行动，在巩固现有外贸企业的基础上，鼓励和支持更多企业开展进出口业务，促进鹿邑羊毛衫化妆刷产业、黄淮农贸公司稳定发展，力争安钢国贸公司、华润五丰行在周口设立分支机构；抓好农副产品、纺织服装，尤其抓好益海粮油大豆进口；积极申报国家外贸转型升级基地，推动全市食品化工、食品农产品和纺织服装等产业申报国家级外贸转型升级基地，争取更多政策支持，推动外贸发展。

突出抓好利用外资工作。充分利用外商投资企业协会、商务部产业转移促进中心、商务部驻郑州特派员办事处等平台，瞄准宁波、台州、昆山、太仓、东莞等外资企业集聚地区，承接外商投资企业产业转移，开展外资内招行动，引进一批外商投资企业和外贸出口型企业，做大外资外贸盘子。注重引进出口型项目，打造特色出口产业集群和区域出口品牌，持续提高一般贸易占比。

突出抓好"三外"企业服务。提升服务外贸企业能力，建立外贸企业服务平台，持续开展"万人助万企""三外企业大走访"活动，市县商务部

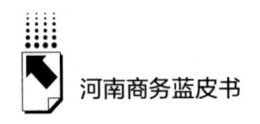

门分包重点外贸企业,召开外资外贸企业座谈会,把招商走访和纾困解难结合起来,联合海关、税务、外汇和金融等部门到各县(市、区)巡回开展政策培训和宣讲活动。引进外贸综合服务企业,推动供应链金融服务创新,引导更多中小外贸企业使用外贸综合服务。支持开展大宗资源性商品进出口贸易,鼓励先进技术设备和关键零部件等进口。发展跨境电子商务,联合知名跨境电商平台开展培训,建设跨境电子商务专业园区。融入"一带一路"建设,发展境外投资企业,深入挖掘周口有实力、有意向"走出去"企业,寻求新增"走出去"主体,鼓励其发展境外投资企业。

3. 围绕建设现代流通体系,突出稳增长促消费,加强商贸流通行业建设,开展五大行动

现代物流体系建设行动。把促消费与供应链产业链建设结合起来,谋划建设一批重大物流项目,完善大宗物流、商贸物流、冷链物流、快递物流体系。继续推进《周口市中心城区商业体系发展规划》编制和实施,引导商业网点合理布局,加快传统商场、商业街硬件设施改造和商业业态创新,推进中心城区高品质步行街、商业综合体、新型商圈建设,在中心城区培育5~6个商圈,推进中心城区大型商业综合体成商圈,完善消费平台,打通消费堵点。各县(市、区)布局建设1~2个大型商业综合体。抓好品牌消费集聚区建设,新创建一批绿色商场,支持品牌连锁便利店加快发展,促进首店、旗舰店、概念店发展,扩大国潮品牌消费,打造消费市场新地标。持续推动连锁、生鲜等便民商业设施进社区,打造城市"一刻钟"便民生活圈。

农村商业建设推进行动。落实乡村振兴战略,实施县域商业体系建设行动,引导大型商贸流通企业向农村下沉供应链网络,培育一批区域性、本地化县域龙头连锁流通企业,改造提升乡镇商贸中心,发展新型乡村便利店,指导基础好、当地领导重视的县市积极申报河南省第一批农村商业体系建设试点县,力争创建成功1~2个县市。推动农产品批发市场、农贸市场、菜市场改造升级,新建、提升一批低温共同配送中心、农产品产地预冷集配中心,补齐县乡流通短板。巩固扩大电商进农村综合示范成果,完善县、乡、村三级物流配送体系,加快推进农村寄递物流体系建设,激活农村消费。按

照"十四五"规划布局,推进农村加油站建设。

城乡消费促进行动。制定出台《2022年周口市促消费活动工作方案》,丰富促销活动,开展周口老字号、周口名吃评选活动、特色商品展、消费促进月、双品网购节、惠民消费季、品牌直播日、家电促销等活动,利用五一、十一、荷花节等节日开展促销活动,发挥农业大市特色农产品生产优势,采取线上营销、联动促销、产销对接等系列举措,大力促进粮油食品和餐饮消费,激活汽车、家政、餐饮、文旅等日常消费扩大升级。探索建立"政银企"联合促消费长效机制,稳定扩大汽车消费,支持新能源汽车消费,引导二手车交易市场规范升级,挖掘汽车后市场消费潜力。促进绿色智能家电下乡和以旧换新,稳定家居、家电、建材等重点商品消费。整合商贸流通资源,培育壮大限额以上商贸流通企业。

电商提升行动。持续做大电子商务规模,推进电商城乡联动,引进品牌电商企业,推动电商提档升级。促进线上线下消费深度融合,培育多业态聚合、多场景覆盖的新型消费。实施电子商务提升工程、网络零售市场主体培育行动,大力引进头部电商企业,布局建设区域中心仓、分拨仓、前置仓。持续做大电子商务规模,推进电商城乡联动,引进品牌电商企业,推动电商提档升级。做大做强本土电商平台企业,发展直播经济、网红经济,支持更多周口名优产品、"三品一标"农副产品"上网",完善生态圈,实现以贸促工、以工强贸。

执法监管服务行动。做好商务领域市场监管,加强执法队伍建设。改变监管理念和方式,把监管变成服务。加强成品油市场监督管理,新上加油站税控系统,规范加油站经营行为,避免无序竞争。扩大汽车销售监管范围,做好汽车销售、二手车市场、报废机动车回收拆解。做好拍卖、商业特许经营、单用途预付卡和药品流通等领域管理。健全商贸行业安全生产责任制度体系,巩固提升商贸行业安全生产专项整治三年行动成效,推进重点行业领域安全防控,持续开展安全生产大检查,全面提升本市安全水平。商务领域疫情防控不放松,加强常态化疫情防控的规范化、制度化、科学化。

B.40
2021~2022年驻马店市商务发展回顾与展望

钟平 董盼*

摘 要： 2021年，面对国际海运不畅、汇率波动、原材料上涨和国内疫情防控、市场稳价保供、防汛救灾、安全生产等的复杂影响，驻马店市商务系统认真贯彻落实市委、市政府决策部署，紧盯目标任务，迎难而上、积极作为，统筹做好疫情防控、防汛救灾、安全生产和商务运行，提升政策研究和运用水平，抓产业、破难题、促发展，全力以赴稳外贸，坚定不移引外资，创新方式促消费，实现了量稳质升的目标，为稳定全市经济增长作出了重要贡献。

关键词： 驻马店市 商务工作 经济稳增长

一 2021年驻马店市商务发展指标完成情况

1. 对外贸易快速增长

2021年全市外贸进出口完成74.2亿元，同比增长19.7%，增速居全省第13位。

2. 利用外资规模持续扩大

2021年完成实际利用外资49774万美元，同比增长6%，增速居全省第5位。

---

* 钟平、董盼，驻马店市商务局。

3.消费品市场稳步回暖

2021年全市累计实现社会消费品零售总额1096亿元，同比增长10%，高于全省平均水平1.7个百分点，增速居全省第6位。

二 2021年采取的主要举措

1.统筹推进、兜牢底线，加大对疫情防控、市场保供、防汛救灾、安全生产等重点领域和关键环节的保障力度

一是牢牢绷紧"落实常态化疫情防控措施"这根弦，强化督导检查。二是做好疫情期间市场保供稳价工作。三是加强洪涝灾害防范，做好防汛物资储备。四是扛稳行业管理职责，安全生产常抓不懈。

2.创新机制、用活政策，推动外贸进出口实现快速增长

一是研究运用政策，打好政策"组合拳"。贯彻落实上级各项稳外贸政策，发挥外经贸发展专项资金激励作用，增强企业获得感。二是压实责任，稳住外贸基本盘。采取"以市政府明电形式通报外贸情况""建立落后县区说明情况制度""建立外贸进出口数据统计制度""对进出口数据滑坡严重的县区要求说明情况"等多种举措，有力扭转了部分县区经济下滑态势，确保了疫情防控常态化条件下的全市进出口保持较快增长。三是加强服务，助力企业发展。通过开展调研、"三外"工作推进会、跨境贸易投资政策宣讲会、发布《国际经贸信息》等形式，加强对企业服务。

3.精准施策、优化服务，实际利用外资规模持续扩大

一是促进利用外资增量，以重大招商活动为契机、以商协会为阵地，努力承接沿海和国际产业转移。二是做大利用外资存量，开展全市外资企业"多报合一"年报工作，实现了部门间信息共享。积极为外资企业申报及兑现重大招商引资外资项目奖励资金，协调解决已设立外资企业发展中遇到的问题，鼓励现有企业增资扩股再投资。三是传导压力，稳住外资基本盘。通过发函提醒、重点约谈、落后表态、调研督导等方式，督促各县区加大外资

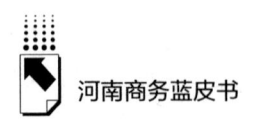

项目招商力度。开展"千家外企大走访"活动，建立工作台账及问题清零机制，形成市县工作合力，稳住外资企业投资信心。

4. 多点发力、扩容提质，促进消费市场逐步回暖

一是多措并举促消费，推动全市消费品市场持续升温。二是推动步行街改造提升，开展驻马店老字号评审和河南老字号申报工作，开展平安商场申报和绿色商场创建工作。三是通过举办电商直播大赛等各类电商活动，全市电子商务快速发展。四是农村市场体系和农产品流通体系建设快速推进。五是推进冷链物流、快递物流、电商物流转型发展。

5. 担当作为、实干进取，推动对外开放工作稳健发展

一是强化政策支撑，逐步健全对外开放载体建设，全市开放体系不断完善。二是持续做好优化营商环境工作。三是对外开放通道不断拓展。四是建立健全会展业体制机制。五是积极拓展对外经济合作工作。

6. 狠抓落实、注重实效，商务治理能力进一步提升

一是提升政务服务水平。二是开展塑料污染治理、国三及以下排放标准运营柴油货车淘汰、油气污染治理、散装水泥"两个禁止"等工作，积极做好环保攻坚工作。三是积极防范化解商务领域各类风险。四是倾力推进企业改制。五是高质量做好商务政策梳理、"十四五"商务发展规划编制工作。

三 2022年商务发展形势分析及指标预测

1. 发展形势分析

2022年，全市商务工作面临的形势依然复杂严峻，不确定、不稳定因素增多，供需两端均要承受巨大的压力。一是疫情走势不确定。新冠肺炎疫情已经蔓延至110多个国家和地区。二是供应链瓶颈难以彻底缓解。世界经济循环受阻，港口持续拥堵，供应链局部中断风险上升，原材料和运输成本依然高企，缺芯、缺柜、缺工等问题持续存在。面对需求收缩、供给冲击、预期转弱的三重压力，全市既要正视"取胜"的困难，更要坚定"必胜"

的信心，正确把握国际国内环境带来的新机遇新挑战。一是在发展空间上，国家开放的大门越开越大，中央推动中部地区高质量发展、大别山革命老区振兴发展规划、淮河生态经济带发展规划带来的重大政策，为我们提供了难得的历史机遇。二是RCEP如期生效，是宝贵的市场机遇，蕴含着重大的投资贸易机会，是稳外贸、稳外资的有力抓手。三是驻马店市越来越多的企业着手布局国内国际两个市场，统筹运用两种资源，贸易竞争力和抗风险能力明显增强，为培育有竞争力贸易双循环企业提供了有力支撑。

2. 指标预测

2022年预计社会消费品零售总额同比增长9%；实际利用外资同比增长3%；货物贸易同比增长3%；服务贸易同比增长5%；跨境电商同比增长6%；对外承包工程和劳务合作完成营业额、对外直接投资与2021年持平。

四 对策建议

1. 聚焦开放强市建设，构建全方位、宽领域、多层次对外开放格局

一是进一步深化开放带动战略。全面贯彻落实国家、省委省政府各项对外开放战略方针和政策措施，制定《2022年驻马店市对外开放行动方案》，统筹全市对外开放工作。

二是推动高水平对外开放平台建设。继续推动中国（河南）自由贸易试验区驻马店开放创新联动区、中国（驻马店）农业企业跨境小额贸易和个人零售进口试点、驻马店保税物流中心（B型）申建工作。

三是强化驻马店国际会展中心平台的积聚效应，着力推动中国优秀会展城市建设。不断完善体制机制，推动会展经济做大做强，提升驻马店城市品牌形象。

四是拓展对外开放通道。进一步利用"驻马店—宁波舟山港号"铁海联运班列，"驻马店—青岛港"物流班列交通运输优势，推进铁海联运、公铁联运、公路物流港无缝对接，建设多式联运物流集枢中心，为积极融入"海上丝绸之路""空中丝绸之路"提供有力支撑。

五是优化营商环境。坚持把深入开展"能力作风建设年"作为振兴发展的重要保证，切实打造透明公正的法治环境、公平开放竞争的市场环境。

2. 聚焦区域消费中心城市建设，促进消费持续恢复和升级

一是多措并举促消费扩容提质。制定全市促消费措施，牵头组织商贸流通企业开展"钜惠天中·乐享生活"促消费活动。开展市级老字号认定工作、品牌消费引领行动、"平安商场"认定和"绿色商场"创建工作，推进皇家驿站步行街、上蔡李斯步行街提质改造工作，发挥社会消费品零售总额监测联席会议作用。举办驻马店名优特产品及优势企业进北京、广州、深圳活动，推动驻马店产业融入国内国际双循环互促的新发展格局。

二是开展新业态新产业创新行动，积蓄商务发展新动能。组织做好2022年"双品网购节"活动，支持开展电子商务示范企业（基地）创建，继续举办驻马店市第二届电商直播大赛，推介本地名优特产，拓展名优特产品销售渠道。结合"人人持证，技能河南"建设，大力开展电子商务职业技能培训。

三是深入推进农村市场体系建设工作。开展"县域商业建设行动"，继续推进电子商务进农村工作综合示范建设，加快推进全市农村商业体系建设。

四是继续深化农产品现代流通体系建设工作。持续开展农特产品推广，加强产销精准对接，培育市场主体。推动农商互联完善农产品供应链，进一步提高农产品流通安全水平，促进农民增收。

五是继续推进全市物流业转型发展。贯彻落实省、市关于现代物流业发展的安排部署，继续推进重点物流项目建设，以物流园区项目建设为抓手，着力推进全市物流业转型发展。

3. 坚持稳中有进，扎实做好稳外贸增外资促外经工作

一是积极推动外贸进出口稳中有升。加快基地建设，培育竞争新优势；抓存量促增量，深入开展"万人助万企"活动，围绕企业关注焦点发力；抓回流挖潜力，重点挖掘那些具备进出口潜力、但因缺少外贸人才和外贸订单而尚未开展自营进出口的企业,同时,坚决落实政策承诺,打造诚信营商环境,做到"引得回、留得住";全方位多领域开拓市场,支持企业线上线下融合开拓国际市场,提升驻马店市产品在当地市场的占有率;积极扩大进口,充分利用国家对鼓励进口的技术、产品给予贴息的支持政策,扩大先进技术、关键设备及零部件进口。增加农产品、资源性产品进口,支持有利于提升农业竞争力的农资、农机等产品进口。适应消费升级和供给提质需要,扩大与人民生活密切相关的日用消费品、医药进口。

二是全力推动利用外资稳定增长。积极主动做好新形势下的外资工作,贯彻落实外商投资法律法规及其配套实施条例,实施外商投资准入前国民待遇加负面清单管理制度。进一步深化制造业开放、放宽服务业准入。提升投资便利化,持续优化外商投资信息报告流程;提升利用外资质量和效益,积极组织全市外资外经企业参加国家、省、市组织的各类经贸洽谈会,收集投资信息,为企业捕捉合作机遇。把利用外资同转变驻马店市经济发展方式和调整经济结构紧密结合,着力引进先进技术、管理经验和高素质人才。引导外资投向现代农业、新能源、新材料、生物医药、信息通信、节能环保、智能制造、现代服务业等领域;积极兑现外资外经政策,加强对企业的服务协调和政策指导,抓好惠企政策兑现,积极为符合条件的外资企业申报、兑现重大招商引资项目和跨国公司地区总部专项奖励资金,增强企业获得感,助力企业做大做强。

三是奋力推动对外投资与对外经济合作取得新成效。培育对外投资合作主体。培育外派劳务企业及有竞争力的对外投资合作主体,支持有实力的企业走出国门开展对外投资和对外承包工程。鼓励大企业带动中小配套企业"走出去",通过以大带小合作出海,形成综合竞争优势。促进对外投资合作稳健发展,深化与"一带一路"沿线国家及RCEP成员国投资合作,优化境外投资企业产业布局,提高对外投资建设水平。

四是持续推动"三外"协同发展。建立外贸、外资、外经互促共进体系,推动境外投资返程化、外贸客商投资化,支持外贸企业贸易伙伴来本市投资。支持外资企业利用现有技术和生产能力,开拓国内市场。鼓励外资企

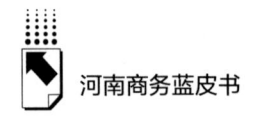

业扩大先进设备和关键零部件进口，提升技术含量和装备水平。

4. 坚持商务为民，统筹高质量跨越发展的兜底工作

一是统筹商务发展与疫情防控，把商贸行业疫情常态化防控工作抓紧抓实抓好。二是做好市场保供稳价工作，提升市场监测预警水平，加强生活必需品等应急物资储备。三是提升商务治理能力，筑牢商务领域安全防线。四是做好环保攻坚工作。做好油气污染防治、散装水泥"两个禁止"、塑料污染专项治理行动、国三及以下排放标准柴油货车淘汰及拆解工作。五是稳步推动商务领域改革。六是强化政策研究和运用。把政策运用贯穿至全市商务工作的各个方面，抢抓商务经济发展政策机遇，努力争取"平台性的政策"优先布局驻马店，"示范性的项目"优先选择驻马店，有限的"政策性资金"倾斜驻马店。

B.41
2021~2022年济源产城融合示范区商务发展回顾与展望

黄 静 刘欣欣*

摘 要： 2021年，面对疫情汛情的叠加冲击和转型攻坚的严峻考验，商务部门在济源产城融合示范区党工委、管委会的坚强领导下，深入学习贯彻习近平总书记重要讲话和指示批示精神，全面贯彻党的十九届五中、六中全会，中央经济工作会议，省市党代会精神，积极融入以国内大循环为主体、国内国际双循环相互促进的新发展格局，认真落实常态化疫情防控和"六稳""六保"决策部署，全面落实省、示范区各项决策部署，统筹推进开放招商、外资外贸、流通消费、电子商务等各项工作，全面推动济源商务高质量发展。

关键词： 济源产城融合示范区 外贸进出口 招商引资

一 2021年济源产城融合示范区商务发展指标完成情况及特点

1. 货物贸易进出口情况

2021年，济源产城融合示范区（以下简称示范区）外贸进出口总值达386.3亿元，同比增长61.3%，高于全省38.4个百分点，总量和增幅均居全省第2位，对外贸易再创佳绩。

---

* 黄静、刘欣欣，济源产城融合示范区发展改革和统计局。

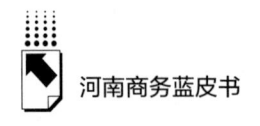

2. 引进省外资金情况

2021年，示范区招商引资稳固增长，累计新签约项目190个，合同金额615.6亿元，实际引进省外资金238.5亿元，同比增长3.1%。

3. 实际吸收境外资金情况

2021年，示范区实际吸收外资40359万美元，同比增长3.3%。

4. 社会消费品零售总额完成情况

2021年，示范区社会消费品零售总额197.5亿元，同比增长6.3%，消费市场稳步提升。

二 2021年采取的主要措施

1. 履职尽责，齐心协力共战疫情

（1）筑牢疫情防线

发挥商务系统疫情防控工作领导小组作用，带领全体干部职工分班分组，每天深入商场超市检查督导疫情防控、生活必需品供应等相关情况，确保疫情防控安全稳定。

（2）保障物资供应

建立生活必需品日报告制度，强化市场监测，加强趋势研判，准确掌握粮油、肉类、蔬菜等物资供应情况，稳定价格预期。加强沟通协调，为重点流通企业开具放行通知单600余份，确保生活必需品物资运输畅通。

（3）优化企业服务

结合"千家外企大走访"活动，建立"三外"企业帮扶"白名单"，梳理涉企优惠政策，深入企业进行宣讲，助力企业高质量发展。开展外贸战"疫"专项服务，为豫光、金利等企业争取白银出口配额，为中原特钢、中原辊轴等外贸企业办理不可抗力事实性证明，全力服务外贸企业做大做强，优进优出。

2. 精准发力，提升开放招商实效

（1）突出招大引强

坚持把开放招商作为经济工作的"一号工程"，亲自带队与深圳正威、北京东旭等龙头企业进行"点对点"精准对接，与北京工美集团、京东集团签署了战略合作备忘录；成功签约落地了富泰华精密电子（济源）有限公司智能手机精密机构零组件自动化技改项目、华电200MW风电项目、年产30万吨生物降解塑料项目等一批重大项目，为济源经济高质量发展注入了活力。

（2）强化平台招商

高标准参加首届消博会、第五届全球跨境电商大会、第十二届中博会、全省"三个一批"等重大经贸活动，成功举办4次网络视频招商活动、纳米电子材料产业技术高峰论坛等系列专题推介活动，尤其是高规格举办首届济源白银文化节，国内知名大师、行业专家、省内外政府代表团、客商代表共700余人到会，签约合作项目31个，投资金额21.6亿元，中宝协授予济源"中国珠宝玉石首饰特色产业基地"称号，国内唯一的白银网上商城——中国白银城网页界面进行首发展示。活动期间，50多位国家级大师500件精品进行展示，"愚公故里、银都济源"抖音官方话题注册，话题曝光量达8170万次，"济源品牌"影响力进一步得到释放。

（3）强化督导问效

建立招商引资项目库，加强分析研判，确保项目质量，全省"三个一批"活动中，共签约项目23个，总投资额62.5亿元。实施"周通报、月排名、季观摩、年总结"常态化问效机制，定时召开项目汇报会、签约项目现场办公会，对项目推进中存在问题进行现场交办，全力保障项目早日落地开工。严格审核、上报纳入"豫快办"平台项目及相关数据，实时跟进、动态追踪、催办督办，推进项目尽快落地见效。

（4）优化营商环境

完善政务服务机制，建立"三外"重点企业"首席服务官"制度，树立"一家亲"来济源投资企业服务品牌。持续实行外来项目代办制，市、镇两级代办员共为企业代办各类审批手续为150余项，为伊利、富士康等企业申请优惠政策，协调解决企业经营中遇到的困难问题32项，落实"一家亲惠企卡"政策，为客商赠阅报纸，组织体检，协调子女入学手续。

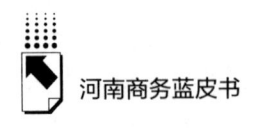

3. 强化服务，对外贸易再创新高

（1）优化服务增实效

争取外经贸发展资金 880 万元，支持企业应对复杂严峻的国际市场环境，增强发展动能。与"万人助万企"活动联动结合，建立外贸企业"市领导首席服务官"制度，为外贸企业配备专属"服务官"，"一对一"精准帮扶。设立全省首个外向型经济服务中心，实现"一窗通办"和"一网通办"外贸业务全覆盖。以"数据+研究"为抓手，实时分析研判外贸企业进出口数据及经营情况，引导企业健康有序发展。

（2）夯实载体扩平台

抢抓济源国家产城融合示范区建设机遇，全面强化外贸支撑体系，不断增强外贸发展优势。依托有色金属、电子信息、装备制造等产业优势，深化与发达地区加工贸易产业合作，加快推进加工贸易梯度转移，成功获批全国首批、全省首个国家加工贸易产业园，成功申创机械基础件、珠宝首饰、有色金属材料三个河南省外贸转型升级基地，打造济源外贸"新名片"。中欧济俄国际班列稳定运行，保税物流中心（B型）获批，高能级平台更加健全。综合保税区、河南自贸试验区开放创新联动区等申建工作强力推进，济源外向型经济新载体日新日进、逐步构建。

（3）坚持创新铸品牌

加大出口自主品牌体系建设，提升"济源造"国际品牌影响力。重点聚力培育发展豫光金铅、中原特钢、神龙石油等知名外贸龙头企业出口品牌。"豫光牌""济金牌""万洋牌"银锭先后在伦敦金属交易所、伦敦贵金属协会和上海期货交易所注册；ZYCO 牌冶金类产品、ECO POTS 牌移动式花盆、科云牌棉铃虫病毒母药等名牌产品出口稳步增长；绿茵种苗研发的十字花科、百合科蔬菜种子成为国际专业化蔬菜种子生产的行业标杆。

（4）新兴产业增速快

不断优化外贸产品结构，着力培育白银饰品、钢铁深加工等新兴产业，以山立济源公司为代表的金属首饰制品出口额首次超过 1 亿元，汽车机械零配件、环保塑料制品等新兴产业出口大幅提升，康安卫材正式进入商务部医疗物资出口"白名单"。新兴产业的快速突破，为济源外贸快速发展注入"助推剂"。目前济源与格鲁吉亚、波兰、新加坡等30多个"一带一路"沿线国家和德国、希腊等欧盟国家建立有贸易联系，外贸依存度达50%。

4. 多点发力，着力提振消费市场

（1）多措并举惠民促销

组织开展2021网上年货节、"春暖花开·嗨购济源""幸福济源·品质消费"等促消费活动，拉动消费2亿多元。举办"第五届黄河鲤鱼美食节暨济源喜宴烹饪技能大赛"，海底捞、神筋牛筋米捞、小秦川等国内知名连锁餐饮企业相继落户，推动餐饮业高质量发展。大力发展夜间市场，提高夜间消费便利度和活跃度。发放消费券220万元，撬动消费631.1759万元，撬动消费比为1∶3.58。补贴购买新乘用车3000余辆，补贴资金1100余万元，惠及百姓民生。现代城市商圈体系日益完善，电子商务与传统产业深度融合，消费对经济增长贡献更加突出。

（2）新兴业态蓬勃发展

完善出台《济源电子商务发展实施意见》《电子商务扶持办法》，加大扶持力度，推动电子商务产业高质量发展。电子商务保持增长态势，首届电商直播大赛成功举办，中国白银城快手直播基地快速发展，成为全省继郑州、南阳之后的第三家快手直播基地；澳德传媒、乾广传媒等直播新业态发展迅猛；凯琳斯特、培丞跨境电商稳中有进；颐高互联网+创业孵化器、坡头农产品电商交易中心等特色电商产业园区发展壮大，跨境电商、直播电商等新业态新模式初具规模。

5. 精准施策，持续助力乡村振兴

（1）驻村扶贫成效明显

加强帮扶姬沟村工作队力量，选派能力强、素质高的业务骨干充实驻村工作队，严格落实帮扶举措，完成年度帮扶目标，培育新增村级集体经济收入近50万元。定期开展帮扶志愿服务活动，通过走访慰问、感恩献爱心、文娱联谊等方式，让群众感受党的温暖和关怀。

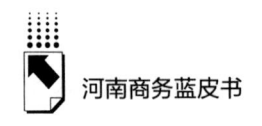

（2）电商助力乡村振兴

举办济源"中国白银城"杯直播大赛暨网红嘉年华活动，50余名优质短视频达人现场直播，不断掀起抖音话题热潮。组织开展抖音直播、电商培训近400人次，30名网络达人直播带货6小时，销售白银饰品、特色农副产品等65万余元，帮助农民增收，助力乡村振兴。

三　2022年商务发展指标预测

2022年是党的二十大召开之年，是深入实施"十四五"规划的发力之年，商务部门将以认真学习贯彻党的十九大及十九届历次全会、"两会"、中央经济工作会议精神为契机，主动对接国家"一带一路"建设、黄河流域生态保护和高质量发展战略、省"四路五区"及洛济深度融合发展战略，全面融入新发展格局，扎实做好双向投资、促进消费等各项工作，以商务经济的高质量发展助推济源经济的高质量发展。

2022年商务工作的预期目标是：坚持稳中求进工作总基调，按照"拉高坐标、奋勇争先"要求，力争各项经济指标位列全省第一方阵。实际利用省外资金同比增长3%，实际利用境外资金同比增长3%，社会消费品零售总额同比增长9%，货物贸易进出口同比增长3%，跨境电子商务交易额同比增长6%。

四　对策建议

1. 夯实载体，推动对外开放新跨越

高标准打造国家加工贸易产业园。加快规划建设，配套完善服务功能，提升整体承接能力。争取多重支持，加大政策引领和改革创新力度。探索与发达地区建立加工贸易产业转移的合作机制，不断提升"济源智造"价值链，将其打造成为全国国家加工贸易产业园的标杆园区。强力推进国家级外贸转型升级基地的申创工作，力争外贸进出口总量保持全省第二位次，增幅位列全省第一方阵。积极申建河南自贸试验区开放创新联动区。以高新区、经开区、现代服务业开发区为主体，打造改革创新的高水平载体。高水平打造新经济综合服务平台。开发建设首个白银制品线上交易平台，不断完善白银珠宝首饰等全产业链，支持本土直播企业自建特色产业直播平台，打造面向全国最具影响力的中国白银城直播基地。加快数字经济发展，强化与中企人力资源等企业合作，打造全国领先人工智能数据服务产业园。积极引进阿里巴巴、京东等品牌企业入驻园区，加快推进北京辉润、河南亚太等本土企业发展，做大做强济源电子商务产业园。强力推进海关特殊监管区申建。大力推进综合保税区指标评估、规划建设、申报审批、招商引资等相关工作，打造高能级对外开放平台。积极做好保税物流中心（B型）申建相关工作，为济源海关特殊监管区申建提供支撑。

2.聚焦重点，开创招商引资新局面

创新体制机制，加强统筹指导。高规格召开开放招商大会，制定出台《关于加强新形势下招商引资的实施方案》《招商引资考核办法》等文件。以全省"三个一批"活动为抓手，实施项目建设全生命周期服务管理、跟踪问效，实现项目谋划一批、储备一批、签约一批滚动发展，形成大招商、招大商的发展氛围。围绕重点产业，精准发力招大引强。围绕传统产业转型升级、新兴产业重点培育、未来产业谋篇布局、现代服务业提速发展、现代农业统筹推进的工作思路，紧盯重点区域，强化与中国企业家联合会等知名商协会合作，瞄准东旭集团等龙头企业，编制产业链招商图谱，引进上下游关键环节和龙头产业，构建现代产业发展格局。开展招商活动，全面推介宣传济源。务实参加第五届进博会、第六届跨境电商大会、第十四届投洽会等重要经贸活动，高标准举办中国国际白银文化博览会暨济源第二届白银文化节，谋划举办对话长三角·济源战略性新兴产业招商对接会、济源市国家加工贸易产业园招商推介会等专题活动，力争全年引进100亿元项目1个，50亿元以上项目2个，20亿元以上项目3个，亿元以上项目100个，再创开放招商新佳绩。优化营商环境，构筑开放高地。树立高效服务理念，构建亲清政商关系，认真落实"两不接触"高效服务企业工作机制，真正当好

"店小二"。充分发挥"一家亲·来济投资企业之家"阵地作用,强化企业家之间的合作。持续深入推进企业(项目)首席服务官制度,扎实开展"千家外企大走访""万人助万企"等活动,全力帮助企业纾困解难,着力营造尊商重商亲商爱商的良好环境。

3. 多措并举,全面激发消费新活力

开展"乐购济源"促进消费升级。依托信尧、大润发两个省级品牌消费集聚区核心区域,打造周边3公里消费商圈。开展"礼遇中秋·实惠'价'到"购车节等系列促消费活动,促进汽车等重点领域消费增长。鼓励大型商贸综合体引进国内外品牌首店、旗舰店、体验店,开展新品首发首秀、创意展等活动,挖掘消费后劲。开展"品味济源"打造品牌效应。持续引进国内知名餐饮品牌,巩固提升现有餐饮街区。举办第六届鲤鱼大赛黄河鲤鱼美食节、"愚公家乡、济源味道——济源特色小吃"、"河南老字号"申创等主题活动,加快餐饮美食转型升级。开展"畅通济源"助力乡村振兴。健全市、镇、村三级电商物流服务网络,构建农村现代商贸流通体系。

4. 精准发力,推动电商经济新发展

推动产业集聚发展。整合资源要素,探索打造数字经济产业园,着力引进一批具有战略性、引领性的重大项目,不断壮大数字经济规模,争当全省数字经济发展的先行者。加大政策扶持力度,助推示范区、镇特色电商产业园发展壮大,形成优势特色产业集群。深入推进电商兴农。整合电商平台资源,构建市、镇、村三级电商物流服务网络,健全电子商务公共服务体系。鼓励农村合作社通过直播电商、社区团购等新业态新模式扩展销售渠道,支持新型农业经营主体与快递网点及社区直接对接,开展生鲜农产品"基地+社区直供"电子商务业务,助力乡村振兴。构建多层次快递物流体系,推进镇村快递形成一家网点代理多个品牌的"1+X"经营模式,实现"镇镇有网点、村村通快递"的快递网络,打通农村电商"最后一公里"。培育壮大直播经济。依托中国白银城快手直播基地,筹办2022年电商直播大赛,聚集一批成熟度高、实力强的电商企业、专业人才,壮大直播人才队伍,加快发展直播经济。

B.42 2021~2022年郑州航空港经济综合实验区商务发展回顾与展望

杨晓峰 邓骅 李白*

摘 要： 2021年，面对错综复杂的外部环境，以及洪涝灾害与疫情叠加冲击，郑州航空港经济综合实验区坚决落实中央和省、市决策部署，紧紧围绕国务院批复的五大战略定位，围绕省、市提出的"两个确保""四个高地"发展目标，攻坚克难、奋勇争先，全省高质量发展"名片"、高水平开放"龙头"、郑州建设国家中心城市"引领"作用持续提升，全省经济建设主阵地、主战场、主引擎作用日益显现，全省、全市经济发展增长极地位进一步提升。

关键词： 郑州航空港经济综合实验区 高水平开放 产业发展

一 2021年郑州航空港经济综合实验区商务发展指标完成情况及特点

1. 外贸进出口额再创新高

2021年，全区外贸进出口额完成5246亿元，同比增长17.9%，在全省、全市占比持续保持在60%和85%以上。其中，出口3020亿元，同比增长18.3%；进口2226亿元，同比增长17.4%。

---

* 杨晓峰、邓骅、李白，郑州航空港经济综合实验区科技人才局（产业服务局）。

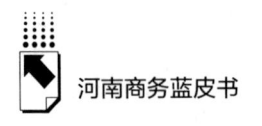

2. 境内外资金圆满完成年度目标任务

2021年，全区引进省外资金完成49.5亿元，实际利用外资额66583万美元，完成年度目标任务。

3. 对外经济合作实现历史突破

2021年，全区对外投资总额完成16753万美元，同比增长61%；服务外包执行额12589万美元，同比增长172%；对外承包工程和劳务合作完成营业额3194万美元，河南省境外就业服务中心落户航空港实验区，实现了区内对外劳务合作企业零的突破。

4. 社会消费品零售总额

受疫情和暴雨灾害影响，2021年，全区社会消费品零售总额完成135.2亿元，同比增长4.6%。

二 2021年对外开放和招商引资的主要措施

1. "空中丝绸之路"越飞越广

2021年，郑州航空港经济综合实验区国资平台已完成柬埔寨国家航空有限公司股权收购，以柬埔寨国家航空有限公司为载体，启动河南—柬埔寨—东盟"空中丝绸之路"建设。郑州机场货运吞吐量突破70万吨，达到70.5万吨，同比增长10%，货运规模连续两年居全国第6位、跻身全球货运机场40强，其中，国际地区货邮吞吐量超过54万吨，位居全国第5，新开通6条国际定期货运航线。

2. 招商引资项目质量显著提高

2021年以来，面对汛情疫情冲击与错综复杂的外部环境，郑州航空港经济综合实验区采取多项措施积极应对新形势下的招商引资工作，瞄准龙头企业、强化链式招商，全力推进在谈项目促签约、签约项目促开工、开工项目促投产。全年洽谈对接了康佳、宇通、吉利、振芯、扬子江、安图、欣旺达等一批优质企业；全年新签约项目35个，总投资703.5亿元；17个省市重点项目及纳入全省"三个一批"的11个新开工项目全部开工，省、市、区重点项目均完成年度投资目标；新投产项目16个，预计可实现产值1300亿元。尤其是，比亚迪项目从签约到开工建设仅用37天，超聚变服务器项目从选址到首台服务器下线仅用55天，两个项目都将再形成两个千亿级产业集群，再次体现了港区效率、港区速度。

三 2021年产业发展形势及2022年展望

围绕"千百亿元"产业集群培育发展目标，郑州航空港经济综合实验区全力推进以智能终端为代表的电子信息、现代商贸会展2个千亿级产业集群和新能源汽车、生物医药、智能装备、新型显示、新基建、航空物流、跨境电商、总部经济8个百亿级产业集群，初步形成了"高端引领、多点支撑"的发展态势。

1. 电子信息产业集群

2021年全区电子信息产业产值完成4110亿元，同比增长32%，占全市、全省电子信息行业的比重分别达到95%、79%。初步形成从芯片、靶材、模组、面板到整机的产业链布局，成为全市"一号"产业。2022年，电子信息产业将依托富士康、超聚变等龙头企业，加快配套产业链落地，力争全年同比增长15%左右，巩固全区工业基本盘。一是保存量，汇集各类要素，做好企业服务，全力保障富士康生产持续稳定增长；二是抢增量，加快推进超聚变、浪潮等产能爬坡；三是促开工，全面贯彻"签约即拿地、拿地即开工"工作机制，强化要素保障，确保超聚变征地项目、合晶二期、西安微电子等新开工项目应开尽开。

2. 现代商贸会展产业集群

全区以大宗商品、手机贸易为代表的商贸业持续增长，限额以上商贸类企业累计完成商品销售额1473亿元，同比增长29%，其中，以兴瑞、嘉瑞、中平能源等为代表的22家大宗商品交易企业完成销售额979亿元，同比增长22.4%，以智盛港成、智合通讯等为代表的10家手机贸易企业完成销售额353亿元，同比增长55%。截至2021年底，郑州兴瑞大宗商品供应链产业园已入驻企业69家。2022年，郑州航空港经济综合实验区将依托大宗商品供应链产业园，引进大宗商品贸易及上下游企业，支持中瑞集团、兴瑞、嘉瑞、瑞茂通等重点企业拓展大宗商品种类和国际化业务，努力稳定大宗商品贸易业务增长，提升产业竞争优势和集聚水平，力争商贸会展产业集群同比增长10%左右。

3. 新能源汽车产业集群

比亚迪投资建设新能源乘用车项目，主要建设整车冲压、焊装、涂装、总装四大工艺工厂及弗迪动力、弗迪科技、弗迪精工等核心零部件的工厂。项目涂装、冲压等工艺车间基础施工已临近尾声，已有3栋宿舍楼完成封顶，力争2022年底前竣工试产。

4. 生物医药产业集群

河南省首个由政府投资建设的专业生物医药产业园区——临空生物医药产业园一期投用，园区投资搭建了涵盖新药筛选检测平台、药物评价平台（动物房）、大分子药物CDMO平台、小分子API+制剂CDMO平台、细胞及基因治疗CDMO平台、临床CRO平台在内的CXO平台体系。该平台是河南省唯一同时符合中、美、欧等国际标准的生物医药公共技术服务平台，并于2021年10月获批成为河南省首批中试基地。截至目前，园区累计对接储备企业260家，导入企业39家，鸿运华宁、美泰宝、晟斯生物、东富龙等医药领域龙头企业落地园区，一批针对重大、急恶性疾病，如肺动脉高压、糖尿病、血友病、肿瘤等的国际领先的一类创新药物，已进入临床研究。未来三到五年内园区企业将陆续在全球上市，成为中国医药创新的一面旗帜。

5. 新型显示产业集群

郑州航空港经济综合实验区已经集聚了关键材料、关键设备、芯片设计、芯片制造、封装测试、光电显示等产业链条，拥有河南省首个面板项目、首个半导体级单晶硅抛光片项目。合晶8寸硅单晶抛光片生产线已实现满产；华锐光电项目自2020年底点亮投产后产能不断爬坡；东微电子靶材产销旺盛。已签约项目全部达产后，将填补河南省在新型显示产业领域的空白，改变郑州航空港经济综合实验区"缺芯少屏"的局面。

6. 智能装备产业集群

2021年，郑州速达研发及再制造基地项目和高端采煤设备制造项目竣工投产，公司自搬迁至航空港区新址以来，实现了生产布局优化、工艺突破性改进，生产效率大幅提升，短时间内已实现满产状态。2022年，光力科技国产化半导体晶圆切割机及其相关核心零部件将建成投用。

7. 新基建产业集群

抢抓以工业互联网为代表的新一代新兴基础设施，突出5G基站建设，紧抓新能源汽车充电桩、大数据中心、人工智能、工业互联网等领域，以豫发大数据产业园、恒丰科创中心为重点，支持视博电子等重点企业拓展业务，重点加快推进中国移动（河南）数据中心二期、中邮数据中心等重点项目建设。目前，中国电信中部数据中心项目已完成主体施工，力争2022年建成投用，建成后将作为电信中部地区数据中心、10000号呼叫中心和人才培训中心。

8. 航空物流产业集群

在全球航空物流运输恢复速度放缓情况下，郑州机场实现了逆势增长。河南省机场集团荣获唯一一个"空港型国家物流枢纽建设运营标杆企业"称号，机场三期扩建工程北货运区项目有望2022年投用，航线通达全球货运前50位机场中的28个，基本建成"郑州—卢森堡"双枢纽。聚焦航空、冷链、快递、电商等重点物流行业，已引进了以中国邮政、顺丰、中通、韵达、极兔为代表的快递物流领军企业、以菜鸟网络、苏宁云商、唯品会为代表的电商物流领军企业、以安博、普洛斯、丰树为代表的仓储物流领军企业。2022年，将继续以郑州—卢森堡"空中丝绸之路"建设为核心，加快物流基础设施建设，推动郑州机场三期北货运区工程建成投用，推动中国邮政郑州航空邮件处理中心项目开工建设；支持中原龙浩、中州航空等本土基地货航发展，提升航空货运竞争力；大力发展冷链物流、电商物流、快递物流，不断提升物流业发展质量和集聚效益。

9. 跨境电商产业集群

2021年，实验区共完成跨境电商进出口单量1.3亿单，货值146亿元，

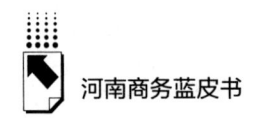

同比增长28%，业务单量占郑州跨境综试区的60%。引进了天猫国际、淘宝全球购、京东国际、唯品国际、速卖通、亚马逊、eBay等国内外知名企业和平台入驻，河南第一个跨境医药零售电商——阿里大健康医药零售进口业务在综保区落户，已完成备案或注册的跨境电商企业达846家，形成了一定的企业规模和较完整的跨境电商产业链。2022年，将继续加强与菜鸟、唯品会、eBey等知名跨境电商企业对接，持续巩固郑州—曼谷、郑州—吉隆坡"跨境出口+口岸进口"货运包机业务，稳固扩大业务规模；探索新型贸易多元化业务，推动进口水果交易、进口口岸、国际航空物流、保税仓储、供应链服务的融合发展，带动"进口口岸+现货交易+跨境电商""冷链仓储+加工"业务模式的发展。

10. 总部经济产业集群

积极发展建筑业、人力资源、现代金融、科技研发等总部经济。以中原人力资源产业园为重点，加快推动人力资源"蓄水池"项目尽快投用，着力引入一批专业化、国际化人力资源服务机构。目前，中国中原人力资源服务产业园已集聚人力资源服务、金融、餐饮、商贸等各类企业，全区人力资源行业实现超百亿元规模。

权威报告·连续出版·独家资源

皮书数据库
ANNUAL REPORT(YEARBOOK) DATABASE

分析解读当下中国发展变迁的高端智库平台

所获荣誉

- 2020年,入选全国新闻出版深度融合发展创新案例
- 2019年,入选国家新闻出版署数字出版精品遴选推荐计划
- 2016年,入选"十三五"国家重点电子出版物出版规划骨干工程
- 2013年,荣获"中国出版政府奖·网络出版物奖"提名奖
- 连续多年荣获中国数字出版博览会"数字出版·优秀品牌"奖

皮书数据库

"社科数托邦"微信公众号

成为会员

登录网址www.pishu.com.cn访问皮书数据库网站或下载皮书数据库APP,通过手机号码验证或邮箱验证即可成为皮书数据库会员。

会员福利

- 已注册用户购书后可免费获赠100元皮书数据库充值卡。刮开充值卡涂层获取充值密码,登录并进入"会员中心"—"在线充值"—"充值卡充值",充值成功即可购买和查看数据库内容。
- 会员福利最终解释权归社会科学文献出版社所有。

数据库服务热线:400-008-6695
数据库服务QQ:2475522410
数据库服务邮箱:database@ssap.cn
图书销售热线:010-59367070/7028
图书服务QQ:1265056568
图书服务邮箱:duzhe@ssap.cn

社会科学文献出版社 皮书系列
SOCIAL SCIENCES ACADEMIC PRESS (CHINA)

卡号:364282919462
密码:

S 基本子库
SUB DATABASE

中国社会发展数据库（下设12个专题子库）

紧扣人口、政治、外交、法律、教育、医疗卫生、资源环境等12个社会发展领域的前沿和热点，全面整合专业著作、智库报告、学术资讯、调研数据等类型资源，帮助用户追踪中国社会发展动态、研究社会发展战略与政策、了解社会热点问题、分析社会发展趋势。

中国经济发展数据库（下设12专题子库）

内容涵盖宏观经济、产业经济、工业经济、农业经济、财政金融、房地产经济、城市经济、商业贸易等12个重点经济领域，为把握经济运行态势、洞察经济发展规律、研判经济发展趋势、进行经济调控决策提供参考和依据。

中国行业发展数据库（下设17个专题子库）

以中国国民经济行业分类为依据，覆盖金融业、旅游业、交通运输业、能源矿产业、制造业等100多个行业，跟踪分析国民经济相关行业市场运行状况和政策导向，汇集行业发展前沿资讯，为投资、从业及各种经济决策提供理论支撑和实践指导。

中国区域发展数据库（下设4个专题子库）

对中国特定区域内的经济、社会、文化等领域现状与发展情况进行深度分析和预测，涉及省级行政区、城市群、城市、农村等不同维度，研究层级至县及县以下行政区，为学者研究地方经济社会宏观态势、经验模式、发展案例提供支撑，为地方政府决策提供参考。

中国文化传媒数据库（下设18个专题子库）

内容覆盖文化产业、新闻传播、电影娱乐、文学艺术、群众文化、图书情报等18个重点研究领域，聚焦文化传媒领域发展前沿、热点话题、行业实践，服务用户的教学科研、文化投资、企业规划等需要。

世界经济与国际关系数据库（下设6个专题子库）

整合世界经济、国际政治、世界文化与科技、全球性问题、国际组织与国际法、区域研究6大领域研究成果，对世界经济形势、国际形势进行连续性深度分析，对年度热点问题进行专题解读，为研判全球发展趋势提供事实和数据支持。

法律声明

"皮书系列"(含蓝皮书、绿皮书、黄皮书)之品牌由社会科学文献出版社最早使用并持续至今,现已被中国图书行业所熟知。"皮书系列"的相关商标已在国家商标管理部门商标局注册,包括但不限于LOGO( )、皮书、Pishu、经济蓝皮书、社会蓝皮书等。"皮书系列"图书的注册商标专用权及封面设计、版式设计的著作权均为社会科学文献出版社所有。未经社会科学文献出版社书面授权许可,任何使用与"皮书系列"图书注册商标、封面设计、版式设计相同或者近似的文字、图形或其组合的行为均系侵权行为。

经作者授权,本书的专有出版权及信息网络传播权等为社会科学文献出版社享有。未经社会科学文献出版社书面授权许可,任何就本书内容的复制、发行或以数字形式进行网络传播的行为均系侵权行为。

社会科学文献出版社将通过法律途径追究上述侵权行为的法律责任,维护自身合法权益。

欢迎社会各界人士对侵犯社会科学文献出版社上述权利的侵权行为进行举报。电话:010-59367121,电子邮箱:fawubu@ssap.cn。

社会科学文献出版社